STREET
Dumfries & Galloway

First published 2006 by

Philip's, a division of
Octopus Publishing Group Ltd
2-4 Heron Quays, London E14 4JP

First edition 2006
First impression 2006
DAGAA

ISBN-10   0-540-08873-0 (pocket)
ISBN-13   978-0-540-08873-7 (pocket)

© Philip's 2006

Ordnance Survey

This product includes mapping data licensed from Ordnance Survey® with the permission of the Controller of Her Majesty's Stationery Office.
© Crown copyright 2006. All rights reserved.
Licence number 100011710.

No part of this publication may be reproduced, stored in a retrieval system or transmitted in any form or by any means, electronic, mechanical, photocopying, recording or otherwise, without the permission of the Publishers and the copyright owner.

To the best of the Publishers' knowledge, the information in this atlas was correct at the time of going to press. No responsibility can be accepted for any errors or their consequences.

The representation in this atlas of a road, track or path is no evidence of the existence of a right of way.

Ordnance Survey and the OS Symbol are registered trademarks of Ordnance Survey, the national mapping agency of Great Britain

Printed by Toppan, China

Contents

III	**Key to map symbols**
IV	**Key to map pages**
VI	**Route planning**
X	**Administrative and Postcode boundaries**
1	**Street maps** at 1⅓ inches to 1 mile
173	**Street maps** at 2⅔ inches to 1 mile
190	**Index** of towns and villages
191	**Index** of streets, hospitals, industrial estates, railway stations, schools, shopping centres, universities and places of interest

Digital Data

The exceptionally high-quality mapping found in this atlas is available as digital data in TIFF format, which is easily convertible to other bitmapped (raster) image formats.

The index is also available in digital form as a standard database table. It contains all the details found in the printed index together with the National Grid reference for the map square in which each entry is named.

For further information and to discuss your requirements, please contact Philip's on 020 7644 6932 or james.mann@philips-maps.co.uk

- **Motorway** with junction number (22a)
- **Primary route** – dual/single carriageway
- **A road** – dual/single carriageway
- **B road** – dual/single carriageway
- **Minor road** – dual/single carriageway
- **Other minor road** – dual/single carriageway
- **Road under construction**
- **Tunnel, covered road**
- **Rural track, private road or narrow road in urban area**
- **Gate or obstruction to traffic** (restrictions may not apply at all times or to all vehicles)
- **Path, bridleway, byway open to all traffic, road used as a public path**
- **Pedestrianised area**
- DY7 **Postcode boundaries**
- **County and unitary authority boundaries**
- **Railway, tunnel, railway under construction**
- **Tramway, tramway under construction**
- **Miniature railway**
- Walsall **Railway station**
- **Private railway station**
- South Shields **Metro station**
- **Tram stop, tram stop under construction**
- **Bus, coach station**
- **Ambulance station**
- **Coastguard station**
- **Fire station**
- **Police station**
- **Accident and Emergency entrance to hospital**
- **Hospital**
- **Place of worship**
- **Information Centre** (open all year)
- **Shopping Centre**
- P P&R **Parking, Park and Ride**
- PO **Post Office**
- **Camping site**
- **Caravan site**
- **Golf course**
- **Picnic site**
- Prim Sch **Important buildings, schools, colleges, universities and hospitals**
- River Medway **Water name**
- **River, weir, stream**
- **Canal, lock, tunnel**
- **Water**
- **Tidal water**
- **Woods**
- **Built up area**
- Church **Non-Roman antiquity**
- ROMAN FORT **Roman antiquity**
- 94 / 164 **Adjoining page indicators and overlap bands**
  The colour of the arrow and the band indicates the scale of the adjoining or overlapping page (see scales below)

Acad	**Academy**	Inst	**Institute**	Recn Gd	**Recreation Ground**
Allot Gdns	**Allotments**	Ct	**Law Court**	Resr	**Reservoir**
Cemy	**Cemetery**	L Ctr	**Leisure Centre**	Ret Pk	**Retail Park**
C Ctr	**Civic Centre**	LC	**Level Crossing**	Sch	**School**
CH	**Club House**	Liby	**Library**	Sh Ctr	**Shopping Centre**
Coll	**College**	Mkt	**Market**	TH	**Town Hall/House**
Crem	**Crematorium**	Meml	**Memorial**	Trad Est	**Trading Estate**
Ent	**Enterprise**	Mon	**Monument**	Univ	**University**
Ex H	**Exhibition Hall**	Mus	**Museum**	W Twr	**Water Tower**
Ind Est	**Industrial Estate**	Obsy	**Observatory**	Wks	**Works**
IRB Sta	**Inshore Rescue Boat Station**	Pal	**Royal Palace**	YH	**Youth Hostel**
		PH	**Public House**		

■ The small numbers around the edges of the maps identify the 1 kilometre National Grid lines

■ The dark grey border on the inside edge of some pages indicates that the mapping does not continue onto the adjacent page

The scale of the maps on the pages numbered in blue is 4.2 cm to 1 km • 2⅔ inches to 1 mile • 1: 23810

0 ¼ ½ ¾ 1 mile
0 250 m 500 m 750 m 1 kilometre

The scale of the maps on pages numbered in green is 2.1 cm to 1 km • 1⅓ inches to 1 mile • 1: 47620

0 ¼ ½ ¾ 1 mile
0 250m 500m 750m 1 kilometre

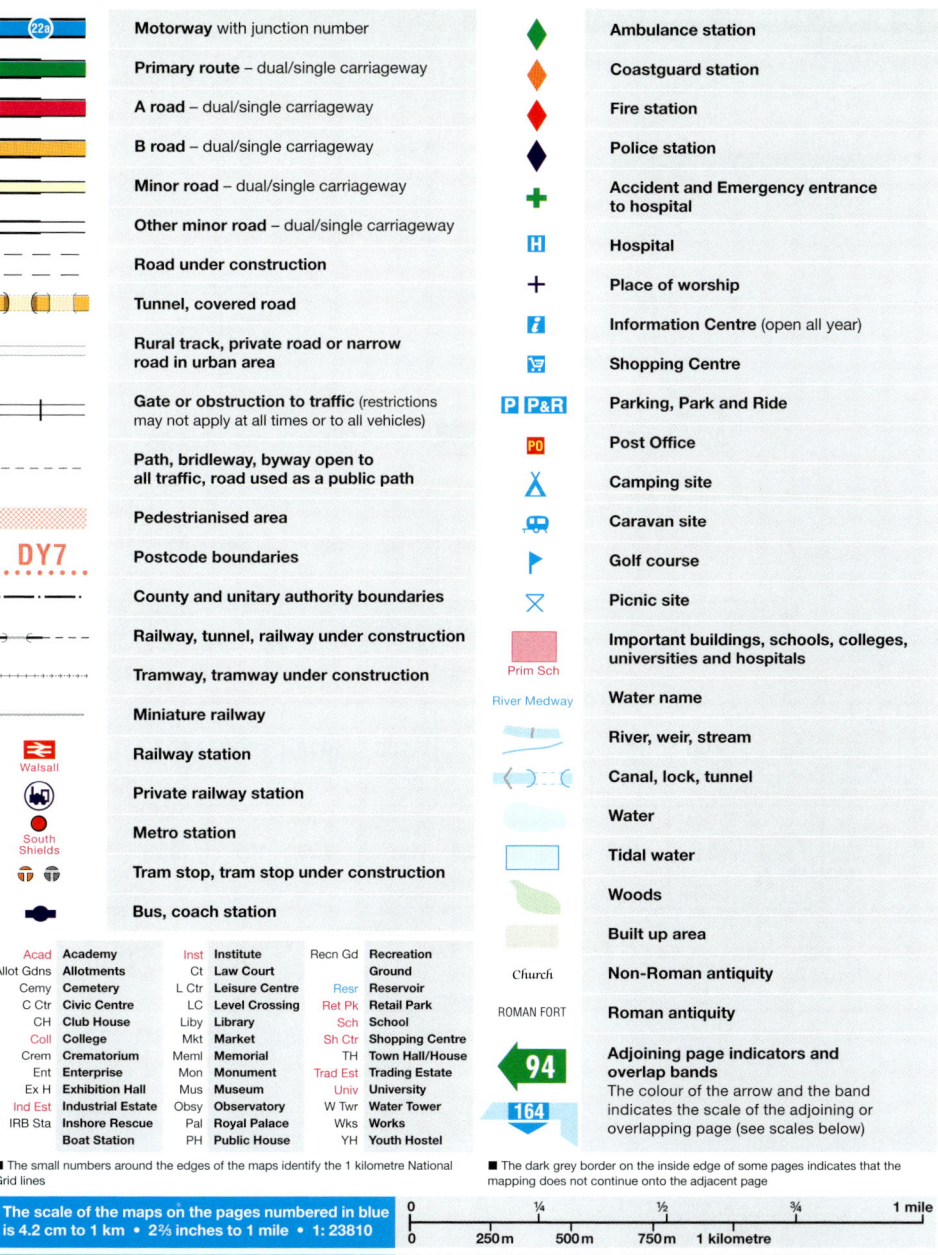

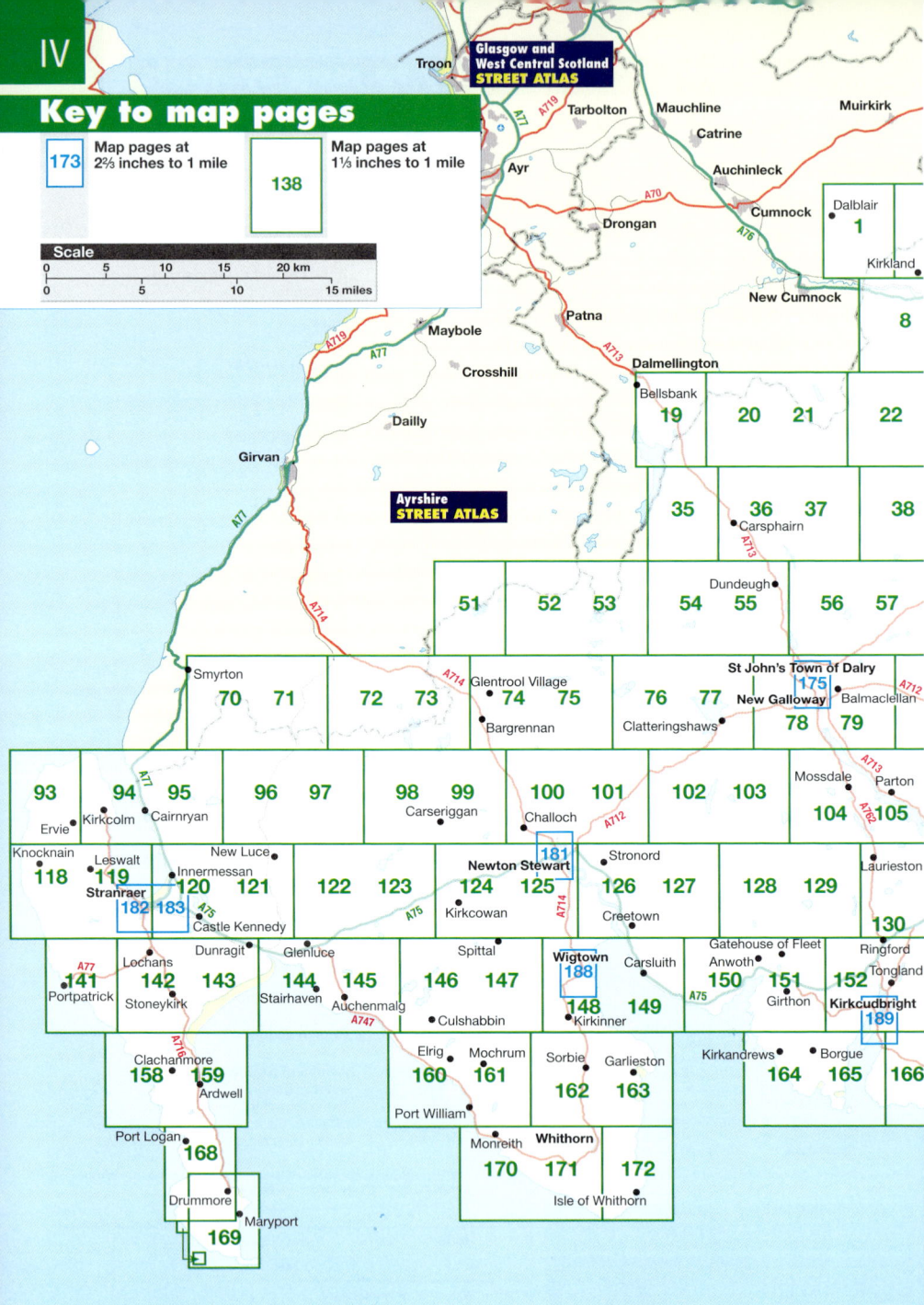

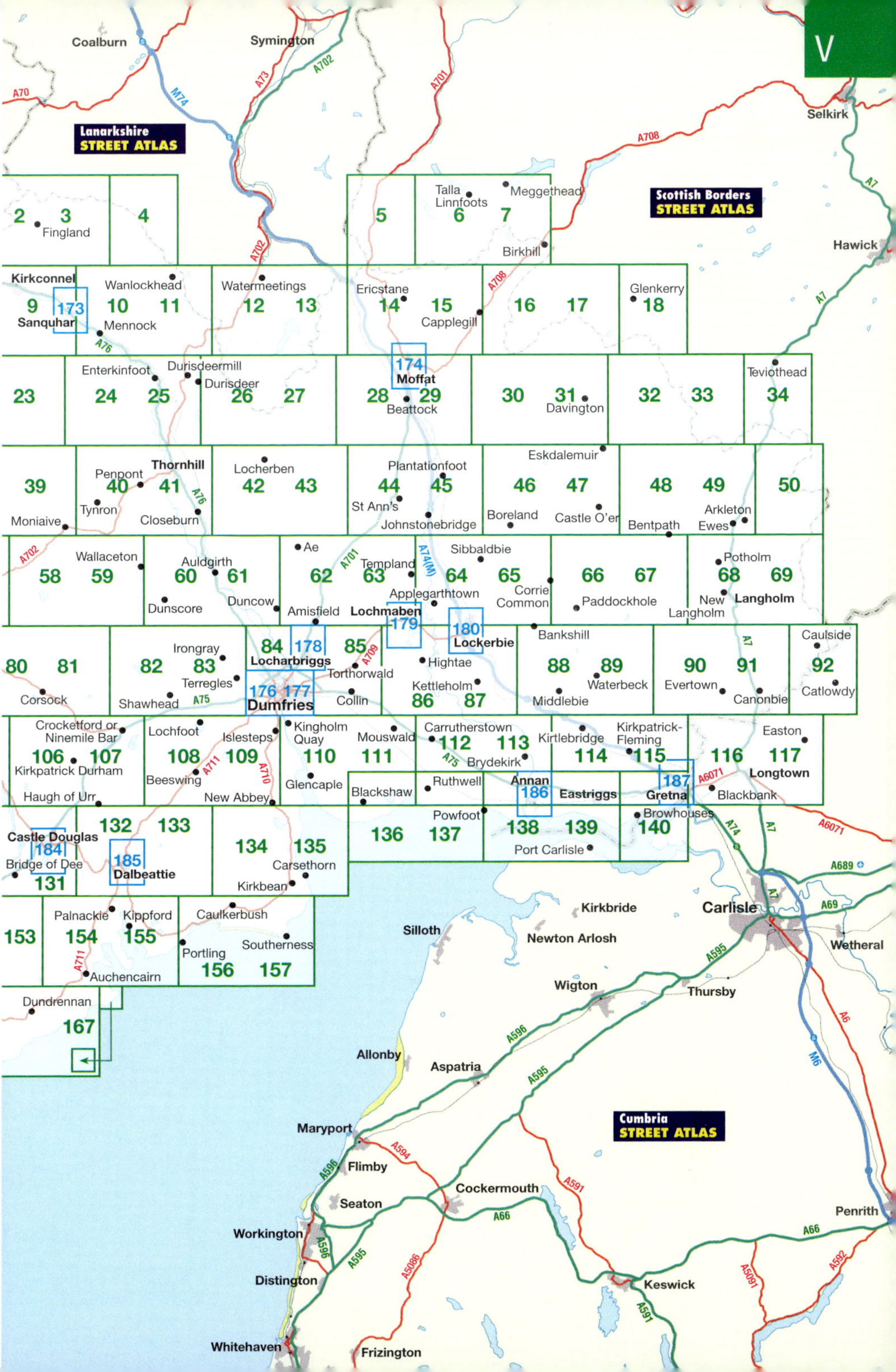
Coalburn
Symington
A70
M74
A73
A702
A701
Lanarkshire STREET ATLAS
Selkirk
A708
Scottish Borders STREET ATLAS
A7
Hawick
2
3
Fingland
4
5
Talla Linnfoots
6
Meggethead
7
Birkhill
Kirkconnel
9
173
Sanquhar
Wanlockhead
10
11
Mennock
A76
Watermeetings
12
13
Ericstane
14
15
Capplegill
16
17
Glenkerry
18
23
Enterkinfoot
24
25
Durisdeermill
Durisdeer
26
27
174
Moffat
28
29
Beattock
30
31
Davington
32
33
Teviothead
34
39
Moniaive
Penpont
40
Thornhill
41
Tynron
Closeburn
Locherben
42
43
Plantationfoot
44
45
St Ann's
Johnstonebridge
Eskdalemuir
46
47
Boreland
Castle O'er
48
49
Bentpath
Arkleton
Ewes
50
58
59
Wallaceton
Auldgirth
60
61
Dunscore
Duncow
Ae
62
63
Templand
Amisfield
Lochmaben
A74(M)
64
Sibbaldbie
65
Applegarthtown
Corrie Common
66
67
Paddockhole
Potholm
68
69
New Langholm
Langholm
80
81
Corsock
82
83
Irongray
Terregles
Shawhead
A75
84
178
85
Locharbriggs
A709
Torthorwald
176
177
Dumfries
Collin
179
180
Lockerbie
Hightae
Kettleholm
86
87
Bankshill
88
89
Middlebie
Waterbeck
90
91
Evertown
Canonbie
Caulside
92
Catlowdy
Crocketford or Ninemile Bar
106
107
Kirkpatrick Durham
Haugh of Urr
Lochfoot
108
109
Islesteps
A711
A710
Beeswing
New Abbey
Kingholm Quay
110
Glencaple
Mouswald
111
Blackshaw
Carrutherstown
112
113
Brydekirk
Ruthwell
Kirtlebridge
114
Kirkpatrick-Fleming
115
Annan
186
Eastriggs
187
Gretna
116
117
Easton
Longtown
A6071
Blackbank
Castle Douglas
184
Bridge of Dee
131
132
133
185
Dalbeattie
134
135
Carsethorn
Kirkbean
136
137
Powfoot
138
139
Port Carlisle
Browhouses
140
A74
A689
Carlisle
A69
Wetheral
153
Palnackie
154
Kippford
155
Auchencairn
Caulkerbush
Portling
156
Southerness
157
Silloth
Kirkbride
Newton Arlosh
A595
Wigton
Thursby
A6
M6
Dundrennan
167
Allonby
A596
Aspatria
Cumbria STREET ATLAS
Maryport
A594
Flimby
Seaton
Cockermouth
A591
A66
Penrith
Workington
Distington
A5086
A5091
A592
Keswick
Whitehaven
Frizington

Route planning

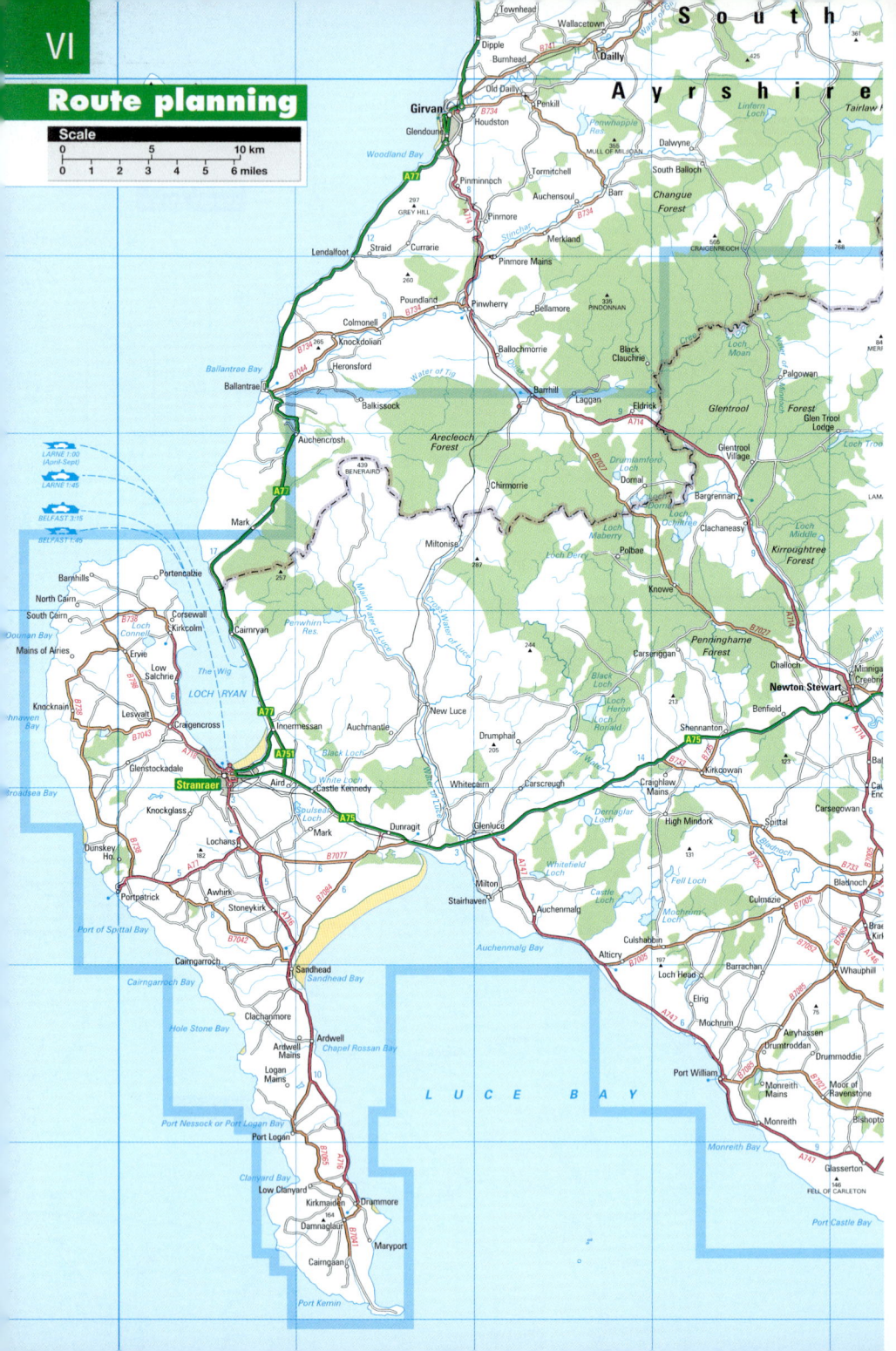
Scale
0 5 10 km
0 1 2 3 4 5 6 miles
South Ayrshire
Townhead
Wallacetown
Dipple
Burnhead
Daily
Old Dailly
Girvan
Glendoune
Houstoun
Penkill
Penwhapple Res.
MULL OF MILJOAN
Lintern Loch
Tairlaw
Dalwyne
South Balloch
Woodland Bay
Pinminnoch
Tormitchell
Auchensoul
Barr
Changue Forest
GREY HILL
Pinmore
Stinchar
Merkland
CRAIGENREOCH
Lendalfoot
Straid
Currarie
Pinmore Mains
Poundland
Pinwherry
Bellamore
PINDONNAN
Colmonell
Knockdolian
Ballochmorrie
Black Clauchrie
Loch Moan
Palgowan
Ballantrae Bay
Ballantrae
Heronsford
Water of Tig
Barrhill
Laggan
Eldrick
Glentrool Forest
Glen Trool Lodge
Balkissock
Arecleoch Forest
Auchencrosh
Glentrool Village
Loch Trool
LARNE 1:00 (April-Sept)
LARNE 1:45
BELFAST 3:15
BELFAST 1:45
BENERAIRD
Chirmorrie
Drumlamford Loch
Dornal
Bargrennan
Mark
Loch Maberry
Loch Ochiltree
Clachaneasy
Loch Middle
Miltonise
Kirroughtree Forest
Loch Derry
Polbae
Barnhills
Portencalzie
North Cairn
South Cairn
Corsewall
Kirkcolm
Loch Connell
Dounan Bay
Mains of Airies
Cairnryan
Penwhirn Res.
Main Water of Luce
Cross Water of Luce
Knowe
Penninghame Forest
Ervie
Low Salchrie
The Wig
LOCH RYAN
Carseriggan
Challoch
Newton Stewart
Minnigaff
Creebridge
Black Loch
Knocknain
Leswalt
Loch Heron
Loch Ronald
Benfield
Craigencross
Innermessan
Auchmantle
New Luce
Shennanton
Drumphail
Tarf Water
Glenstockadale
Black Loch
Kirkcowan
Stranraer
Aird
White Loch
Castle Kennedy
Whitecairn
Carscreugh
Craighlaw Mains
Broadsea Bay
Knockglass
Soulseat Loch
Mark
Dunragit
Water of Luce
Glenluce
Dernaglar Loch
High Mindork
Spittal
Carsegowan
Lochans
Dunskey Ho.
Bladnoch
Portpatrick
Awhirk
Stoneykirk
Milton
Stairhaven
Whitefield Loch
Fell Loch
Castle Loch
Culmazie
Auchenmalg
Mochrum Loch
Port of Spittal Bay
Culshabbin
Auchenmalg Bay
Alticry
Cairngarroch
Sandhead
Sandhead Bay
Cairngarroch Bay
Loch Head
Barrachan
Whauphill
Elrig
Hole Stone Bay
Clachanmore
Mochrum
Airyhassen
Ardwell
Ardwell Mains
Chapel Rossan Bay
Drumtroddan
Drummoddie
Logan Mains
Port William
Monreith Mains
Moor of Ravenstone
LUCE BAY
Port Nessock or Port Logan Bay
Port Logan
Monreith
Bishopton
Monreith Bay
Clanyard Bay
Low Clanyard
Glasserton
FELL OF CARLETON
Kirkmaiden
Drummore
Damnaglaur
Maryport
Port Castle Bay
Cairngaan
Port Kemin
A77
A714
A75
A751
A716
A747
A718
B734
B741
B7044
B7027
B733
B735
B738
B798
B7043
B7077
B7084
B7042
B7065
B7041
B7005
B7052
B7085
B7021

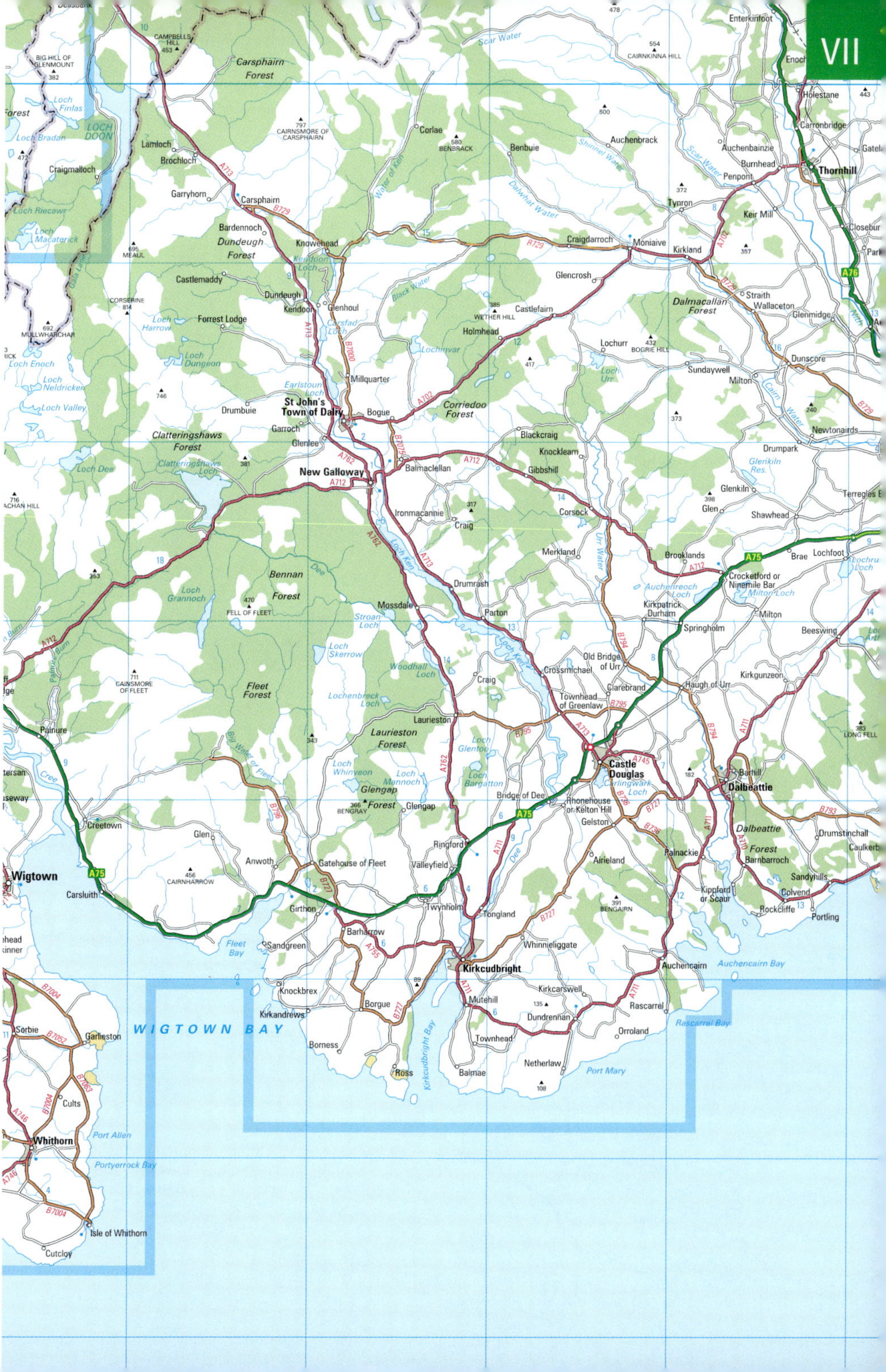
Carsphairn Forest
Campbells Hill 453
Big Hill of Glenmount 382
Loch Finlas
Loch Bradan
LOCH DOON
Lamloch
Brochloch
Craigmalloch
Garryhorn
Carsphairn
Loch Riecawr
Loch Macaterick
Bardennoch
Dundeugh Forest
695 Meaul
Knowehead
Kendoon Loch
Castlemaddy
Dundeugh
Kendoon
Glenhoul
Corserine 814
Loch Harrow
Forrest Lodge
Carsfad Loch
692 Mullwharchar
Loch Enoch
Loch Dungeon
Loch Neldricken
Loch Valley
746
Earlstoun Loch
Millquarter
Drumbuie
St John's Town of Dalry
Bogue
Garroch
Glenlee
Clatteringshaws Forest
Clatteringshaws Loch
381
Loch Dee
New Galloway
Balmaclellan
716
Ironmacannie
317
Craig
Loch Ken
18
353
Loch Grannoch
Bennan Forest
470 Fell of Fleet
Mossdale
Stroan Loch
Loch Skerrow
711 Cairnsmore of Fleet
Fleet Forest
Woodhall Loch
Lochenbreck Loch
Palnure
Laurieston
Laurieston Forest
343
Big Water of Fleet
Cree
Loch Whinyeon
Loch Mannoch
Glengap Forest
366 Bengray
Glengap
Creetown
Glen
Anwoth
Gatehouse of Fleet
456 Cairnharrow
Wigtown
Carsluith
Girthon
Fleet Bay
Sandgreen
Barharrow
Knockbrex
Kirkandrews
Borgue
89
Borness
Ross
Kirkcudbright Bay
WIGTOWN BAY
Sorbie
Garlieston
Cults
Whithorn
Port Allen
Portyerrock Bay
Isle of Whithorn
Cutcloy
478
Enterkinfoot
Scar Water
554 Cairnkinna Hill
Enoch
Holestane
443
Carronbridge
Gatelaw
600
Auchenbrack
Corlae
797 Cairnsmore of Carsphairn
580 Benbrack
Benbuie
Shinnel Water
Scar Water
Auchenbainzie
Burnhead
Penpont
Thornhill
372
Tynron
Keir Mill
Closeburn
Water of Ken
Dalwhat Water
Craigdarroch
Moniaive
Kirkland
357
Park
Glencrosh
Black Water
385 Wether Hill
Castlefairn
Dalmacallan Forest
Straith
Wallaceton
Glenmidge
Holmhead
Lochinvar
Lochurr
432 Bogrie Hill
Dunscore
417
Loch Urr
Sundaywell
Milton
Cairn Water
240
373
Corriedoo Forest
Newtonairds
Blackcraig
Knocklearn
Drumpark
Gibbshill
Glenkiln Res.
Glenkiln
398
Glen
Terregles
Corsock
Shawhead
Merkland
Urr Water
Brooklands
Brae
Lochfoot
Lochrutton Loch
Auchenreoch Loch
Crocketford or Ninemile Bar
Milton Loch
Drumrash
Parton
Kirkpatrick Durham
Springholm
Milton
Beeswing
Old Bridge of Urr
Crossmichael
Craig
Clarebrand
Haugh of Urr
Kirkgunzeon
Townhead of Greenlaw
383 Long Fell
Loch Glentoo
Loch Bargatton
Castle Douglas
Carlingwark Loch
182
Barhill
Dalbeattie
Bridge of Dee
Rhonehouse or Kelton Hill
Gelston
Dalbeattie Forest
Drumstinchall
Ringford
Caulkerbush
Barnbarroch
Airieland
Palnackie
Valleyfield
Sandyhills
Kippford or Scaur
Colvend
Rockcliffe
Portling
391 Bengairn
Twynholm
Tongland
Whinnieliggate
Kirkcudbright
Auchencairn
Auchencairn Bay
Kirkcarswell
Mutehill
135
Dundrennan
Rascarrel
Rascarrel Bay
Orroland
Townhead
Netherlaw
Balmae
Port Mary
108
A713
B729
A702
B7000
A762
B7075
A712
A75
A711
A745
B736
B727
B796
A755
B795
B794
B793
A710
A76
B7004
B7052
B7063
A746

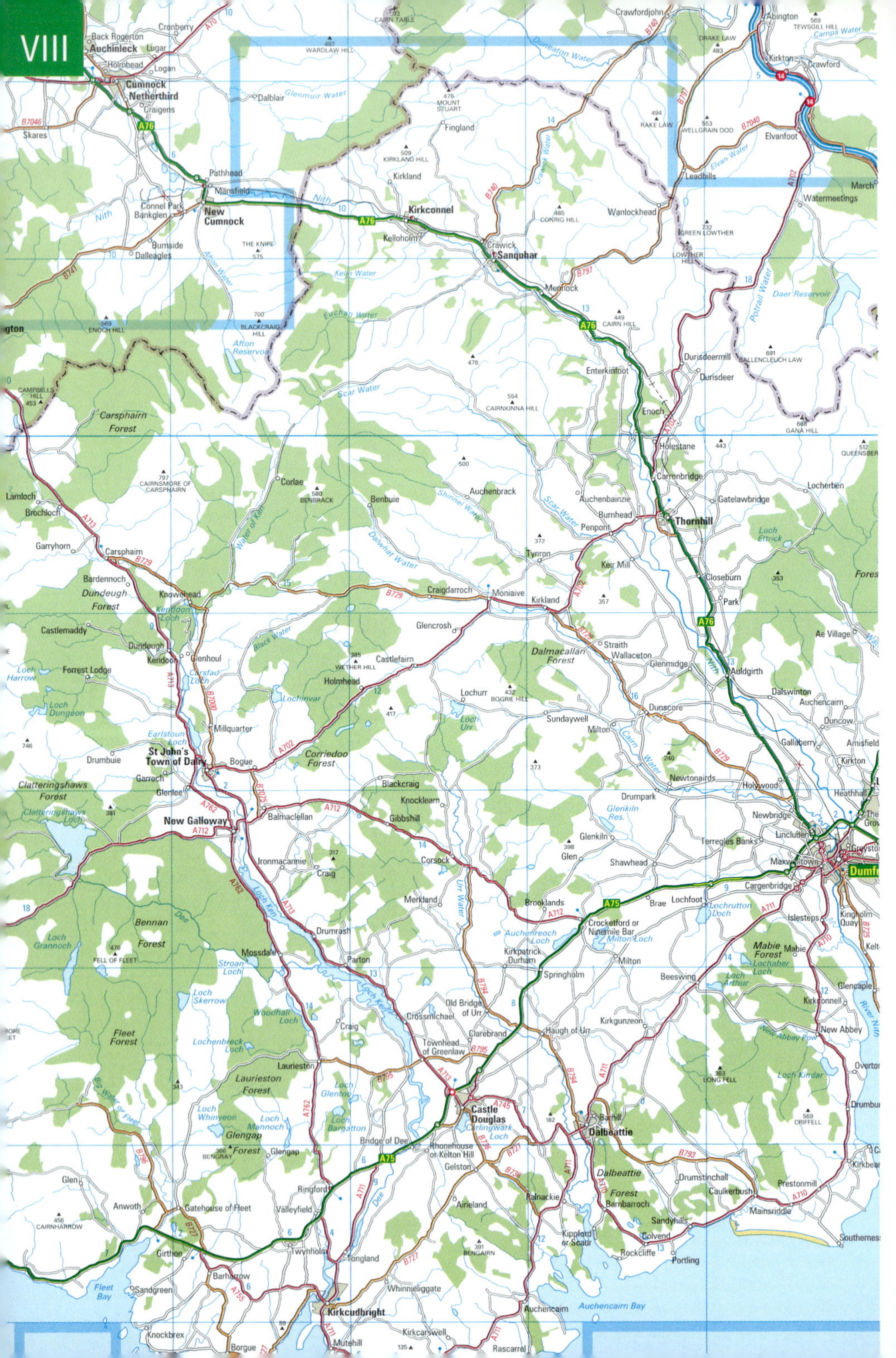
Back Rogerton
Auchinleck
Lugar
Cronberry
Holmhead
Logan
Cumnock
Netherthird
Craigens
Dalblair
Glenmuir Water
Skares
B7046
A76
Pathhead
Mansfield
Connel Park
Bankglen
New Cumnock
Nith
Burnside
Dalleagles
B741
THE KNIPE
575
Afton Water
700
BLACKCRAIG HILL
569
ENOCH HILL
Afton Reservoir
497
WARDLAW HILL
593
CAIRN TABLE
478
MOUNT STUART
Fingland
509
KIRKLAND HILL
Kirkland
Kirkconnel
Kelloholm
Kello Water
Euchan Water
Crawfordjohn
Duneaton Water
B740
B797
Crawick Water
485
CONRIG HILL
Crawick
Sanquhar
Mennock
449
CAIRN HILL
Wanlockhead
494
RAKE LAW
553
WELLGRAIN DOD
483
DRAKE LAW
Abington
569
TEWSGILL HILL
Camps Water
Kirkton
Crawford
B7040
Elvanfoot
Elvan Water
Leadhills
A702
March
Watermeetings
732
GREEN LOWTHER
725
LOWTHER HILL
Potrail Water
Daer Reservoir
691
BALLENCLEUCH LAW
Durisdeermill
Durisdeer
668
GANA HILL
512
QUEENSBER
Enterkinfoot
Enoch
Holestane
443
Carronbridge
Thornhill
Gatelawbridge
Locherben
Loch Ettrick
353
Fores
Closeburn
Park
Ae Village
Auldgirth
Dalswinton
Auchencairn
Duncow
Amisfield
Gallaberry
Kirkton
Holywood
Heathhall
Newbridge
Lincluden
Terregles Banks
Maxwelltown
Dumf
Cargenbridge
Kingholm Quay
Islesteps
A711
A710
B725
Mabie Forest
Mabie
Lochaber Loch
Loch Arthur
Beeswing
Glencaple
Kirkconnell
River Nith
New Abbey
New Abbey Pow
Loch Kindar
383
LONG FELL
569
CRIFFELL
Drumbu
Kirkbean
Prestonmill
Mainsriddle
Southerness
Sandyhills
Colvend
Portling
Rockcliffe
Kippford or Scaur
Barnbarroch
Dalbeattie Forest
Dalbeattie
Barrhill
B793
Drumstinchall
Caulkerbush
478
Scar Water
554
CAIRNKINNA HILL
500
Auchenbrack
Shinnel Water
Auchenbainzie
Burnhead
Penpont
Scar Water
372
Tynron
Keir Mill
357
Moniaive
Kirkland
Craigdarroch
B729
A702
Dalwhat Water
Benbuie
580
BENBRACK
Corlae
797
CAIRNSMORE OF CARSPHAIRN
Carsphairn Forest
453
CAMPBELLS HILL
Lamloch
Brochloch
A713
Garryhorn
Carsphairn
B729
Bardennoch
Dundeugh Forest
Knowehead
Kendoon Loch
Water of Ken
Castlemaddy
Dundeugh
Kendoon
Glenhoul
Loch Harrow
Forrest Lodge
Loch Dungeon
Carsfad Loch
B7000
Black Water
385
WETHER HILL
Castlefairn
Glencrosh
Holmhead
Lochinvar
417
Earlstoun Loch
Millquarter
746
Drumbuie
St John's Town of Dalry
Bogue
Corriedoo Forest
A702
Straith
Wallaceton
Dalmacallan Forest
Glenmidge
432
BOGRIE HILL
Lochurr
Loch Urr
Dunscore
Sundaywell
Milton
Cairn Water
240
373
Newtonairds
Drumpark
Glenkiln Res.
Glenkiln
398
Glen
Shawhead
Clatteringshaws Forest
Clatteringshaws Loch
381
Garroch
Glenlee
A762
B7075
Balmaclellan
A712
Blackcraig
Knocklearn
Gibbshill
New Galloway
Ironmacannie
317
Craig
Corsock
Urr Water
Merkland
Brooklands
A75
Brae
Lochfoot
Lochrutton Loch
Crocketford or Ninemile Bar
Milton Loch
Auchenreoch Loch
Kirkpatrick Durham
Springholm
Milton
Loch Ken
A713
Drumrash
Mossdale
Parton
Bennan Forest
Dee
470
FELL OF FLEET
Loch Grannoch
Stroan Loch
Loch Skerrow
Woodhall Loch
Craig
Crossmichael
Old Bridge of Urr
Clarebrand
Haugh of Urr
Kirkgunzeon
B794
Townhead of Greenlaw
B795
Fleet Forest
Lochenbreck Loch
Laurieston
Laurieston Forest
Loch Glentoo
A762
343
Big Water of Fleet
Loch Whinyeon
Loch Mannoch
Glengap Forest
366
BENGRAY
Glengap
Loch Bargatton
Castle Douglas
Carlingwark Loch
A745
182
B736
Bridge of Dee
Rhonehouse or Kelton Hill
Gelston
B727
A75
B796
Glen
Anwoth
456
CAIRNHARROW
Gatehouse of Fleet
B727
Ringford
Valleyfield
A711
Dee
Auchencairn Bay
Palnackie
Aireland
391
BENGAIRN
Girthon
Twynholm
Tongland
Barharrow
A755
Fleet Bay
Sandgreen
Whinnieliggate
Kirkcudbright
Auchencairn
89
Knockbrex
Borgue
Mutehill
Kirkcarswell
135
Rascarral
gton
ORE
ET

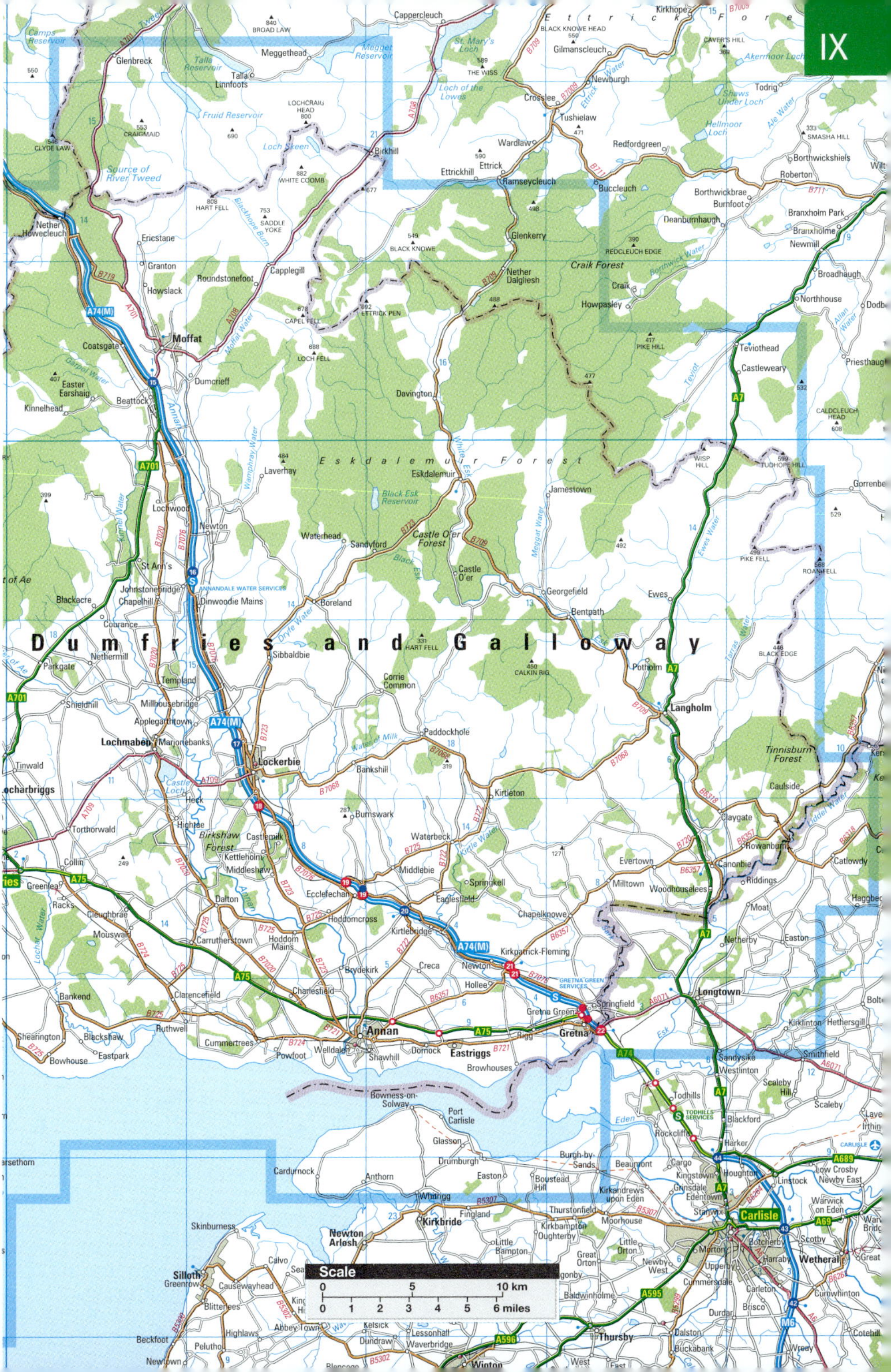
Dumfries and Galloway
Eskdalemuir Forest
Ettrick Forest
Craik Forest
Tinnisburn Forest
Birkshaw Forest
Castle O'er Forest
Moffat
Lockerbie
Lochmaben
Annan
Gretna
Langholm
Longtown
Carlisle
Wetheral
Silloth
Kirkbride
Newton Arlosh
Eastriggs
Ecclefechan
Kirtlebridge
Kirkpatrick-Fleming
Gretna Green
Springfield
Rockcliffe
Cargo
Kingstown
Houghton
Linstock
Stanwix
Harraby
Botcherby
Upperby
Morton
Cummersdale
Dalston
Thursby
Wigton
Burgh-by-Sands
Bowness-on-Solway
Port Carlisle
Glasson
Drumburgh
Anthorn
Cardurnock
Whitrigg
Fingland
Kirkbampton
Thurstonfield
Kirkandrews upon Eden
Beaumont
Grinsdale
Moorhouse
Great Orton
Little Orton
Newby West
Baldwinholme
Abbey Town
Causewayhead
Blitterlees
Skinburness
Beckfoot
Pelutho
Highlaws
Calvo
Newtown
Kelsick
Lessonhall
Dundraw
Waverbridge
Blencogo
Sandysike
Westlinton
Todhills
Blackford
Harker
Scaleby
Scaleby Hill
Smithfield
Kirklinton
Hethersgill
Netherby
Easton
Moat
Riddings
Canonbie
Rowanburn
Claygate
Catlowdy
Woodhouselees
Milltown
Evertown
Chapelknowe
Springkell
Eaglesfield
Middlebie
Waterbeck
Kirtleton
Burnswark
Bankshill
Paddockhole
Corrie Common
Sibbaldbie
Boreland
Hoddom Mains
Hoddomcross
Brydekirk
Creca
Newton
Hollee
Rigg
Dornock
Browhouses
Welldale
Shawhill
Powfoot
Cummertrees
Ruthwell
Clarencefield
Carrutherstown
Dalton
Mouswald
Cleughbrae
Racks
Greenlea
Collin
Torthorwald
Tinwald
Locharbriggs
Shieldhill
Parkgate
Nethermill
Templand
Millhousebridge
Applegarthtown
Marjoriebanks
Heck
Hightae
Castlemilk
Kettleholm
Middleshaw
Bankend
Shearington
Blackshaw
Eastpark
Bowhouse
Johnstonebridge
Chapelhill
Dinwoodie Mains
St Ann's
Lochwood
Blackacre
Courance
Kinnelhead
Easter Earshaig
Beattock
Coatsgate
Dumcrieff
Granton
Howslack
Ericstane
Roundstonefoot
Capplegill
Nether Howecleuch
Glenbreck
Talla Linnfoots
Meggethead
Cappercleuch
Birkhill
Ettrickhill
Ettrick
Wardlaw
Crosslee
Tushielaw
Gilmanscleuch
Newburgh
Kirkhope
Redfordgreen
Ramseycleuch
Buccleuch
Glenkerry
Nether Dalgleish
Deanburnhaugh
Borthwickbrae
Burnfoot
Borthwickshiels
Roberton
Todrig
Branxholm Park
Branxholme
Newmill
Broadhaugh
Northhouse
Craik
Howpasley
Teviothead
Castleweary
Priesthaugh
Dodburn
Davington
Eskdalemuir
Laverhay
Waterhead
Sandyford
Castle O'er
Jamestown
Georgefield
Bentpath
Ewes
Potholm
Caulside
Gorrenberry
Talla Reservoir
Fruid Reservoir
Loch Skeen
Megget Reservoir
St Mary's Loch
Loch of the Lowes
Camps Reservoir
Black Esk Reservoir
Akermoor Loch
Shaws Under Loch
Hellmoor Loch
Source of River Tweed
Annandale Water Services
Gretna Green Services
Todhills Services
Clyde Law
Craigmaid
Hart Fell
Saddle Yoke
White Coomb
Lochcraig Head
Broad Law
Black Knowe
Capel Fell
Ettrick Pen
Loch Fell
Pike Hill
Redcleuch Edge
Smasha Hill
Black Knowe Head
Caver's Hill
The Wiss
Wisp Hill
Tudhope Hill
Caldcleuch Head
Pike Fell
Roanfell
Black Edge
Calkin Rig
A74(M)
A74
A701
A75
A7
A6071
A689
A69
A595
A596
M6
B709
B7009
B711
B719
B7076
B7020
B723
B7068
B722
B725
B724
B721
B6357
B6318
B5307
B5302
Carlisle
Scale
0 5 10 km
0 1 2 3 4 5 6 miles

Major administrative and Postcode boundaries

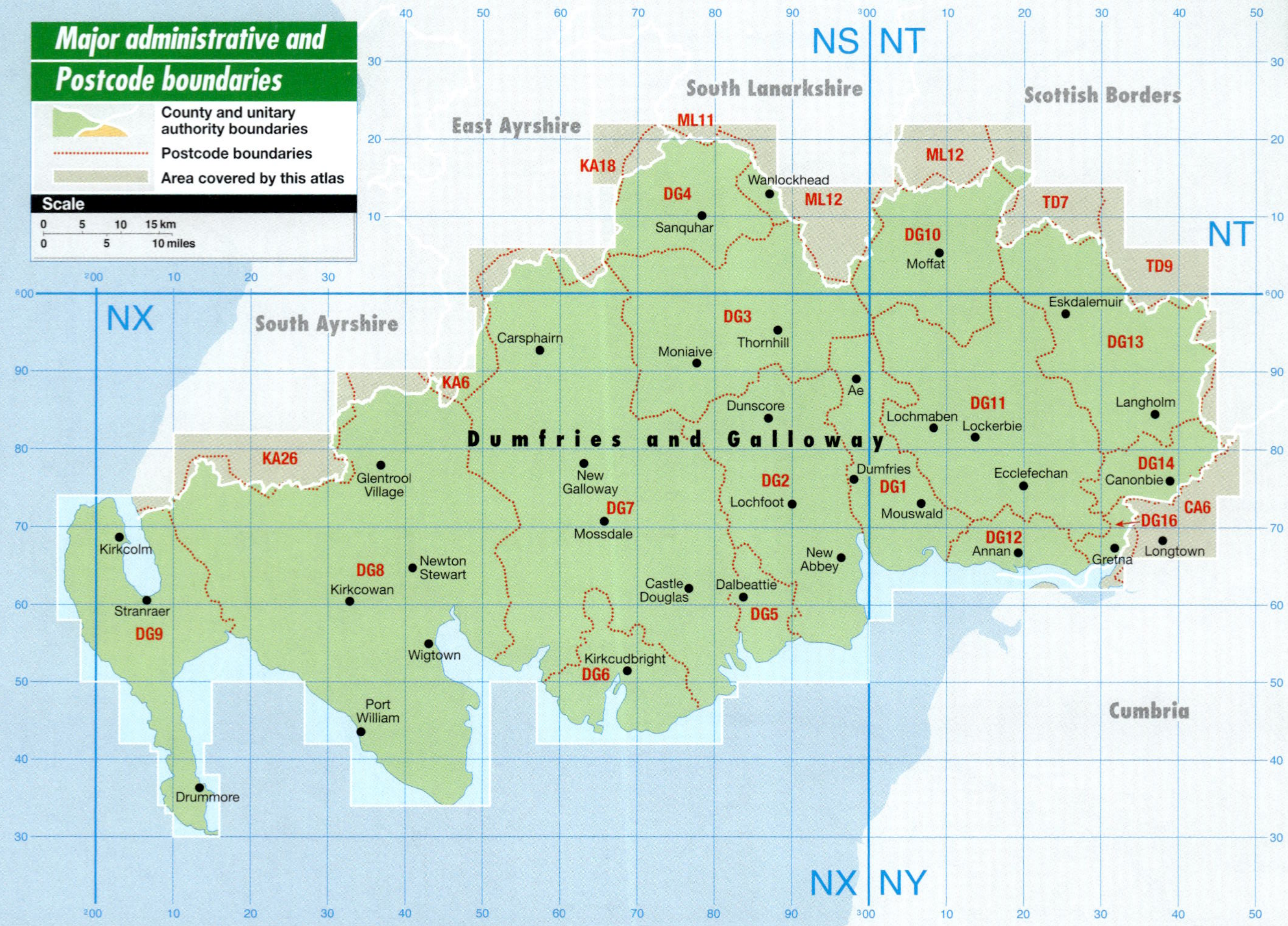
County and unitary authority boundaries
Postcode boundaries
Area covered by this atlas
Scale
0 5 10 15 km
0 5 10 miles
NS
NT
NX
NY
South Lanarkshire
Scottish Borders
East Ayrshire
South Ayrshire
Cumbria
Dumfries and Galloway
ML11
ML12
KA18
KA6
KA26
TD7
TD9
CA6
DG1
DG2
DG3
DG4
DG5
DG6
DG7
DG8
DG9
DG10
DG11
DG12
DG13
DG14
DG16
Wanlockhead
Sanquhar
Moffat
Eskdalemuir
Carsphairn
Moniaive
Thornhill
Ae
Dunscore
Lochmaben
Lockerbie
Langholm
Glentrool Village
New Galloway
Dumfries
Ecclefechan
Canonbie
Mossdale
Lochfoot
Mouswald
Longtown
Gretna
Annan
Kirkcolm
Newton Stewart
Kirkcowan
Stranraer
New Abbey
Castle Douglas
Dalbeattie
Wigtown
Kirkcudbright
Port William
Drummore

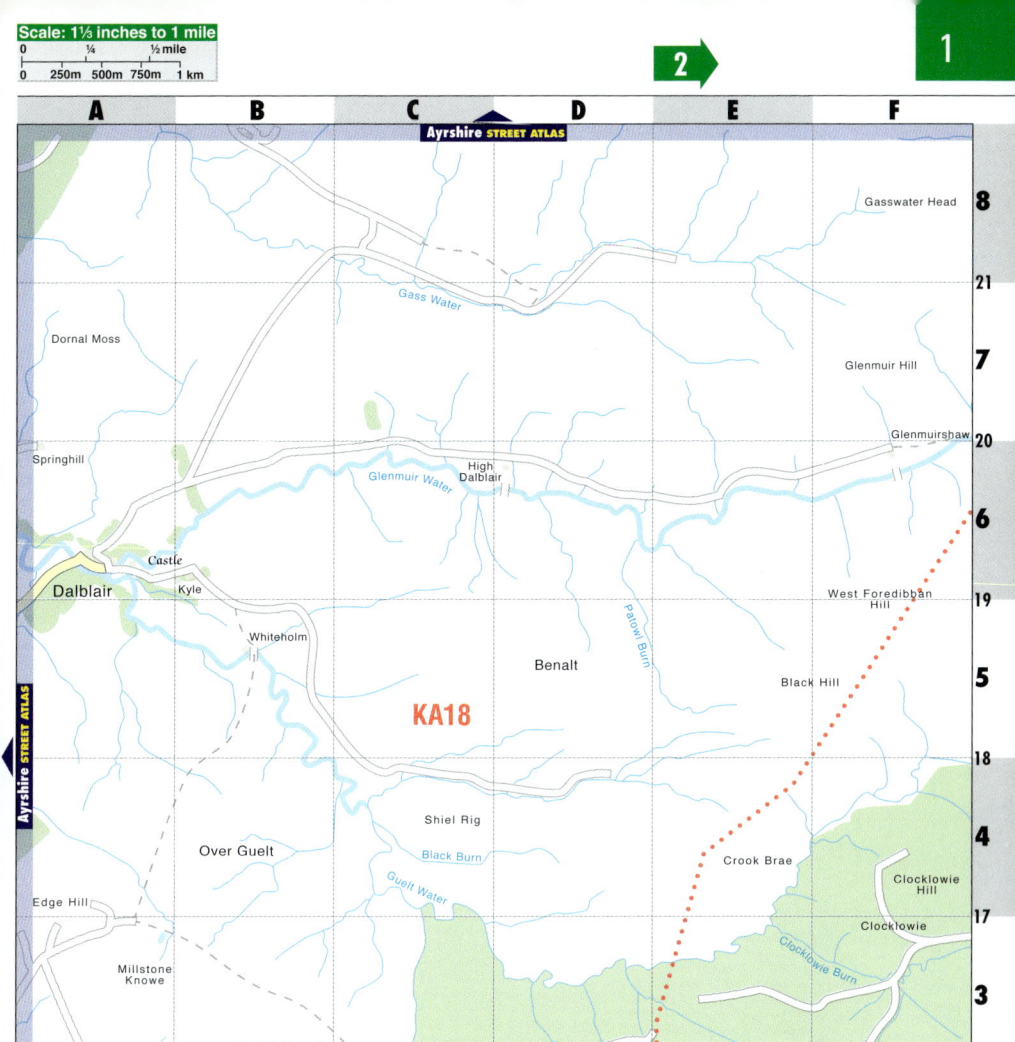

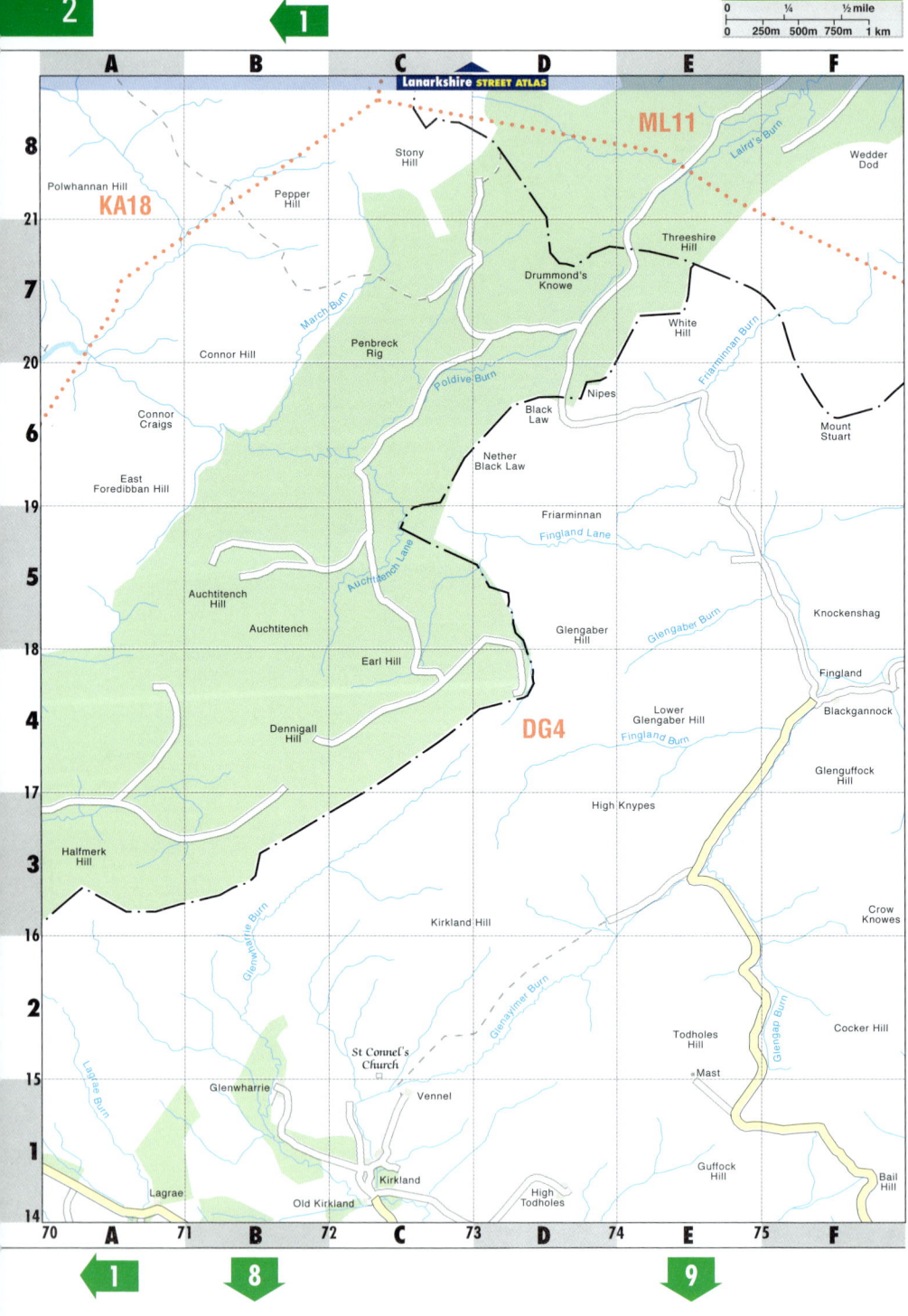

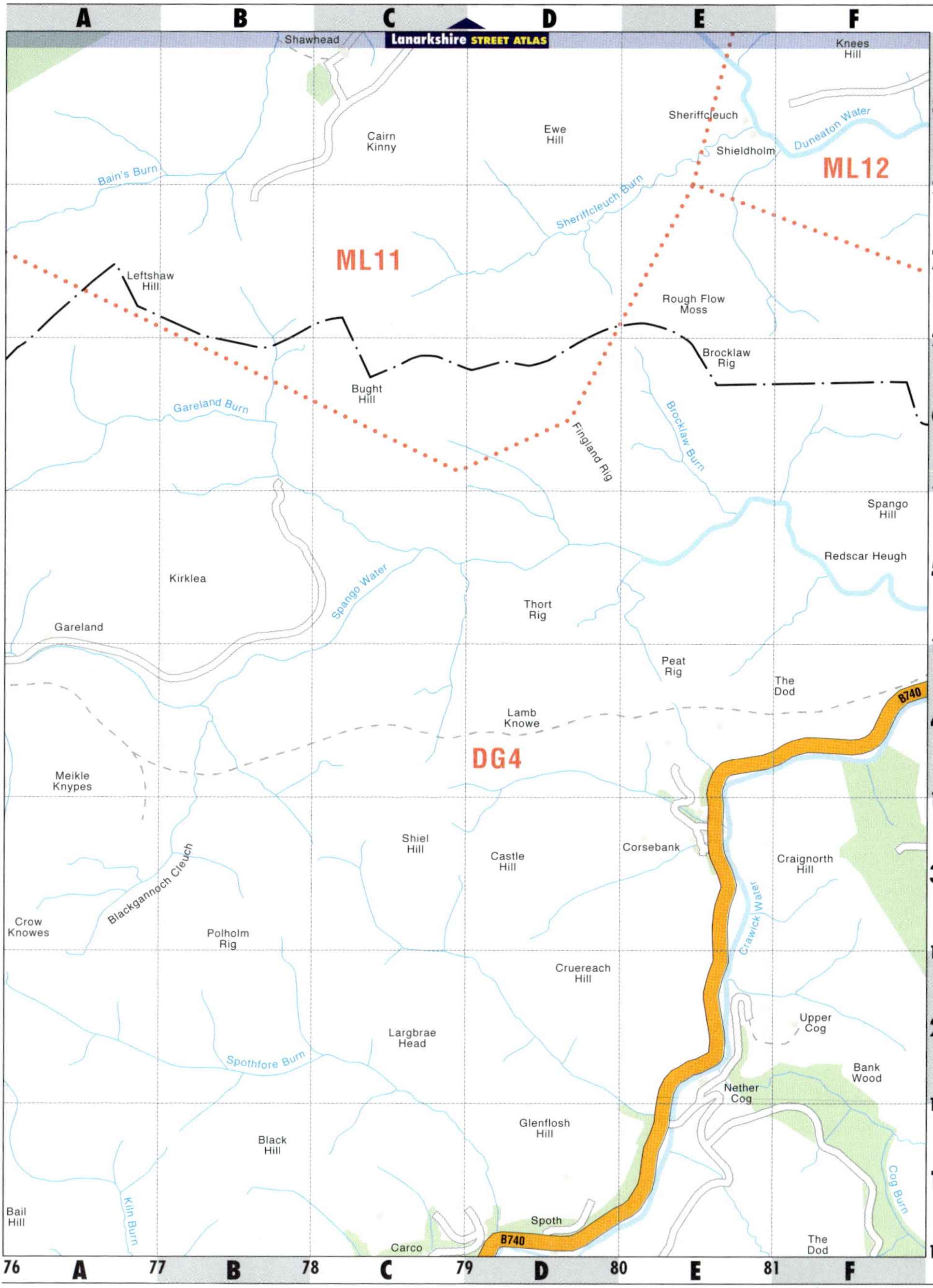

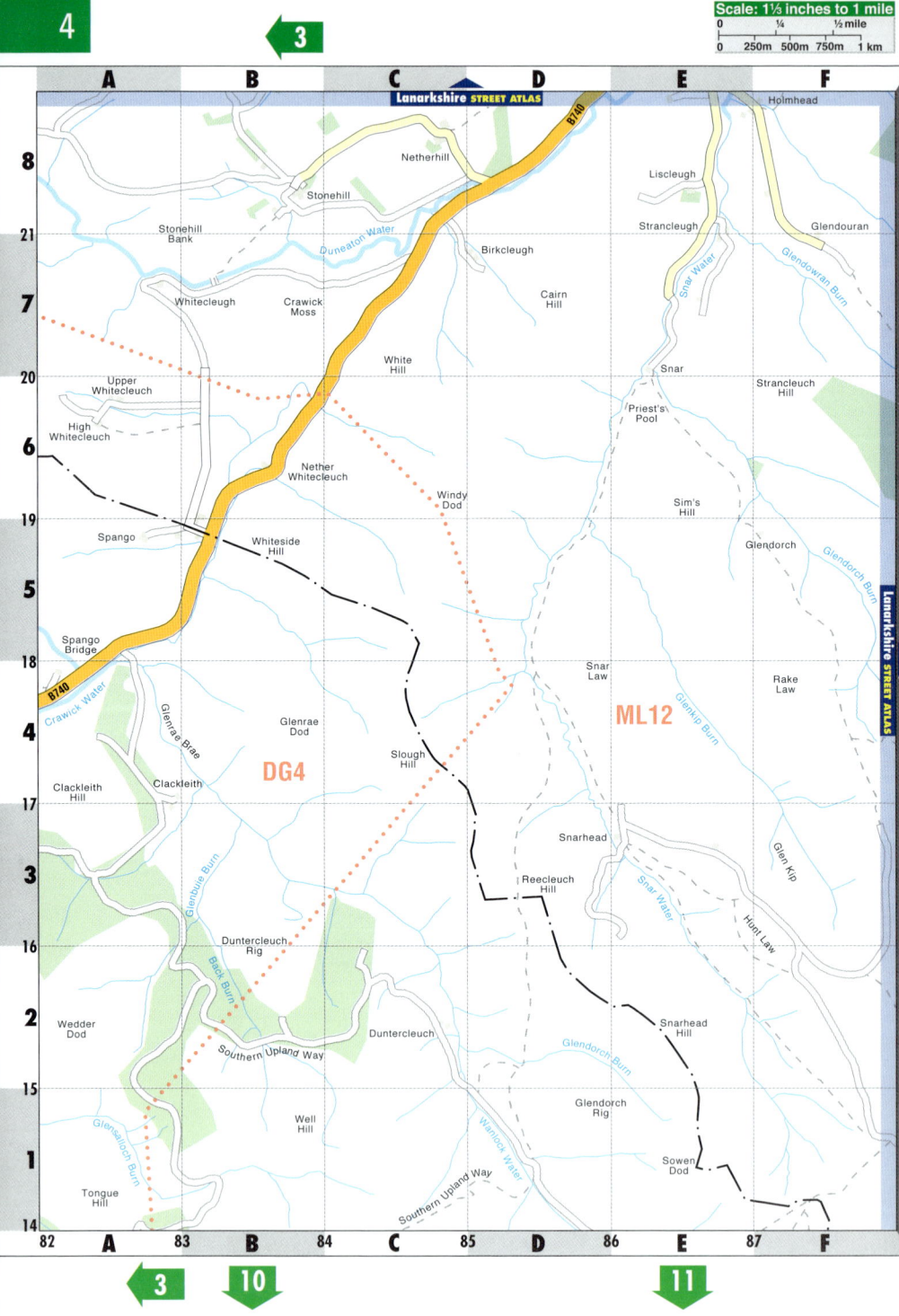

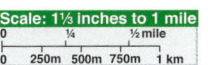

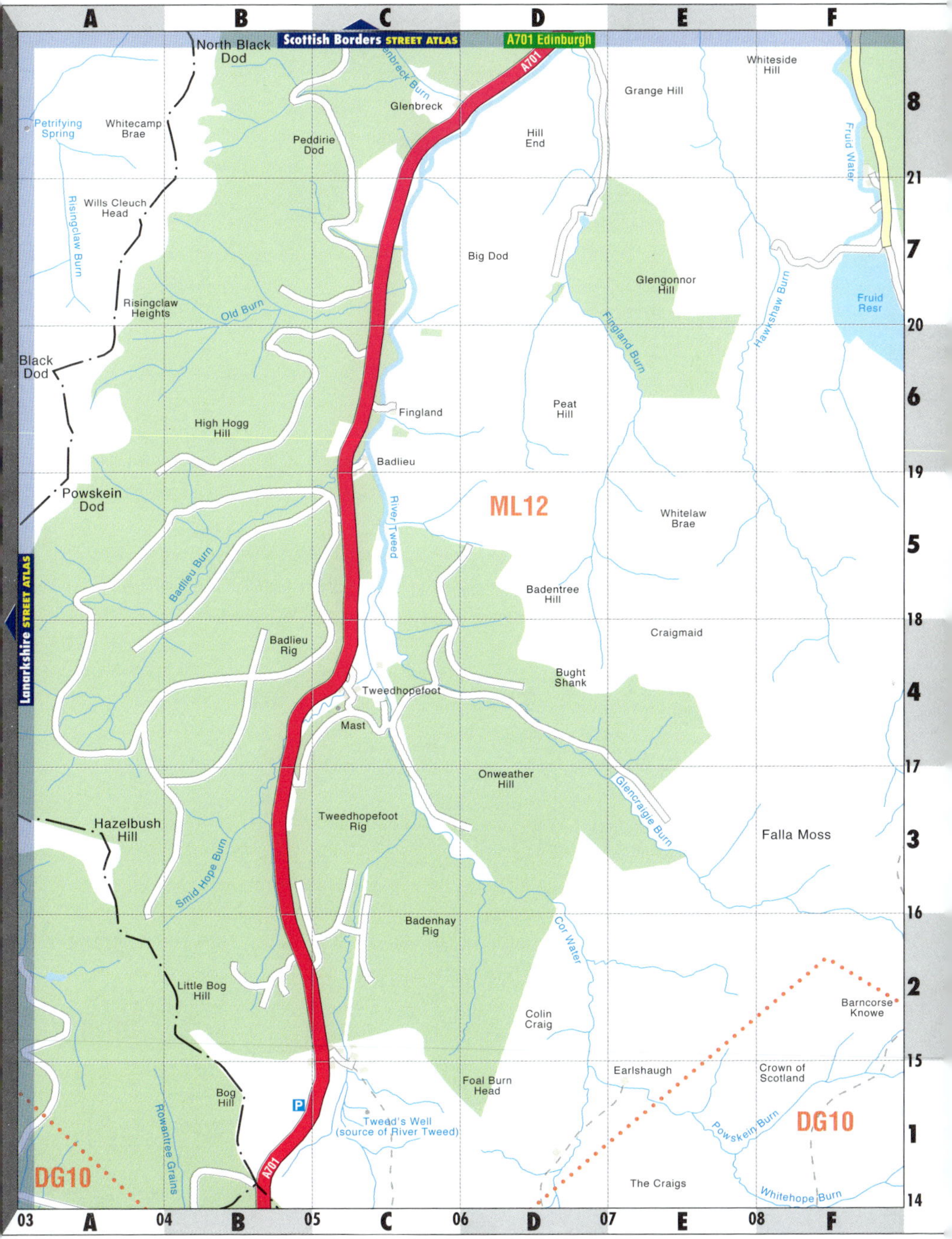

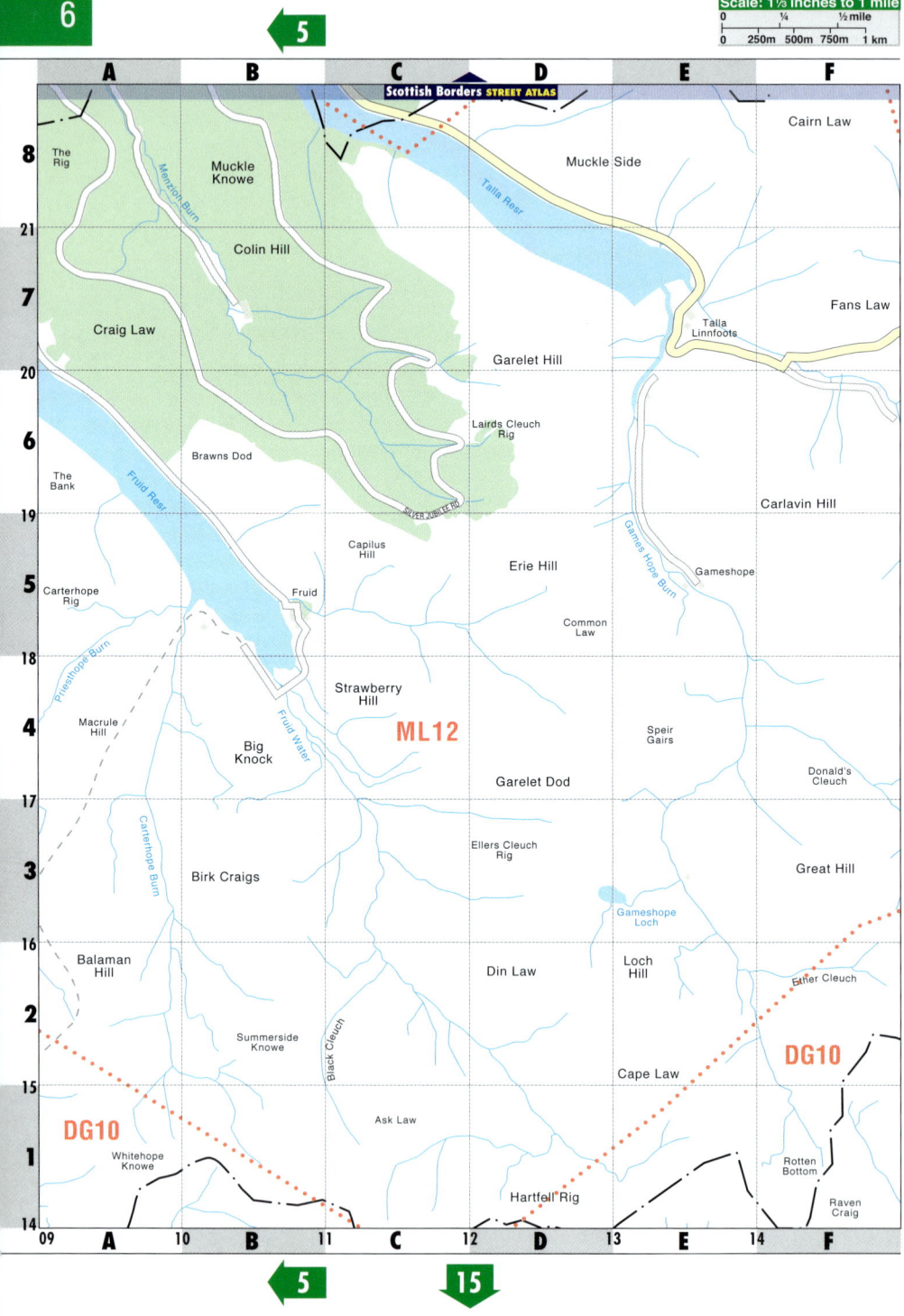

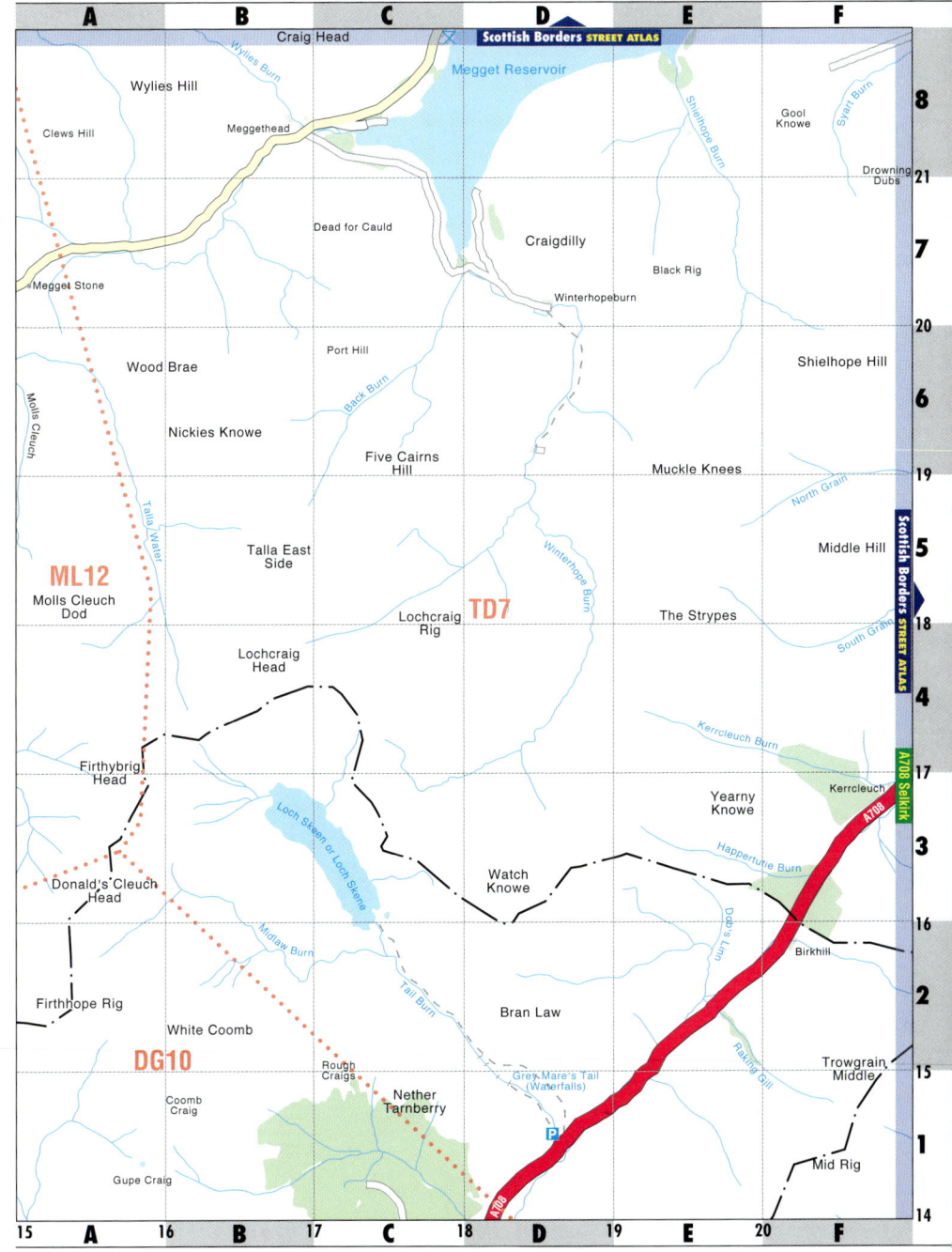

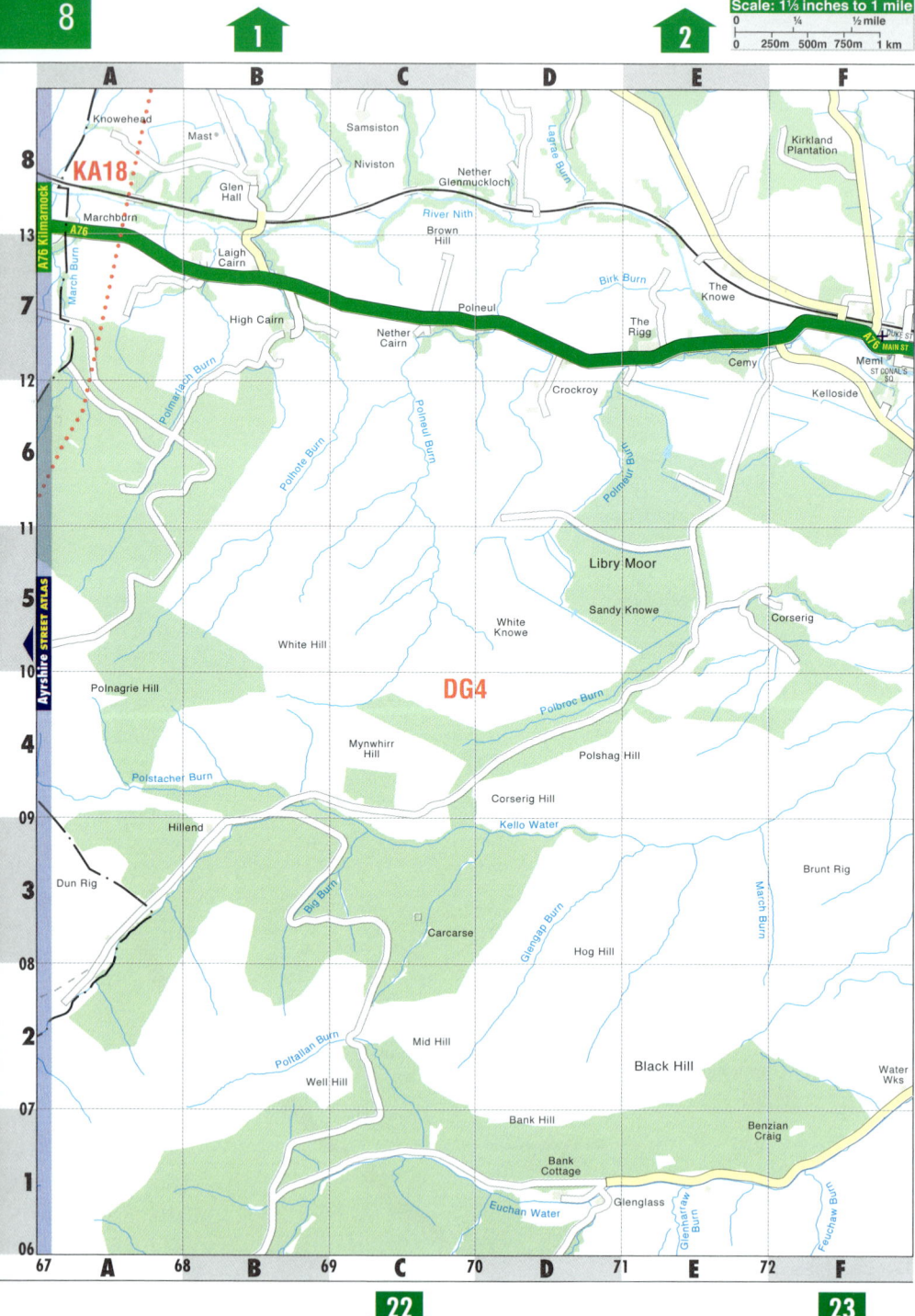

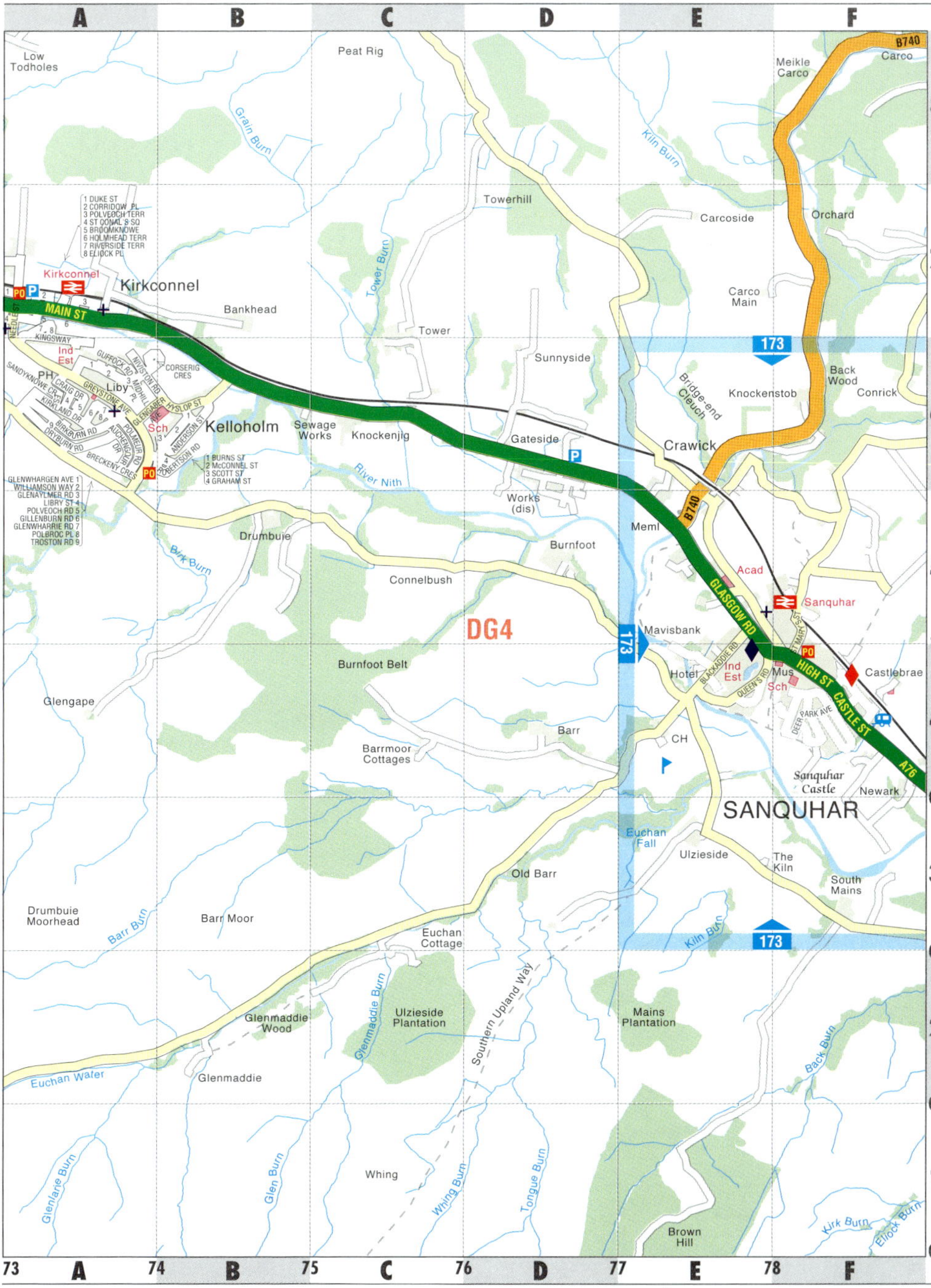
A
B
C
D
E
F
8
13
7
12
6
11
5
10
4
09
3
08
2
07
1
06
73
74
75
76
77
78
Low Todholes
Peat Rig
Meikle Carco
Carco
B740
Grain Burn
Kiln Burn
Towerhill
Carcoside
Orchard
1 DUKE ST
2 CORRIDOW PL
3 POLVEOCH TERR
4 ST CONAL'S SQ
5 BROOMKNOWE
6 HOLMHEAD TERR
7 RIVERSIDE TERR
8 ELIOCK PL
Tower Burn
Kirkconnel
PO
P
MAIN ST
NEEDLE ST
Bankhead
Carco Main
Tower
KINGSWAY
Ind Est
GUFFOCK RD
NIVISTON RD
CORSERIG CRES
173
Sunnyside
Back Wood
Conrick
Knockenstob
Bridge-end Cleuch
PH
Liby
SANDYKNOWE CRES
CRAIG DR
KIRKLAND DR
GREYSTONE AVE
HYSLOP ST
GLENGABER AVE
Sch
Kelloholm
ANDERSON ST
BIRKBURN RD
DRYBURN RD
AUCHENGOUR DR
POLMEUR RD
BRECKENY CRES
1 BURNS ST
2 McCONNEL ST
3 SCOTT ST
4 GRAHAM ST
Sewage Works
Knockenjig
Gateside
Crawick
GLENWHARGEN AVE 1
WILLIAMSON WAY 2
GLENAYLMER RD 3
LIBRY ST 4
POLVEOCH RD 5
GILLENBURN RD 6
GLENWHARRIE RD 7
POLBROC PL 8
TROSTON RD 9
River Nith
Works (dis)
Drumbuie
Meml
Burnfoot
Birk Burn
Acad
Connelbush
GLASGOW RD
Sanquhar
DG4
Mavisbank
Burnfoot Belt
Hotel
BLACKADDIE RD
Ind Est
QUEEN'S RD
Mus
Sch
HIGH ST
CASTLE ST
Castlebrae
Glengape
DEER PARK AVE
Barr
Barrmoor Cottages
CH
A76
Sanquhar Castle
Newark
SANQUHAR
Euchan Fall
Ulzieside
The Kiln
South Mains
Old Barr
Drumbuie Moorhead
Barr Moor
Barr Burn
Euchan Cottage
Kiln Burn
Ulzieside Plantation
Mains Plantation
Glenmaddie Wood
Glenmaddie Burn
Southern Upland Way
Back Burn
Glenmaddie
Euchan Water
Glenlarie Burn
Glen Burn
Whing
Whing Burn
Tongue Burn
Brown Hill
Kirk Burn
Eliock Burn

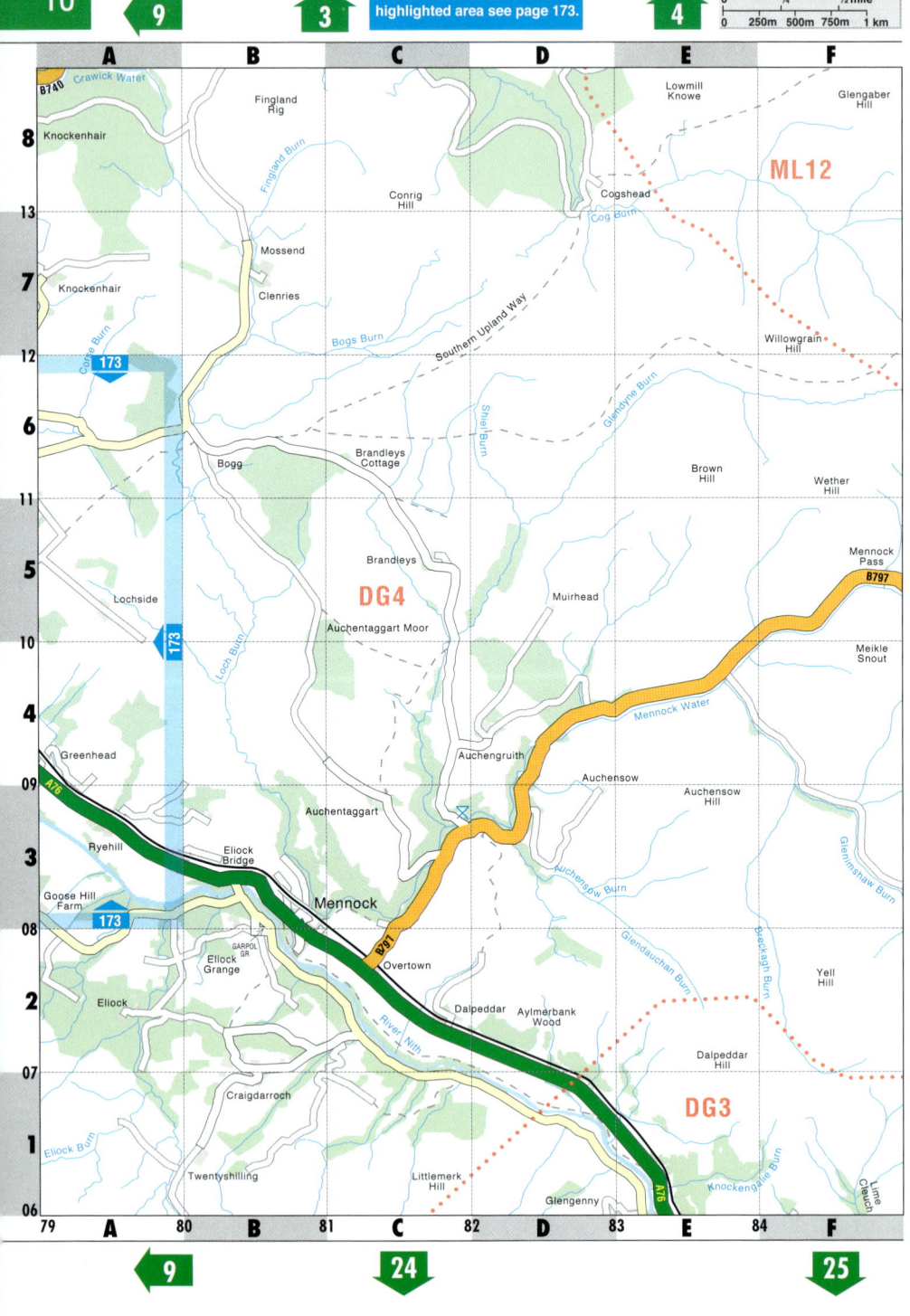

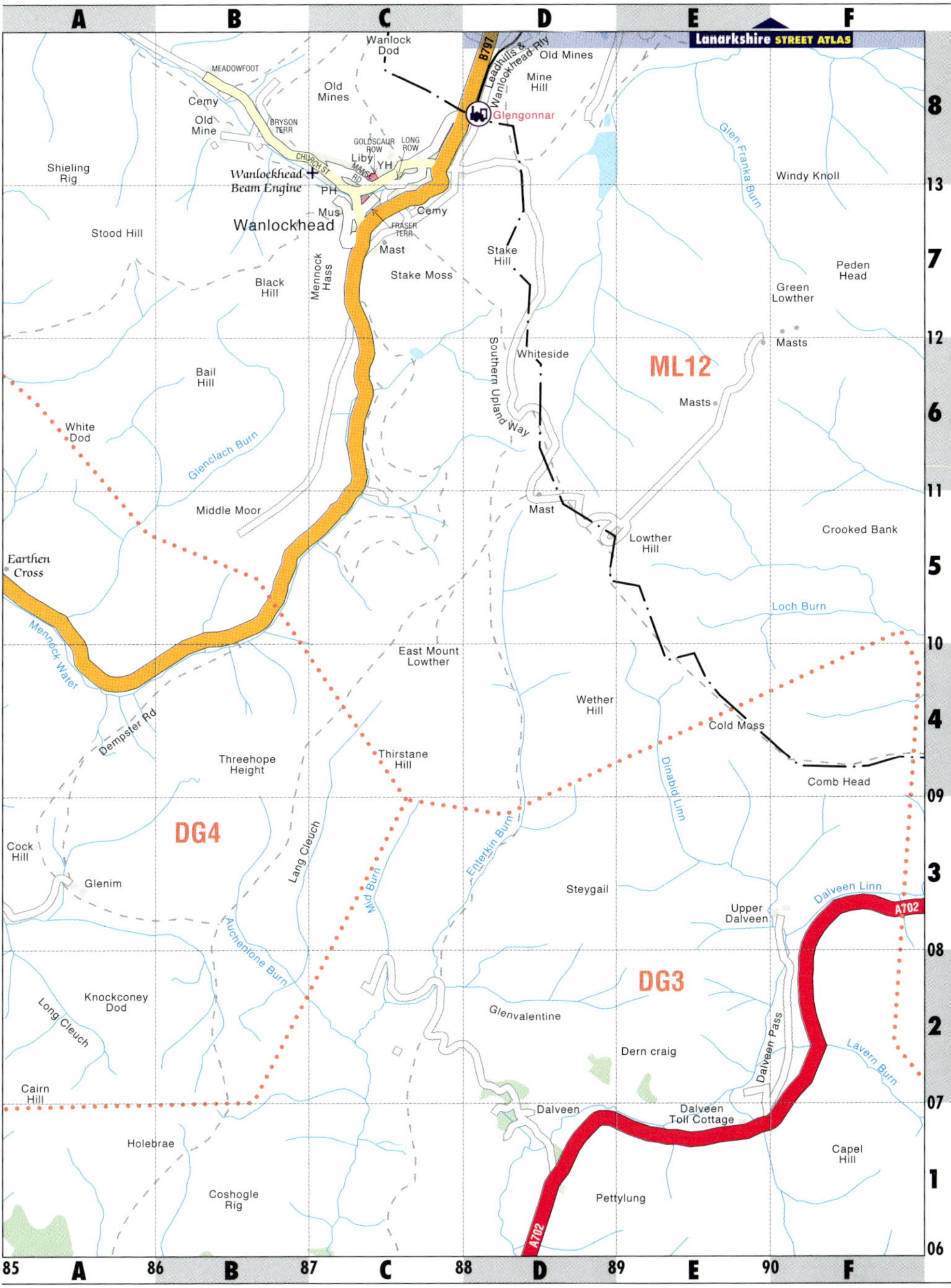

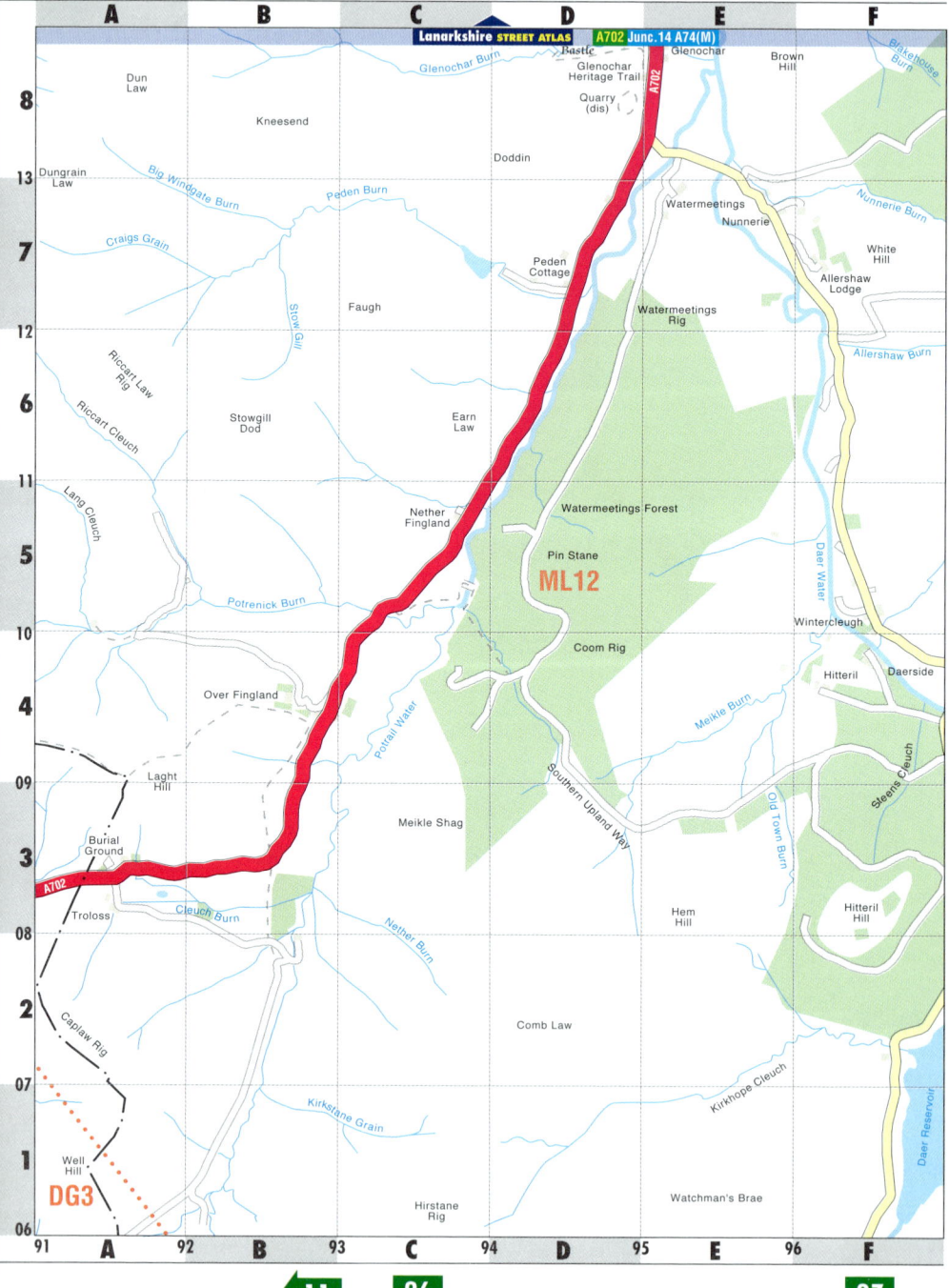

Scale: 1⅓ inches to 1 mile

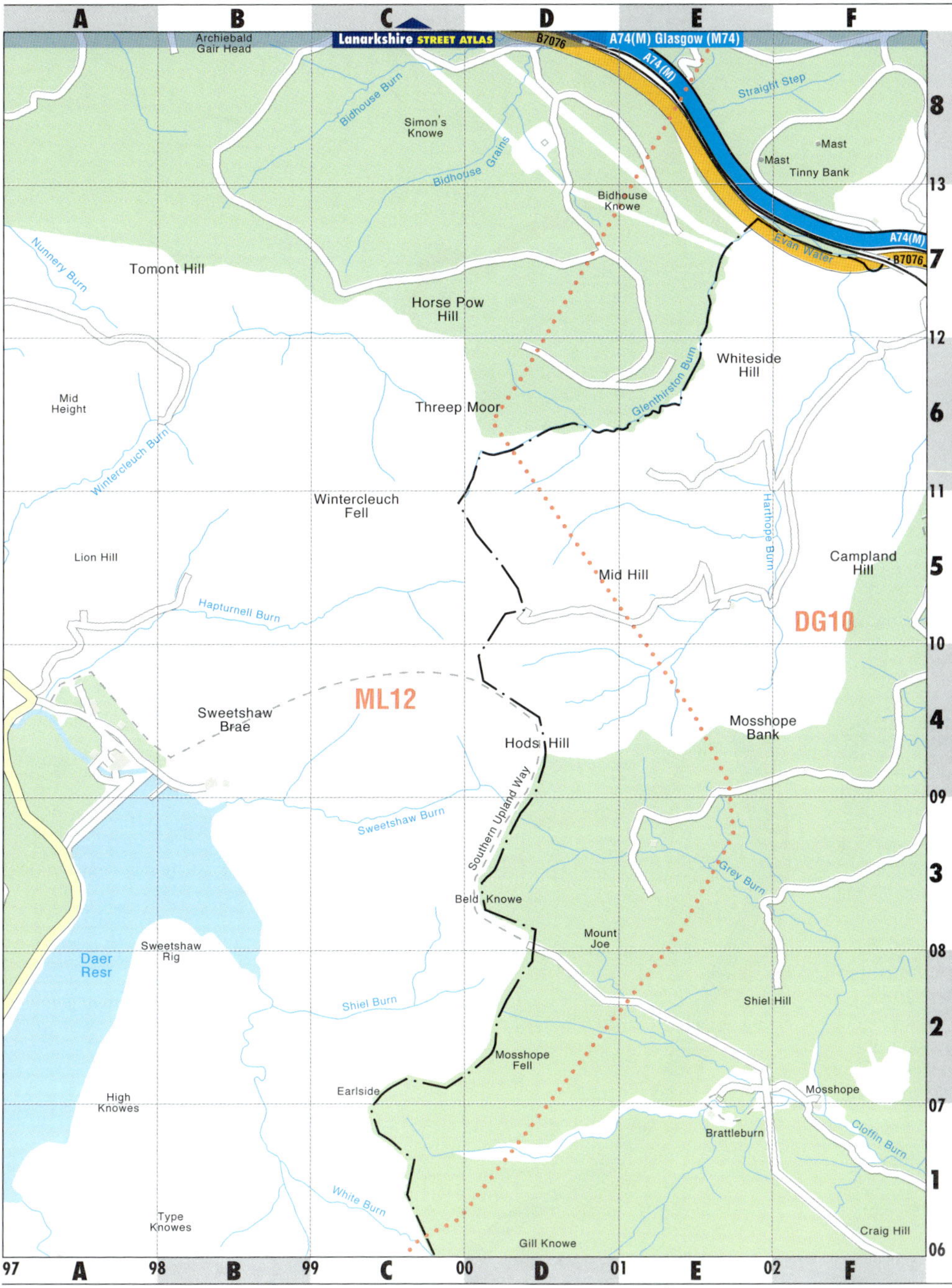

0
¼
½ mile
0
250m
500m
750m
1 km
14
A
B
C
D
E
F
Lanarkshire STREET ATLAS
B7076
A74(M) Glasgow (M74)
A74(M)
Archiebald
Gair Head
Bidhouse Burn
Simon's
Knowe
Bidhouse Grains
Straight Step
Mast
Mast
Tinny Bank
Bidhouse
Knowe
A74(M)
Evan Water
B7076
Nunnery Burn
Tomont Hill
Horse Pow
Hill
Whiteside
Hill
Glenthirston Burn
Mid
Height
Threep Moor
Wintercleuch Burn
Wintercleuch
Fell
Harthope Burn
Lion Hill
Mid Hill
Campland
Hill
Hapturnell Burn
DG10
ML12
Sweetshaw
Brae
Mosshope
Bank
Hods Hill
Southern Upland Way
Sweetshaw Burn
Grey Burn
Beld Knowe
Mount
Joe
Daer
Resr
Sweetshaw
Rig
Shiel Burn
Shiel Hill
Mosshope
Fell
Earlside
Mosshope
High
Knowes
Brattleburn
Cloffin Burn
White Burn
Type
Knowes
Gill Knowe
Craig Hill
8
13
7
12
6
11
5
10
4
09
3
08
2
07
1
06
97
98
99
00
01
02
27
14
28

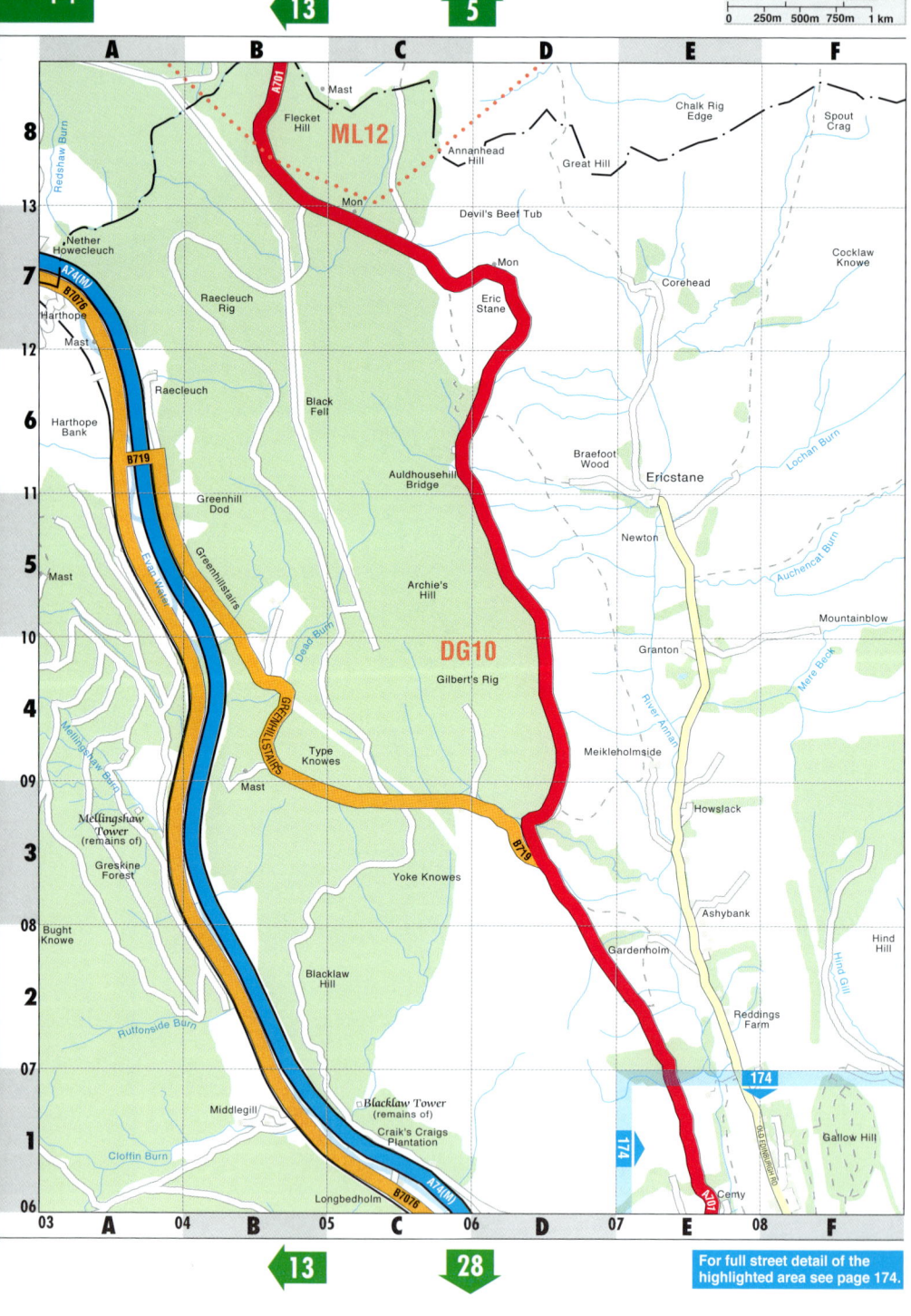

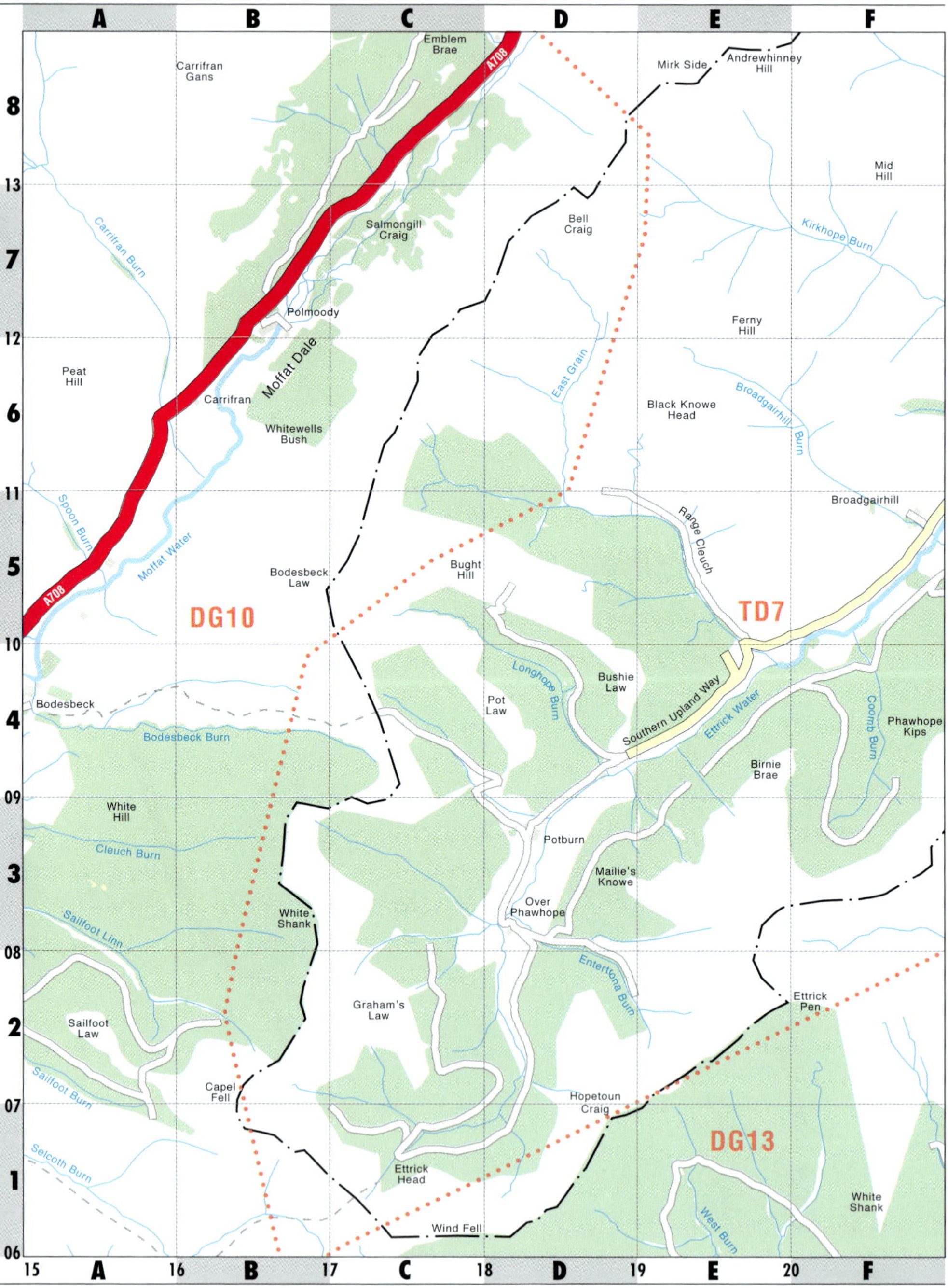
A
B
C
D
E
F
8
13
7
12
6
11
5
10
4
09
3
08
2
07
1
06
15
16
17
18
19
20
Emblem Brae
A708
Carrifran Gans
Mirk Side
Andrewhinney Hill
Mid Hill
Carrifran Burn
Bell Craig
Salmongill Craig
Kirkhope Burn
Polmoody
Ferny Hill
Peat Hill
Moffat Dale
East Grain
Carrifran
Black Knowe Head
Broadgairhill Burn
Whitewells Bush
Spoon Burn
Broadgairhill
Range Cleuch
Moffat Water
Bodesbeck Law
Bught Hill
A708
DG10
TD7
Bodesbeck
Longhope Burn
Bushie Law
Pot Law
Southern Upland Way
Ettrick Water
Coomb Burn
Phawhope Kips
Bodesbeck Burn
Birnie Brae
White Hill
Potburn
Cleuch Burn
Mailie's Knowe
White Shank
Over Phawhope
Sailfoot Linn
Entertona Burn
Graham's Law
Ettrick Pen
Sailfoot Law
Capel Fell
Sailfoot Burn
Hopetoun Craig
DG13
Selcoth Burn
Ettrick Head
West Burn
White Shank
Wind Fell

Scale: 1⅓ inches to 1 mile

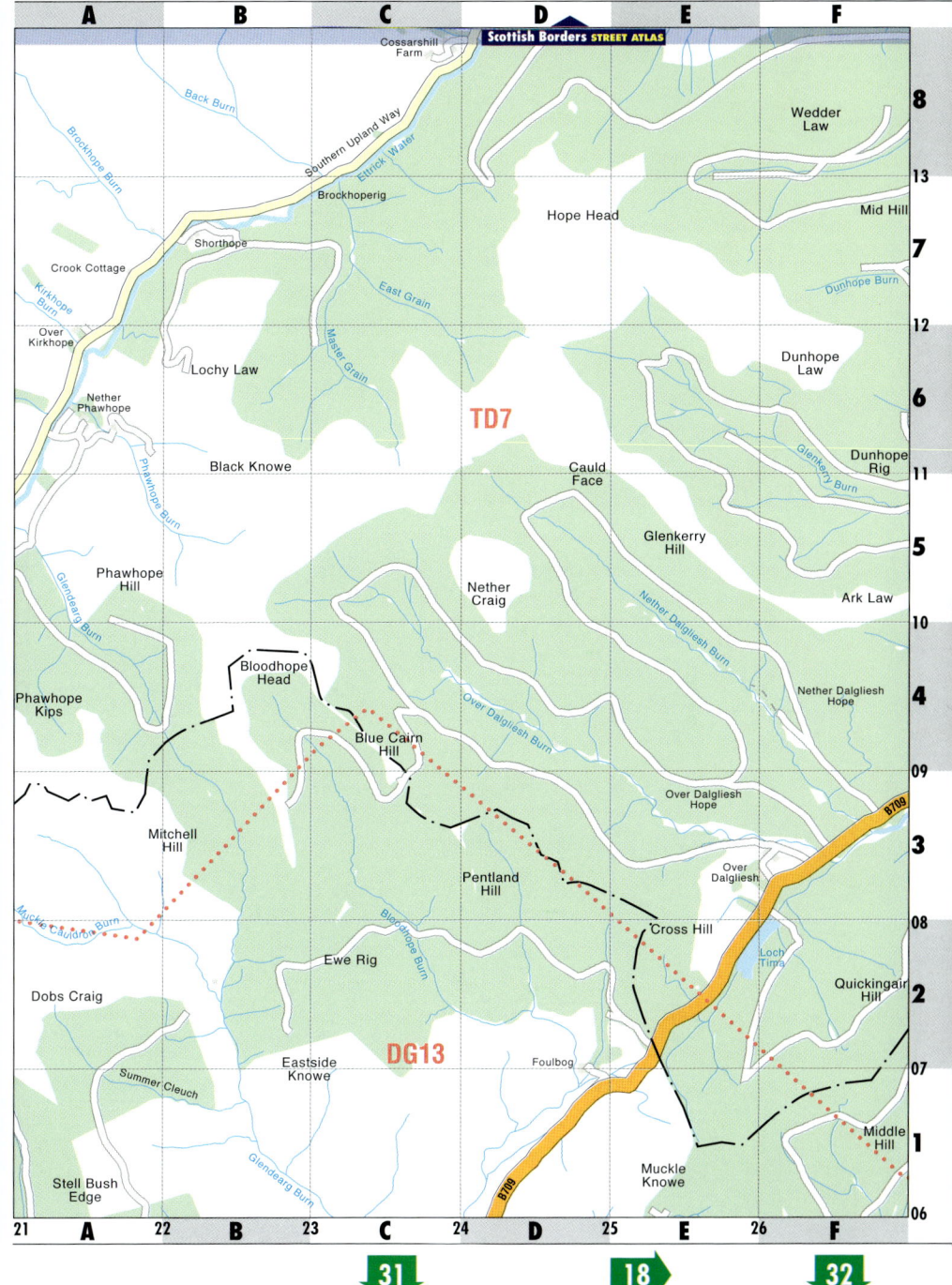

0
¼
½ mile
0
250m
500m
750m
1 km
18
A
B
C
D
E
F
Scottish Borders STREET ATLAS
Cossarshill Farm
Back Burn
Brockhope Burn
Southern Upland Way
Ettrick Water
Brockhoperig
Wedder Law
Hope Head
Mid Hill
Shorthope
Crook Cottage
Kirkhope Burn
East Grain
Dunhope Burn
Over Kirkhope
Master Grain
Lochy Law
Dunhope Law
Nether Phawhope
TD7
Glenkerry Burn
Dunhope Rig
Black Knowe
Cauld Face
Phawhope Burn
Glenkerry Hill
Phawhope Hill
Glendearg Burn
Nether Craig
Nether Dalgliesh Burn
Ark Law
Bloodhope Head
Nether Dalgliesh Hope
Phawhope Kips
Over Dalgliesh Burn
Blue Cairn Hill
Over Dalgliesh Hope
B709
Mitchell Hill
Over Dalgliesh
Pentland Hill
Muckle Cauldron Burn
Cross Hill
Bloodhope Burn
Loch Tima
Ewe Rig
Quickingair Hill
Dobs Craig
DG13
Eastside Knowe
Foulbog
Summer Cleuch
Middle Hill
Glendearg Burn
Muckle Knowe
Stell Bush Edge
8
13
7
12
6
11
5
10
4
09
3
08
2
07
1
06
21
22
23
24
25
26

31
18
32

17

Scale: 1⅓ inches to 1 mile

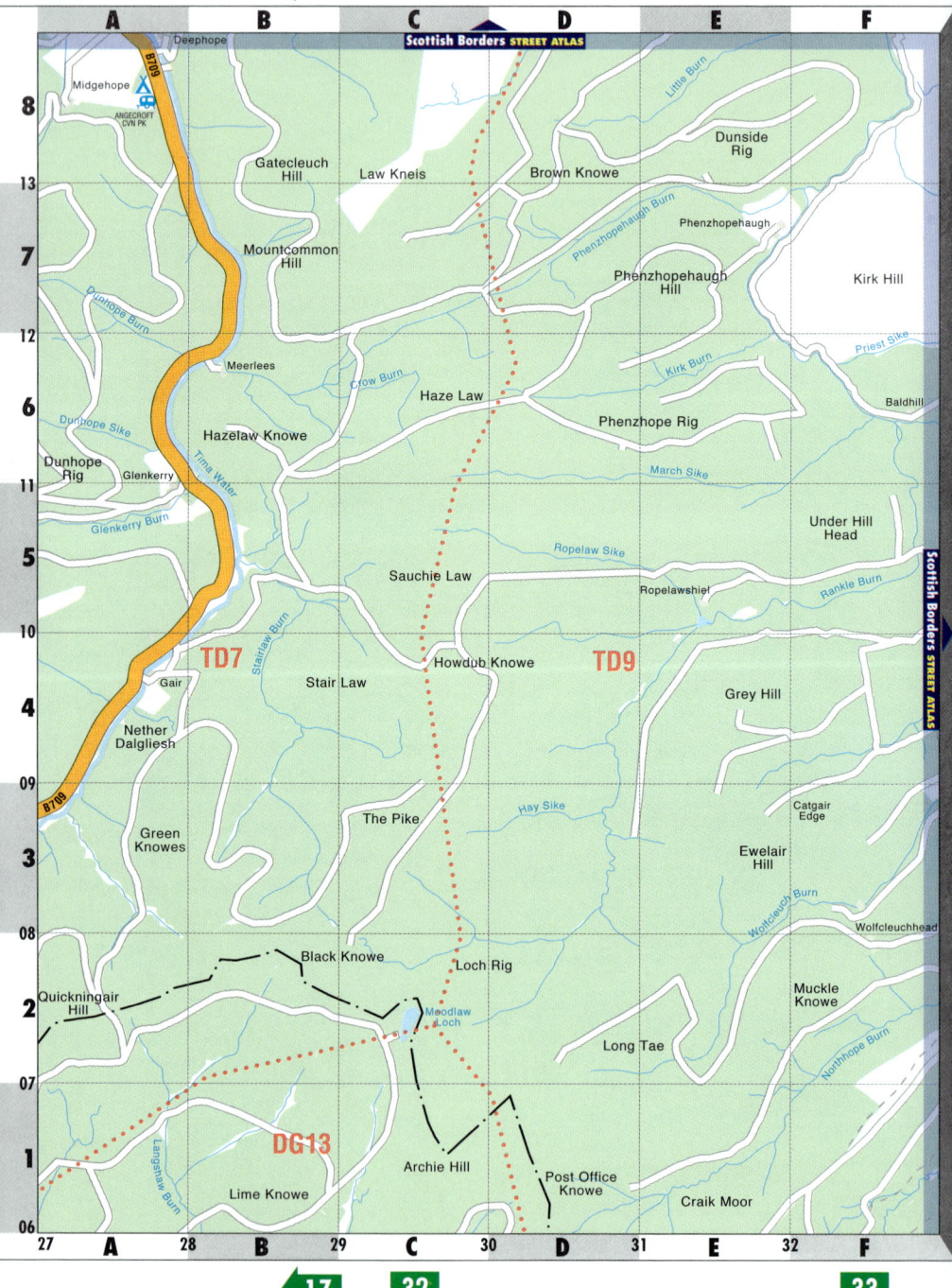

Scottish Borders STREET ATLAS
Deephope
Midgehope
ANGECROFT CVN PK
B709
Gatecleuch Hill
Law Kneis
Brown Knowe
Little Burn
Dunside Rig
Phenzhopehaugh Burn
Phenzhopehaugh
Mountcommon Hill
Phenzhopehaugh Hill
Kirk Hill
Dunhope Burn
Priest Sike
Meerlees
Crow Burn
Kirk Burn
Haze Law
Baldhill
Dunhope Sike
Hazelaw Knowe
Phenzhope Rig
Dunhope Rig
Glenkerry
Tima Water
March Sike
Glenkerry Burn
Under Hill Head
Ropelaw Sike
Sauchie Law
Ropelawshiel
Rankle Burn
TD7
Stairlaw Burn
Howdub Knowe
TD9
Gair
Stair Law
Grey Hill
Nether Dalgliesh
Hay Sike
Catgair Edge
The Pike
Green Knowes
Ewelair Hill
Wolfcleuch Burn
Wolfcleuchhead
Black Knowe
Loch Rig
Quickningair Hill
Moodlaw Loch
Muckle Knowe
Long Tae
Northhope Burn
DG13
Langshaw Burn
Archie Hill
Post Office Knowe
Lime Knowe
Craik Moor

17 32 33

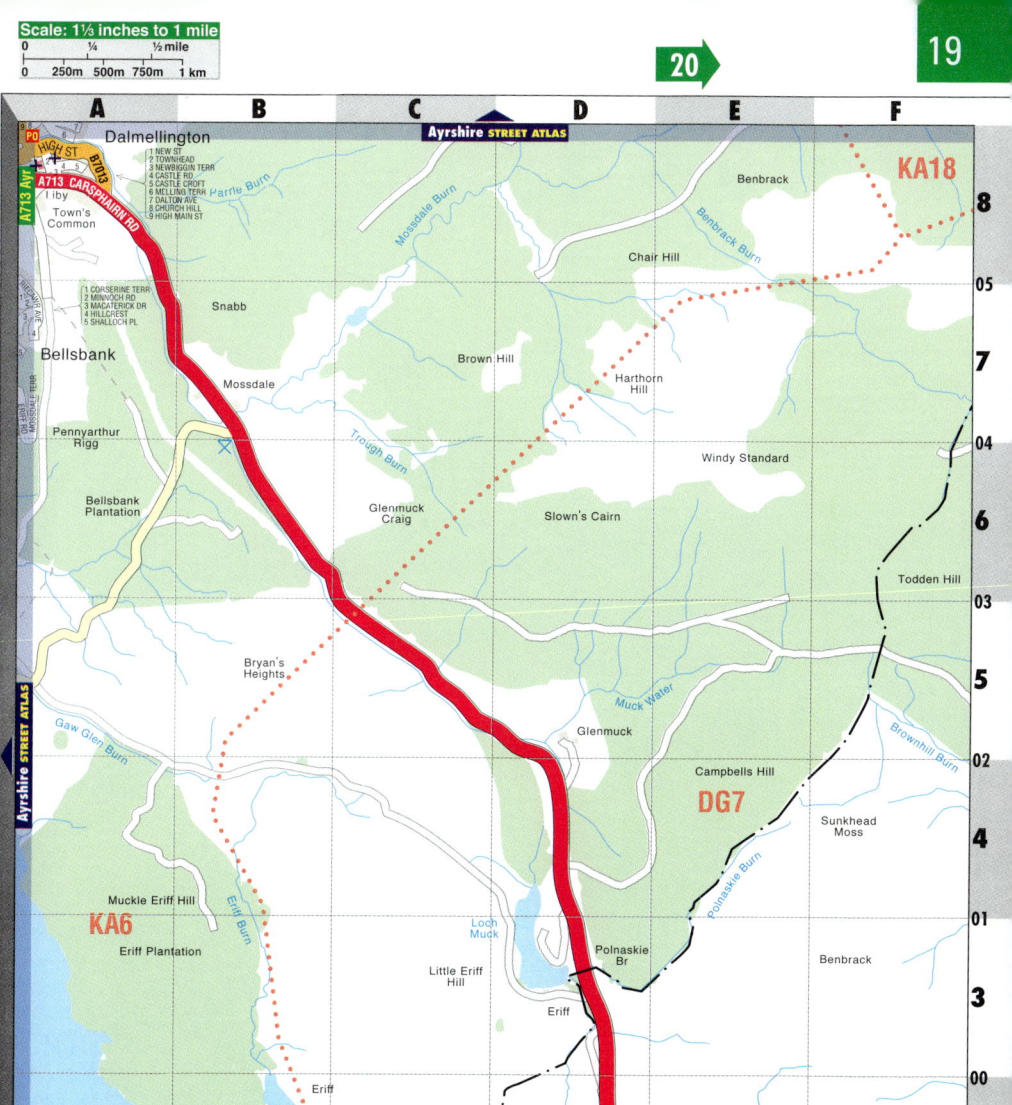

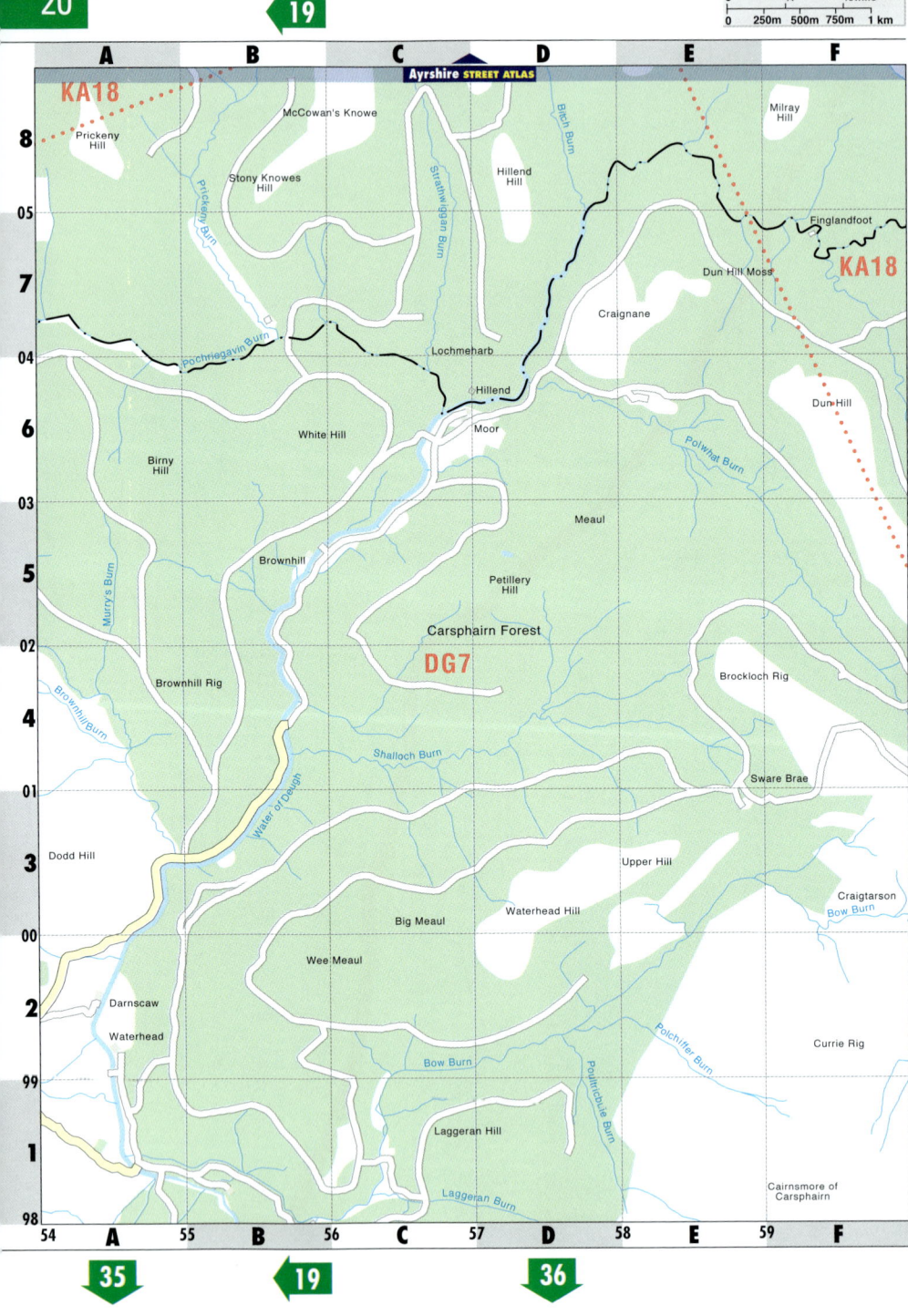

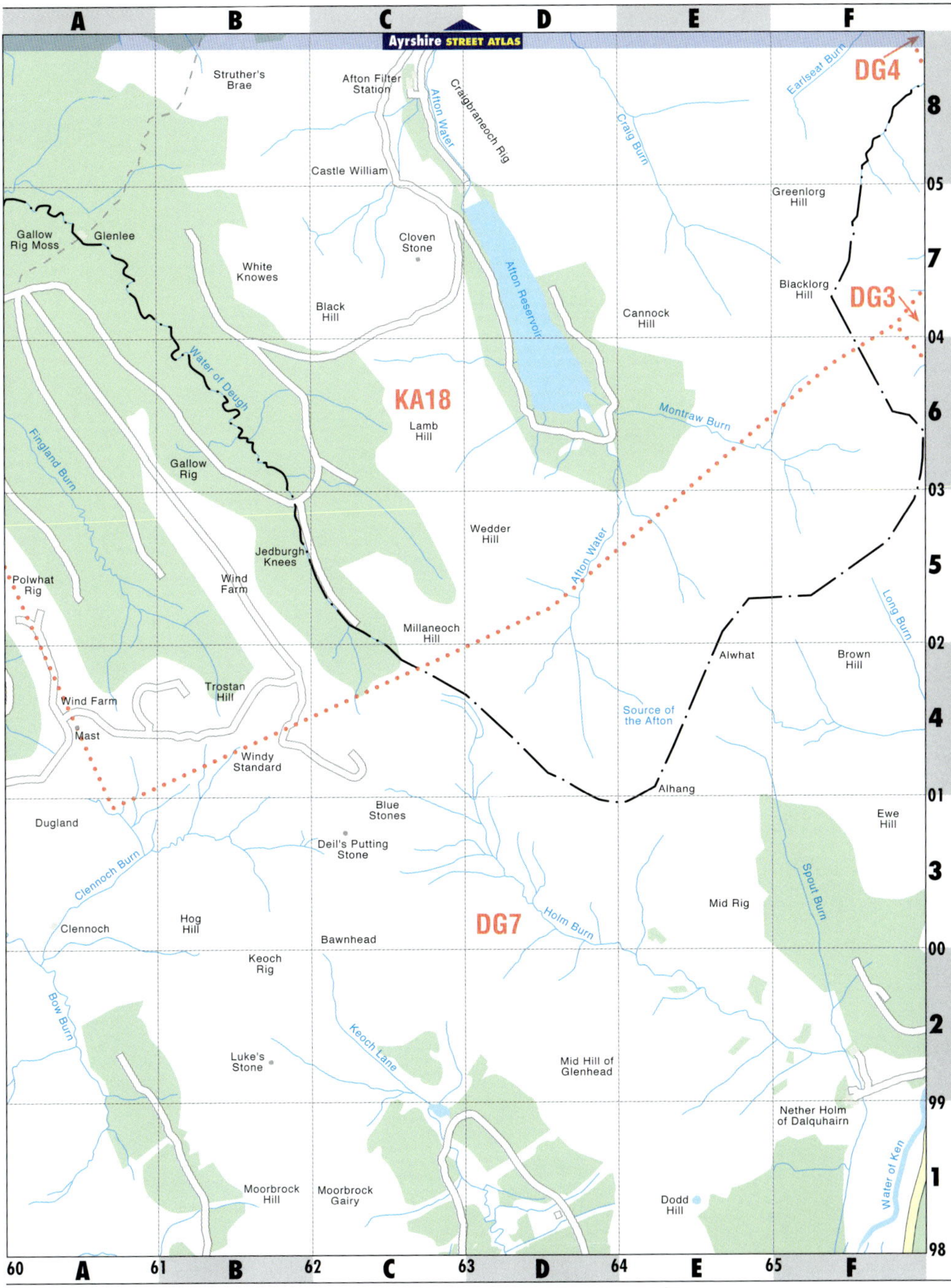

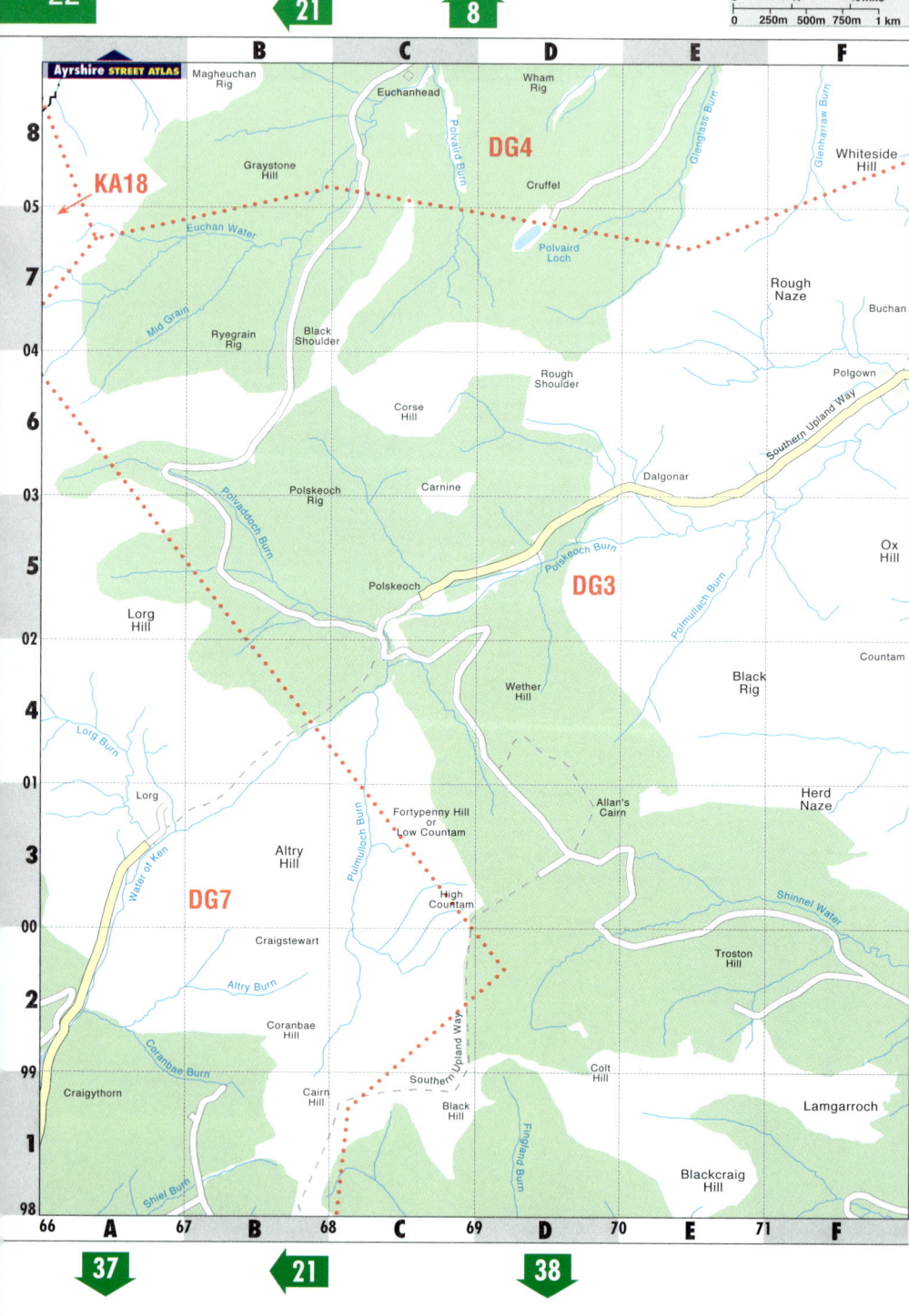

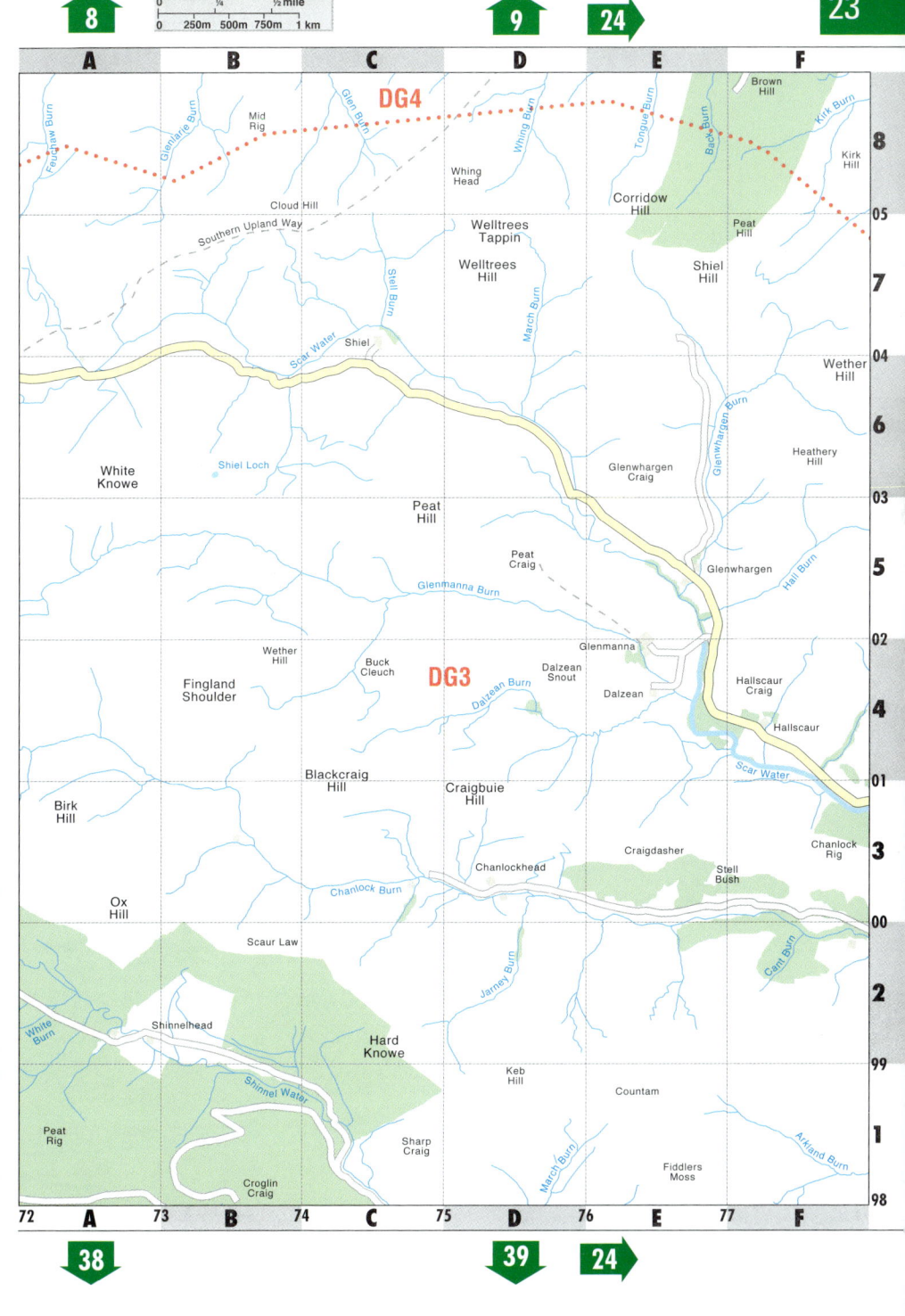

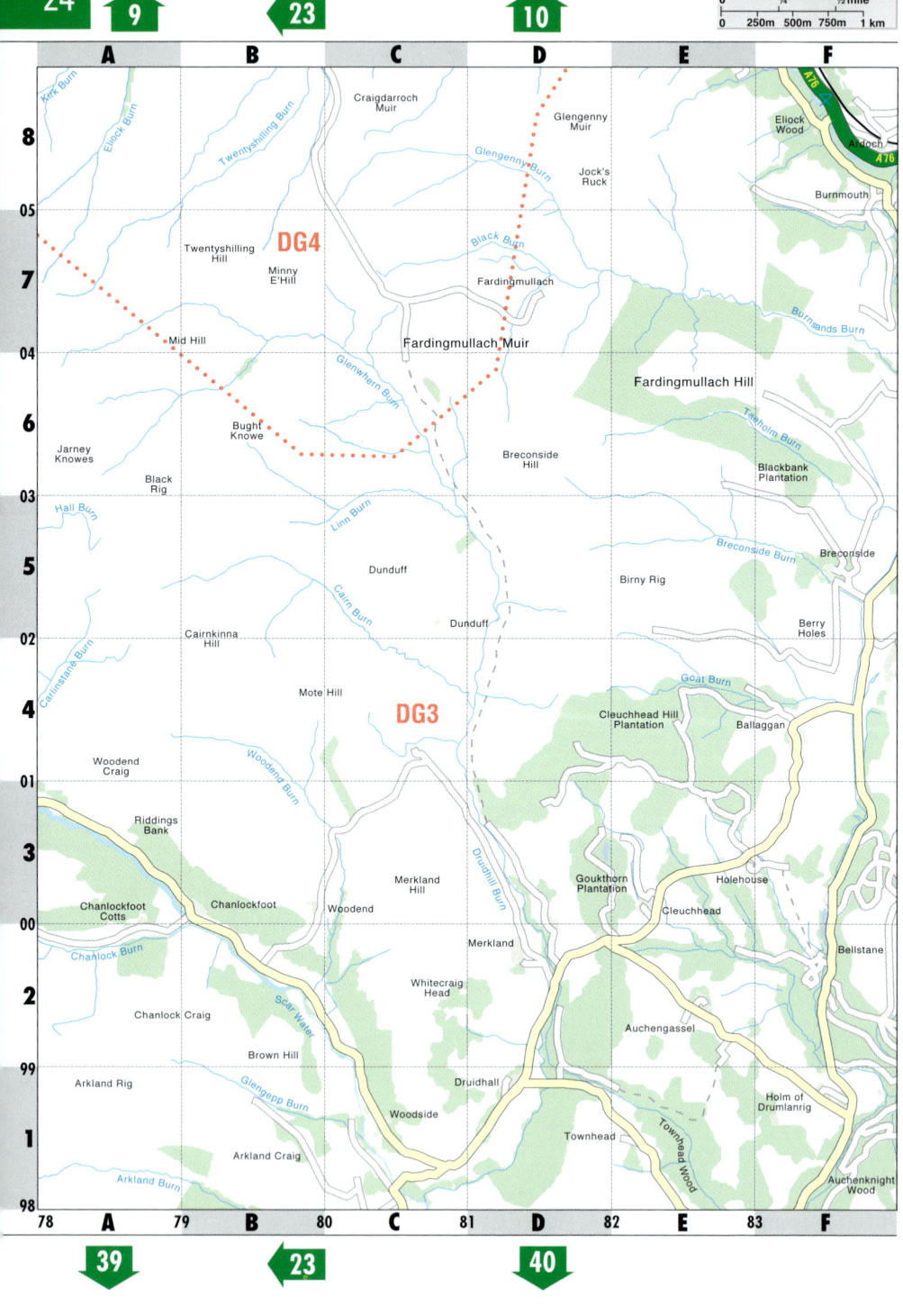

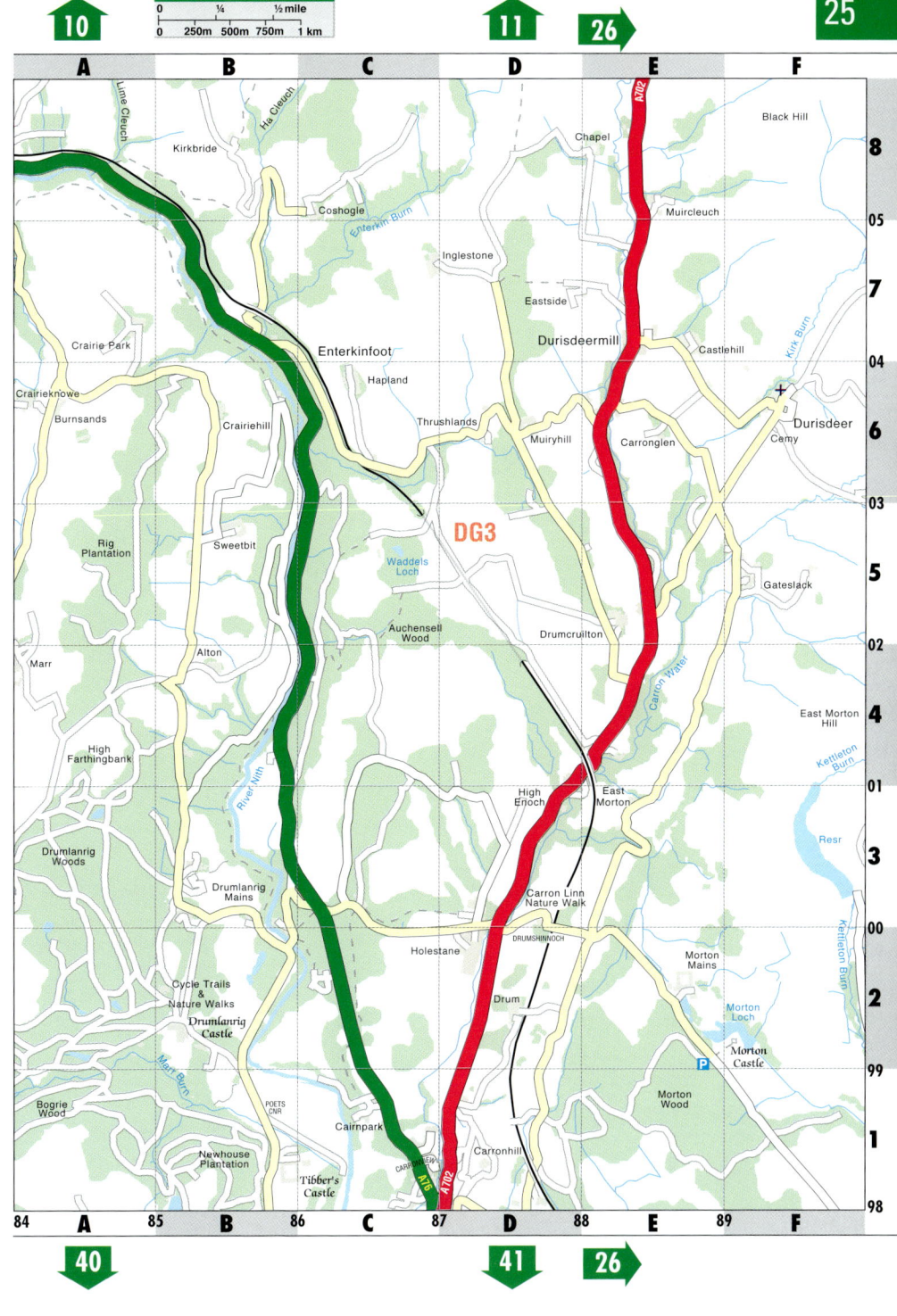

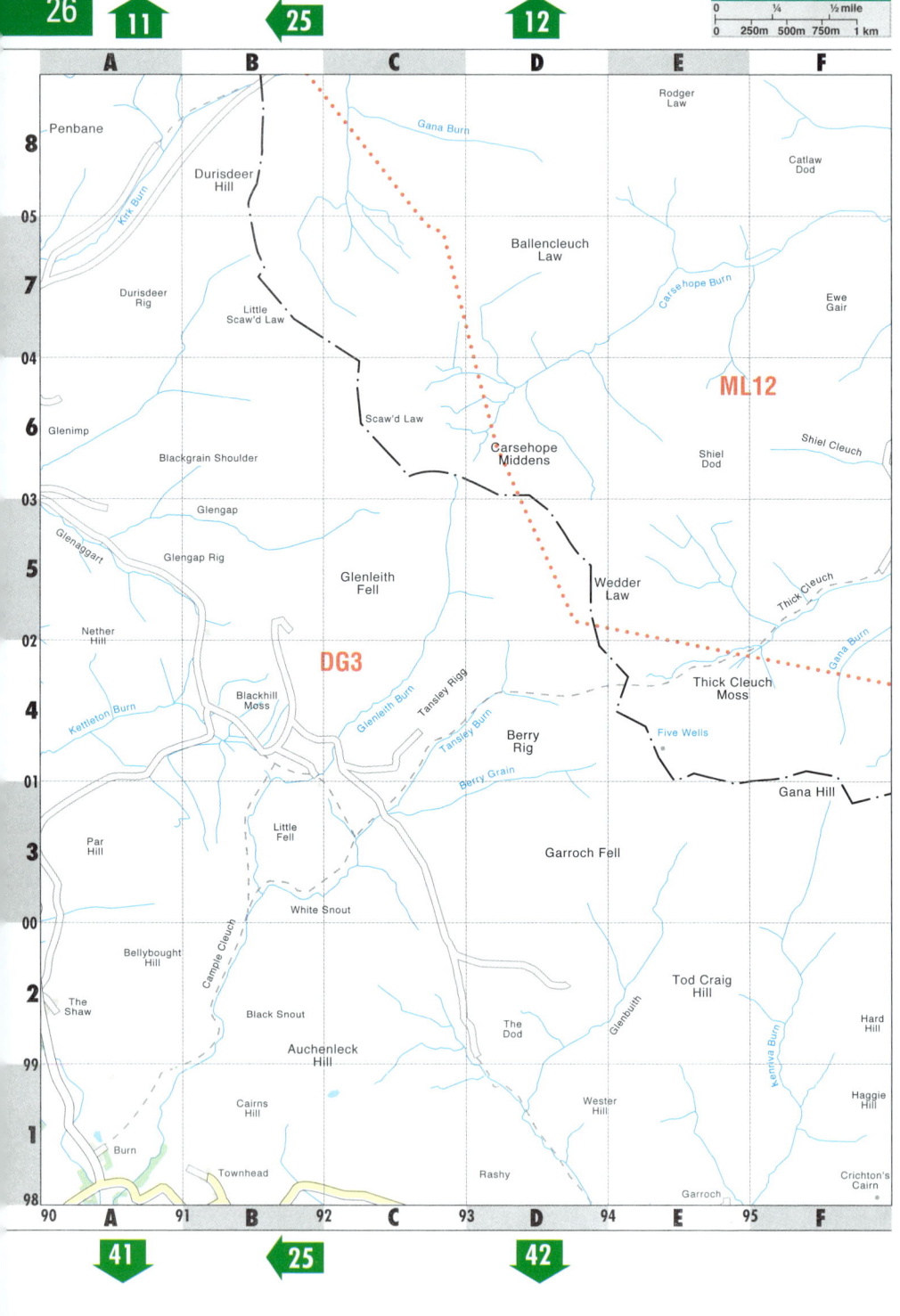

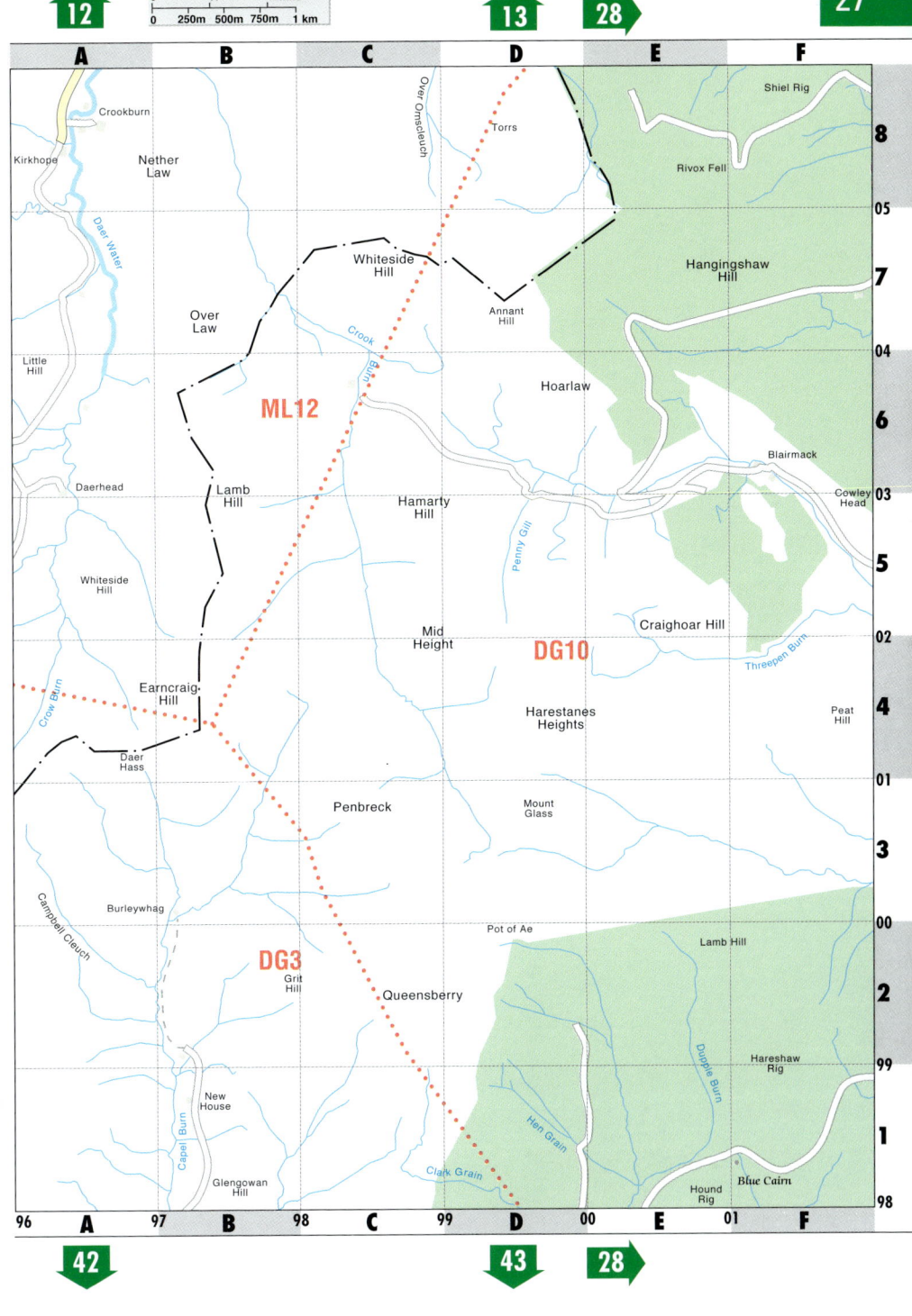

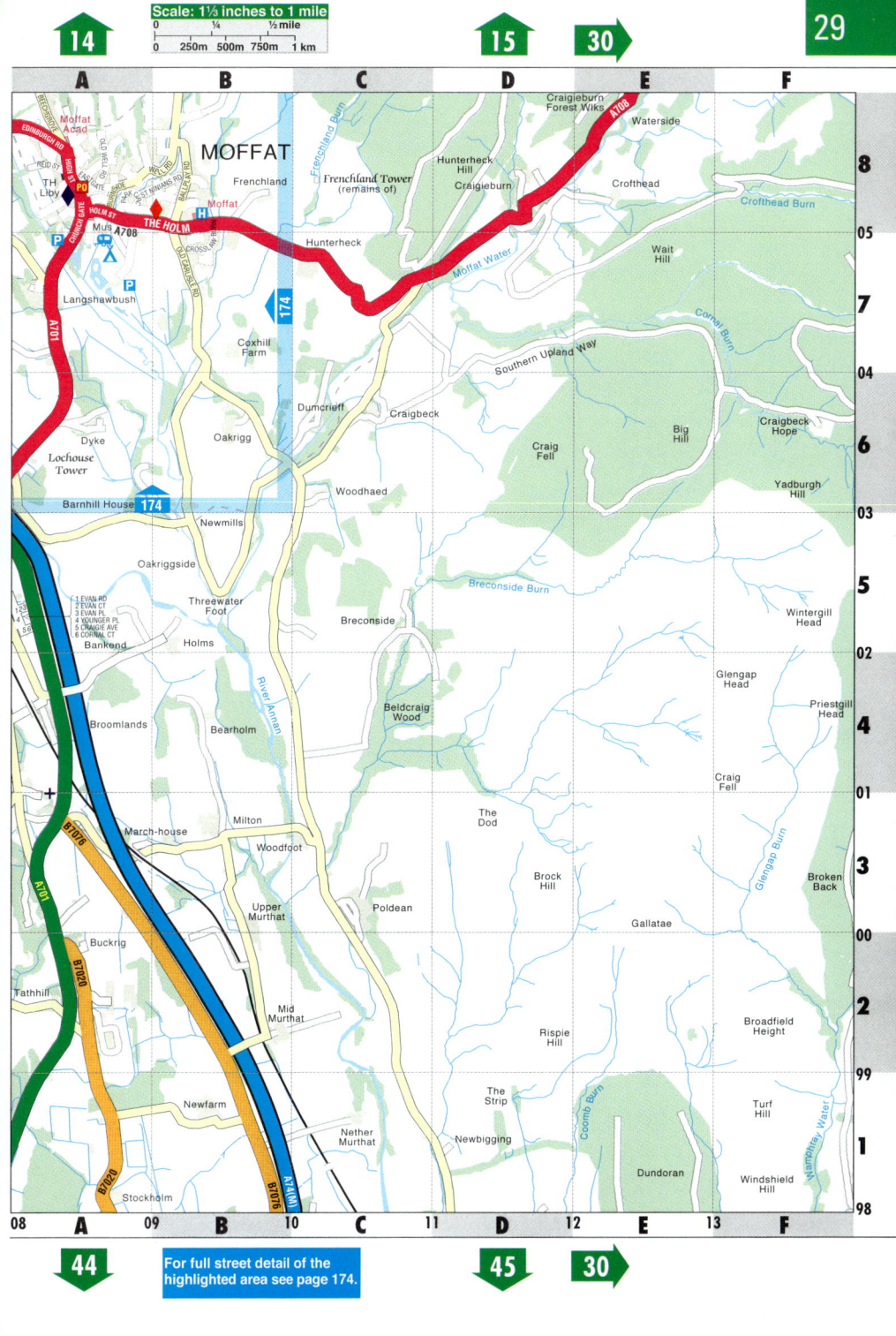

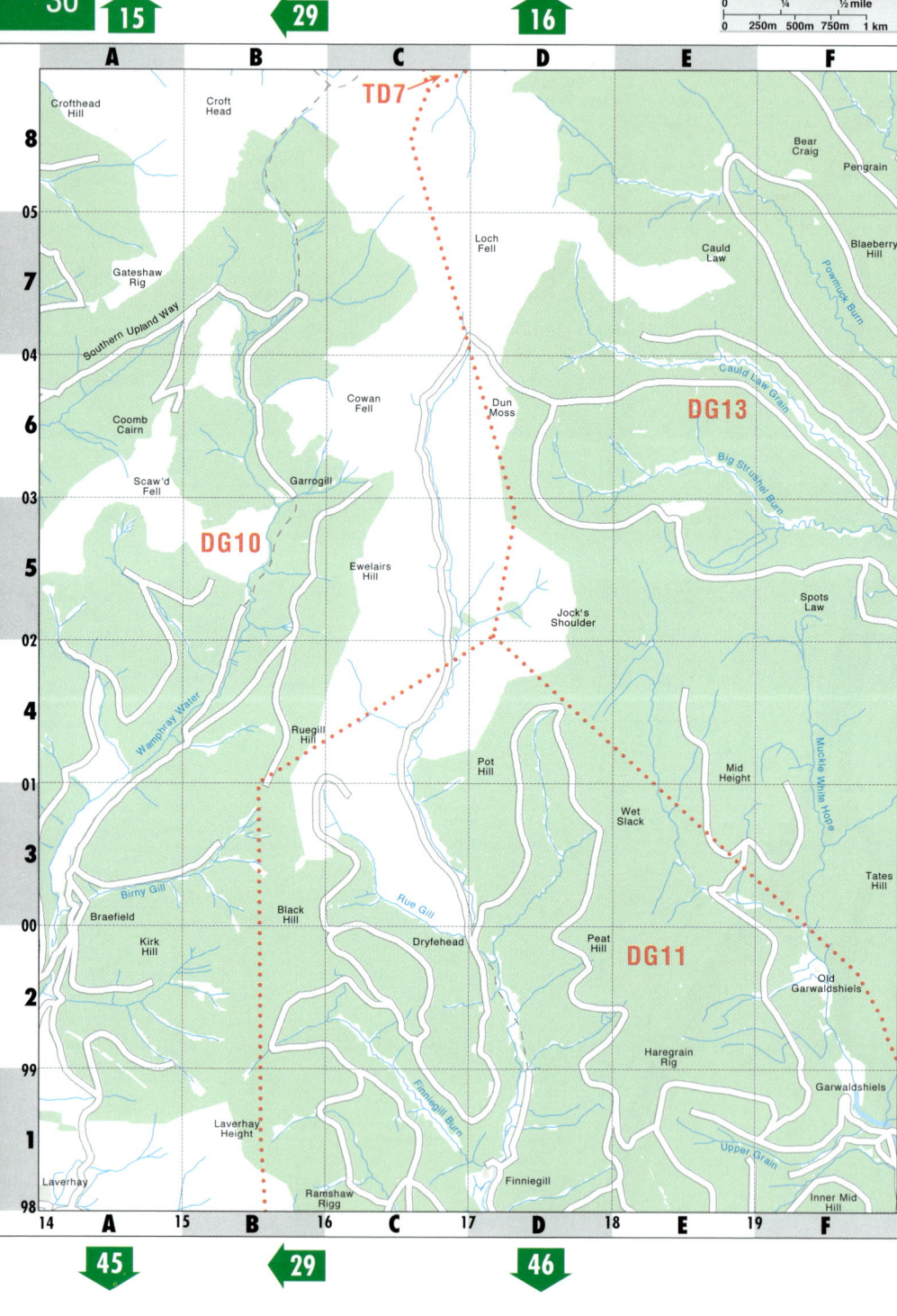

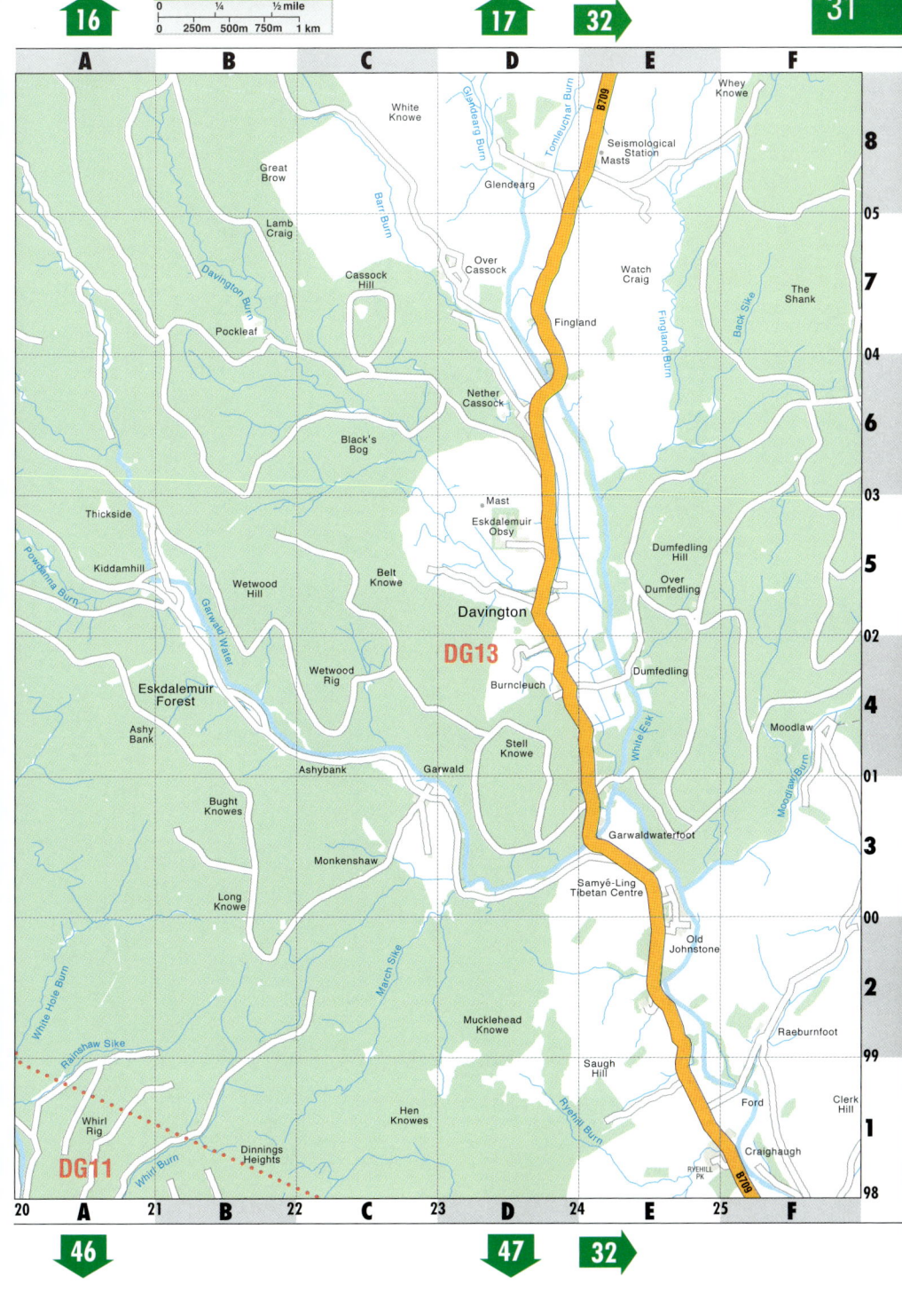

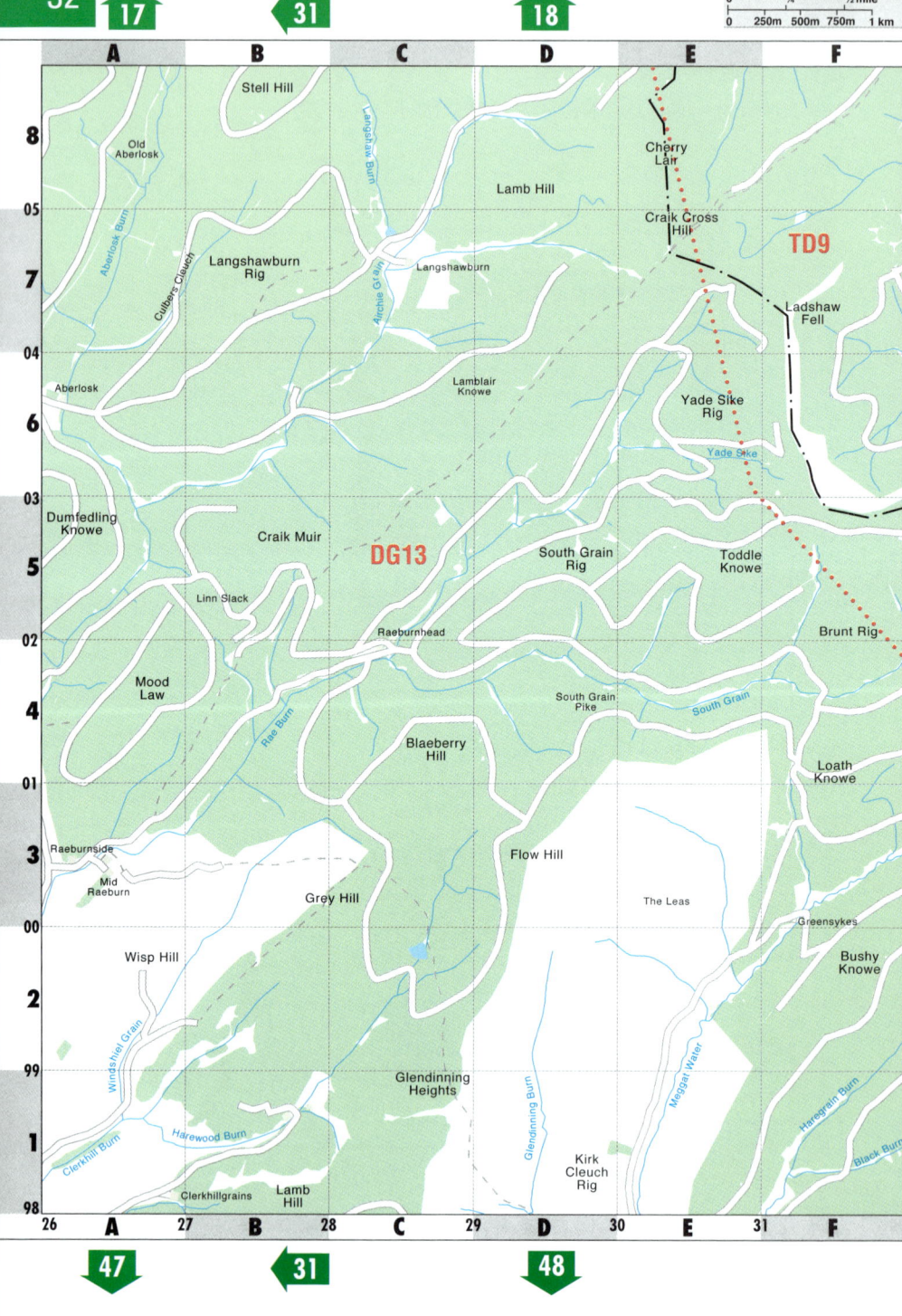

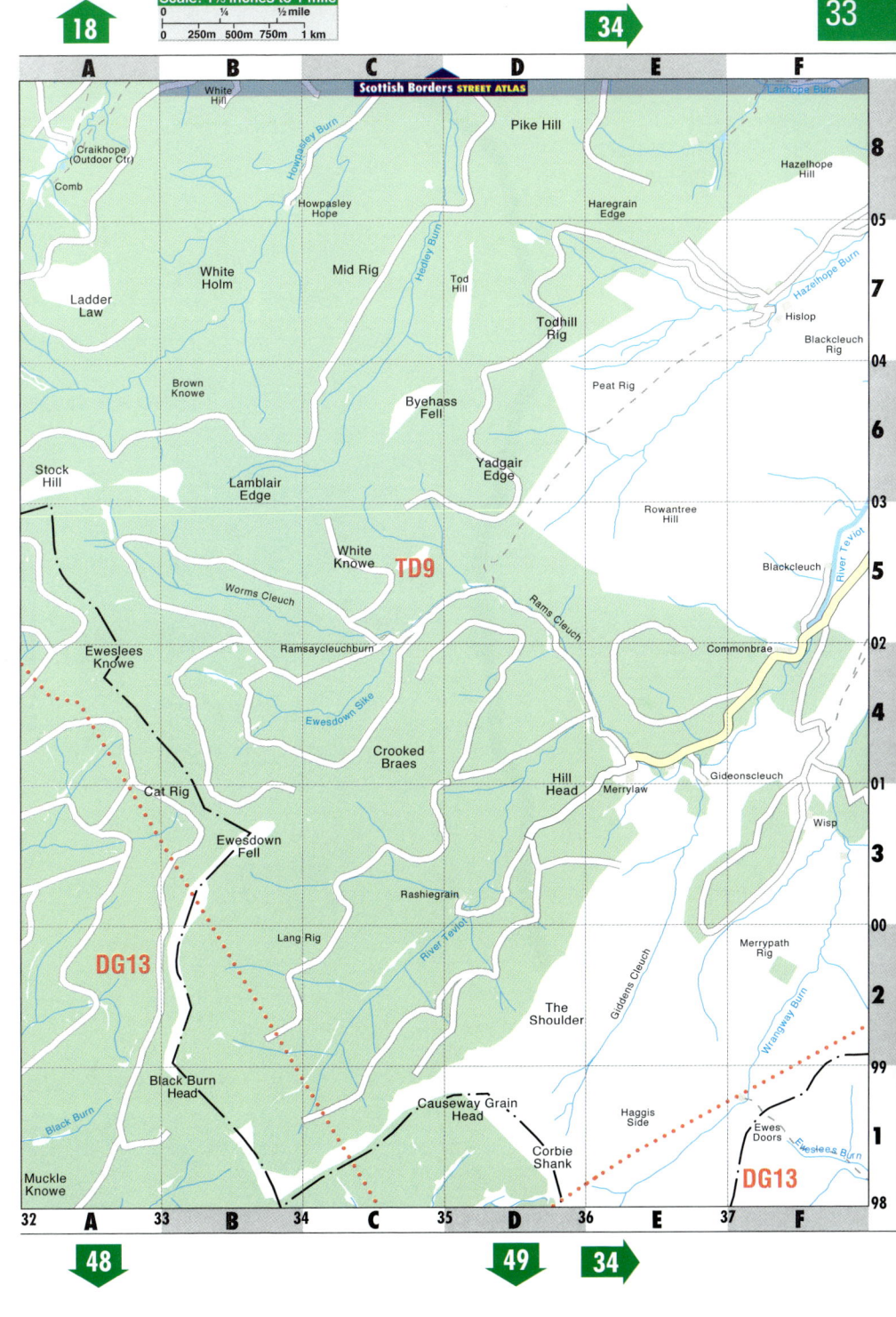

34

Scottish Borders Street Atlas — A7 Hawick

Grid C8–D8 area
- Falnash
- Mast
- Bowanhill
- Tanlaw Naze
- Teviothead
- Caerlanrig
- Binks
- Merry Naze
- Hazelhope Burn
- Southdean Rig
- Cronning Burn

Grid row 7
- River Teviot
- Far Height
- Coltercleuch Shiel
- Southdean Burn
- Goat Hill

Grid row 6
- Lymiecleuch Burn
- Binks Hill
- Phaup Burn
- Knowes Head

Grid row 5
- Lymiecleuch
- Corrie Sike
- Frostlie Burn
- Meg's Hill
- Phaup
- Greatmoor Hill
- Tod Rig
- Phaup Burn

TD9

Grid row 4
- Limie Hill
- Lightning Hill
- Linhope
- White Hill

Grid row 3
- Langhope Height
- Braehead
- Linhope Burn
- Elygrain
- Wether Law
- Millstone Edge

Grid row 2
- Comb Hill
- Mast
- Dod Hill
- Mosspaul Hotel

Grid row 1
- Wisp Hill
- Bye Hill
- Tudhope Hill
- Carewoodrighope Burn

Grid row 99–98
- Ewenshope Fell
- Whin Fell
- Mosspaul Burn
- Glenreif Rig
- Mast
- Ellson Fell
- Carlin Tooth
- Glenreif Burn

DG13

Scale: 1⅓ inches to 1 mile
0   ¼   ½ mile
0   250m   500m   750m   1 km

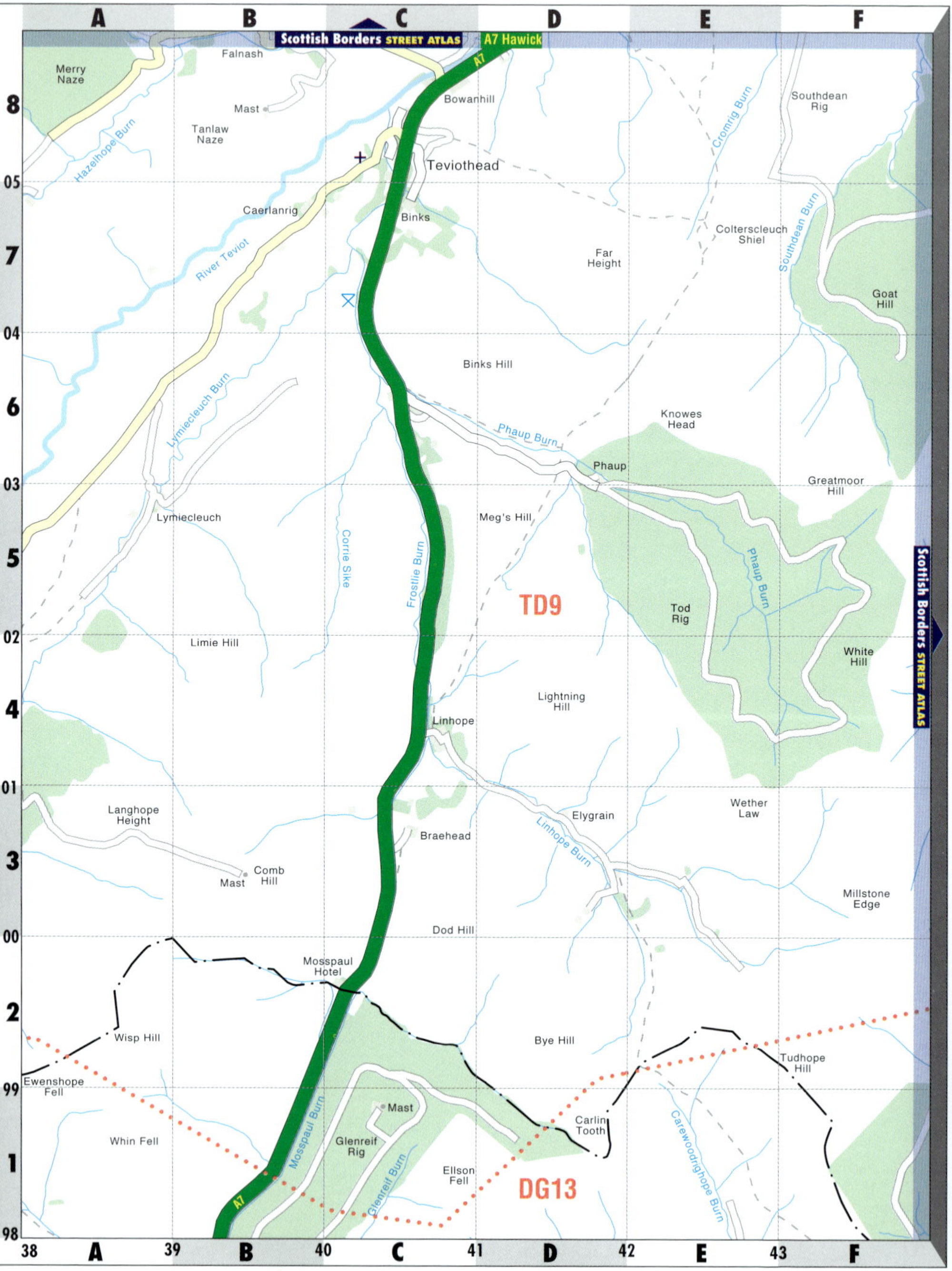

33 · 49 · 33 · 50

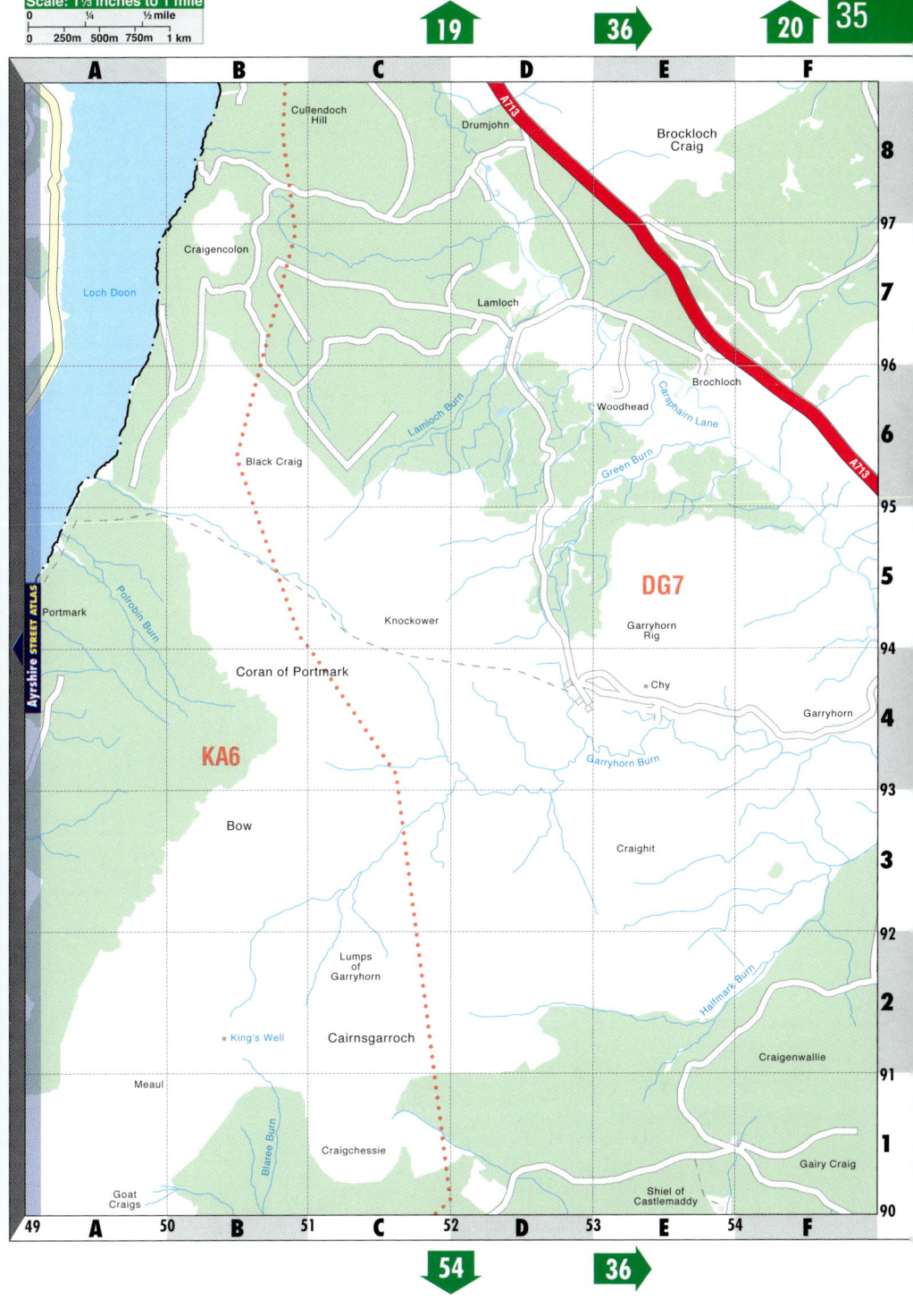

35 20 21

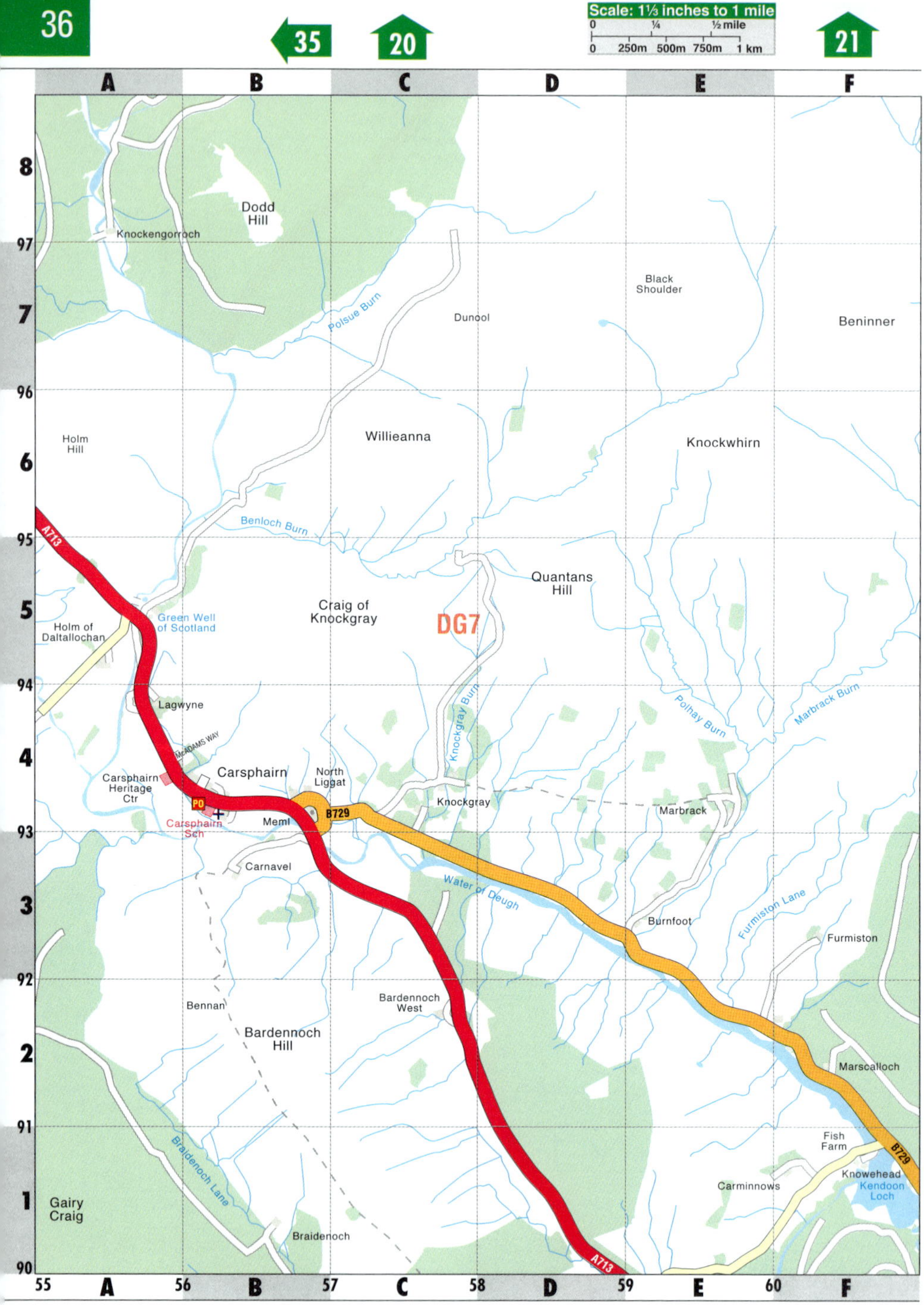
Scale: 1⅓ inches to 1 mile
0 ¼ ½ mile
0 250m 500m 750m 1 km
Dodd Hill
Knockengorroch
Black Shoulder
Polsue Burn
Dunool
Beninner
Holm Hill
Willieanna
Knockwhirn
A713
Benloch Burn
Quantans Hill
Craig of Knockgray
DG7
Holm of Daltallochan
Green Well of Scotland
Lagwyne
MCADAMS WAY
Knockgray Burn
Polhay Burn
Marbrack Burn
Carsphairn Heritage Ctr
Carsphairn
North Liggat
Knockgray
Marbrack
PO
B729
Carsphairn Sch
Meml
Carnavel
Water of Deugh
Burnfoot
Furmiston Lane
Furmiston
Bardennoch West
Bennan
Bardennoch Hill
Marscalloch
Braidenoch Lane
Fish Farm
Knowehead
Kendoon Loch
Carminnows
Gairy Craig
Braidenoch
A713
B729

35 55

Scale: 1⅓ inches to 1 mile

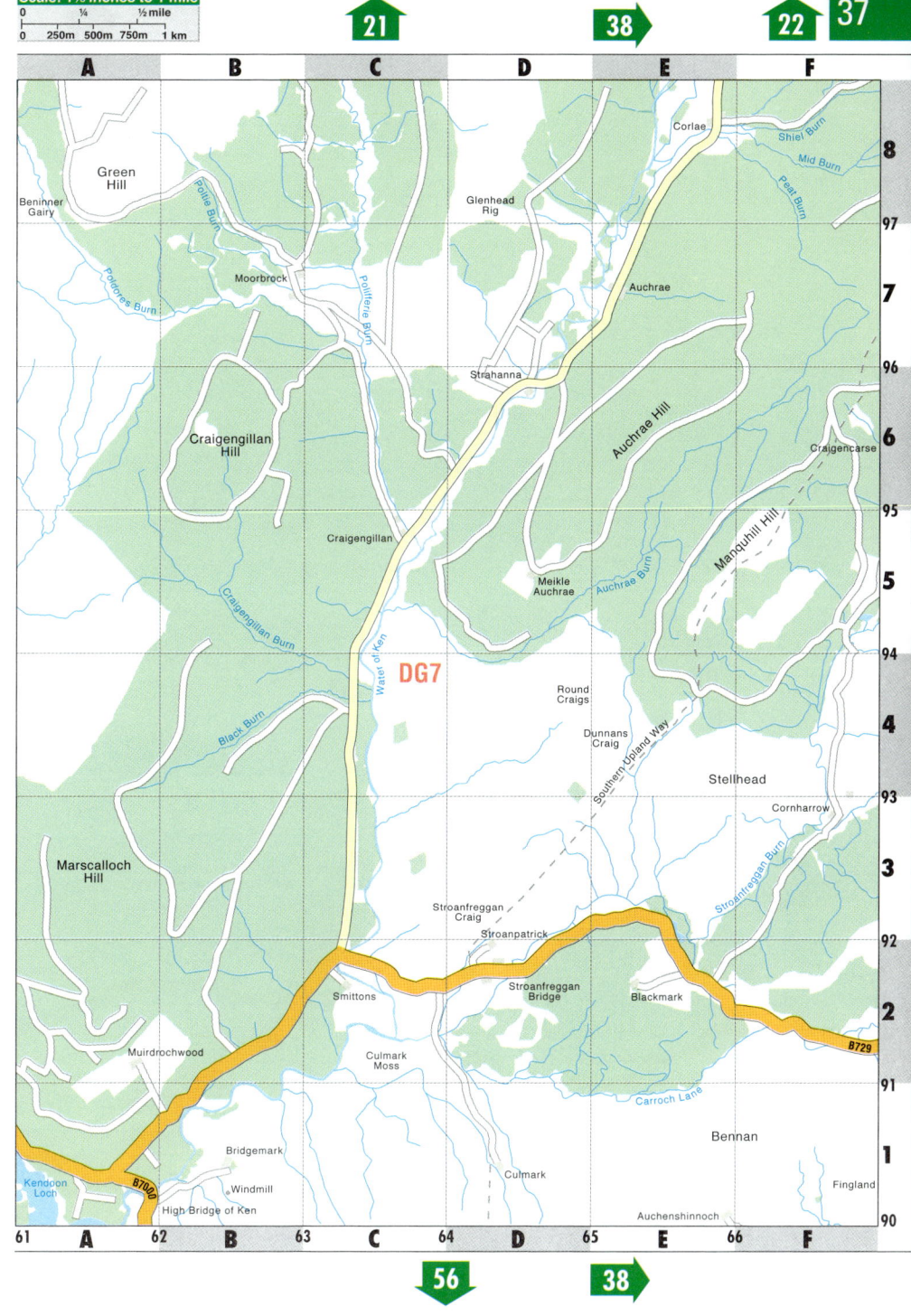
21
38
22
A
B
C
D
E
F
Corlae
Shiel Burn
Mid Burn
Peat Burn
Green Hill
Beninner Gairy
Poltie Burn
Glenhead Rig
Moorbrock
Polifferie Burn
Poldores Burn
Auchrae
Strahanna
Auchrae Hill
Craigengillan Hill
Craigencarse
Manquhill Hill
Craigengillan
Meikle Auchrae
Auchrae Burn
Craigengillan Burn
Water of Ken
DG7
Round Craigs
Black Burn
Dunnans Craig
Southern Upland Way
Stellhead
Cornharrow
Marscalloch Hill
Stroanfreggan Burn
Stroanfreggan Craig
Stroanpatrick
Smittons
Stroanfreggan Bridge
Blackmark
B729
Muirdrochwood
Culmark Moss
Carroch Lane
Bennan
Bridgemark
Kendoon Loch
B7000
Windmill
High Bridge of Ken
Culmark
Fingland
Auchenshinnoch
8
97
7
96
6
95
5
94
4
93
3
92
2
91
1
90
61
62
63
64
65
66
56
38

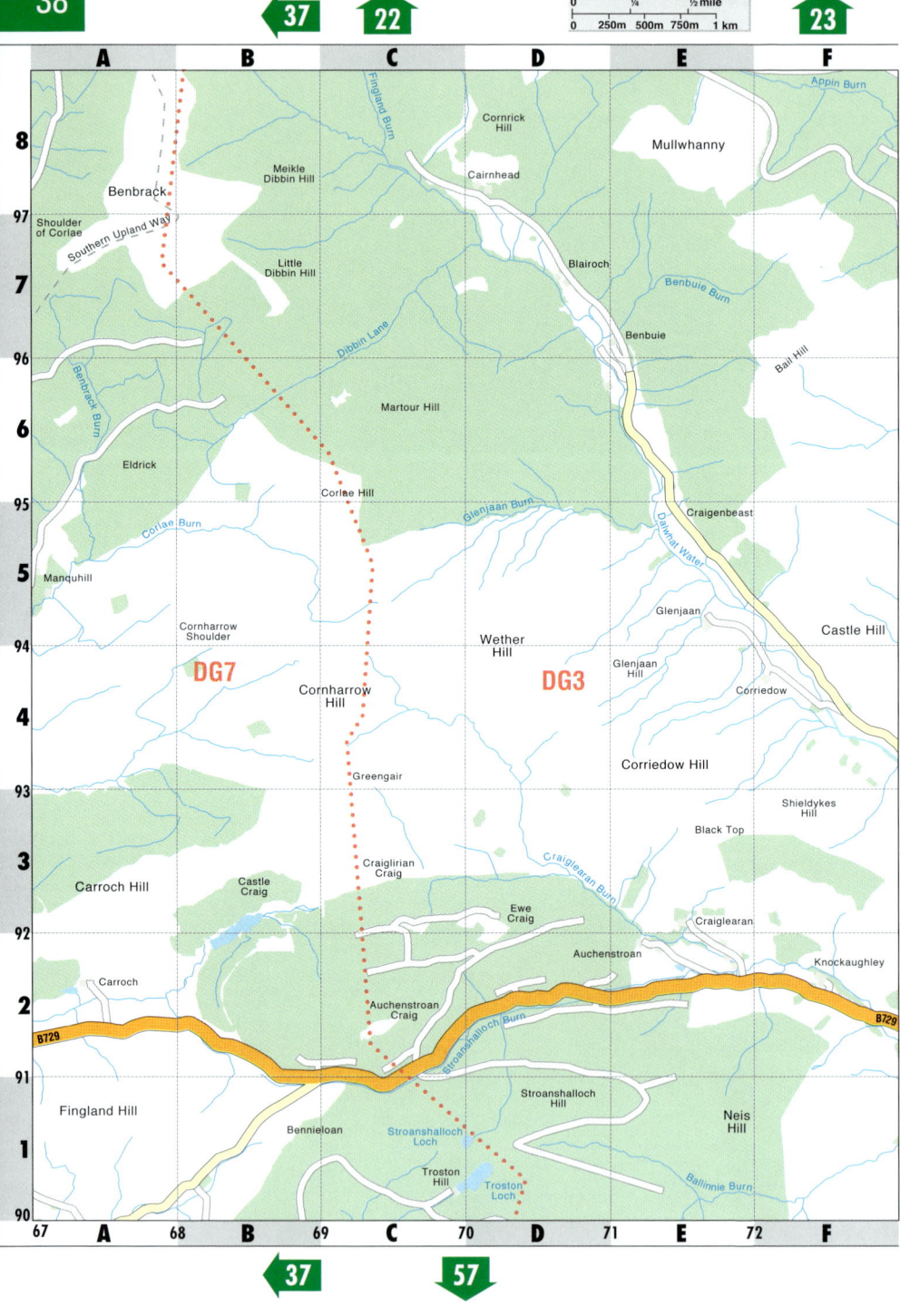

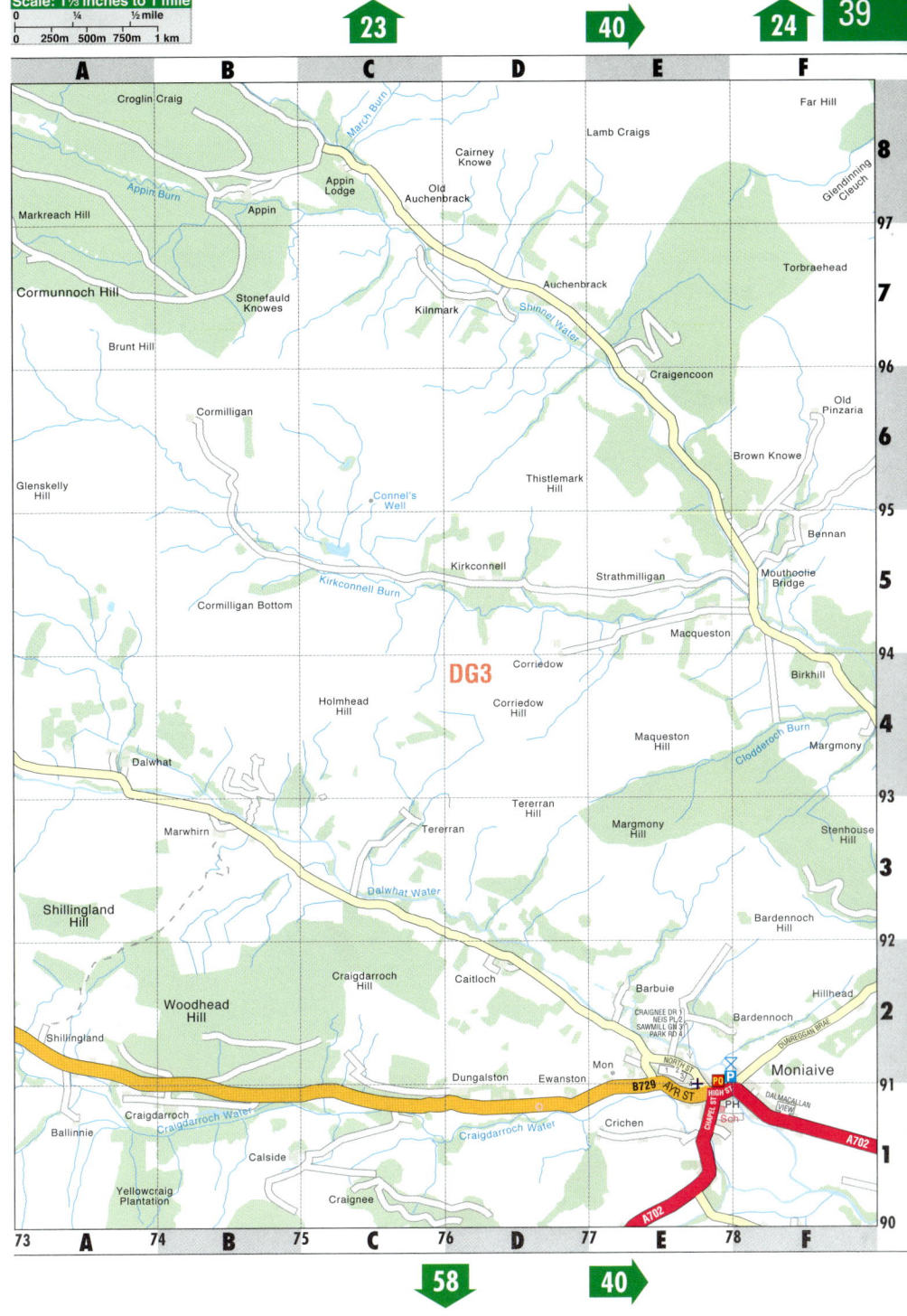

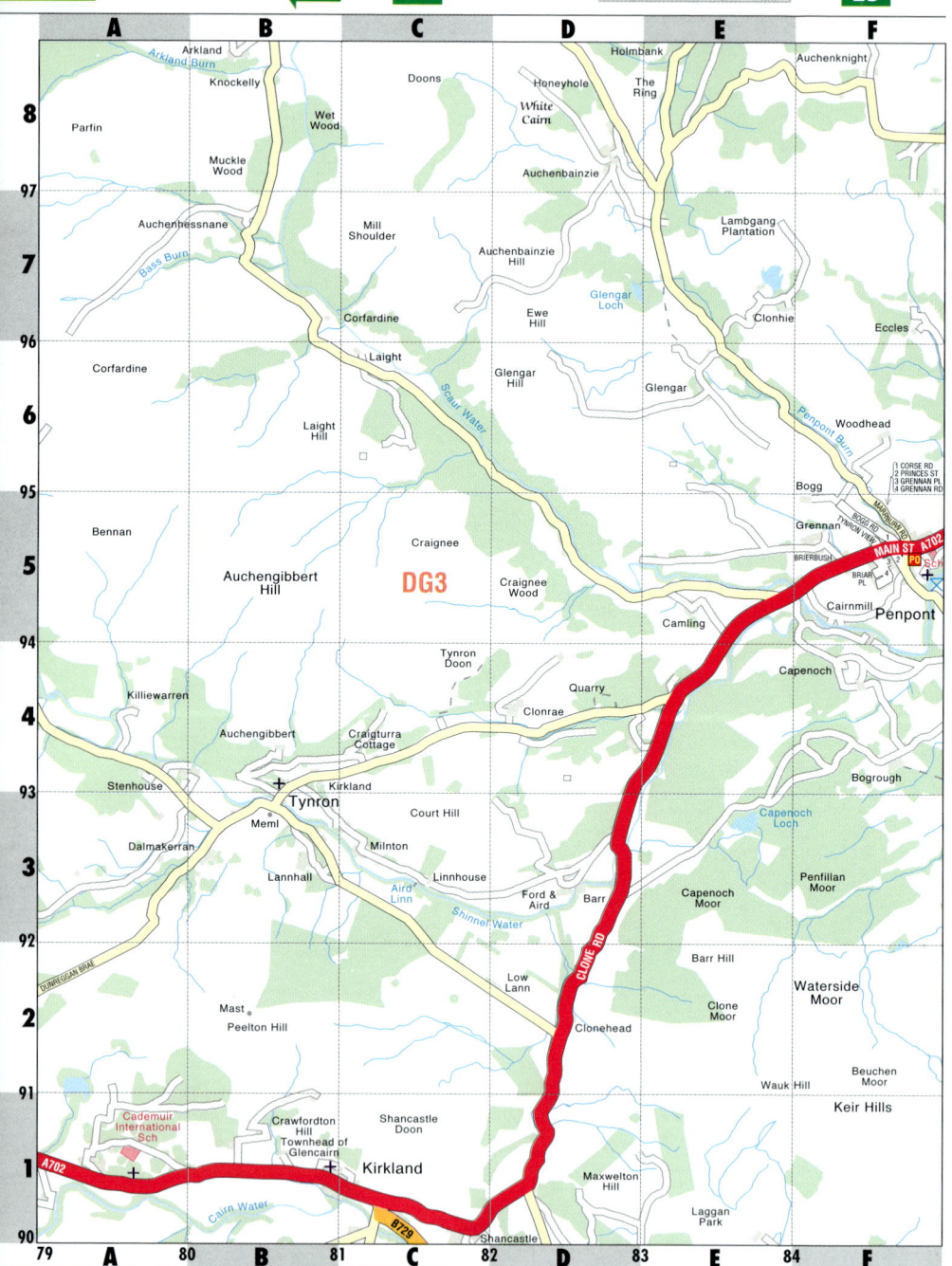

Scale: 1⅓ inches to 1 mile
0 ¼ ½ mile
0 250m 500m 750m 1 km

25 42 26

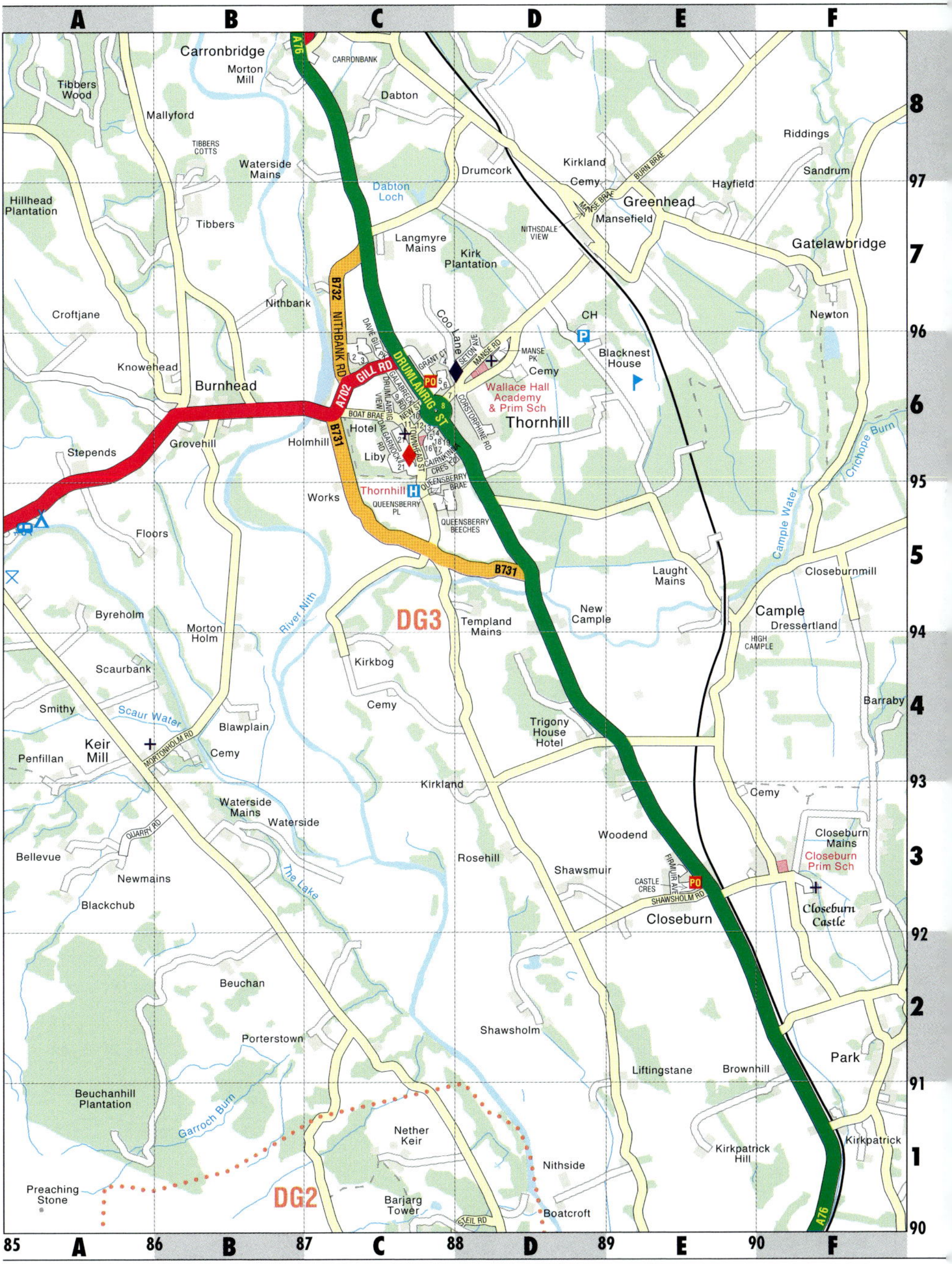

C6
1 BUCCLEUCH CRES
2 BLACKMIRE TERR
3 AULTON TERR
4 MILNER PL
5 WAUGH RD
6 WAUGH PL
7 EAST MORTON ST
8 MARKET CROSS
9 BLACKRIG
10 NEW CT
11 DALGARNOCK PL
12 WEST MORTON ST
13 BACK ST
14 ST CUTHBERT'S WLK
15 MORTON CT
16 WALLTREES RD
17 PARK WLK
18 MUIRHALL RD
19 BENAN CT
20 BENAN PL
21 KINNELL ST

60 42

41 26 27

Scale: 1⅓ inches to 1 mile

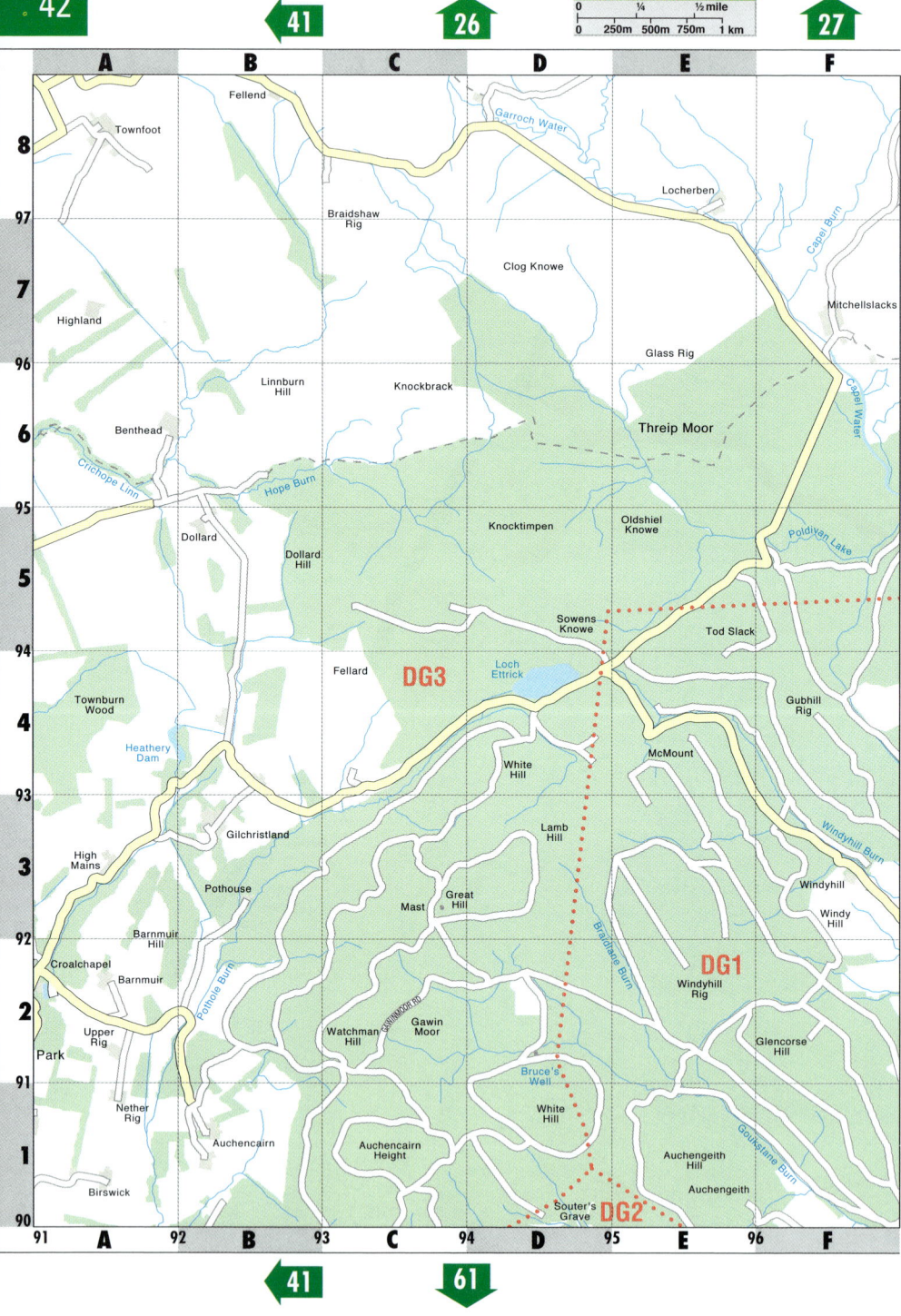

A B C D E F
8 97 7 96 6 95 5 94 4 93 3 92 2 91 1 90
Fellend
Townfoot
Garroch Water
Locherben
Braidshaw Rig
Capel Burn
Clog Knowe
Highland
Mitchellslacks
Glass Rig
Linnburn Hill
Knockbrack
Capel Water
Benthead
Threip Moor
Crichope Linn
Hope Burn
Dollard
Knocktimpen
Oldshiel Knowe
Dollard Hill
Poldivan Lake
Sowens Knowe
Tod Slack
Fellard
DG3
Loch Ettrick
Townburn Wood
Gubhill Rig
Heathery Dam
McMount
White Hill
Lamb Hill
Gilchristland
Windyhill Burn
High Mains
Great Hill
Mast
Pothouse
Windyhill
Windy Hill
Barnmuir Hill
Braidlane Burn
Croalchapel
DG1
Barnmuir
Windyhill Rig
Pothole Burn
GAWINMOOR RD
Gawin Moor
Upper Rig
Watchman Hill
Glencorse Hill
Park
Bruce's Well
Nether Rig
White Hill
Goukstane Burn
Auchencairn
Auchencairn Height
Auchengeith Hill
Auchengeith
Birswick
Souter's Grave
DG2
91 A 92 B 93 C 94 D 95 E 96 F

41 61

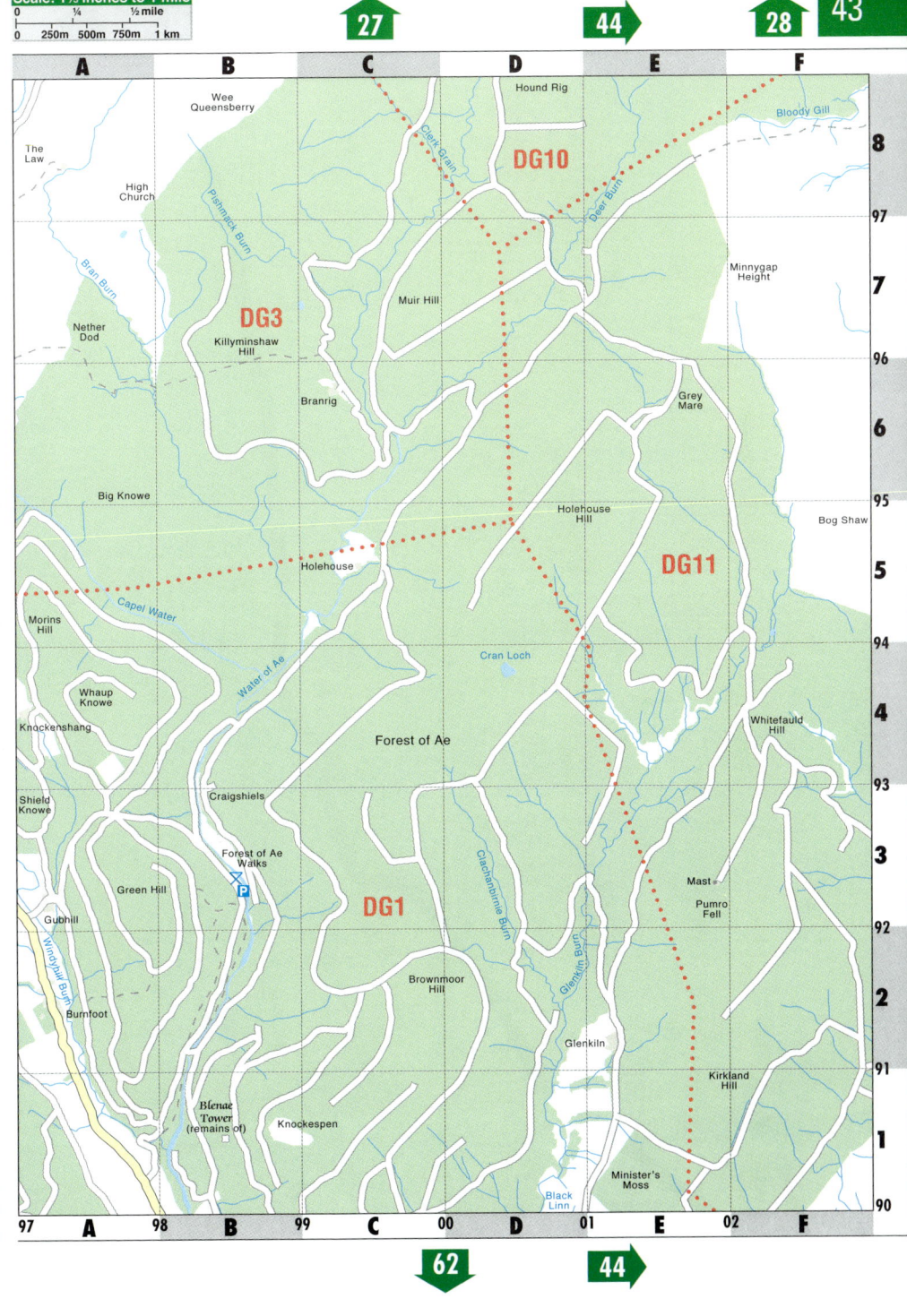

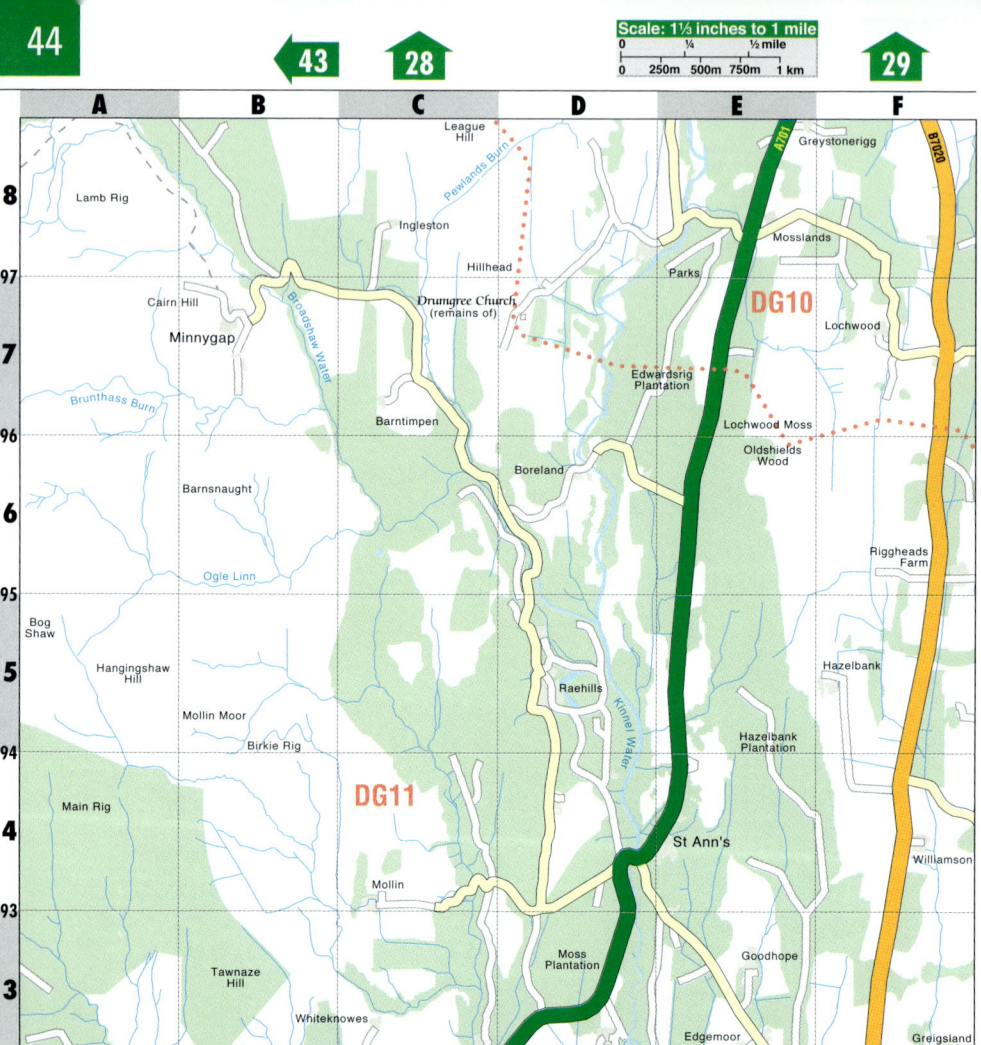

Scale: 1⅓ inches to 1 mile

29
46
30

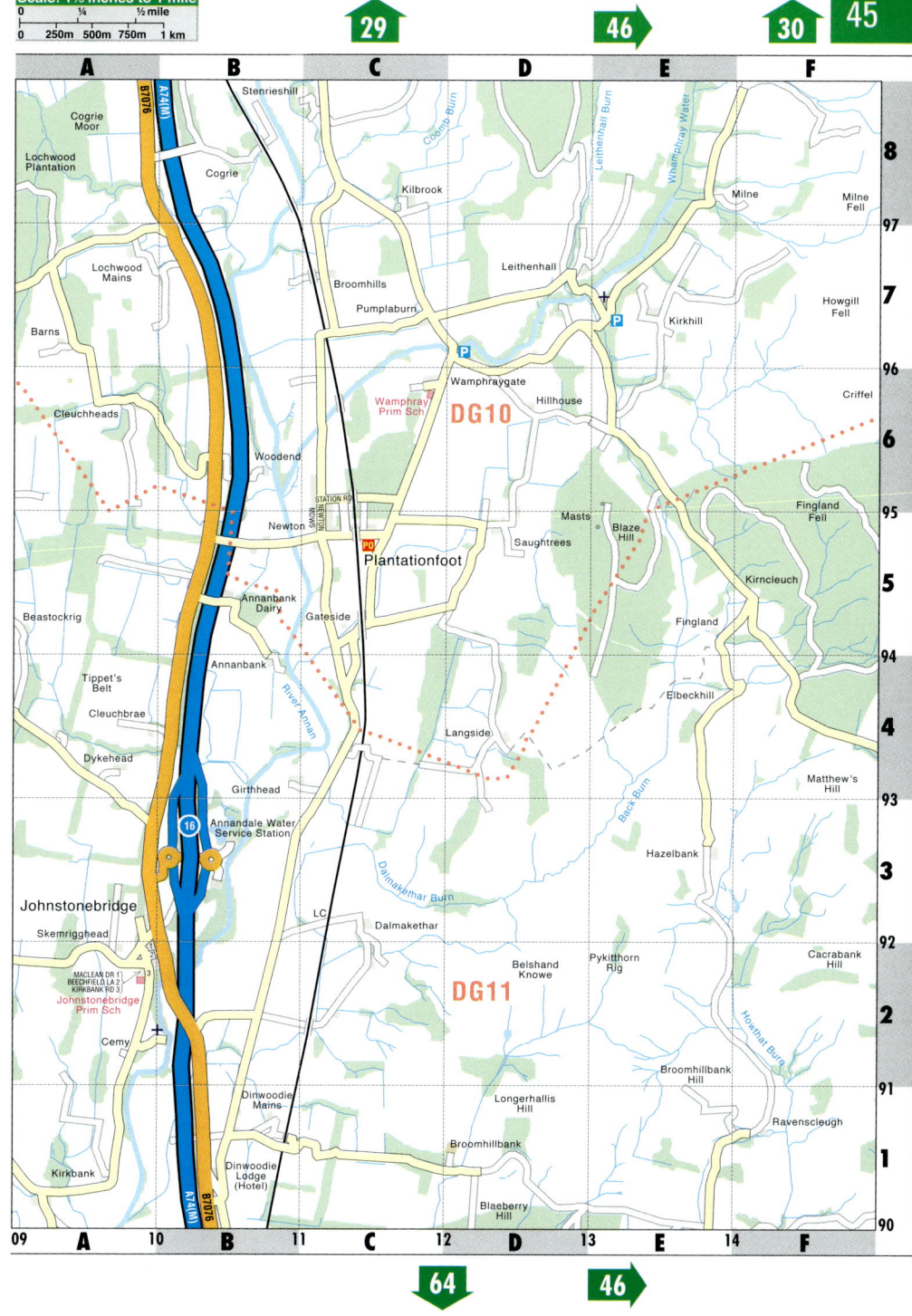
A
B
C
D
E
F
Stenrieshill
Cogrie Moor
Lochwood Plantation
Cogrie
Coomb Burn
Leithenhall Burn
Whamphray Water
Kilbrook
Milne
Milne Fell
Lochwood Mains
Leithenhall
Broomhills
Pumplaburn
Howgill Fell
Kirkhill
Barns
Wamphraygate
Wamphray Prim Sch
DG10
Hillhouse
Criffel
Cleuchheads
Woodend
STATION RD
NEWTON MDWS
Masts
Fingland Fell
Newton
Blaze Hill
Saughtrees
PO
Plantationfoot
Kirncleuch
Annanbank Dairy
Beastockrig
Gateside
Fingland
Annanbank
Tippet's Belt
River Annan
Elbeckhill
Cleuchbrae
Langside
Dykehead
Matthew's Hill
Girthhead
16
Annandale Water Service Station
Back Burn
Hazelbank
Dalmakethar Burn
Johnstonebridge
LC
Skemrigghead
Dalmakethar
MACLEAN DR 1
BEECHFIELD LA 2
KIRKBANK RD 3
Johnstonebridge Prim Sch
Belshand Knowe
Pykitthorn Rig
Cacrabank Hill
DG11
Howthat Burn
Cemy
Broomhillbank Hill
Dinwoodie Mains
Longerhallis Hill
Ravenscleugh
Broomhillbank
Dinwoodie Lodge (Hotel)
Blaeberry Hill
Kirkbank
A74(M)
B7076
8
97
7
96
6
95
5
94
4
93
3
92
2
91
1
90
09
10
11
12
13
14

64
46

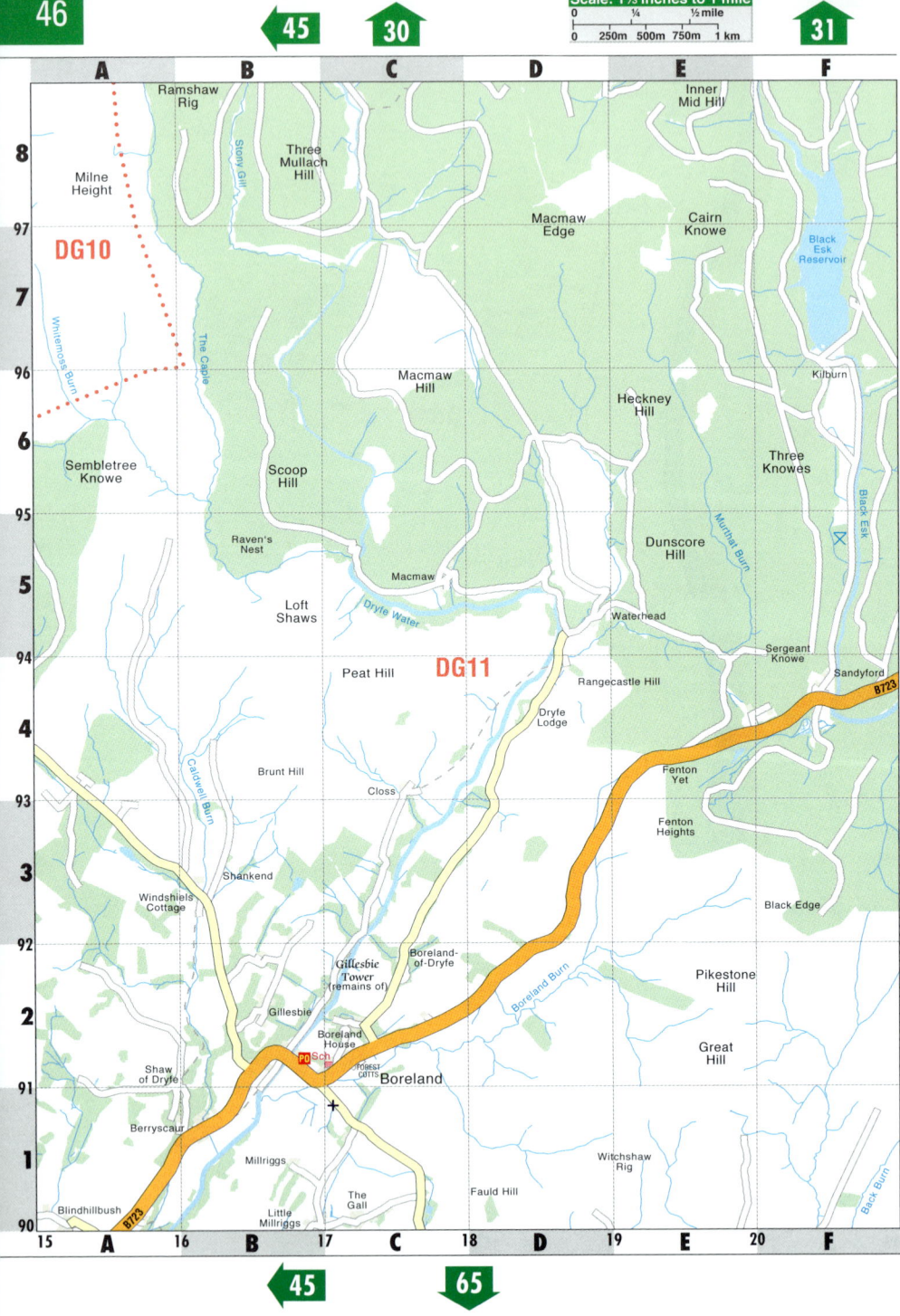

47 32 33

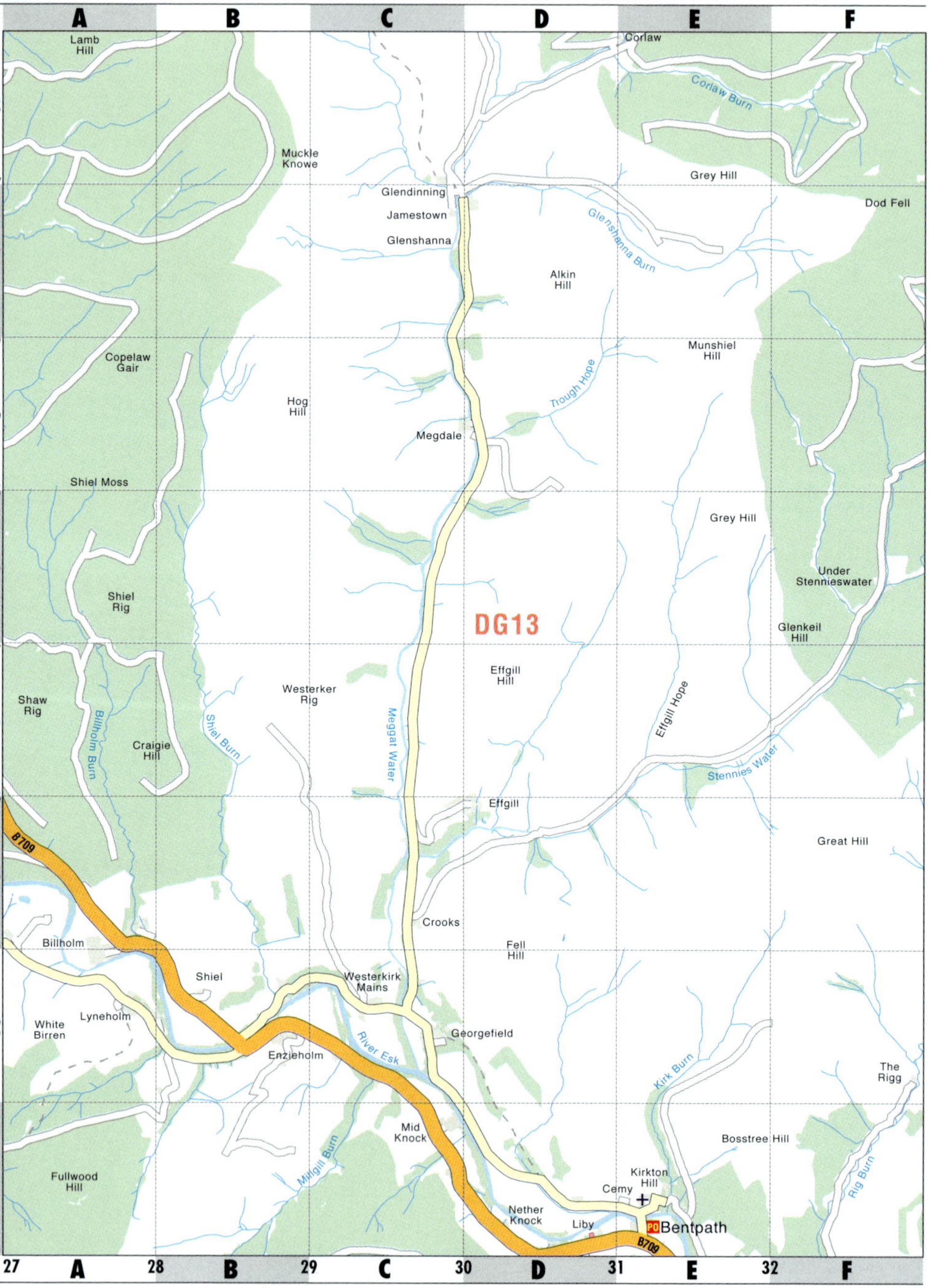
Scale: 1⅓ inches to 1 mile
0 ¼ ½ mile
0 250m 500m 750m 1 km
A B C D E F
8 97 7 96 6 95 5 94 4 93 3 92 2 91 1 90
27 28 29 30 31 32
Lamb Hill
Muckle Knowe
Corlaw
Corlaw Burn
Grey Hill
Dod Fell
Glendinning
Jamestown
Glenshanna
Glenshanna Burn
Alkin Hill
Copelaw Gair
Hog Hill
Munshiel Hill
Trough Hope
Megdale
Shiel Moss
Grey Hill
Under Stennieswater
DG13
Shiel Rig
Glenkeil Hill
Effgill Hill
Westerker Rig
Shaw Rig
Billholm Burn
Craigie Hill
Shiel Burn
Meggat Water
Effgill Hope
Stennies Water
Effgill
B709
Great Hill
Crooks
Billholm
Fell Hill
Shiel
Westerkirk Mains
White Birren
Lyneholm
Georgefield
Enzieholm
River Esk
Kirk Burn
The Rigg
Mid Knock
Bosstree Hill
Milgill Burn
Fullwood Hill
Kirkton Hill
Cemy
Rig Burn
Nether Knock
Liby
PO
Bentpath
B709

47 67

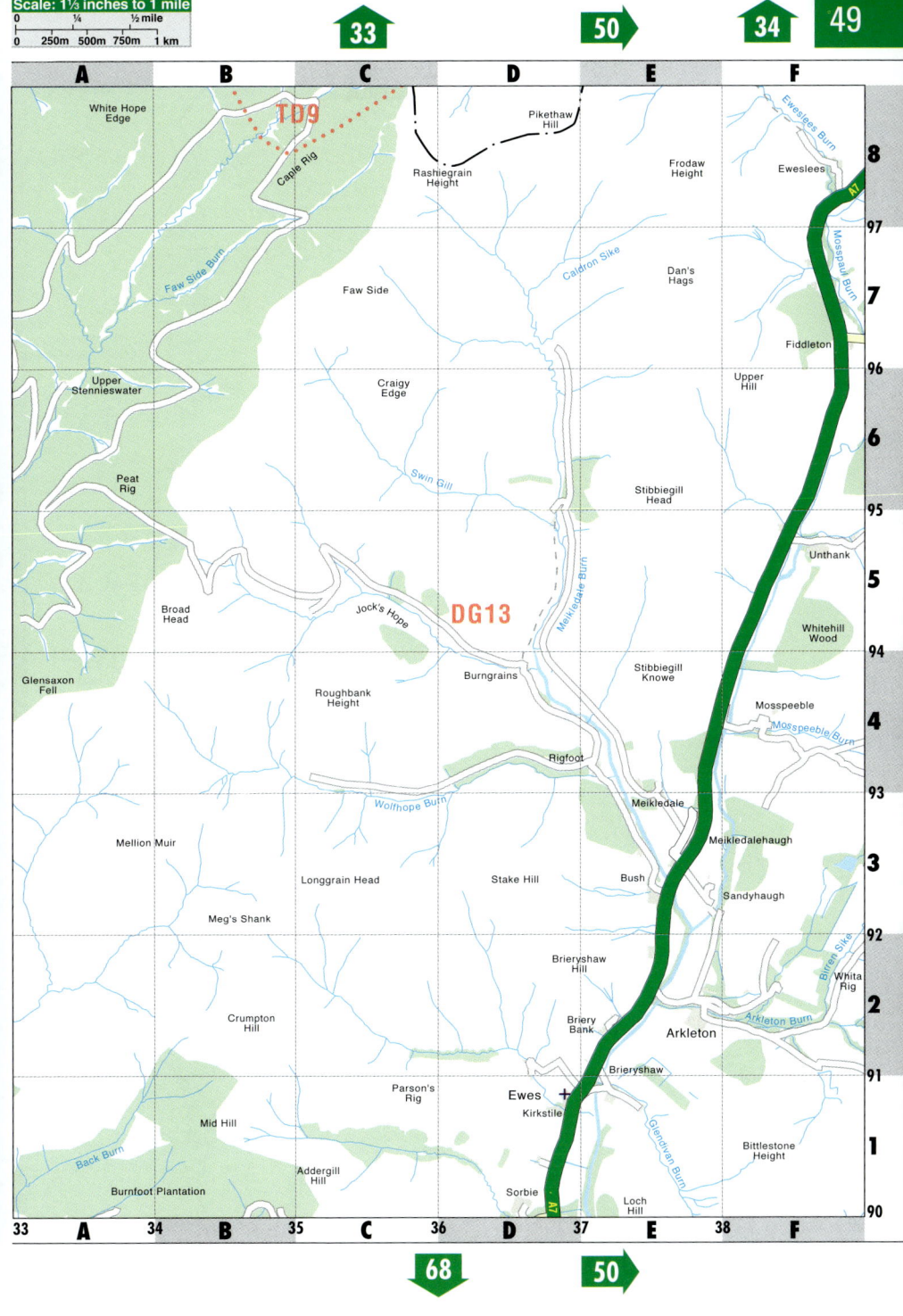

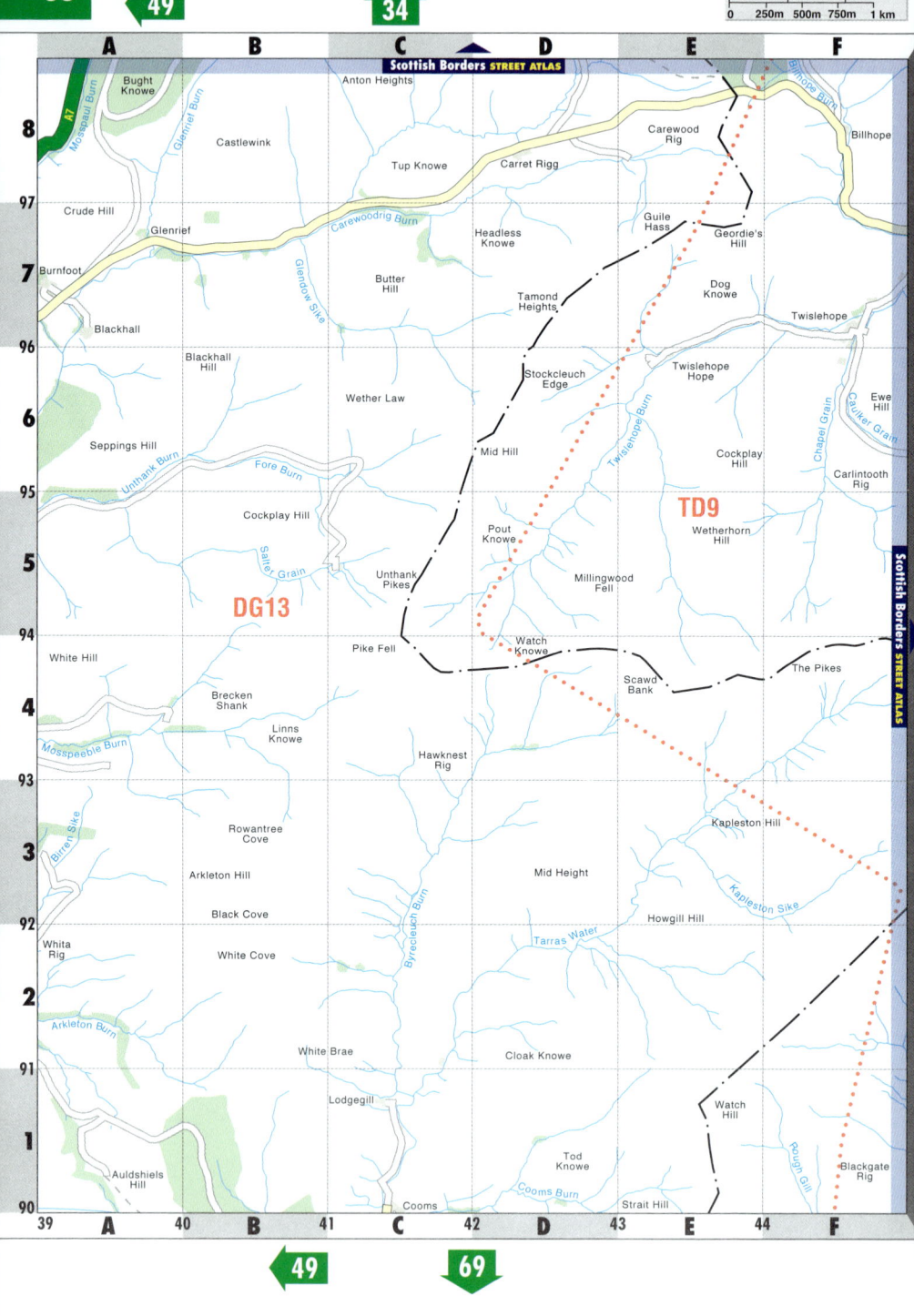

Scale: 1⅓ inches to 1 mile

Ayrshire STREET ATLAS
52
A B C D E F
Craiglaigh Hill
Shalloch on Minnoch
Shalloch Burn
Craigenrae
Polmaddie Burn
Knockinlochie
Tarfessock
Ford
Knapps
Cairnfore Burn
Fardin Burn
Cairnfore Hill
Kirriereoch
Cairnfore
Kirriereoch Loch
Cairnfore Loch
DG8
Fardin
KA26
Loch Moan
White Island
Black Island
Skaig Loch
Suie Hill
Water of Minnoch
Kentie Hill
Ford
Loch Dow
Black Burn
River Cree
Brecklach Hill
Arroch Hill
Shiggerland Loch
Garwall Hill
Highlandman's Rig
Loch Arroch
Butler Burn
GLENTROOL FOREST
Drumjohn
Sheil Hill
Gleckmalloch
Corrafeckloch Hill
Laniewee Burn
Water of Minnoch
8 89 7 88 6 87 5 86 4 85 3 84 2 83 1 82
31 32 33 34 35 36
73
74
52

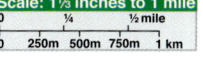

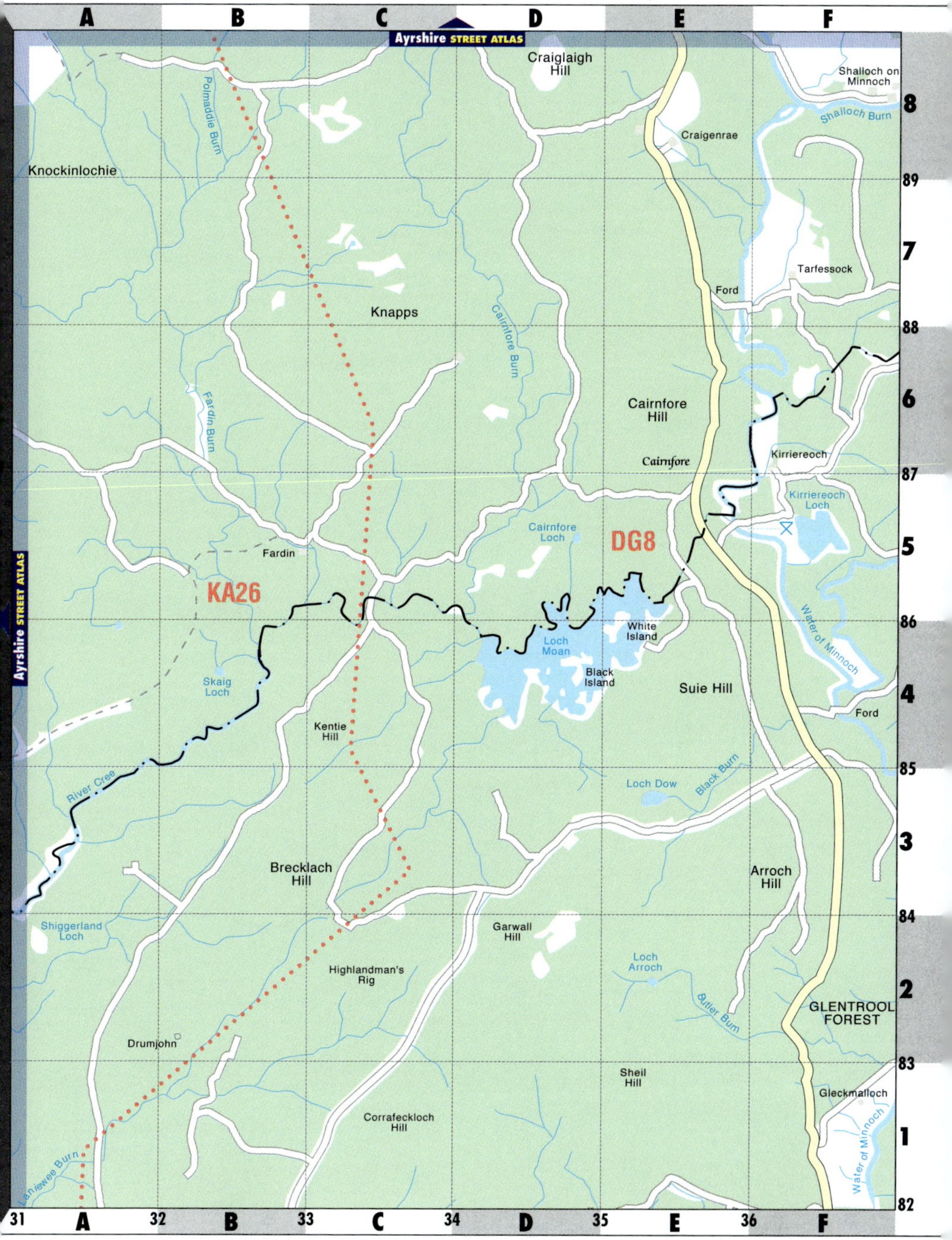

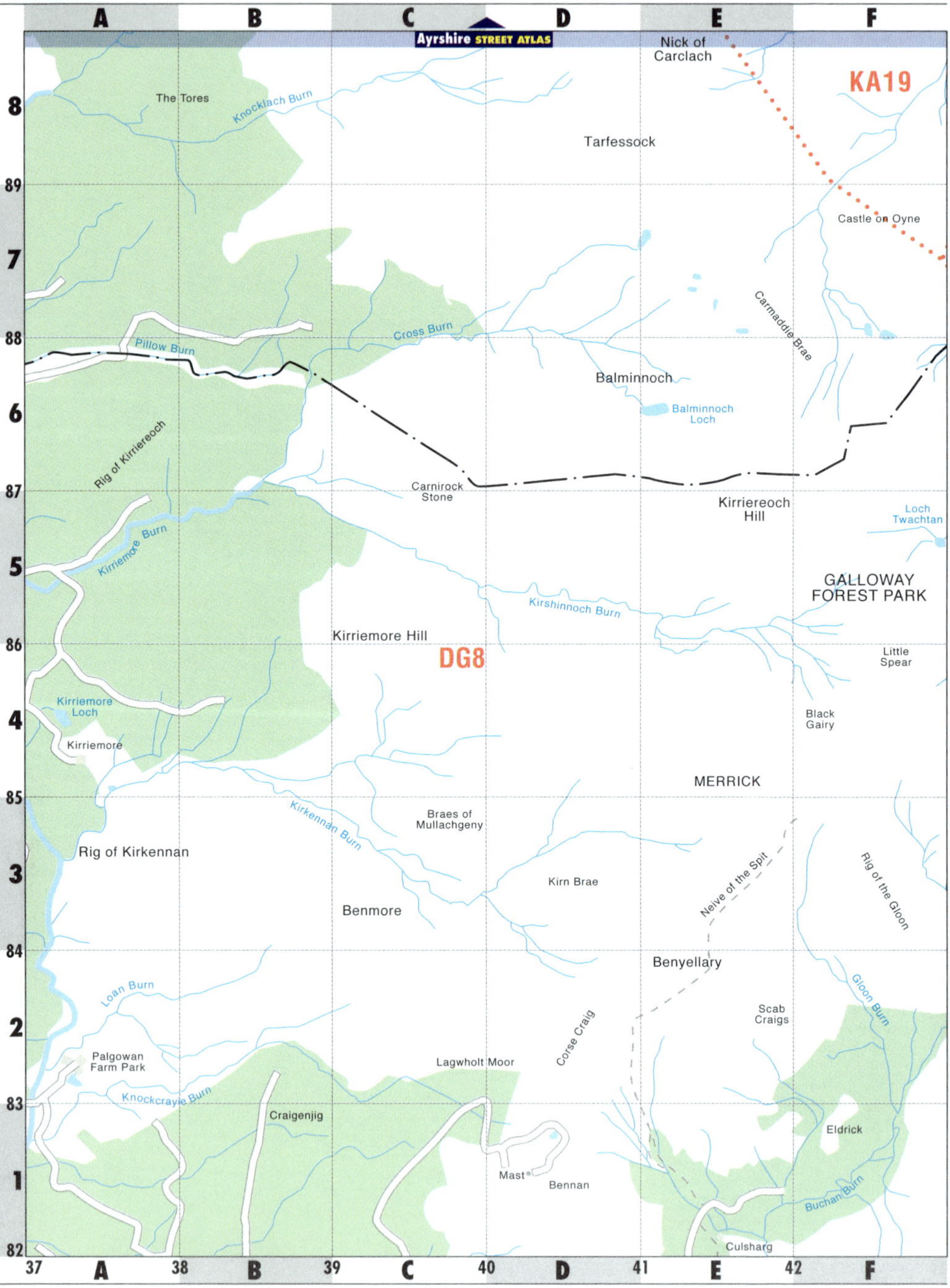

54

Scale: 1⅓ inches to 1 mile

0
¼
½ mile
0
250m
500m
750m
1 km
A
B
C
D
E
F
Ayrshire STREET ATLAS
Macaterick
KA19
The Slock
Kirreoch Burn
8
89
Yellow Tomach
Millmore
Hoodens Hill
7
Lump of the Eglin
KA6
Rig of Millmore
Riders Rig
88
6
Saugh Burn
The Tauchers
Meikle Craigtarson
Eglin Lane
87
Mullwharchar
Rig of Munshalloch
Pulskaig Burn
Gala Lane
5
Little Craigtarson
Caldron Burn
86
March Burn
Dry Loch
4
DG7
Redstone Rig
Loch Enoch
Dungeon Hill
85
Craignairny
Round Loch of the Dungeon
Downies Burn
DG8
3
The Wolf Slock
Craig Neldricken
Saugh Burn
Backhill of Bush
Long Loch of the Dungeon
84
Helen's Stone
Loch Arron
Brishie Burn
Rig of Loch Enoch
2
Ewe Rig
Black Gairy
Craignaw
Tops of Craigeazle
83
Murder Hole
Loch Neldricken
Dow Spout
Silver Flowe
Cooran Lane
Meaul
Dow Loch
1
Snibe Hill
Craigeazle
82
43
44
45
46
47
48

75
76
54

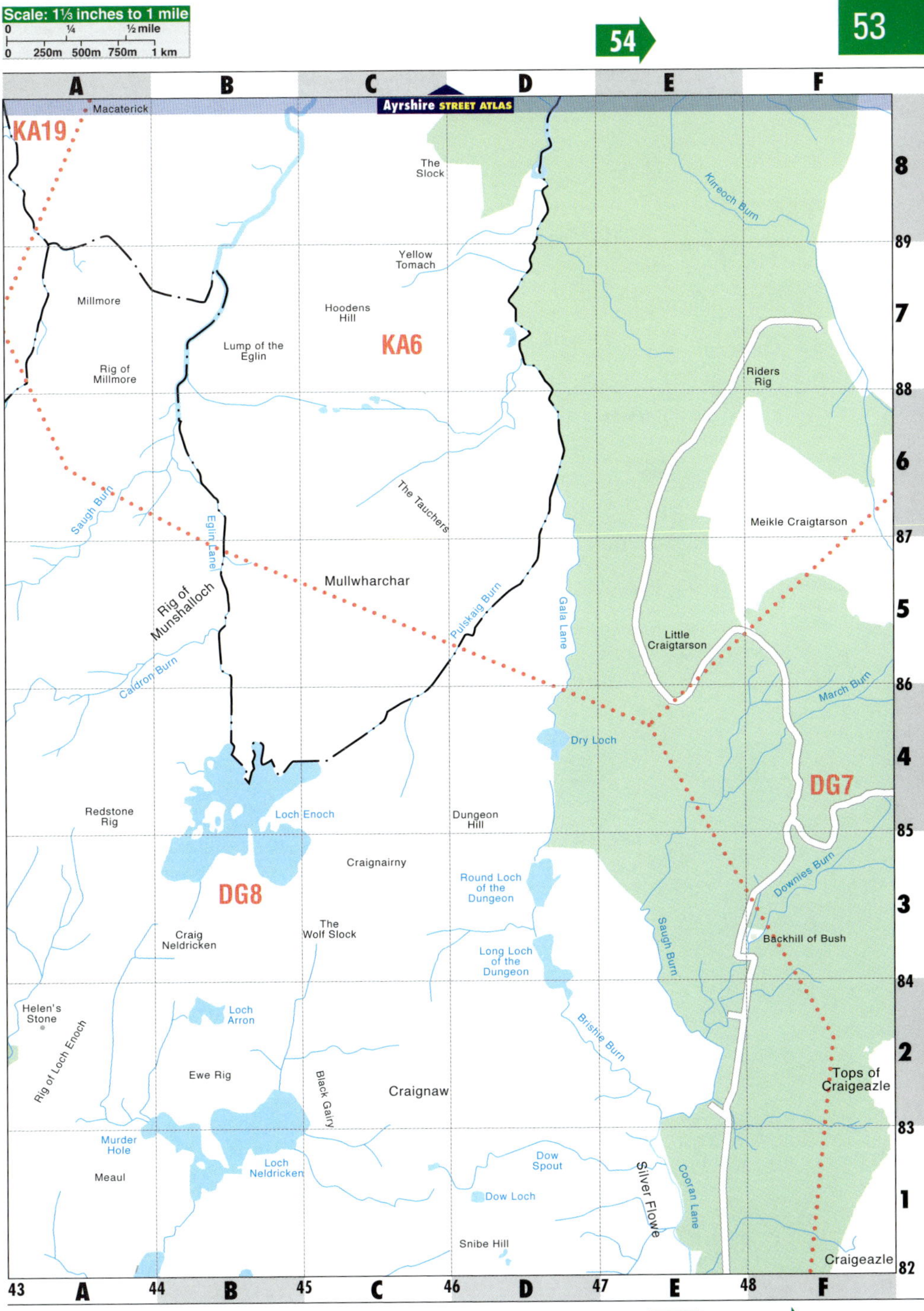

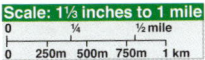

53
35

Scale: 1⅓ inches to 1 mile

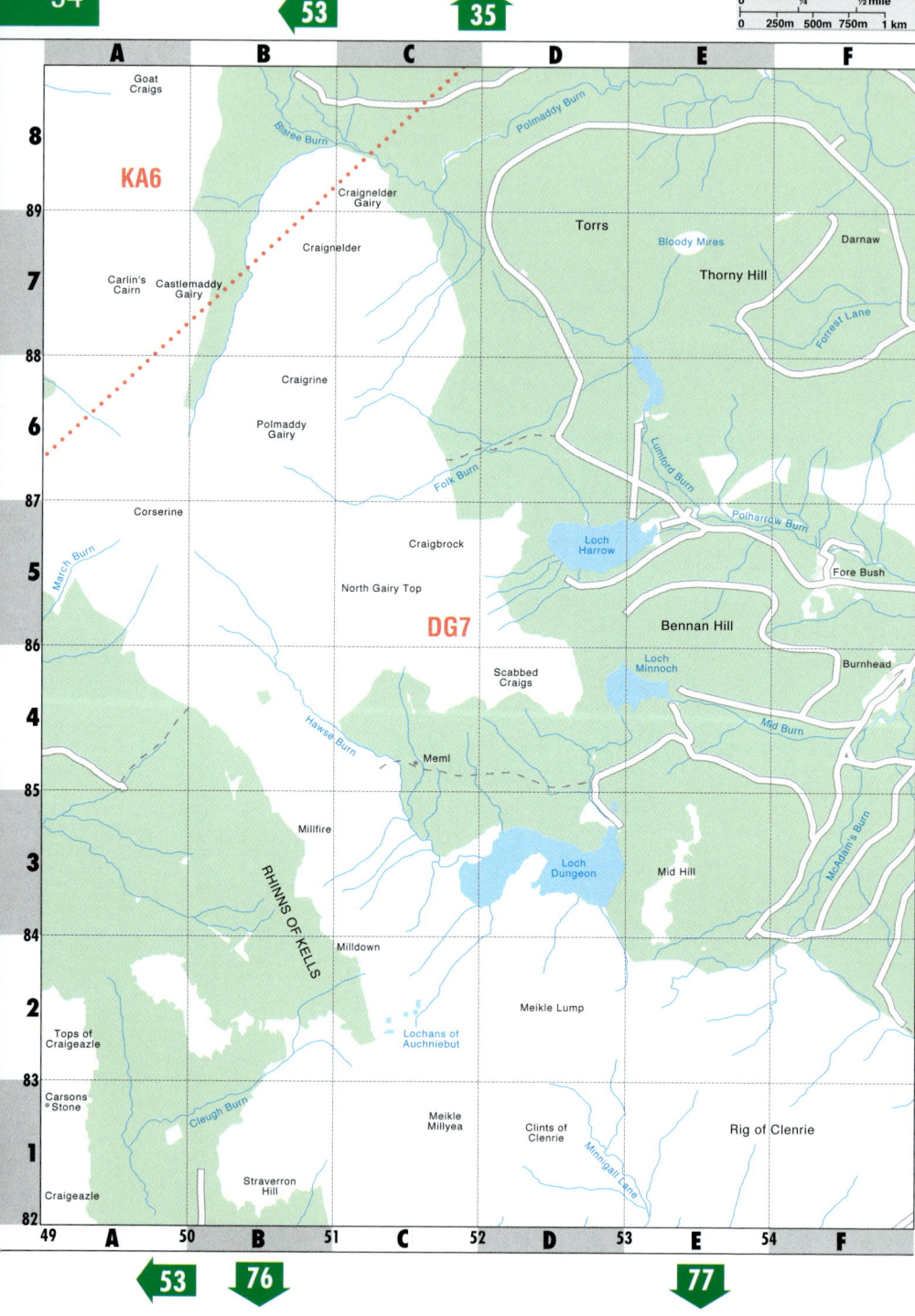
A
B
C
D
E
F
Goat Craigs
Blaree Burn
Polmaddy Burn
KA6
Craignelder Gairy
Craignelder
Torrs
Bloody Mires
Darnaw
Thorny Hill
Carlin's Cairn
Castlemaddy Gairy
Forrest Lane
Craigrine
Polmaddy Gairy
Lumford Burn
Folk Burn
Corserine
Polharrow Burn
Loch Harrow
Craigbrock
March Burn
Fore Bush
North Gairy Top
DG7
Bennan Hill
Loch Minnoch
Burnhead
Scabbed Craigs
Hawse Burn
Mid Burn
Meml
Millfire
McAdam's Burn
RHINNS OF KELLS
Loch Dungeon
Mid Hill
Milldown
Meikle Lump
Tops of Craigeazle
Lochans of Auchniebut
Carsons Stone
Cleugh Burn
Meikle Millyea
Clints of Clenrie
Rig of Clenrie
Minnigall Lane
Straverron Hill
Craigeazle
8
89
7
88
6
87
5
86
4
85
3
84
2
83
1
82
49
50
51
52
53
54

53
76
77

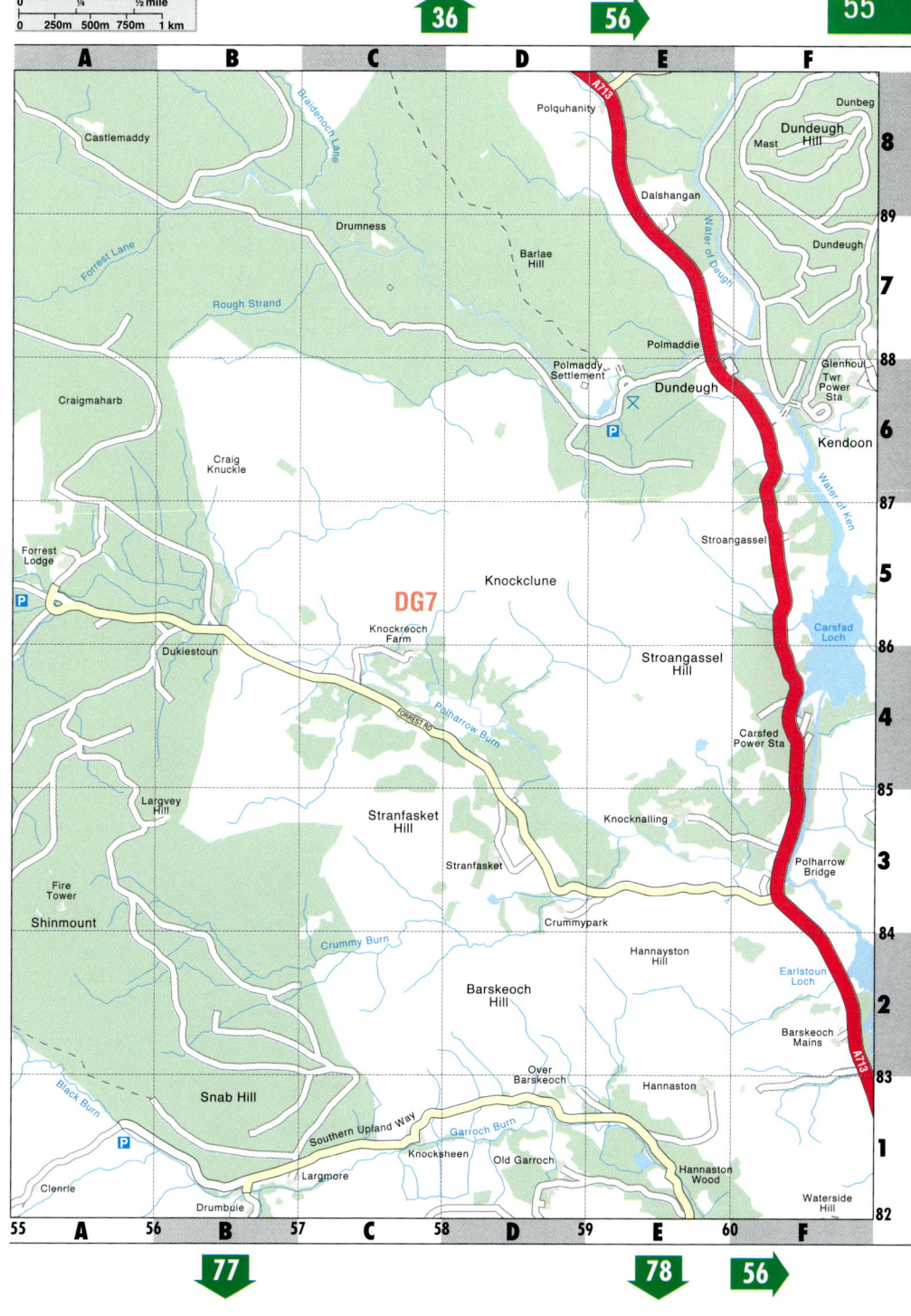

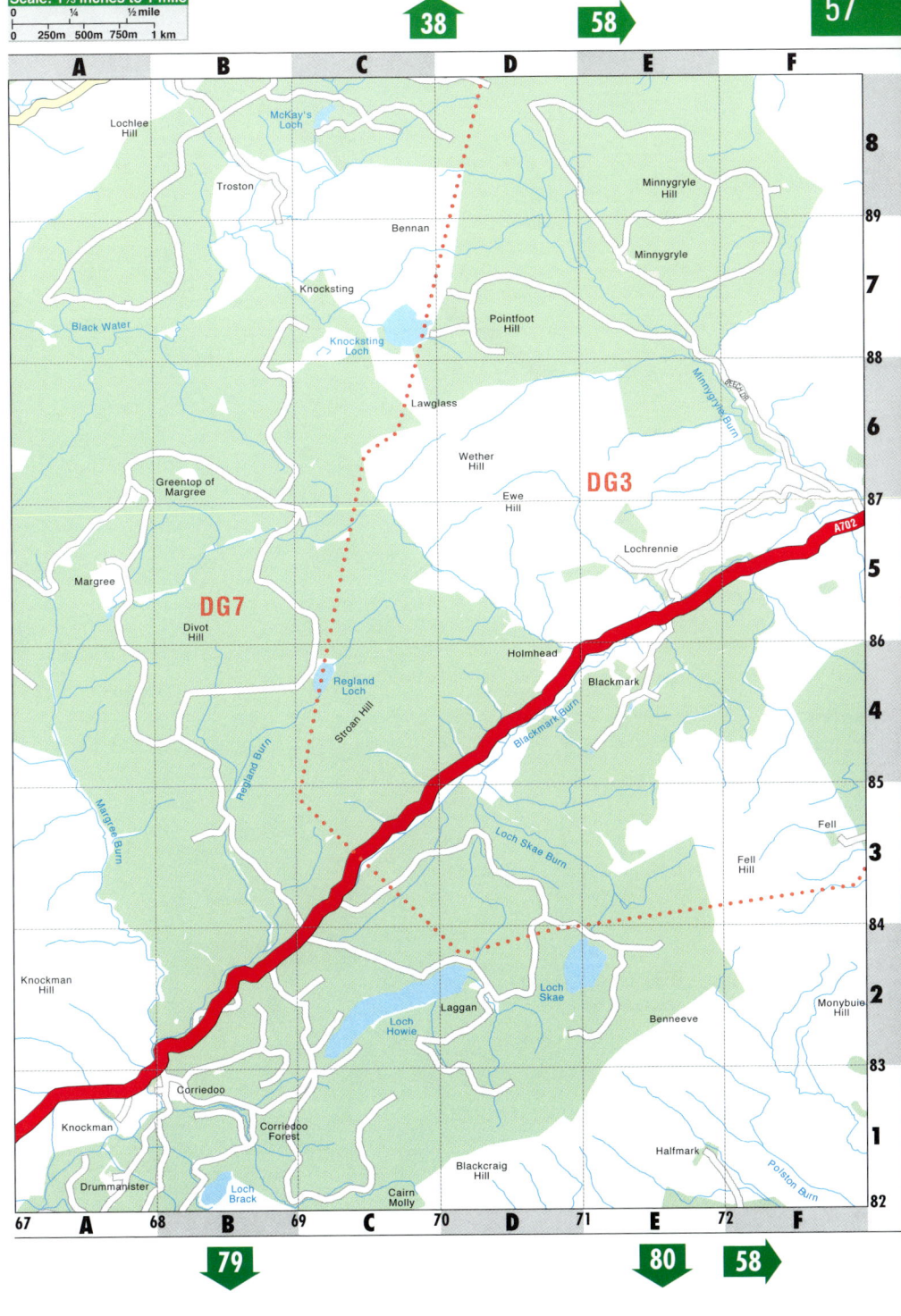

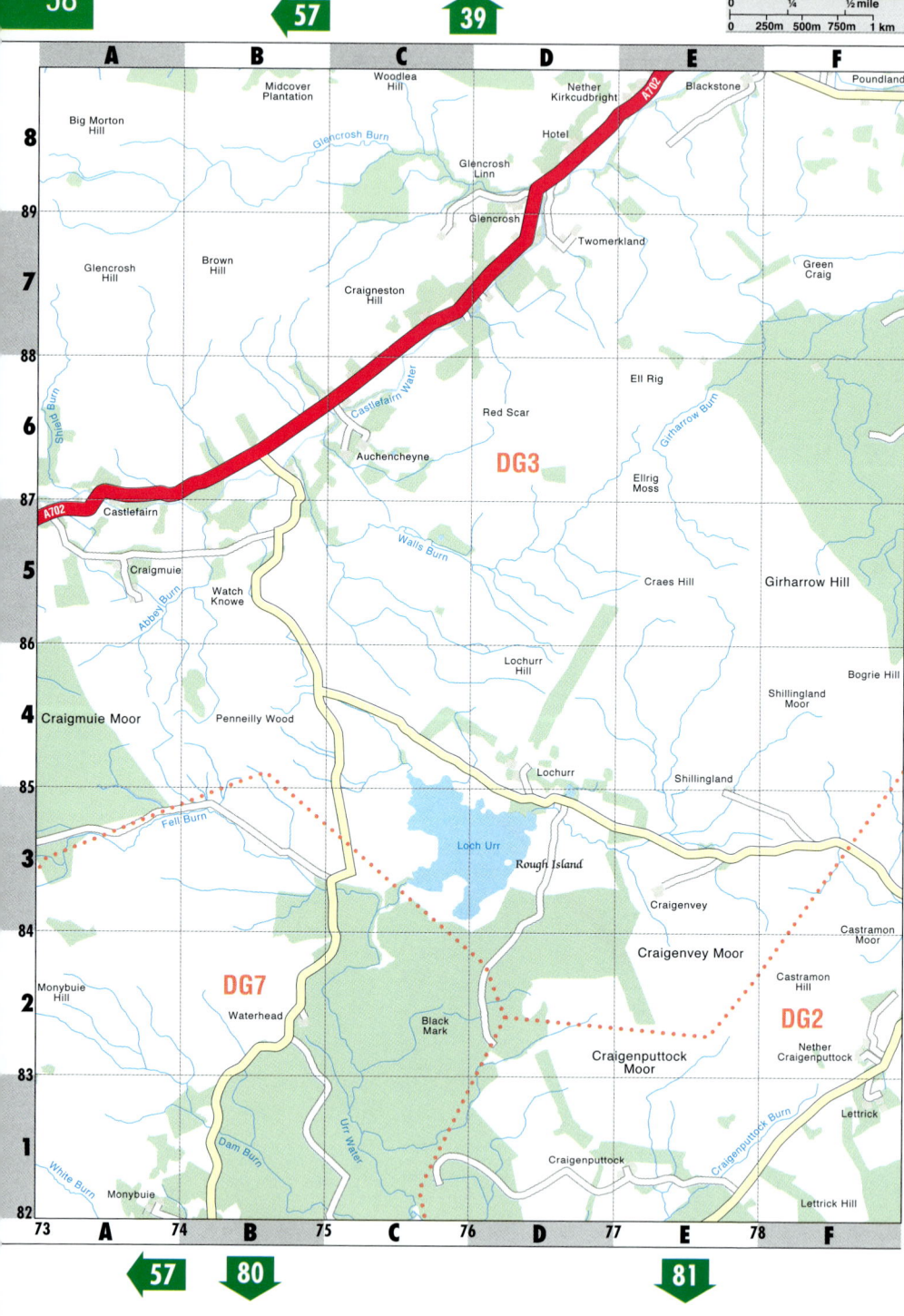

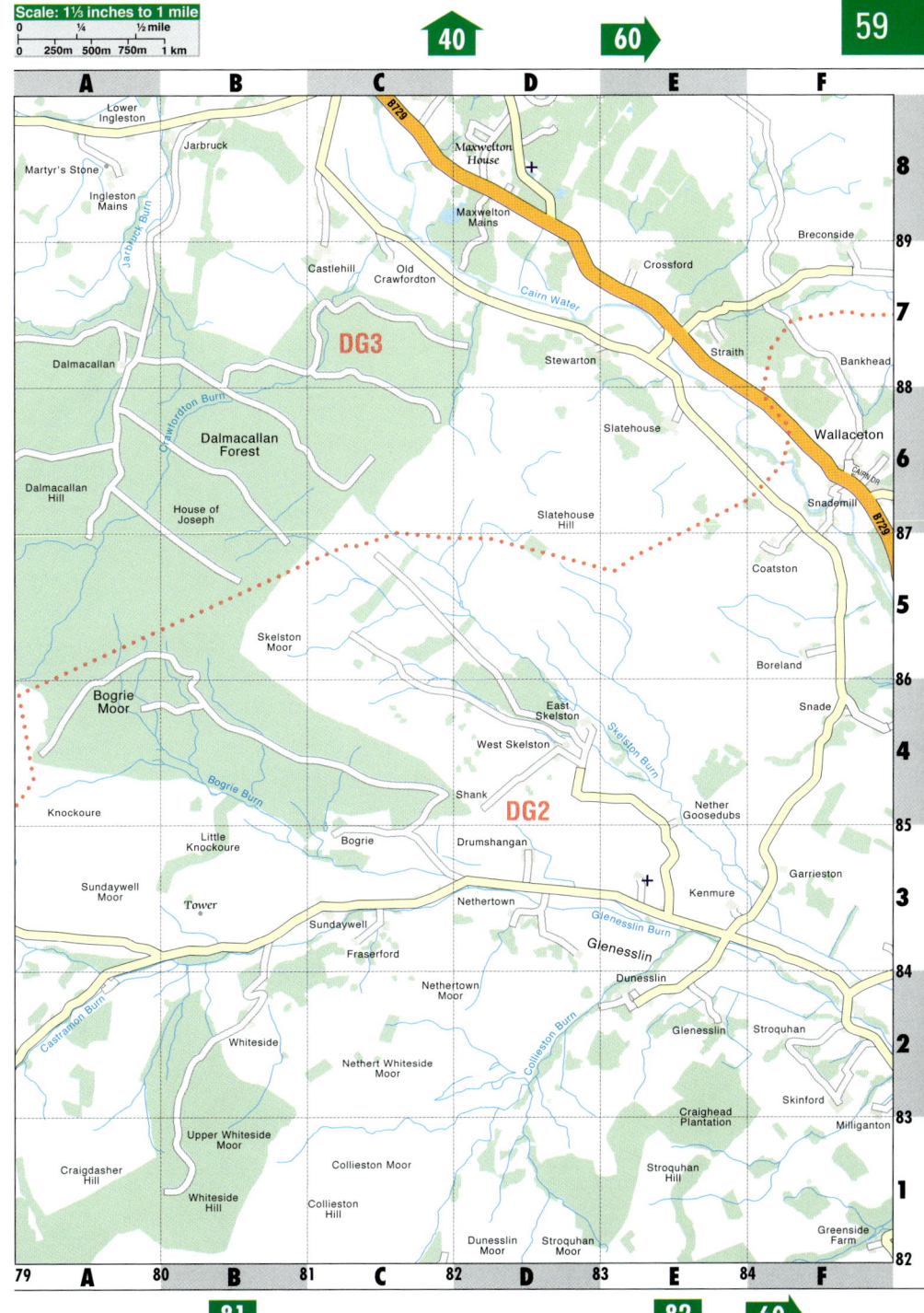

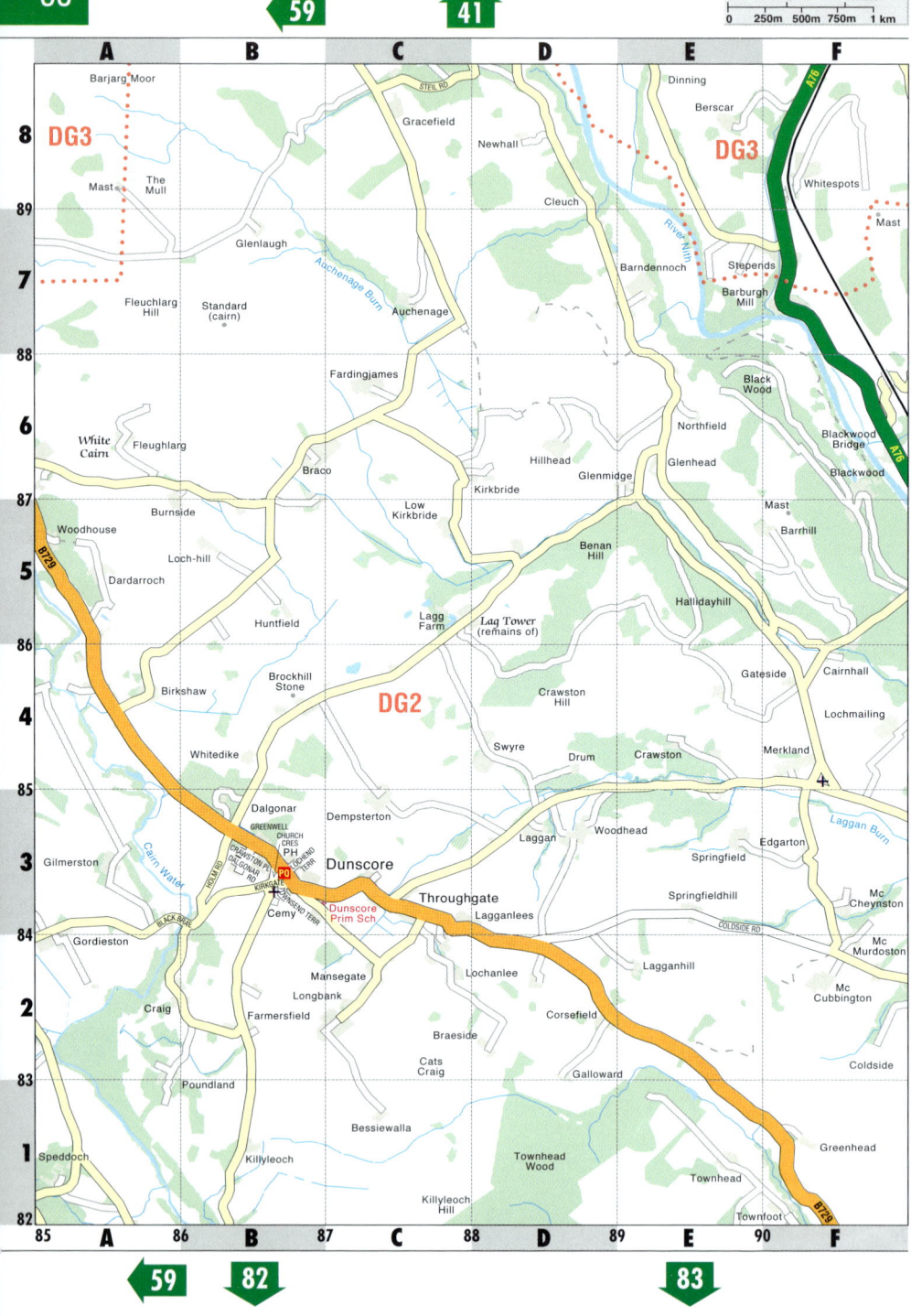

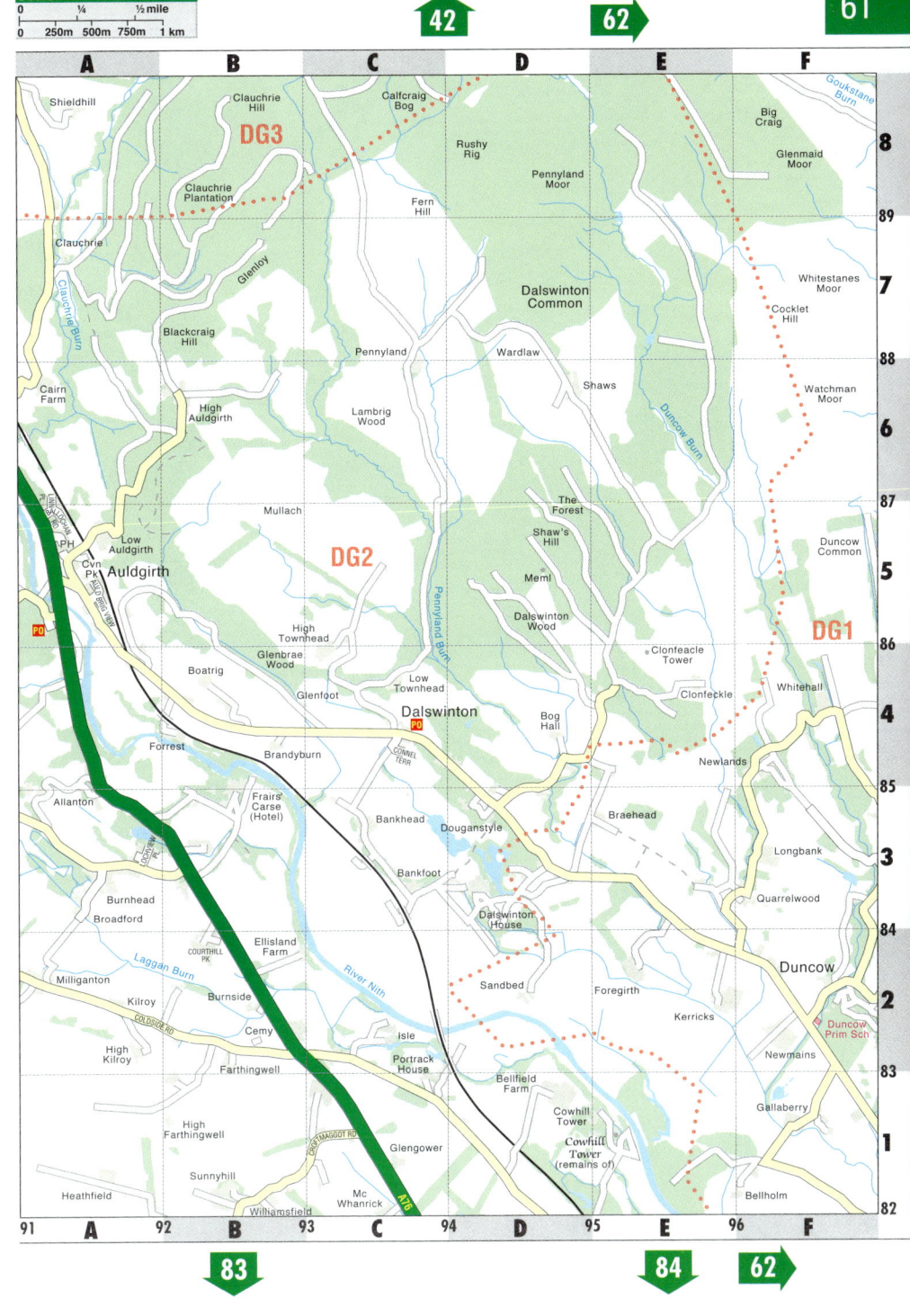

61
43

Scale: 1⅓ inches to 1 mile

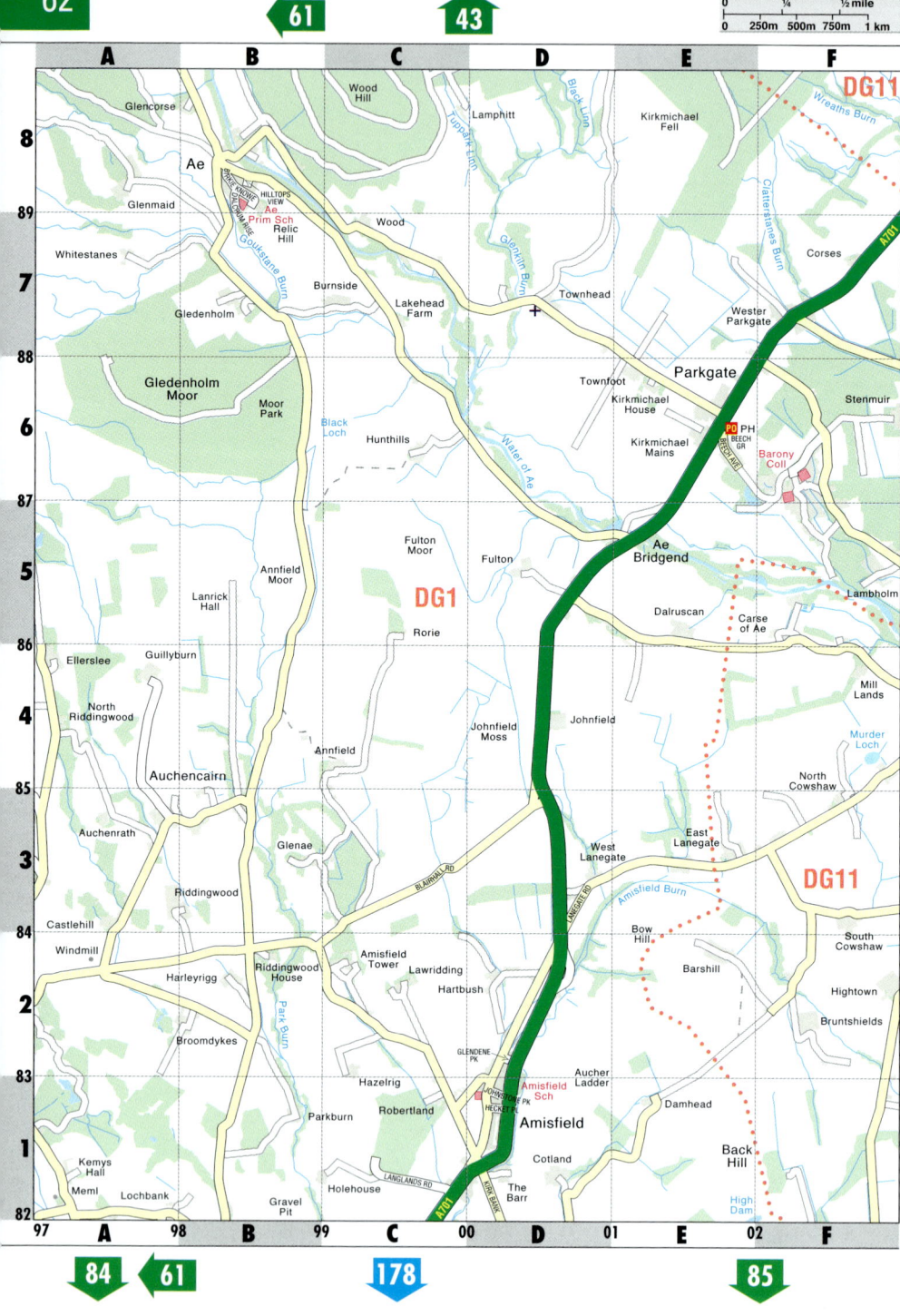
A B C D E F
8 89 7 88 6 87 5 86 4 85 3 84 2 83 1 82
97 98 99 00 01 02
DG11
DG1
Glencorse
Wood Hill
Lamphitt
Black Linn
Kirkmichael Fell
Wreaths Burn
Tuppark Linn
Ae
BRAE KNOWE
DALCRUIM RISE
HILLTOPS VIEW
Ae Prim Sch
Glenmaid
Relic Hill
Wood
Clatterstanes Burn
Whitestanes
Goukstane Burn
Glenkiln Burn
A701
Corses
Burnside
Townhead
Lakehead Farm
Gledenholm
Wester Parkgate
Gledenholm Moor
Townfoot
Parkgate
Moor Park
Kirkmichael House
Stenmuir
Black Loch
Hunthills
Water of Ae
PO PH
BEECH GR
BEECH AVE
Kirkmichael Mains
Barony Coll
Fulton Moor
Ae Bridgend
Fulton
Annfield Moor
Lambholm
Lanrick Hall
Dalruscan
Carse of Ae
Rorie
Ellerslee
Guillyburn
Mill Lands
North Riddingwood
Johnfield Moss
Johnfield
Murder Loch
Annfield
Auchencairn
North Cowshaw
Auchenrath
Glenae
West Lanegate
East Lanegate
BLAIRHALL RD
Riddingwood
LANEGATE RD
Amisfield Burn
Castlehill
Bow Hill
South Cowshaw
Windmill
Amisfield Tower
Riddingwood House
Harleyrigg
Lawridding
Barshill
Hartbush
Hightown
Park Burn
Bruntshields
Broomdykes
GLENDENE PK
Aucher Ladder
Hazelrig
Amisfield Sch
JOHNSTONE PK
HECKET PL
Damhead
Robertland
Parkburn
Amisfield
Kemys Hall
Cotland
Back Hill
LANGLANDS RD
Meml
Lochbank
Holehouse
The Barr
KIRK BANK
High Dam
Gravel Pit

84 61 178 85

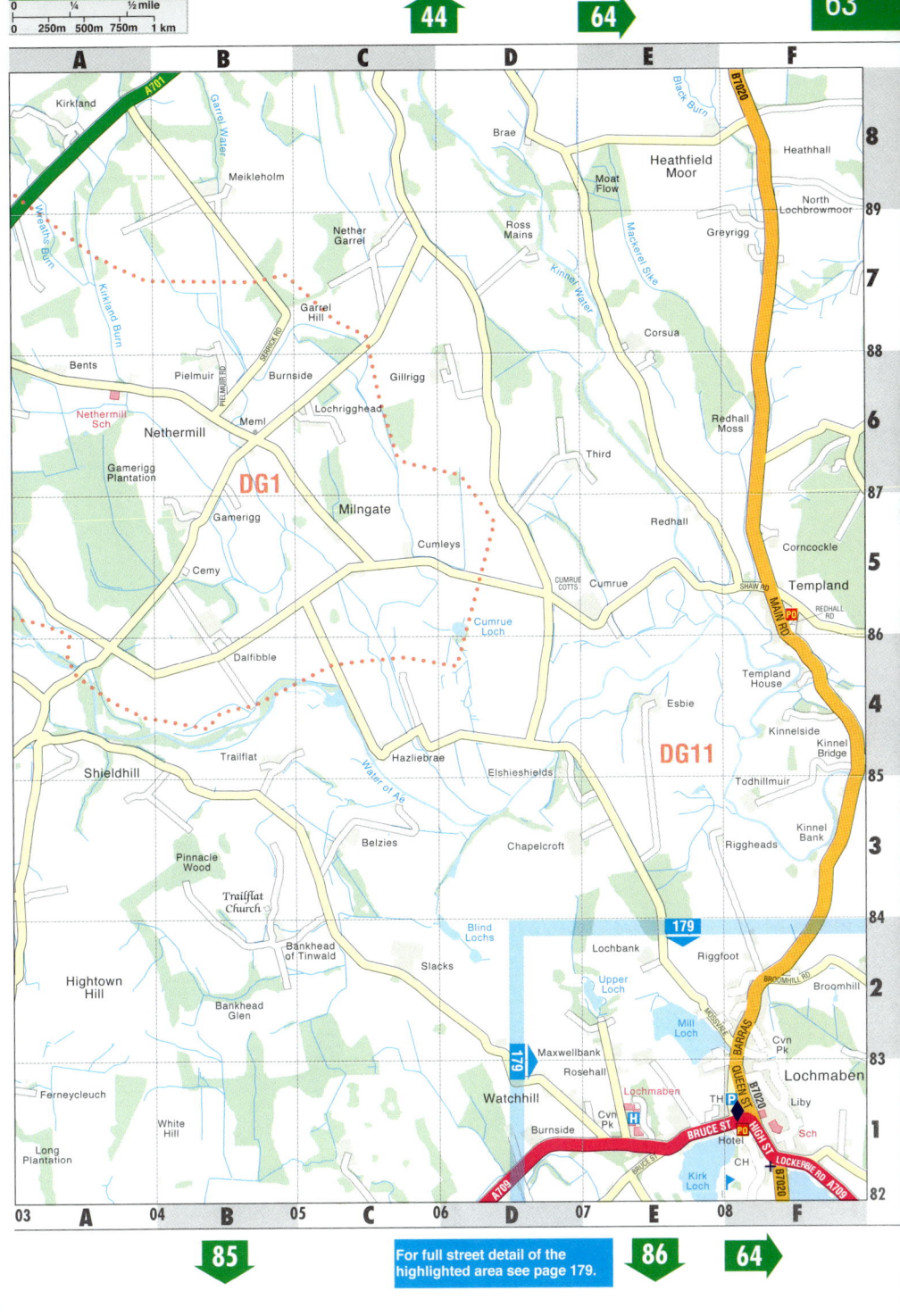

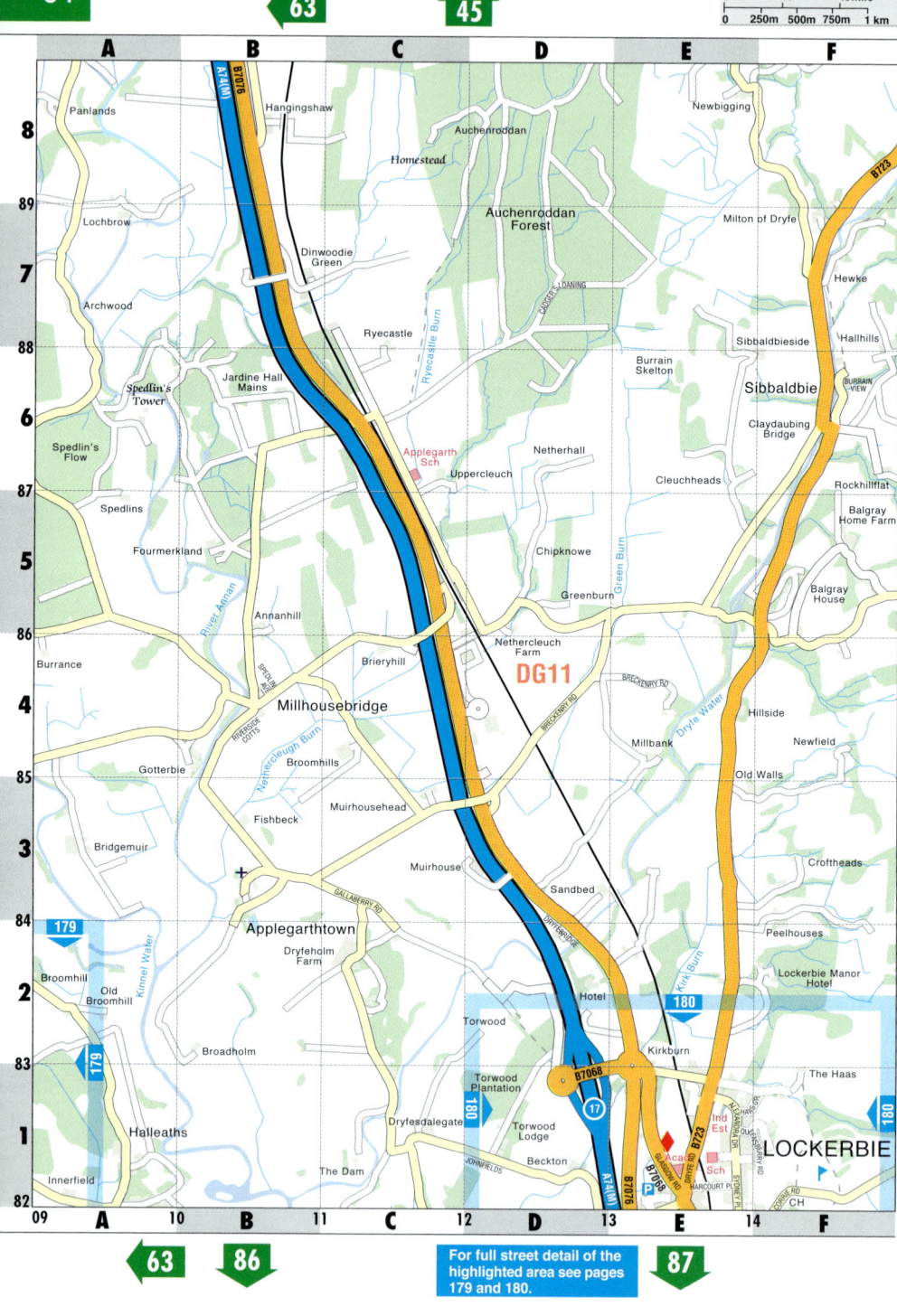

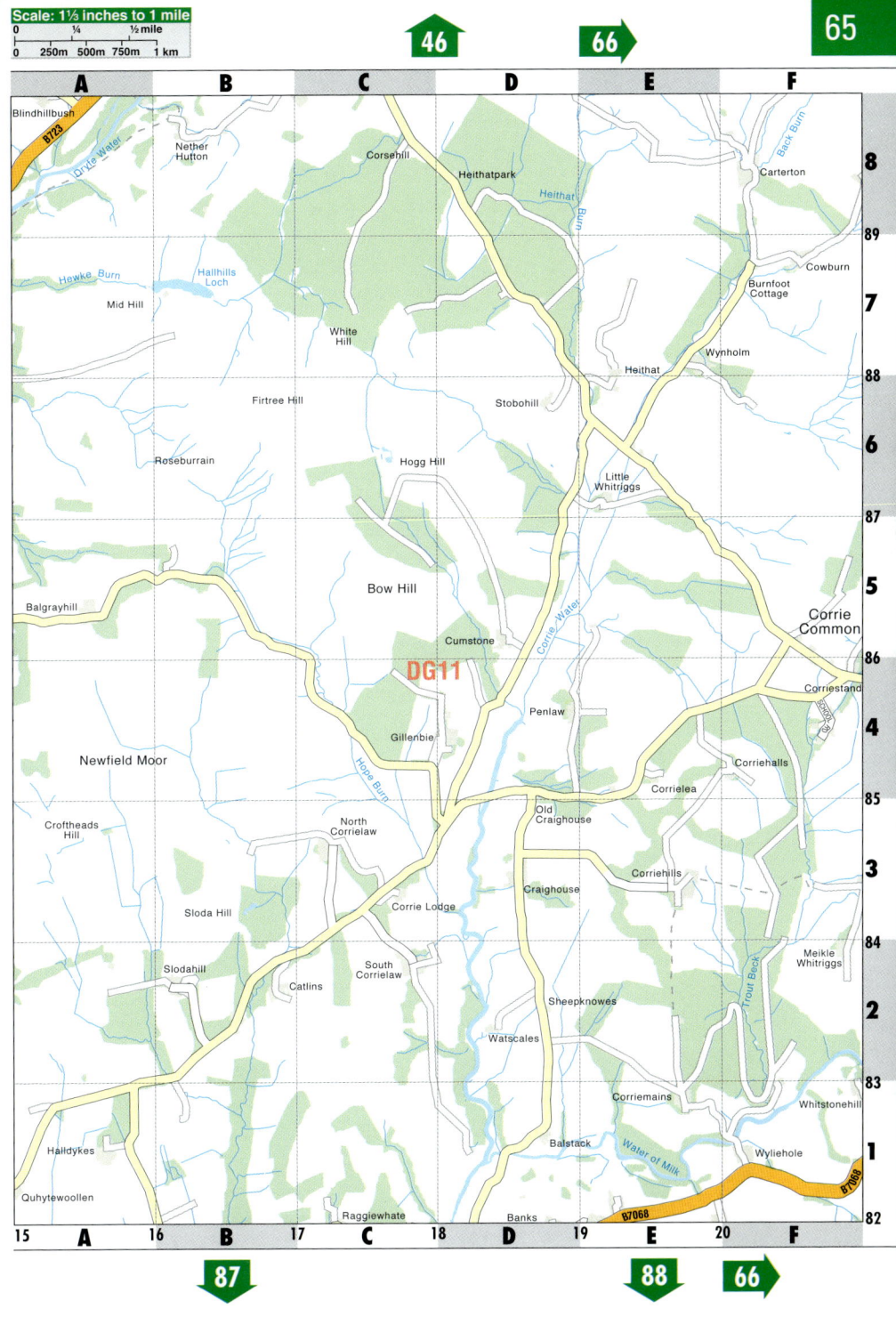

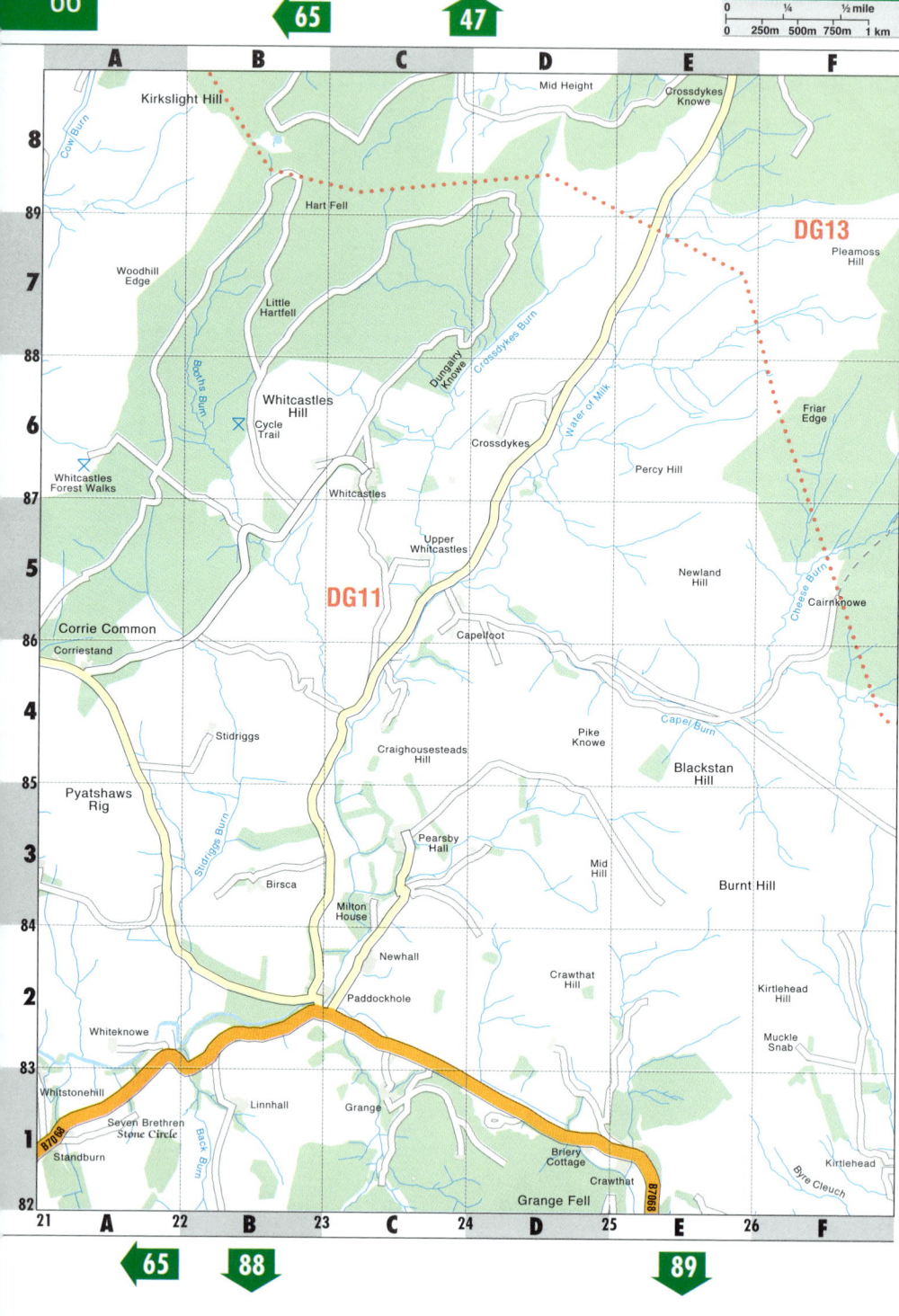

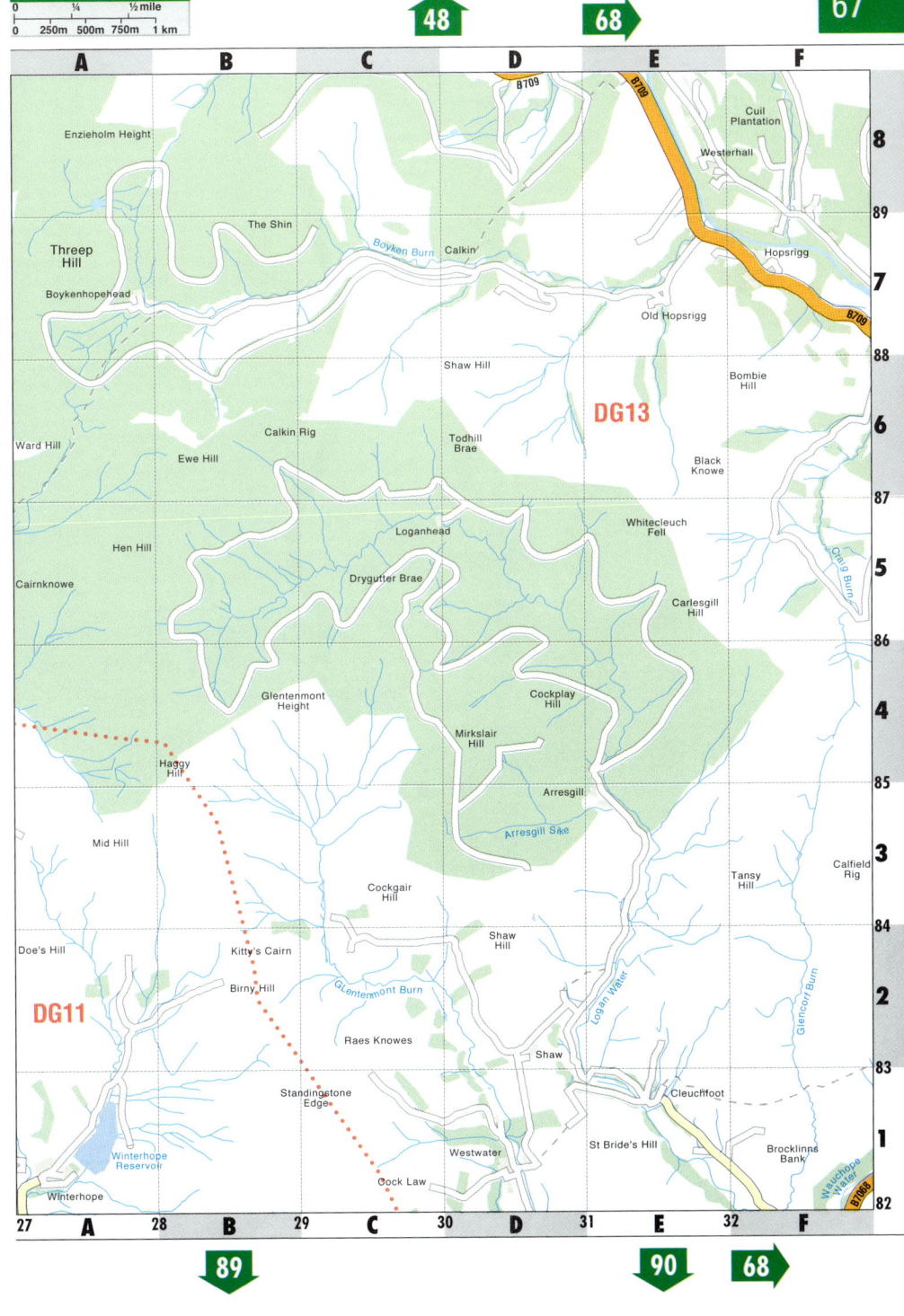

67
49

Scale: 1⅓ inches to 1 mile
0 ¼ ½ mile
0 250m 500m 750m 1 km

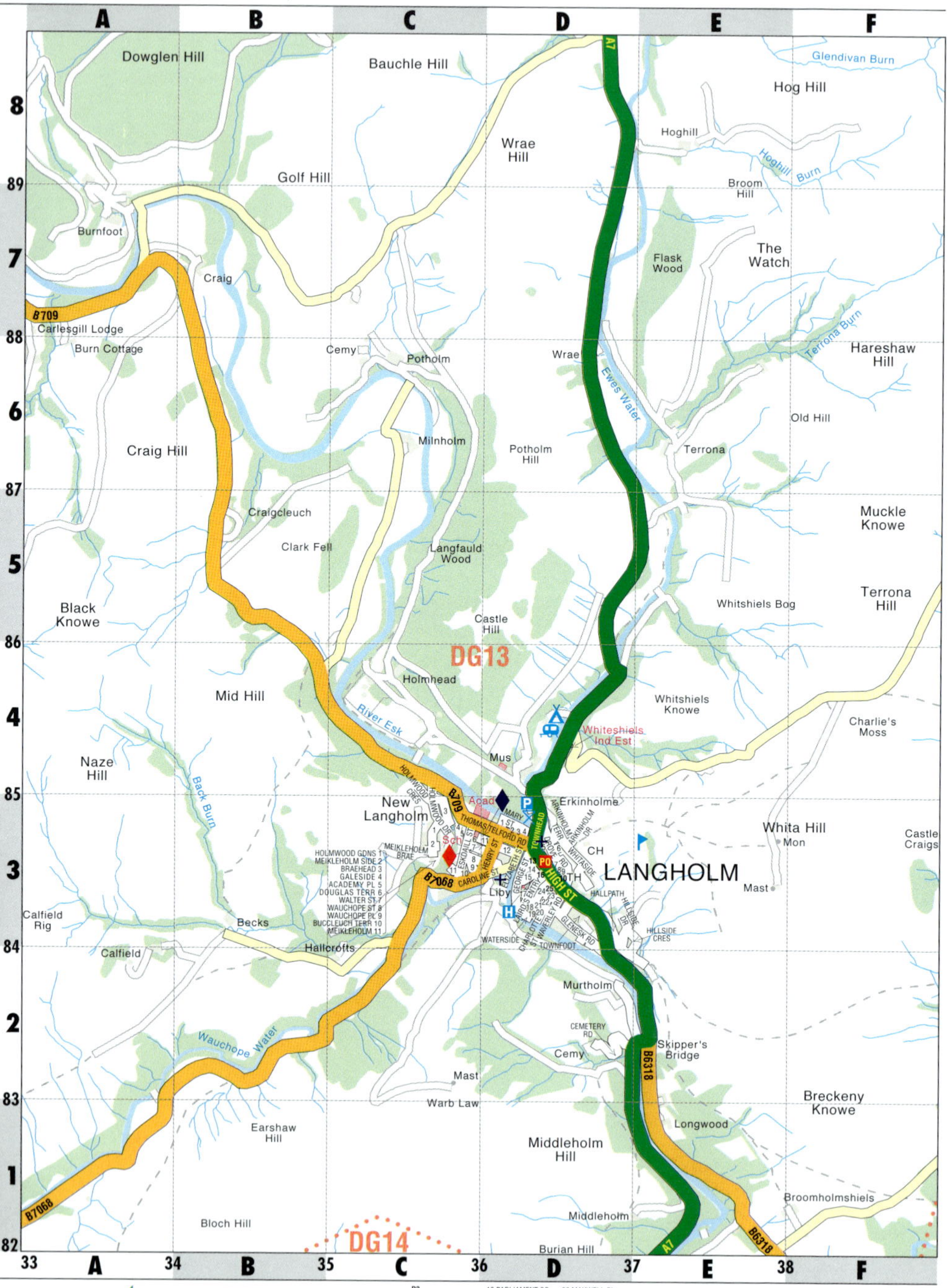

67
90
91

D3
1 MONTAGUE ST
2 BUCCLEUCH PL
3 ESK PL
4 FRANCES ST
5 GREENBANK CT
6 ALMA PL
7 KIRK WYND
8 WAPPING LA
9 JOUKER'S CL
10 PARLIAMENT SQ
11 ALBERT PL
12 WILLIAM ST
13 JOHN ST
14 DAVID ST
15 CHARLES ST
16 MARKET PL
17 ROSEVALE PL
18 ROSEVALE GDNS
19 MAXWELL CT
20 MAXWELL PL
21 MAXWELL RD
22 WEST ST
23 ARDILL RD
24 ROSEVALE ST
25 ARMSTRONG CT

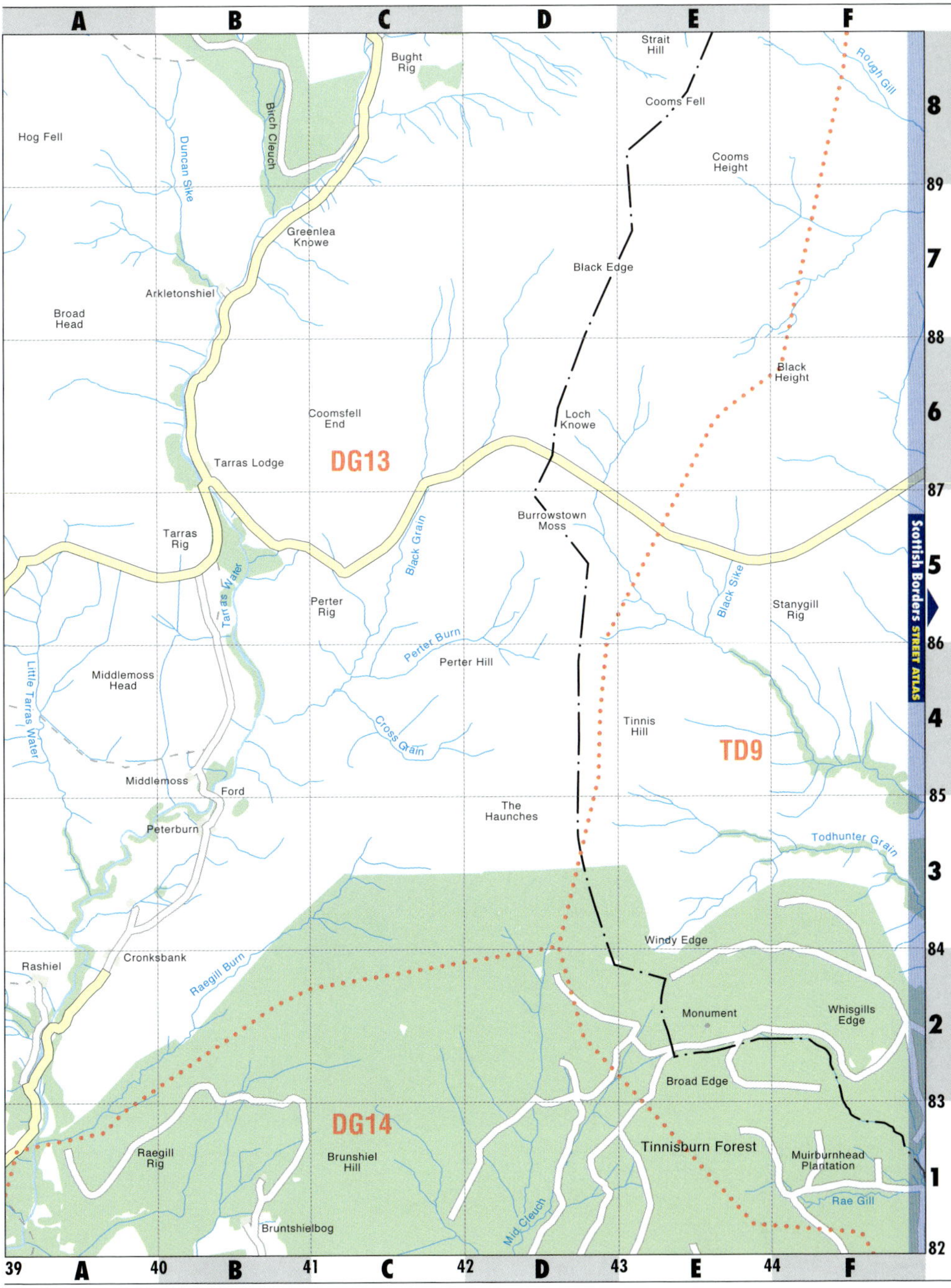

Scale: 1⅓ inches to 1 mile

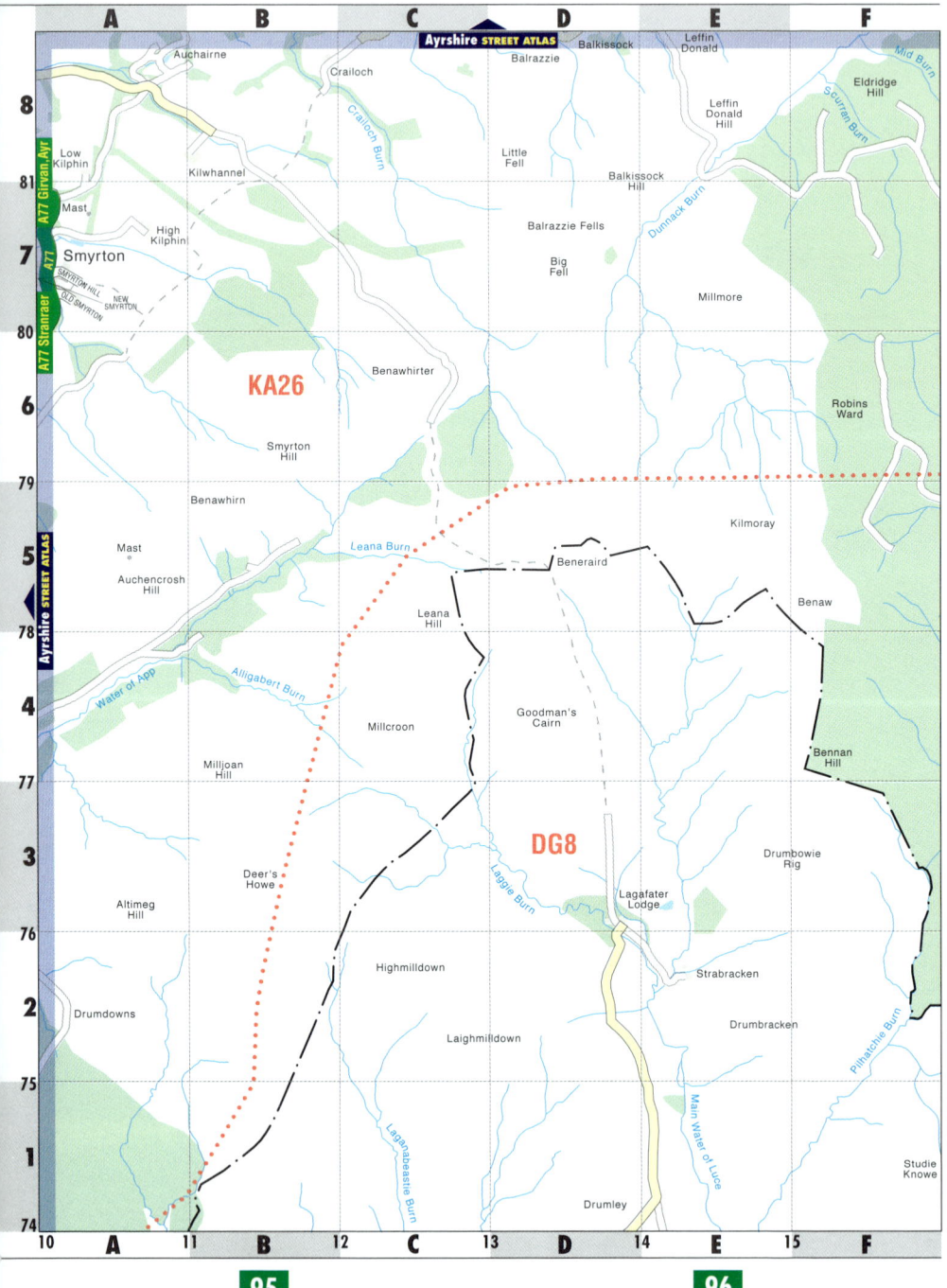
A
B
C
D
E
F
Ayrshire STREET ATLAS
Auchairne
Crailoch
Balrazzie
Balkissock
Leffin Donald
Mid Burn
Eldridge Hill
Scurran Burn
Leffin Donald Hill
Crailoch Burn
Low Kilphin
Kilwhannel
Little Fell
Balkissock Hill
Mast
A77 Girvan,Ayr
High Kilphin
Balrazzie Fells
Dunnack Burn
Smyrton
A77
SMYRTON HILL
OLD SMYRTON
NEW SMYRTON
Big Fell
Millmore
A77 Stranraer
KA26
Benawhirter
Robins Ward
Smyrton Hill
Benawhirn
Kilmoray
Mast
Leana Burn
Beneraird
Auchencrosh Hill
Benaw
Ayrshire STREET ATLAS
Leana Hill
Water of App
Alligabert Burn
Goodman's Cairn
Millcroon
Milljoan Hill
Bennan Hill
DG8
Drumbowie Rig
Deer's Howe
Laggie Burn
Lagafater Lodge
Altimeg Hill
Highmilldown
Strabracken
Drumdowns
Drumbracken
Laighmilldown
Pilhatchie Burn
Main Water of Luce
Laganabeastie Burn
Studie Knowe
Drumley
8
81
7
80
6
79
5
78
4
77
3
76
2
75
1
74
10
11
12
13
14
15

95

96

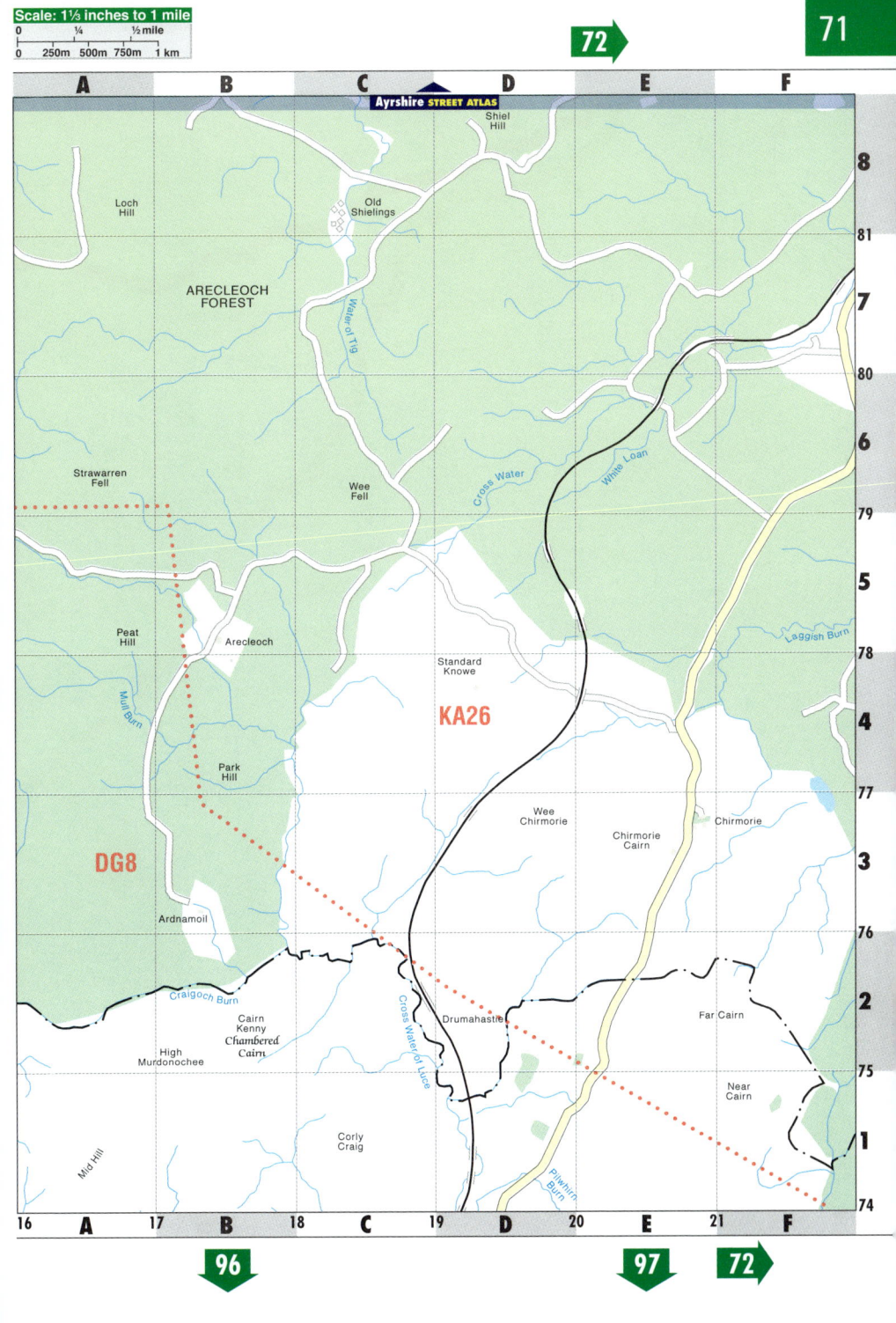

71

Scale: 1⅓ inches to 1 mile

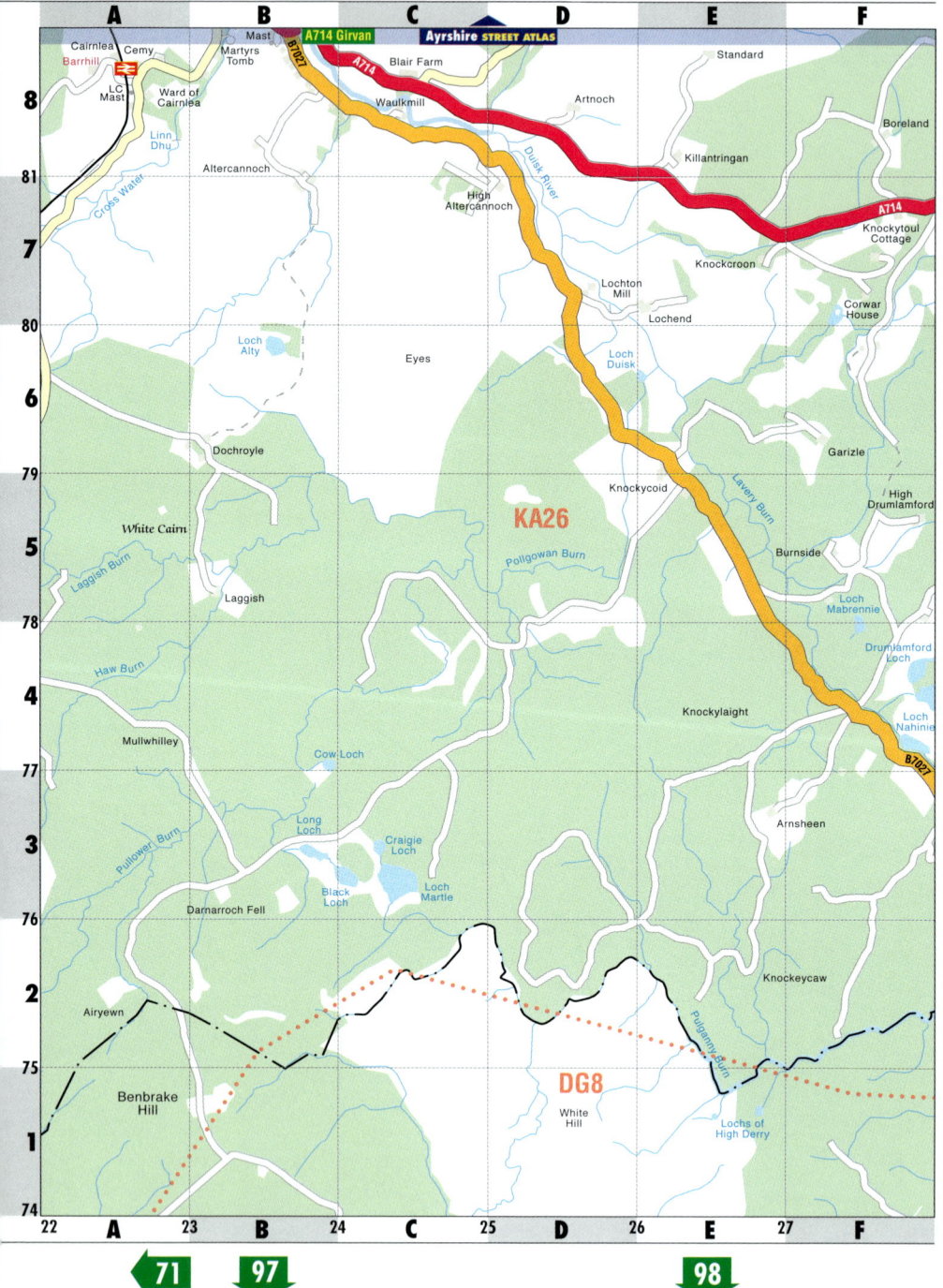
A714 Girvan
Ayrshire STREET ATLAS
Cairnlea
Cemy
Barrhill
LC Mast
Ward of Cairnlea
Mast
Martyrs Tomb
B7027
A714
Blair Farm
Standard
Waulkmill
Artnoch
Boreland
Linn Dhu
Altercannoch
Duisk River
Killantringan
Cross Water
High Altercannoch
A714
Knockytoul Cottage
Knockcroon
Lochton Mill
Corwar House
Lochend
Loch Alty
Eyes
Loch Duisk
Dochroyle
Garizle
Knockycoid
High Drumlamford
White Cairn
KA26
Lavery Burn
Laggish Burn
Pollgowan Burn
Burnside
Laggish
Loch Mabrennie
Drumlamford Loch
Haw Burn
Knockylaight
Loch Nahinie
Mullwhilley
Cow Loch
B7027
Long Loch
Arnsheen
Craigie Loch
Pullower Burn
Black Loch
Loch Martle
Darnarroch Fell
Knockeycaw
Airyewn
Pulganny Burn
DG8
Benbrake Hill
White Hill
Lochs of High Derry
A B C D E F
8 81 7 80 6 79 5 78 4 77 3 76 2 75 1 74
22 23 24 25 26 27

71 97 98

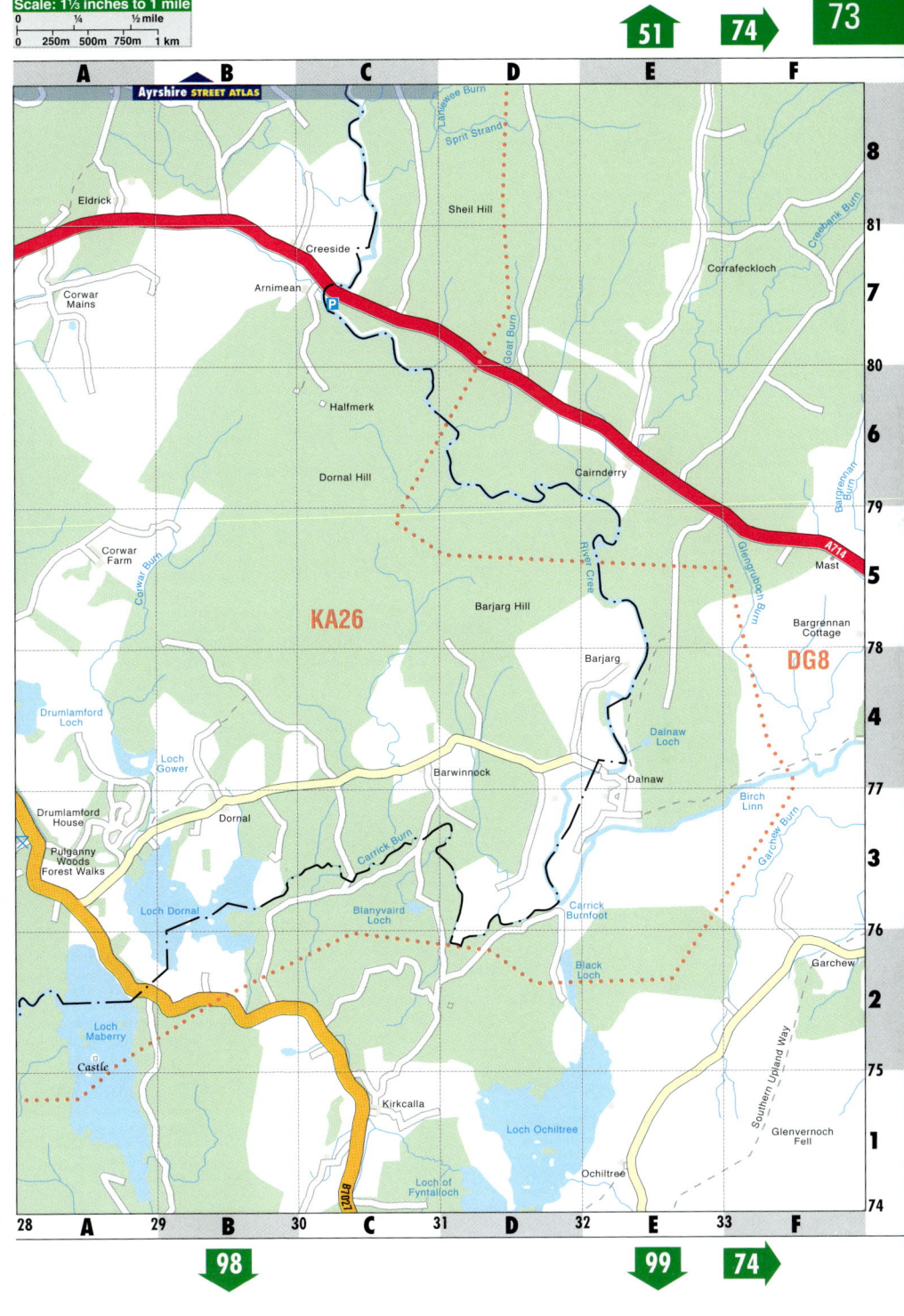

Scale: 1⅓ inches to 1 mile

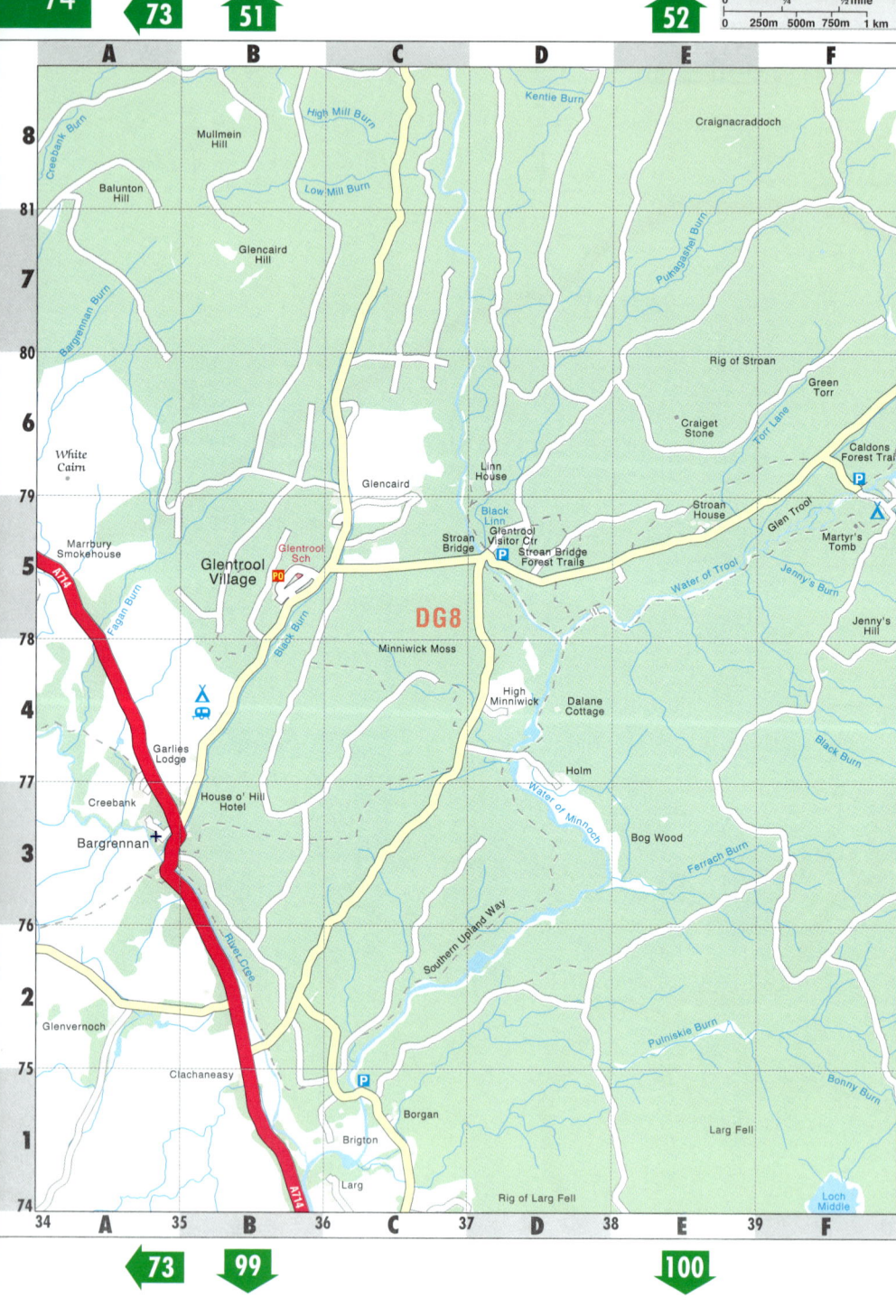
Craignacraddoch
Kentie Burn
High Mill Burn
Mullmein Hill
Creebank Burn
Balunton Hill
Low Mill Burn
Glencaird Hill
Pulnagashel Burn
Bargrennan Burn
Rig of Stroan
Green Torr
Craiget Stone
Torr Lane
Caldons Forest Trail
White Cairn
Linn House
Glencaird
Black Linn
Stroan House
Glen Trool
Marrbury Smokehouse
Glentrool Sch
Stroan Bridge
Glentrool Visitor Ctr
Stroan Bridge Forest Trails
Martyr's Tomb
Glentrool Village
PO
A714
Water of Trool
Jenny's Burn
Fagan Burn
Black Burn
DG8
Jenny's Hill
Minniwick Moss
High Minniwick
Dalane Cottage
Black Burn
Garlies Lodge
Holm
Creebank
House o' Hill Hotel
Water of Minnoch
Bargrennan
Bog Wood
Ferrach Burn
Southern Upland Way
River Cree
Glenvernoch
Pulniskie Burn
Clachaneasy
Bonny Burn
Borgan
Brigton
Larg Fell
Larg
Rig of Larg Fell
Loch Middle

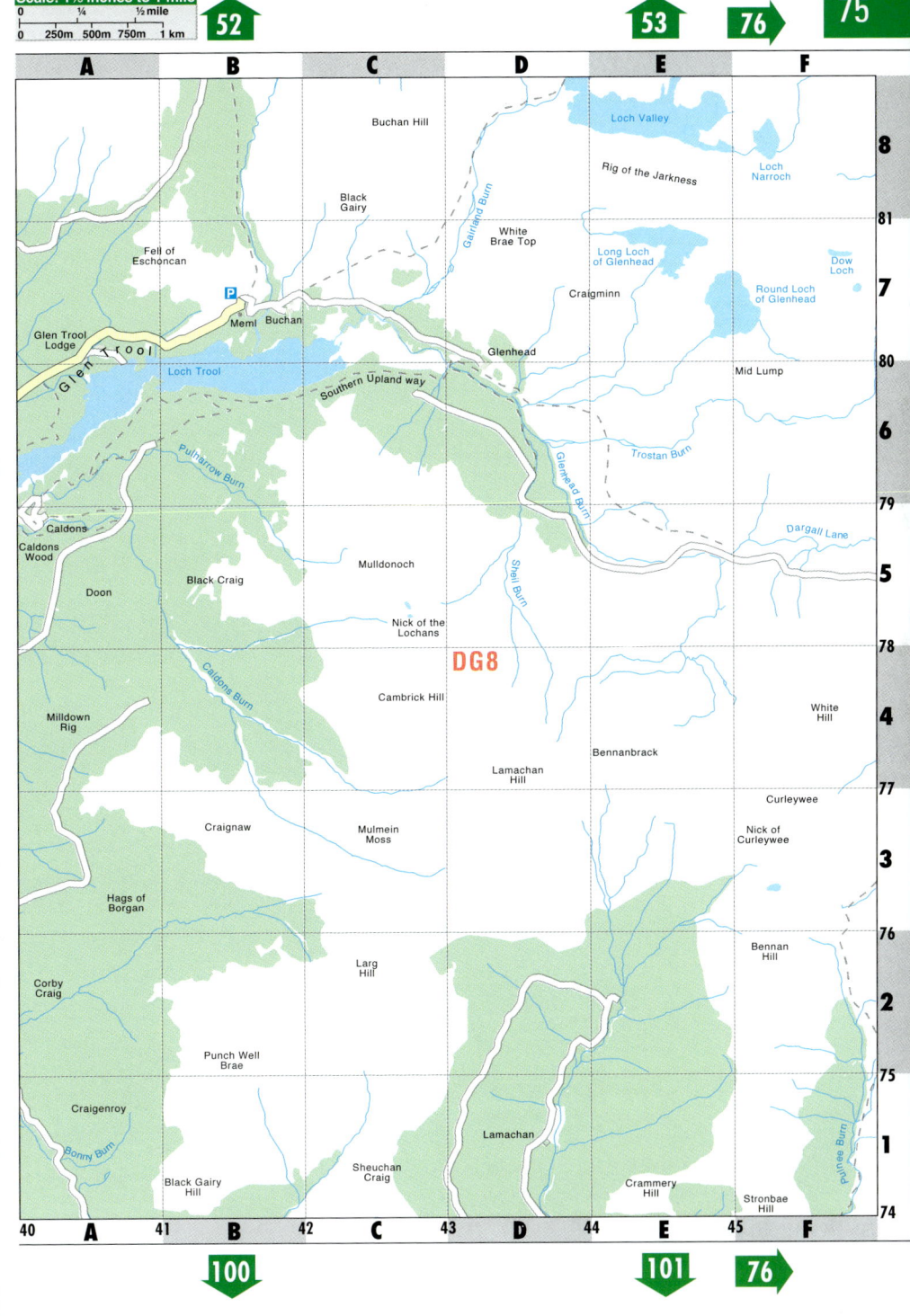

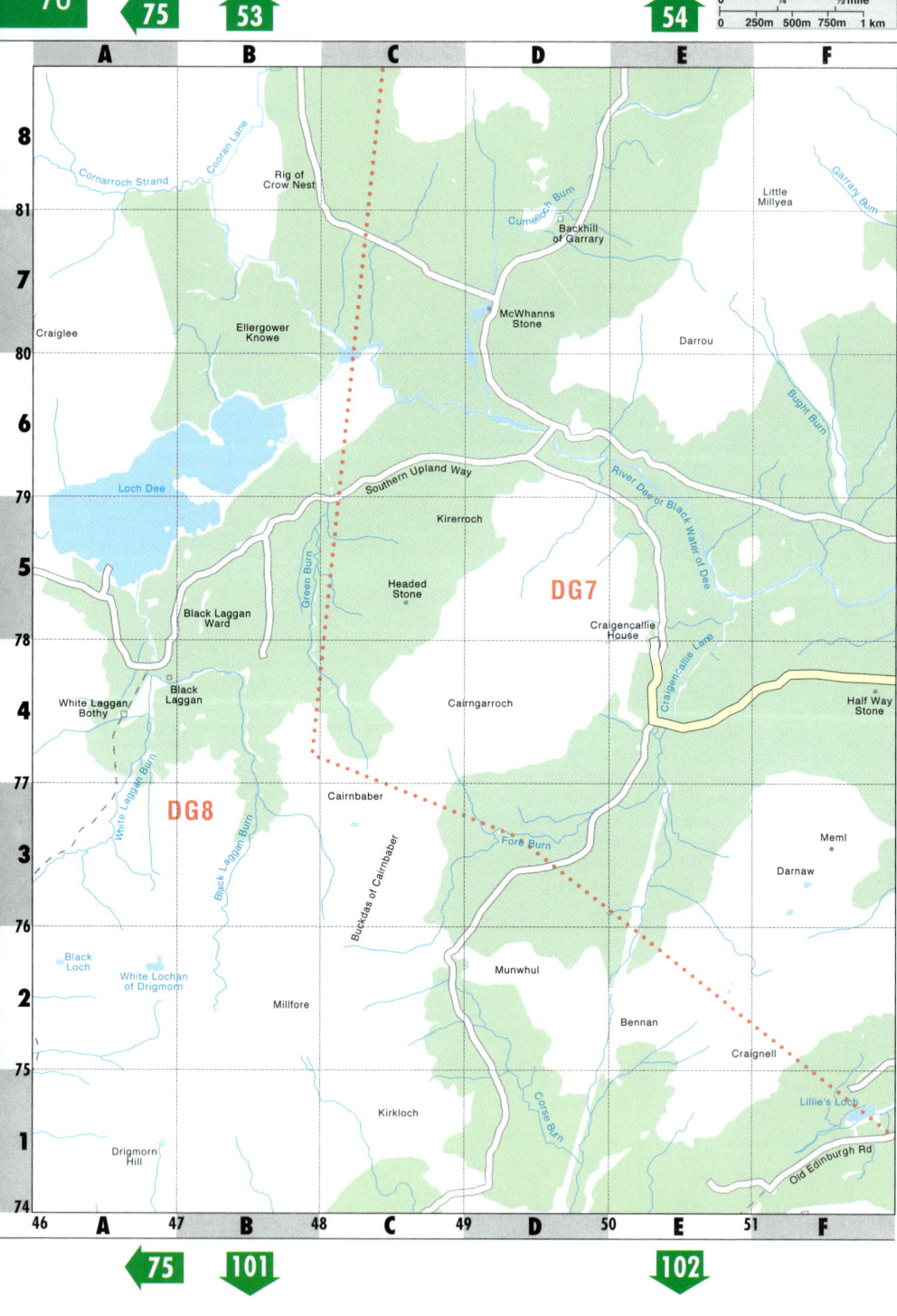

Scale: 1⅓ inches to 1 mile
0 ¼ ½ mile
0 250m 500m 750m 1 km
54
55
78
A B C D E F
8 81 7 80 6 79 5 78 4 77 3 76 2 75 1 74
52 53 54 55 56 57
Minnigall Lane
Drumbuie Hill
Rig of Drumbuie
Shield Rig
Glenlee Burn
Garrary Burn
Hog Park Strand
Eldrick Hill
Benbrack
Southern Upland Way
Back Hill of Glenlee
Low Benbrack
Bennan
Mid Garrary
Knocksallie
Puicagrie Burn
Upper Craigenbay
Brown Knowe
DG7
Clatteringshaws Loch
A712
Bruce's Stone
Clatteringshaws
Clatteringshaws Visitor Ctr
THE QUEEN'S WAY
Darnaw Burn
Craignell
Forest Trail
Benniguinea
Fire Twr
Low Craignell
Clatteringshaws Fell
Pulran Burn
Hope Hill
Forest Drive
RAIDERS RD
Old Edinburgh Road
White Cairn
Rig of Drumwhar
River Dee or Black Water of Dee
Green Burn
Toll
Laggan o' Dee
DG8
A712
102
103
78

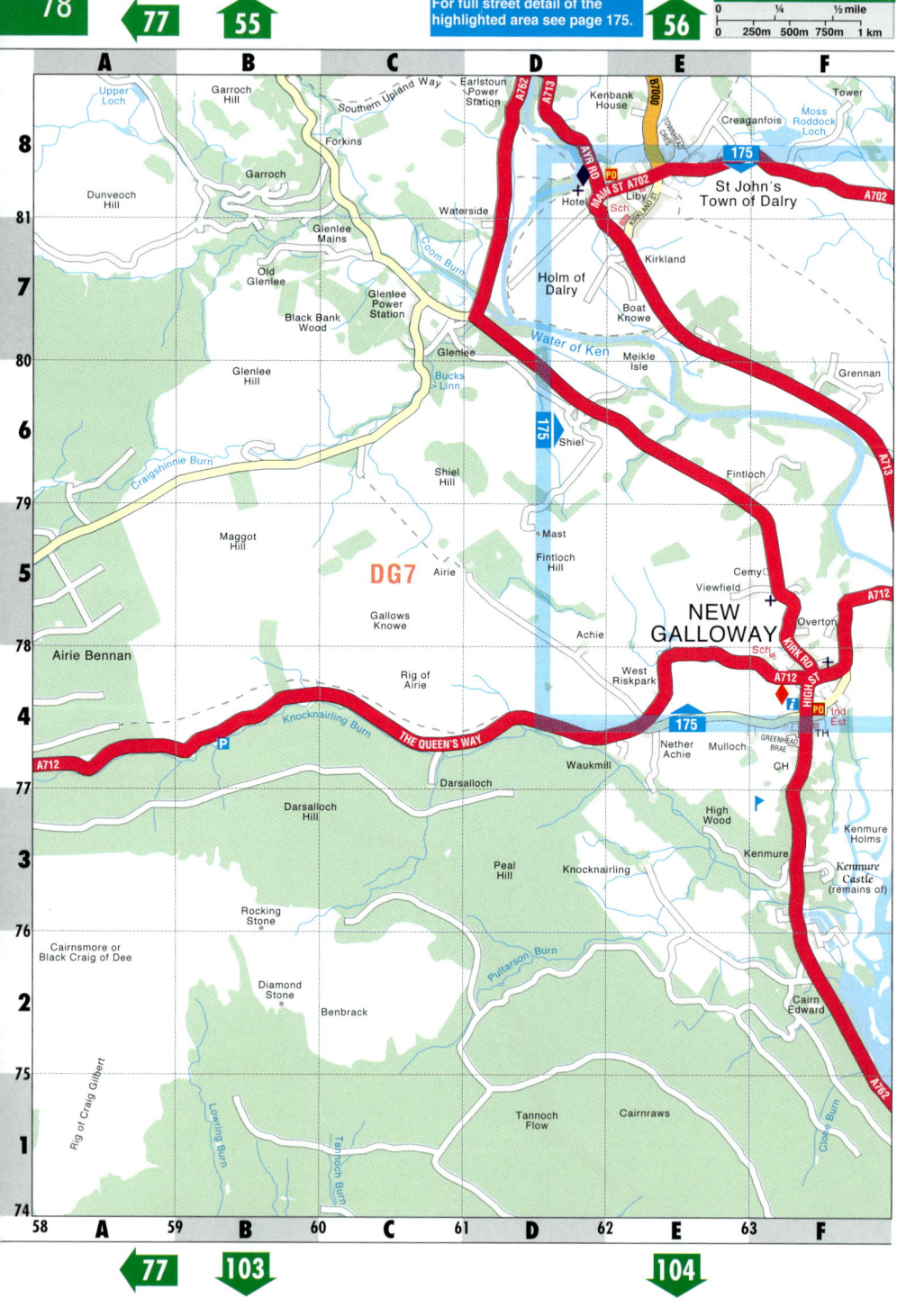

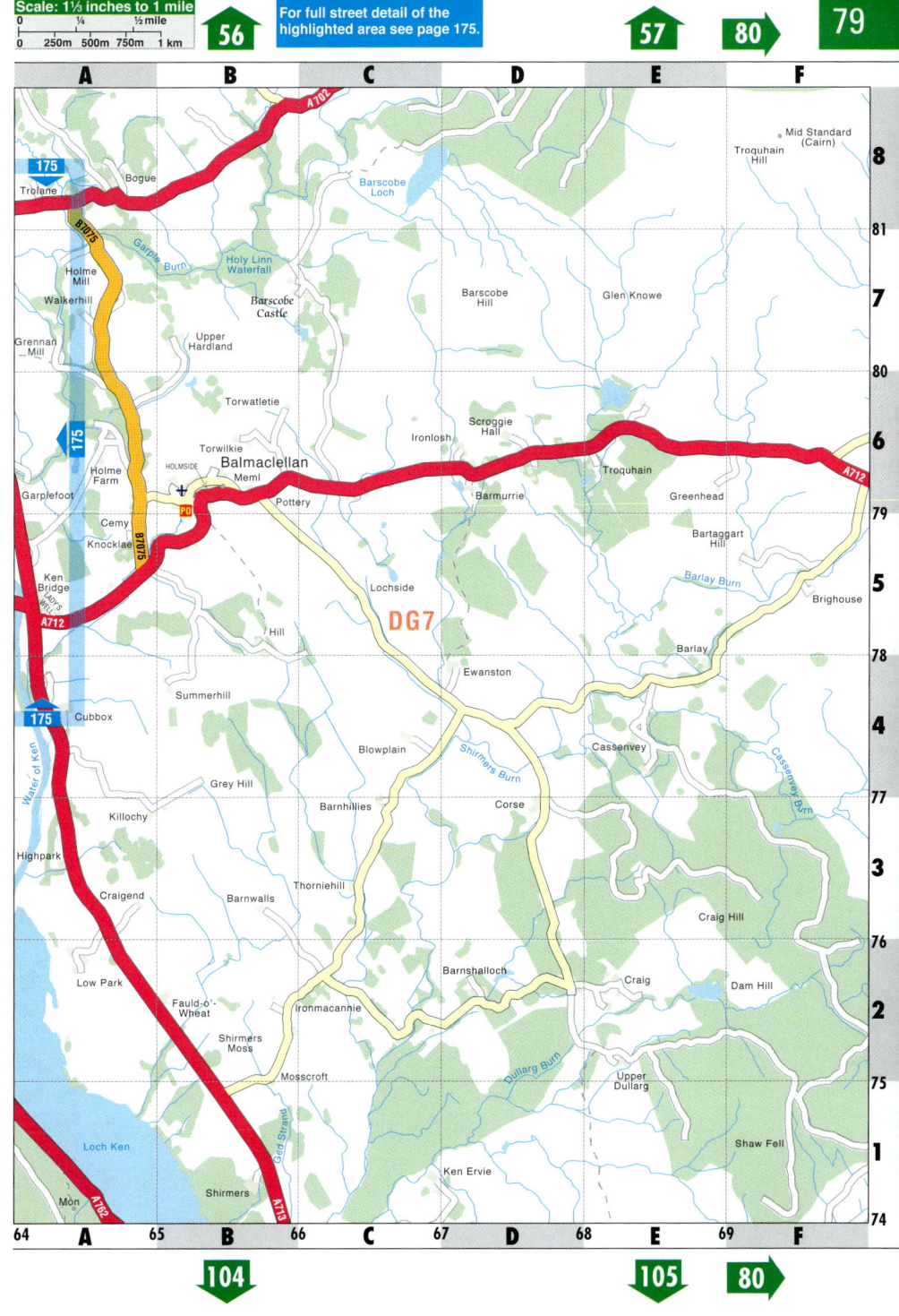

Scale: 1⅓ inches to 1 mile

58 59 82

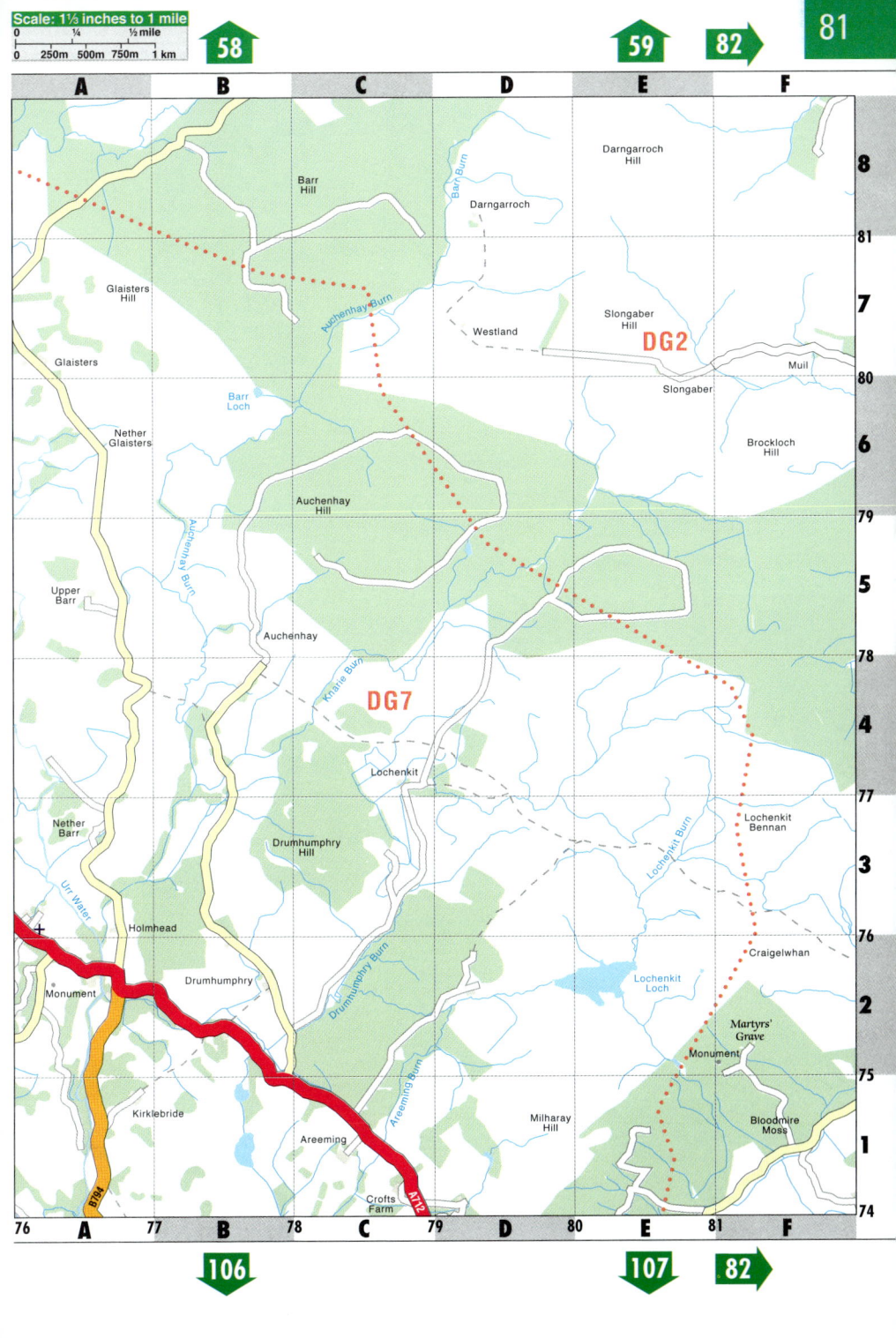
A B C D E F
8
81
7
6
79
5
78
4
77
3
76
2
75
1
74
76 A 77 B 78 C 79 D 80 E 81 F
Barr Hill
Bar Burn
Darngarroch
Darngarroch Hill
Glaisters Hill
Auchenhay Burn
Westland
Slongaber Hill
DG2
Glaisters
Muil
Slongaber
Barr Loch
Nether Glaisters
Brockloch Hill
Auchenhay Hill
Auchenhay Burn
Upper Barr
Auchenhay
Knarie Burn
DG7
Lochenkit
Nether Barr
Drumhumphry Hill
Lochenkit Burn
Lochenkit Bennan
Urr Water
Holmhead
Drumhumphry Burn
Craigelwhan
Drumhumphry
Monument
Lochenkit Loch
Martyrs' Grave
Monument
Areeming Burn
Kirklebride
Milharay Hill
Bloodmire Moss
Areeming
B794
Crofts Farm
A712

106 107 82

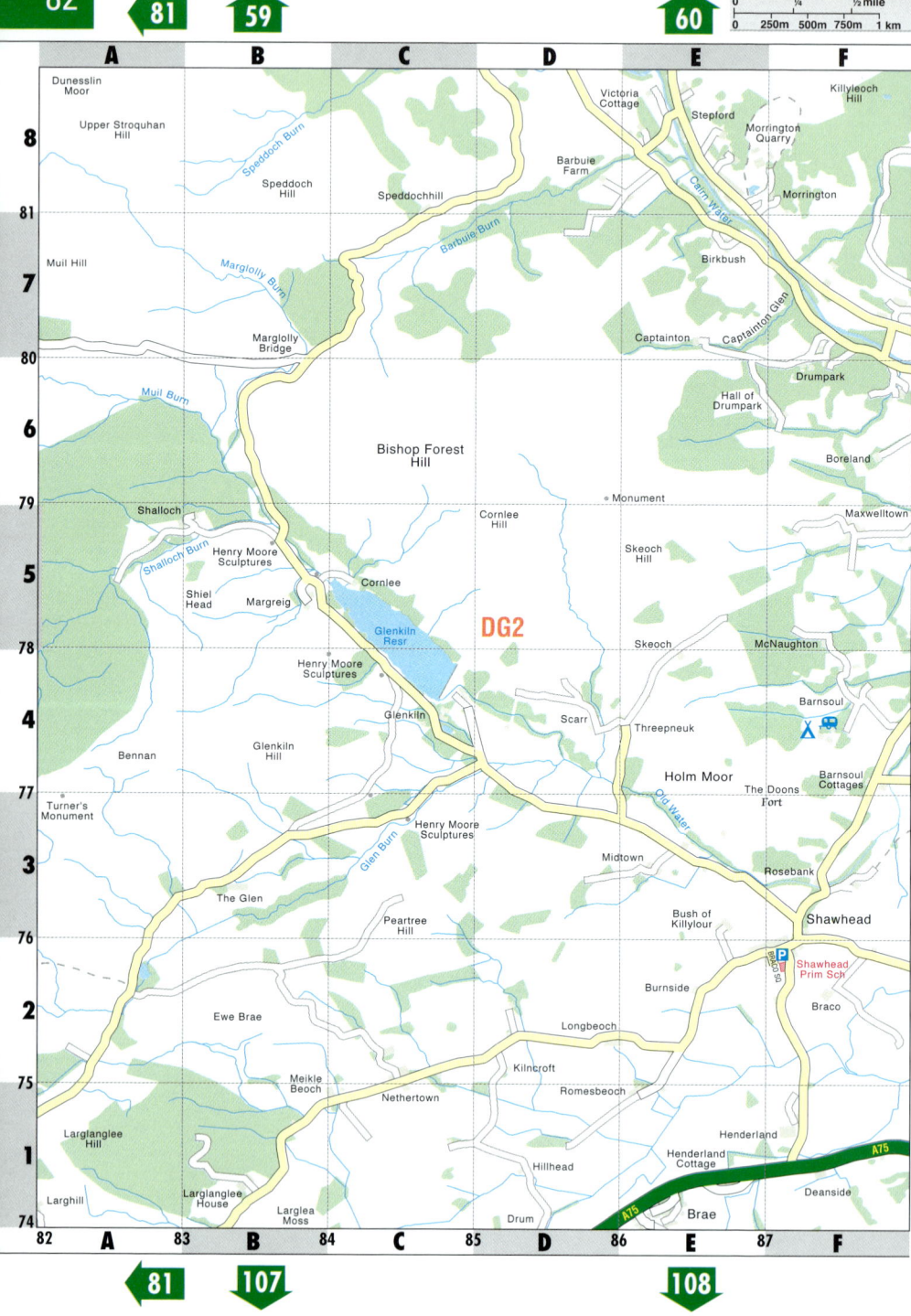

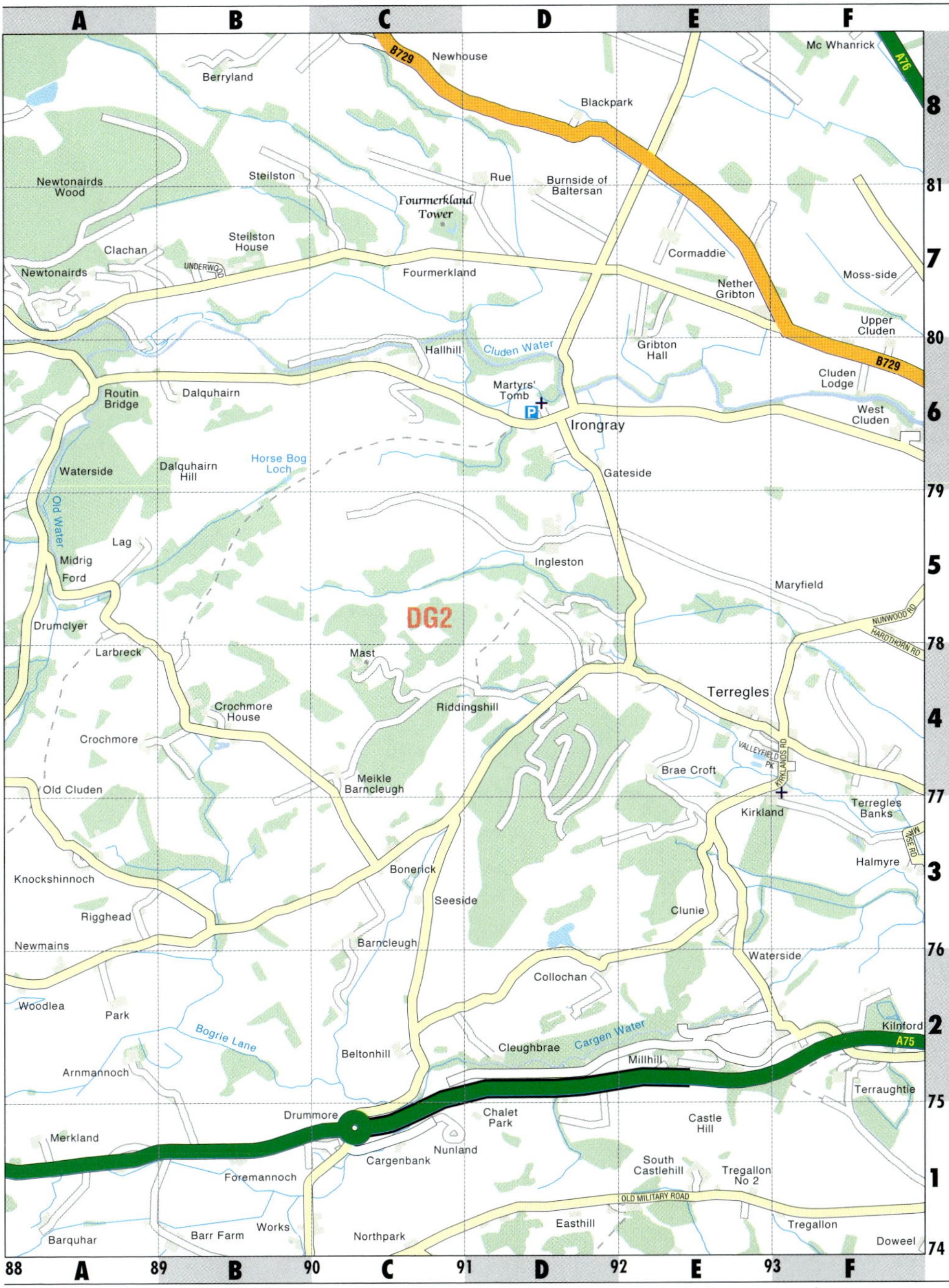
A
B
C
D
E
F
Berryland
B729
Newhouse
Blackpark
Mc Whanrick
A76
8
Newtonairds Wood
Steilston
Rue
Burnside of Baltersan
81
Fourmerkland Tower
Clachan
Steilston House
Cormaddie
7
Newtonairds
UNDERWOOD
Fourmerkland
Nether Gribton
Moss-side
Upper Cluden
80
Hallhill
Cluden Water
Gribton Hall
B729
Cluden Lodge
Routin Bridge
Dalquhairn
Martyrs' Tomb
Irongray
West Cluden
6
Waterside
Dalquhairn Hill
Horse Bog Loch
Gateside
79
Old Water
Lag
Midrig
Ford
Ingleston
5
Maryfield
DG2
NUNWOOD RD
HARDTHORN RD
Drumclyer
Larbreck
Mast
78
Terregles
Crochmore House
Riddingshill
4
Crochmore
VALLEYFIELD PK
KIRKLANDS RD
Brae Croft
Old Cluden
Meikle Barncleugh
77
Kirkland
Terregles Banks
MANSE RD
Halmyre
Knockshinnoch
Bonerick
3
Seeside
Rigghead
Clunie
Newmains
Barncleugh
76
Waterside
Collochan
Woodlea
Park
Kilnford
2
A75
Bogrie Lane
Cargen Water
Cleughbrae
Beltonhill
Millhill
Arnmannoch
Terraughtie
75
Drummore
Chalet Park
Castle Hill
Merkland
Nunland
South Castlehill
Cargenbank
Tregallon No 2
1
Foremannoch
OLD MILITARY ROAD
Easthill
Works
Tregallon
Barquhar
Barr Farm
Northpark
Doweel
74
88
89
90
91
92
93

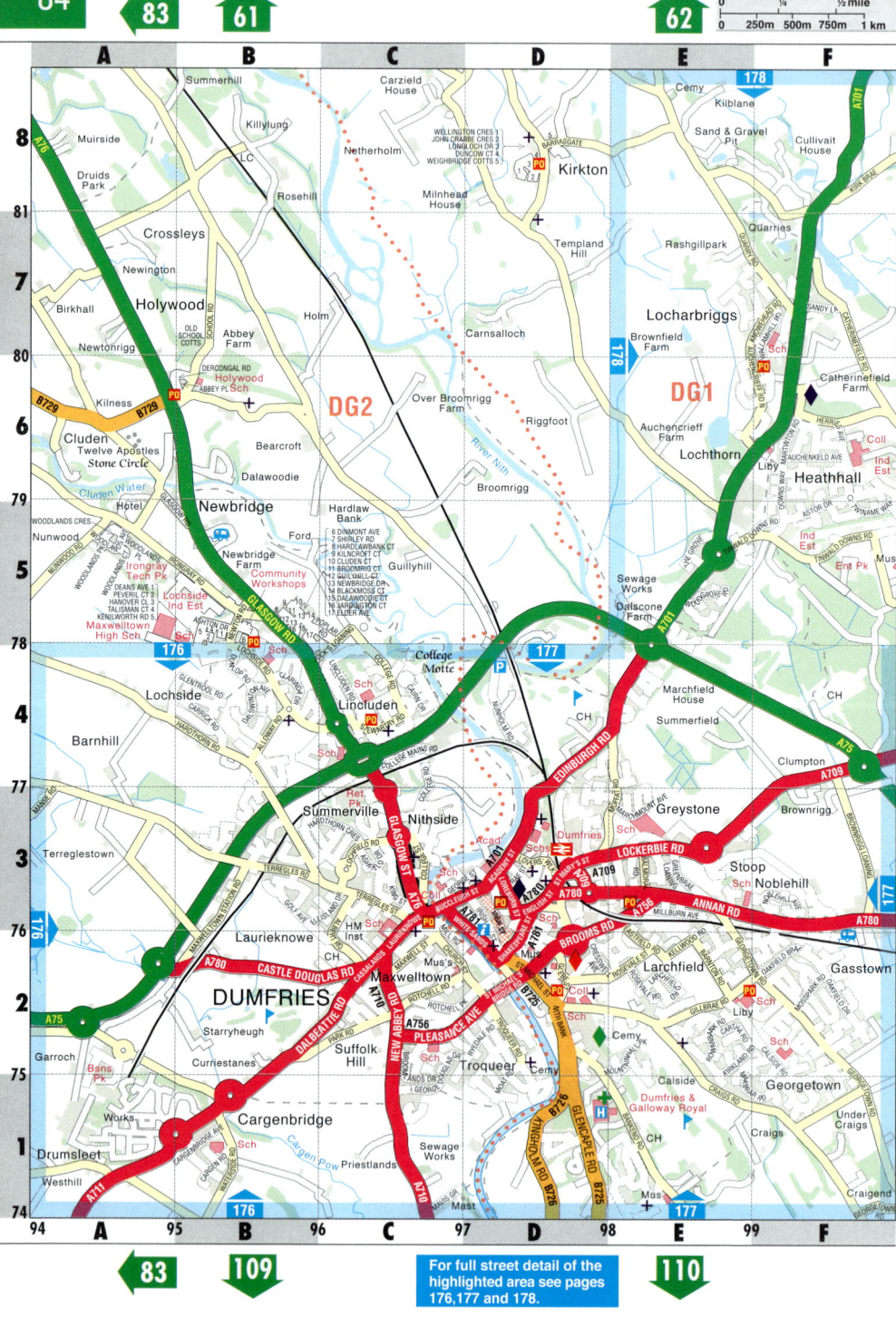

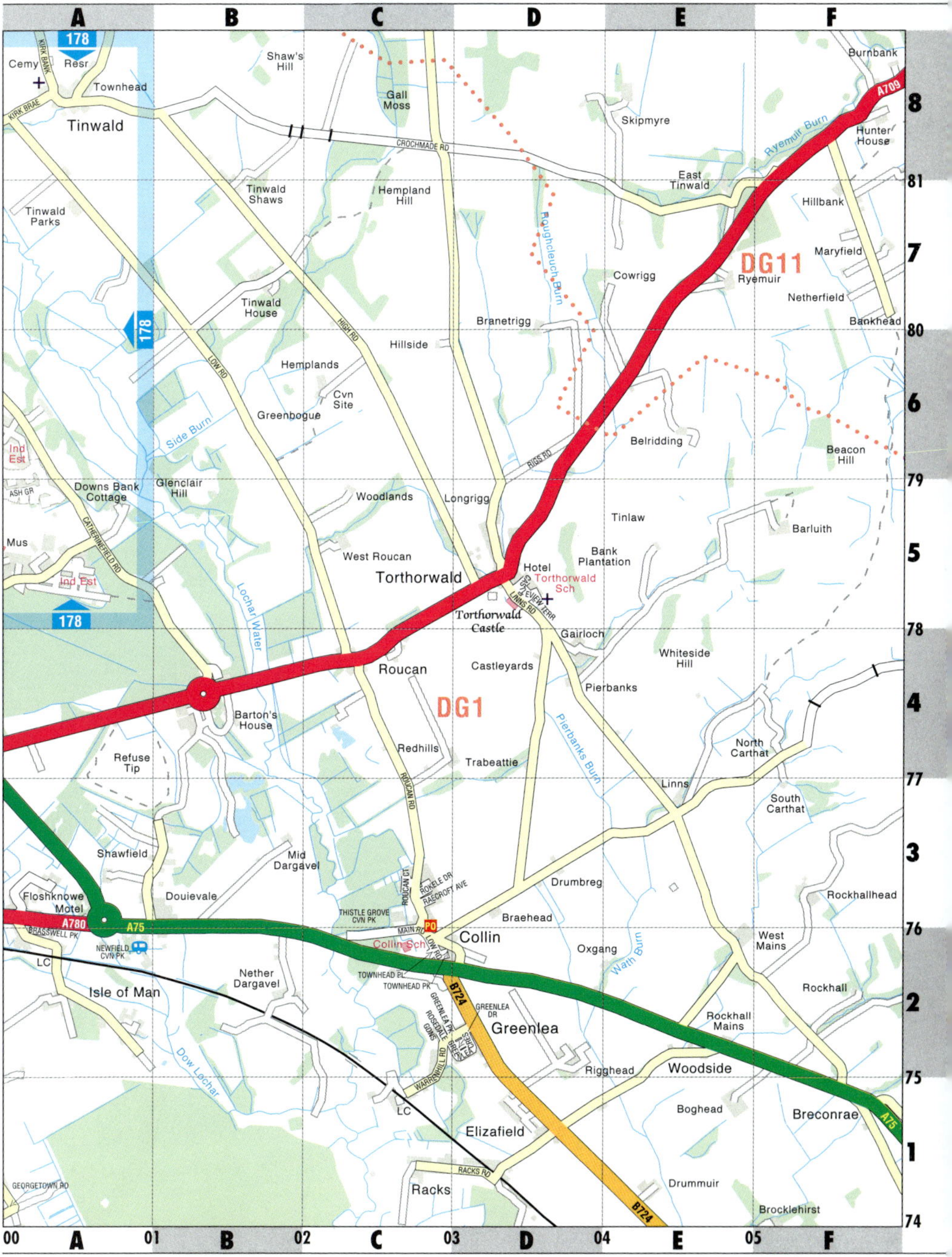
A
B
C
D
E
F
178
Cemy
Resr
KIRK BANK
KIRK BRAE
Townhead
Tinwald
Shaw's Hill
Gall Moss
CROCHMADE RD
Skipmyre
Burnbank
A709
Ryemuir Burn
Hunter House
East Tinwald
Tinwald Parks
Tinwald Shaws
Hempland Hill
Hillbank
Roughcleuch Burn
Maryfield
DG11
Cowrigg
Ryemuir
Netherfield
Tinwald House
HIGH RD
Branetrigg
Bankhead
178
Hillside
LOW RD
Hemplands
Cvn Site
Greenbogue
Side Burn
Belridding
Beacon Hill
Ind Est
RIGS RD
ASH GR
Downs Bank Cottage
Glenclair Hill
Woodlands
Longrigg
Tinlaw
Barluith
Mus
CATHERINEFIELD RD
West Roucan
Bank Plantation
Hotel
Torthorwald
Torthorwald Sch
Ind Est
Lochar Water
LINNS RD
Torthorwald Castle
178
Gairloch
Roucan
Castleyards
Whiteside Hill
Pierbanks
DG1
Barton's House
Refuse Tip
Redhills
Pierbanks Burn
North Carthat
Trabeattie
Linns
South Carthat
ROUCAN RD
Shawfield
Mid Dargavel
Drumbreg
Rockhallhead
Floshknowe Motel
Douievale
ROUCAN CT
ROKELE DR
RAECROFT AVE
THISTLE GROVE CVN PK
Braehead
A780
A75
BRASSWELL PK
MAIN RD
PO
Collin
Collin Sch
West Mains
NEWFIELD CVN PK
LC
Oxgang
Wath Burn
LOW RD
Isle of Man
Nether Dargavel
TOWNHEAD PL
TOWNHEAD PK
B724
Rockhall
GREENLEA DR
GREENLEA PK
ROSEDALE GDNS
Greenlea
Rockhall Mains
WARRENHILL RD
Dow Lochar
Rigghead
Woodside
LC
Boghead
Breconrae
A75
Elizafield
RACKS RD
Drummuir
GEORGETOWN RD
Racks
B724
Brocklehirst
8
81
7
80
6
79
5
78
4
77
3
76
2
75
1
74
00
01
02
03
04
05

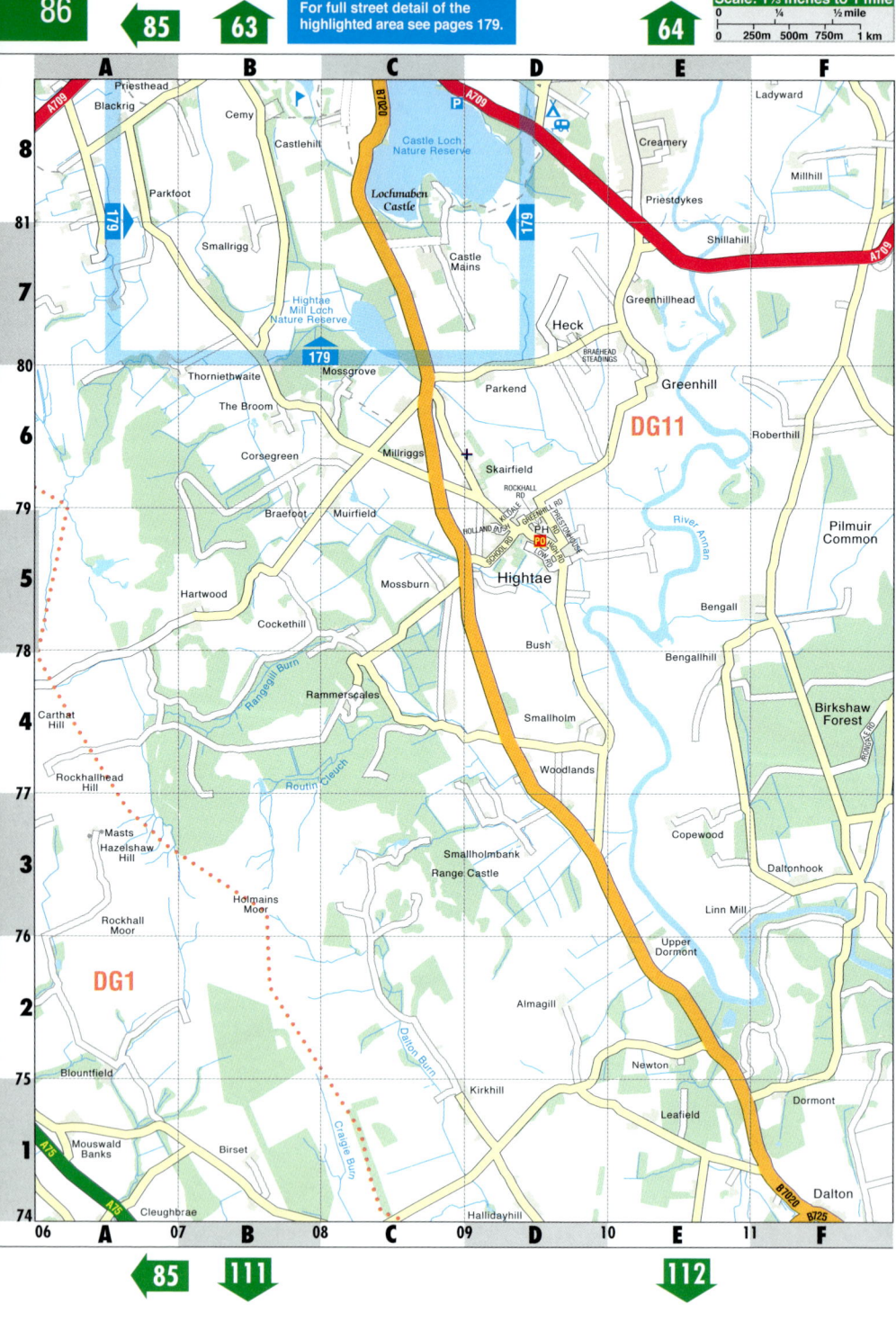

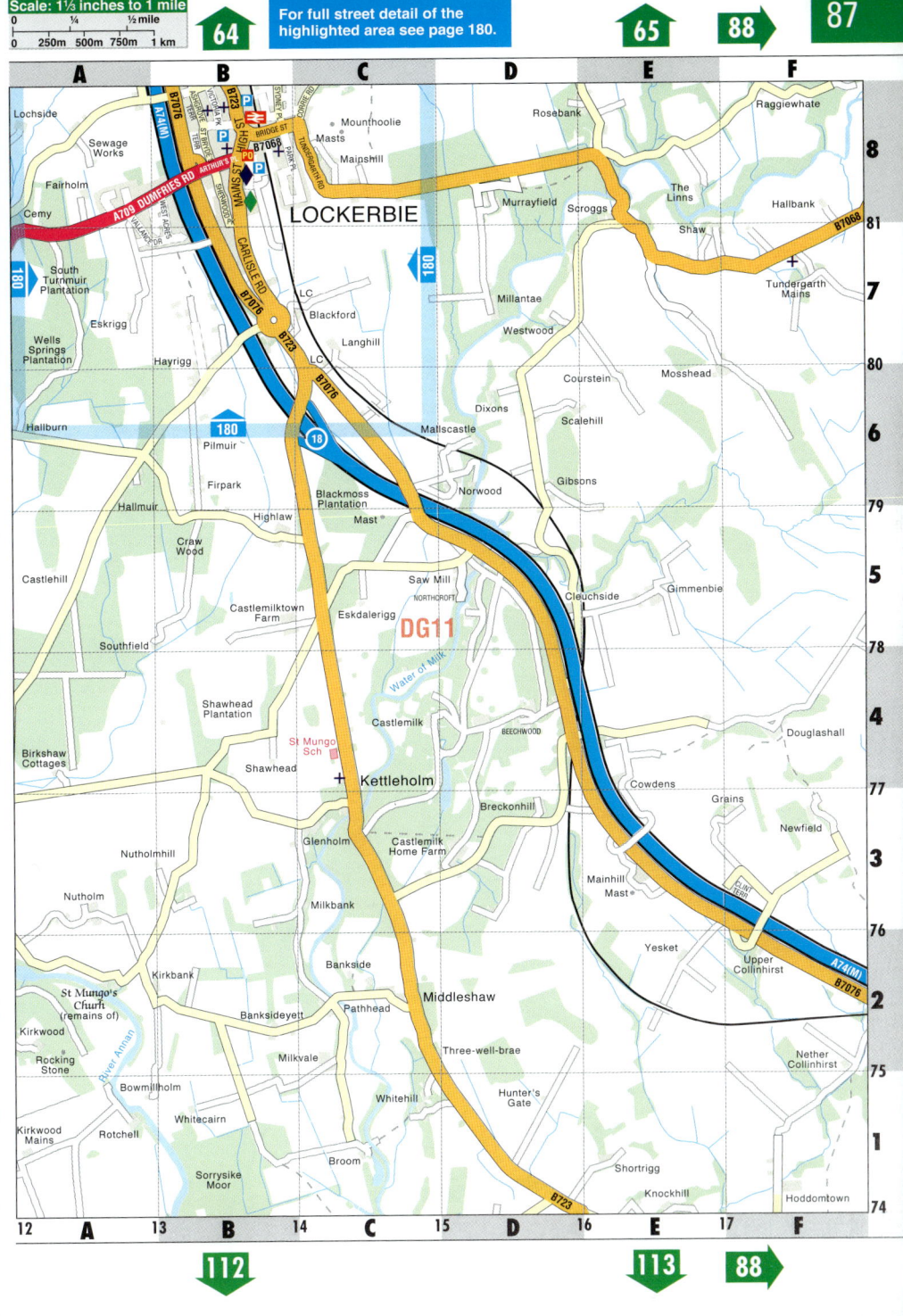

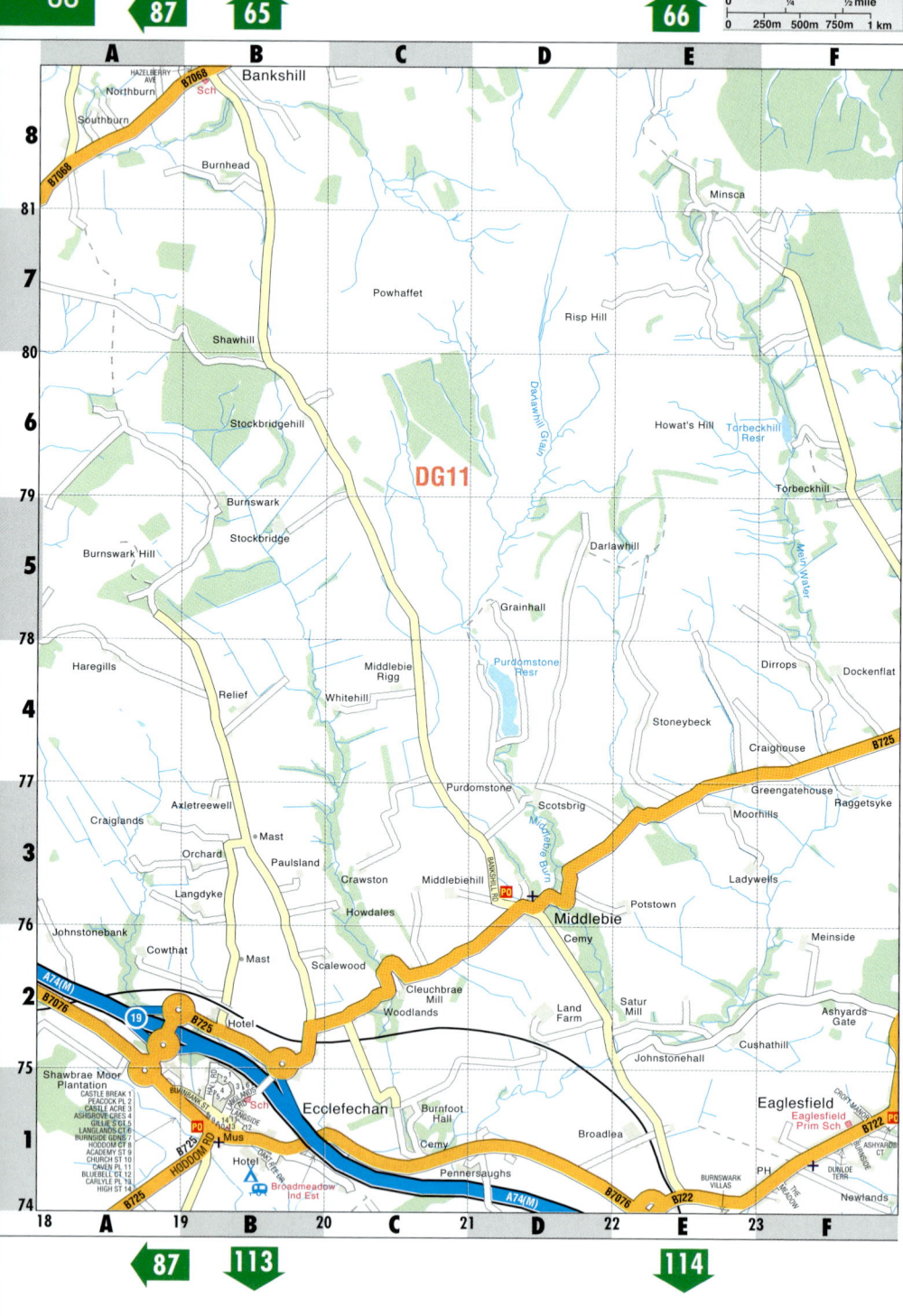

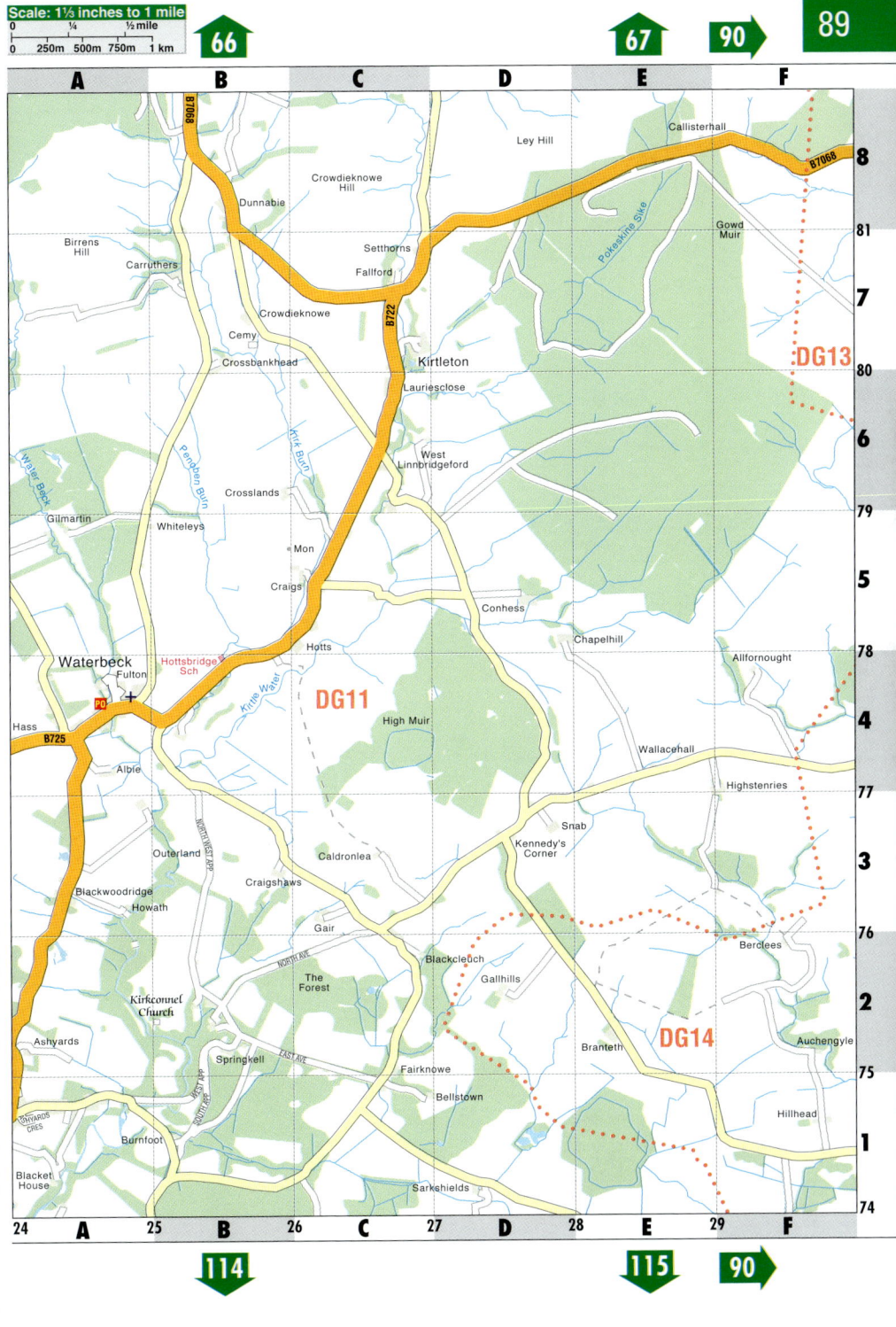

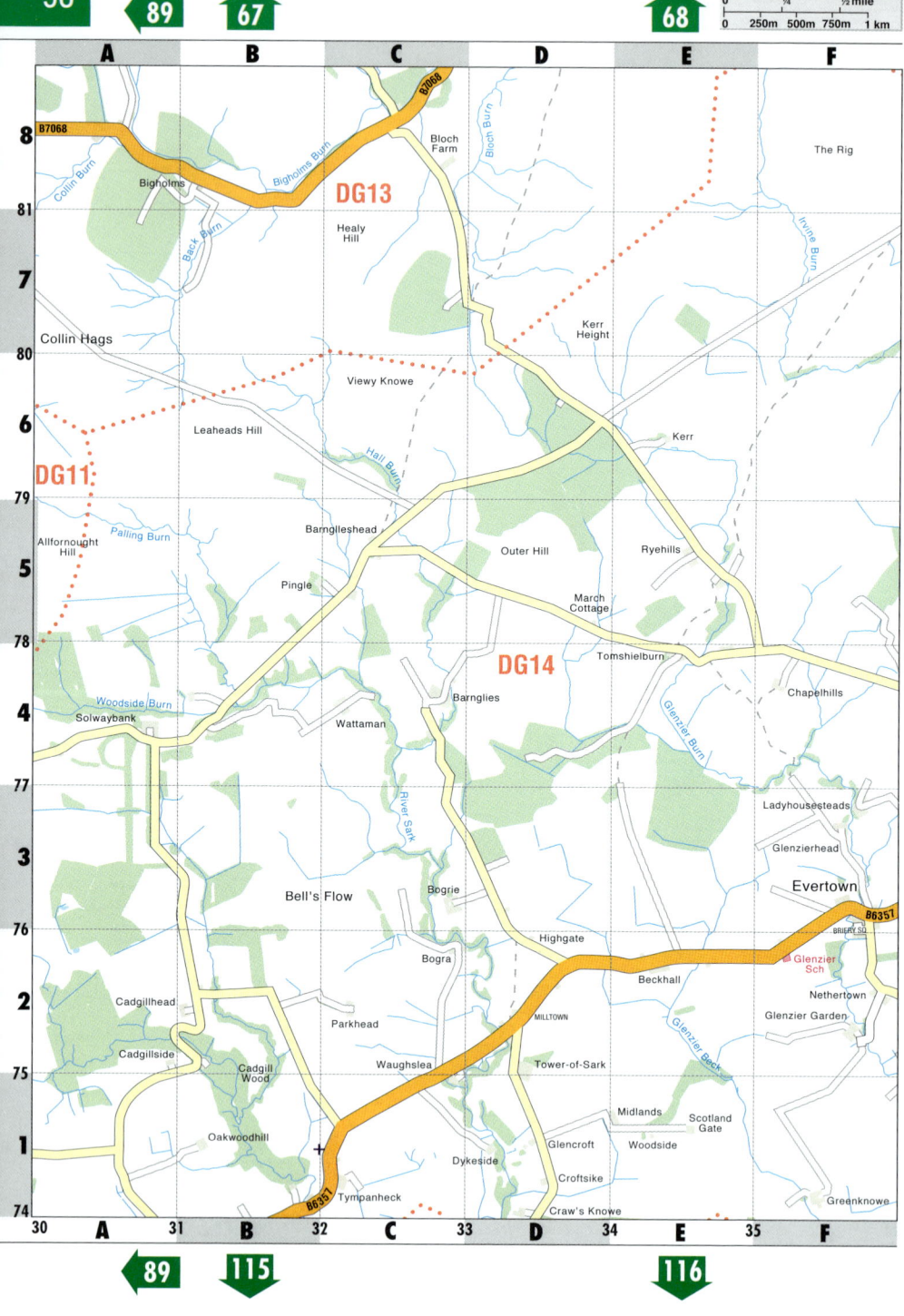

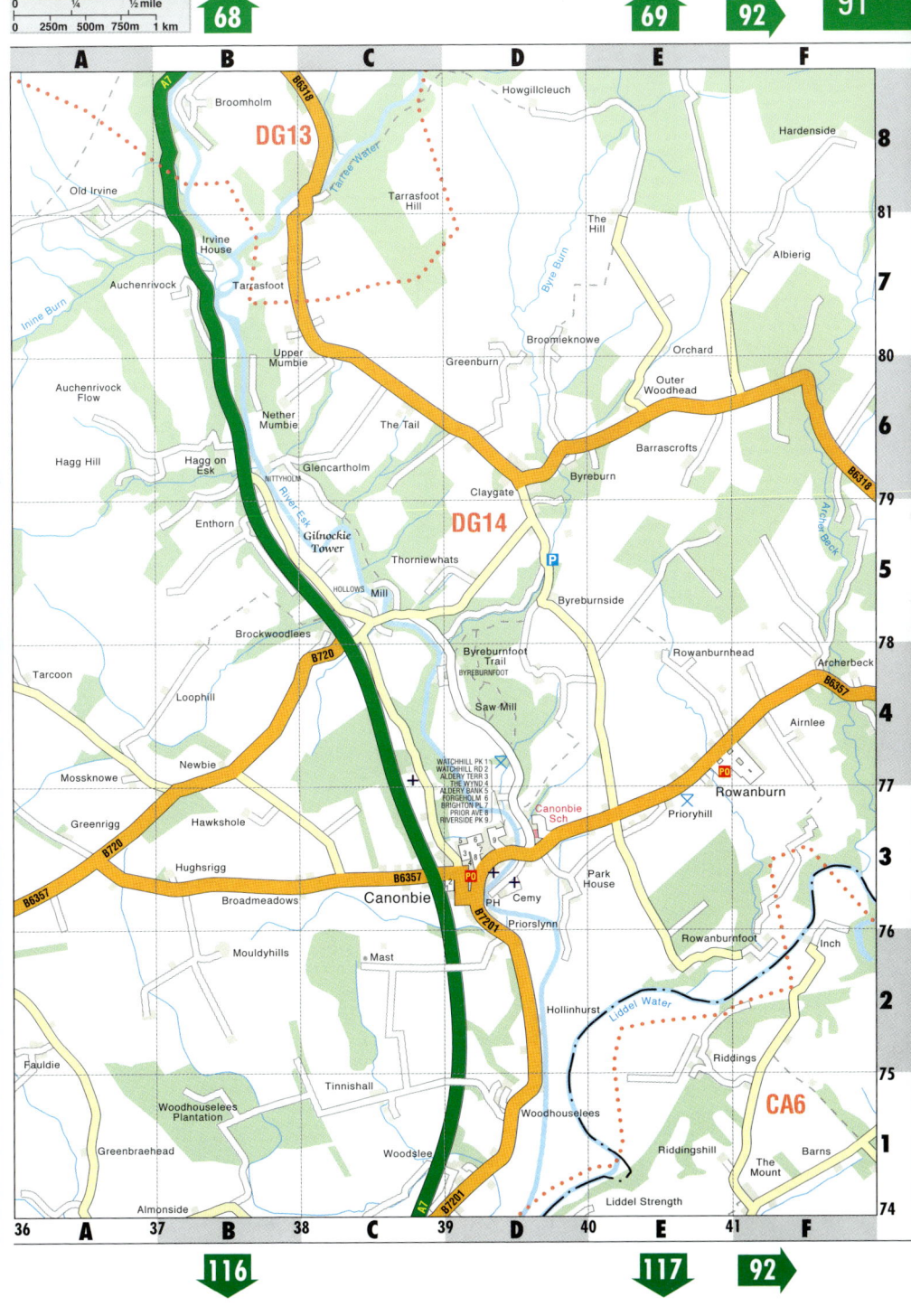

91
69

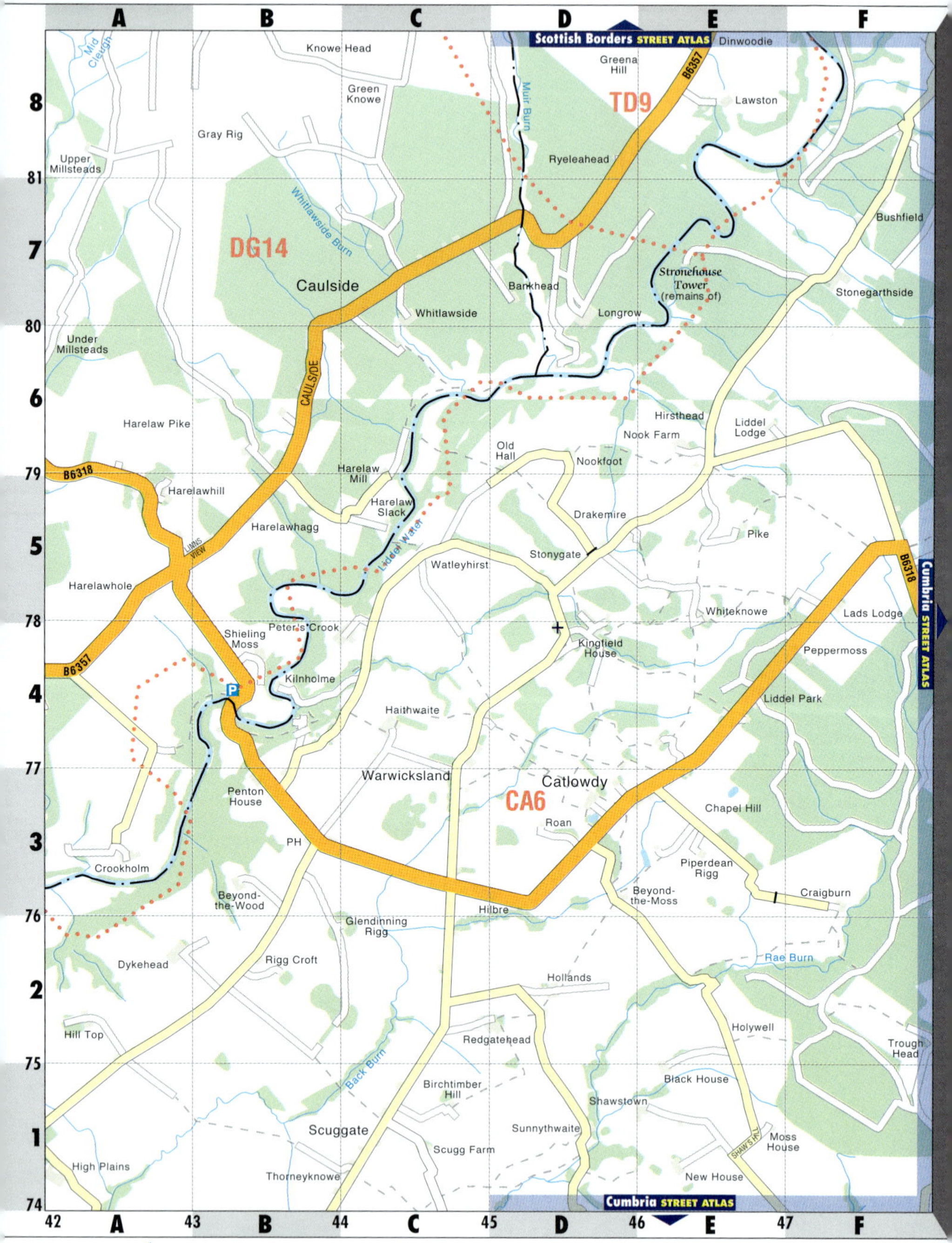
Scale: 1⅓ inches to 1 mile
0 ¼ ½ mile
0 250m 500m 750m 1 km
A B C D E F
Scottish Borders STREET ATLAS
Dinwoodie
Mid Cleugh
Knowe Head
Greena Hill
B6357
TD9
Green Knowe
Lawston
Muir Burn
Gray Rig
Upper Millsteads
Ryeleahead
Whitlawside Burn
DG14
Bushfield
Caulside
Stronehouse Tower (remains of)
Bankhead
Stonegarthside
Whitlawside
Longrow
Under Millsteads
CAULSIDE
Harelaw Pike
Hirsthead
Liddel Lodge
Nook Farm
Old Hall
Nookfoot
B6318
Harelaw Mill
Harelawhill
Harelaw Slack
Drakemire
Harelawhagg
Pike
Liddel Water
Stonygate
LIMNS VIEW
Watleyhirst
B6318
Cumbria STREET ATLAS
Harelawhole
Whiteknowe
Lads Lodge
Peter's Crook
Shieling Moss
Kingfield House
B6357
Peppermoss
Kilnholme
P
Liddel Park
Haithwaite
Warwicksland
Catlowdy
Penton House
CA6
Chapel Hill
Roan
PH
Piperdean Rigg
Crookholm
Beyond-the-Wood
Beyond-the-Moss
Craigburn
Hilbre
Glendinning Rigg
Rae Burn
Dykehead
Rigg Croft
Hollands
Holywell
Hill Top
Redgatehead
Trough Head
Back Burn
Black House
Birchtimber Hill
Shawstown
Scuggate
Sunnythwaite
SHAW'S HILL
Moss House
Scugg Farm
High Plains
Thorneyknowe
New House
Cumbria STREET ATLAS
8
81
7
80
6
79
5
78
4
77
3
76
2
75
1
74
42 43 44 45 46 47

91
117

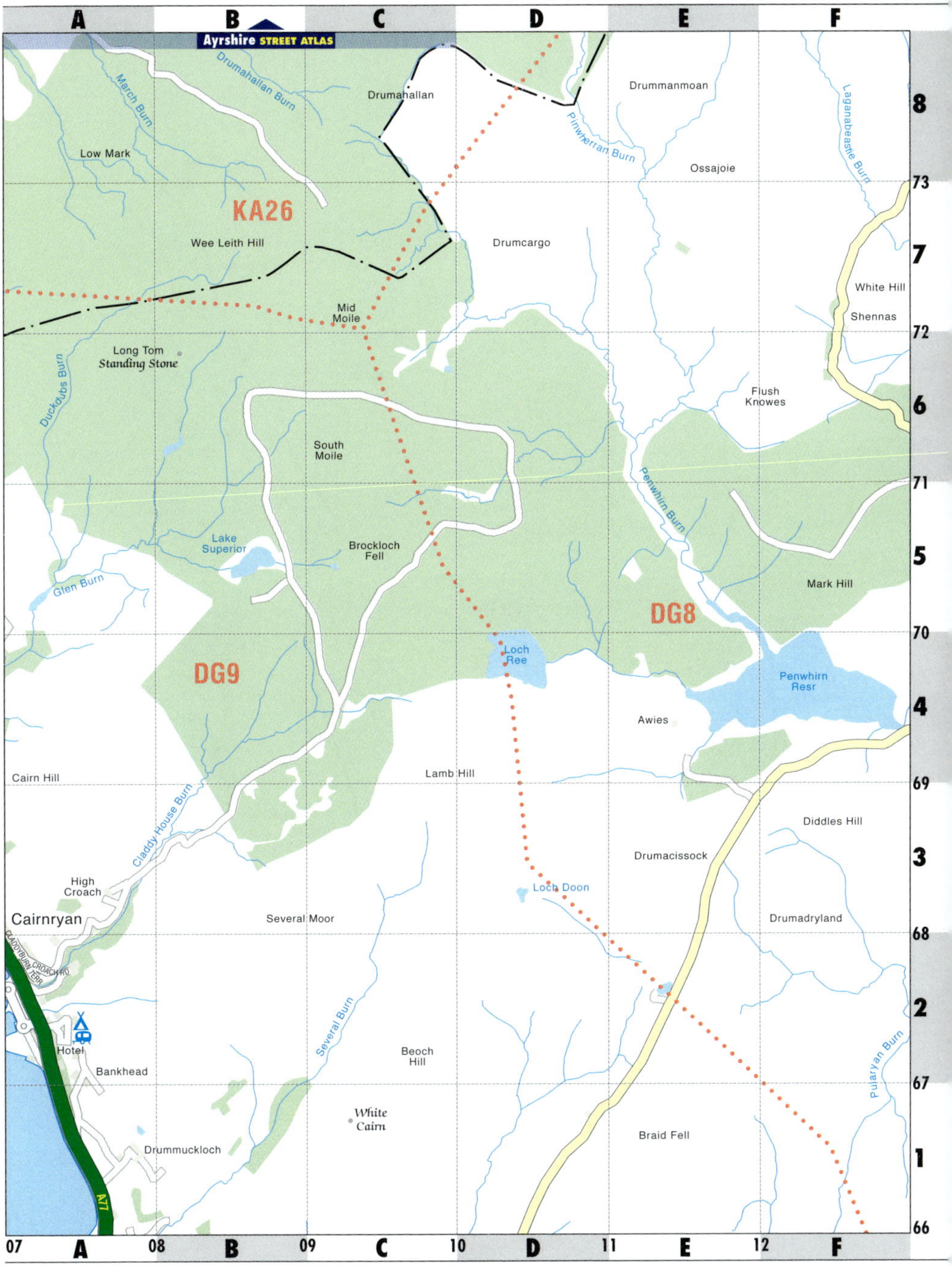
A B C D E F
Ayrshire STREET ATLAS
Drumahallan Burn
March Burn
Drumahallan
Drummanmoan
Pinwherran Burn
Laganabeastie Burn
Low Mark
Ossajoie
KA26
Wee Leith Hill
Drumcargo
White Hill
Mid Moile
Shennas
Long Tom Standing Stone
Duckdubs Burn
Flush Knowes
South Moile
Penwhirn Burn
Lake Superior
Brockloch Fell
Glen Burn
Mark Hill
DG8
Loch Ree
DG9
Penwhirn Resr
Awies
Cairn Hill
Lamb Hill
Diddles Hill
Claddy House Burn
Drumacissock
High Croach
Loch Doon
Cairnryan
Several Moor
Drumadryland
CLADDYBURN TERR
CROACH RD
Hotel
Several Burn
Beoch Hill
Bankhead
Pularyan Burn
White Cairn
Braid Fell
Drummuckloch
A77
8 73 7 72 6 71 5 70 4 69 3 68 2 67 1 66
07 08 09 10 11 12

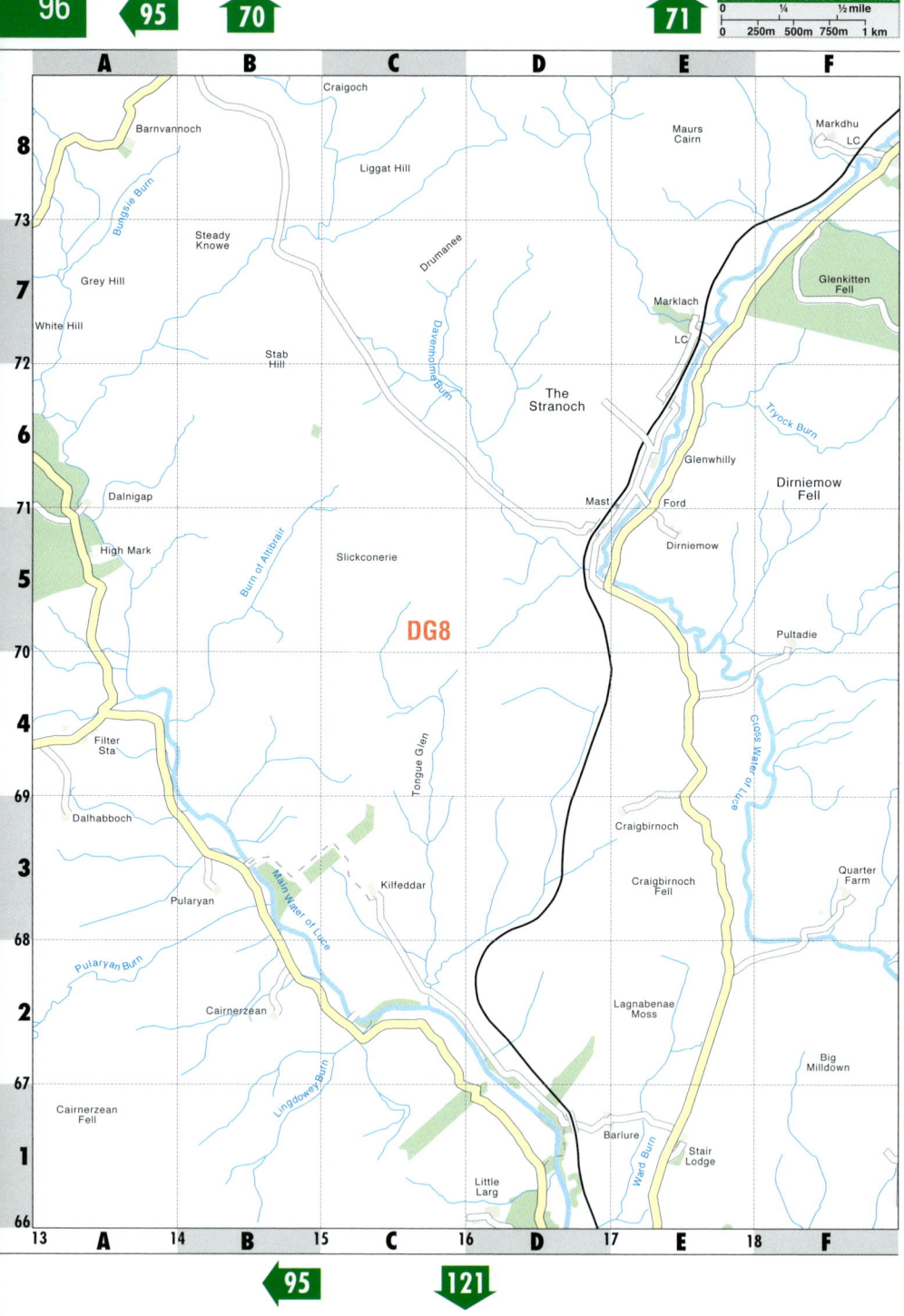

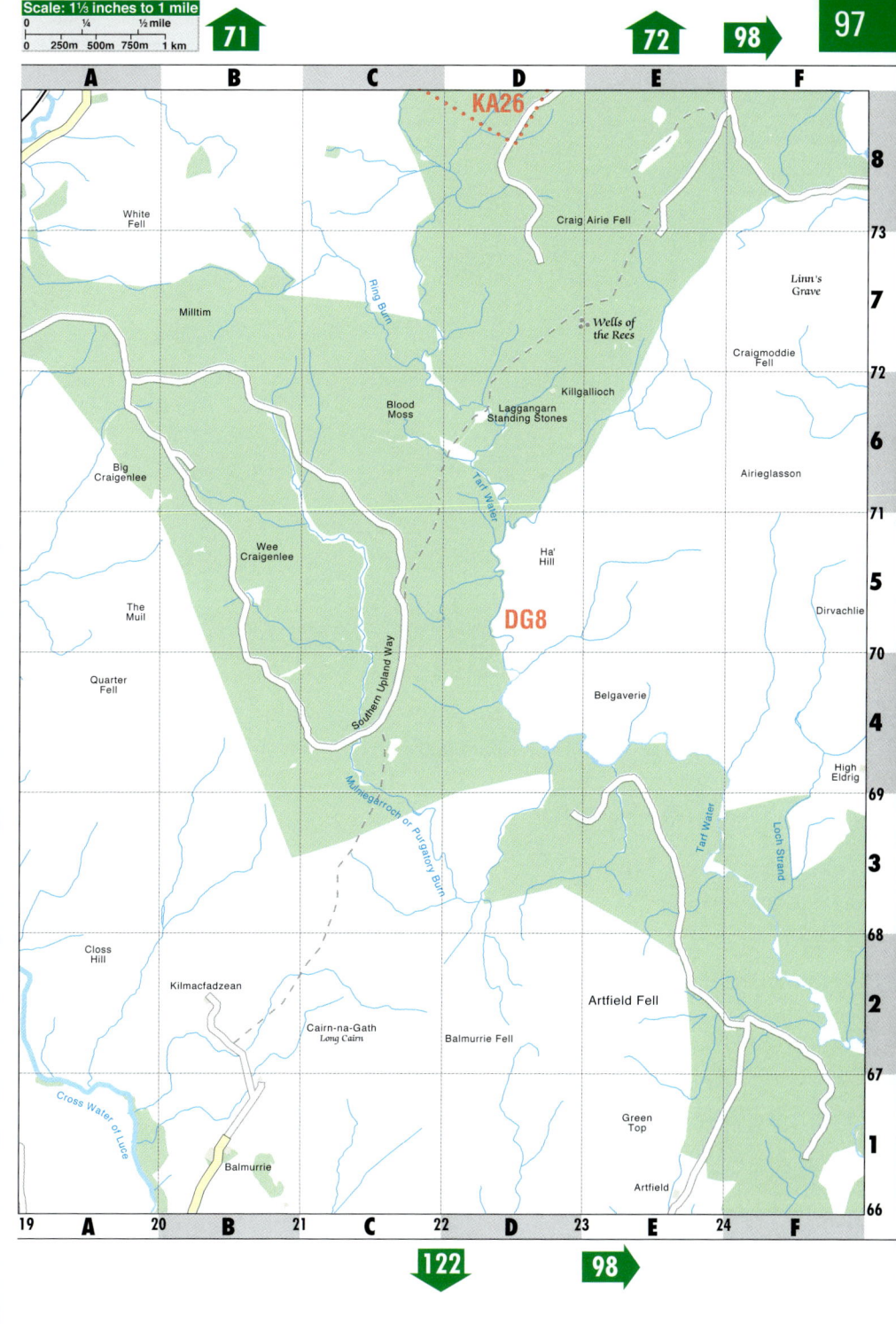

97 72 73

Scale: 1⅓ inches to 1 mile

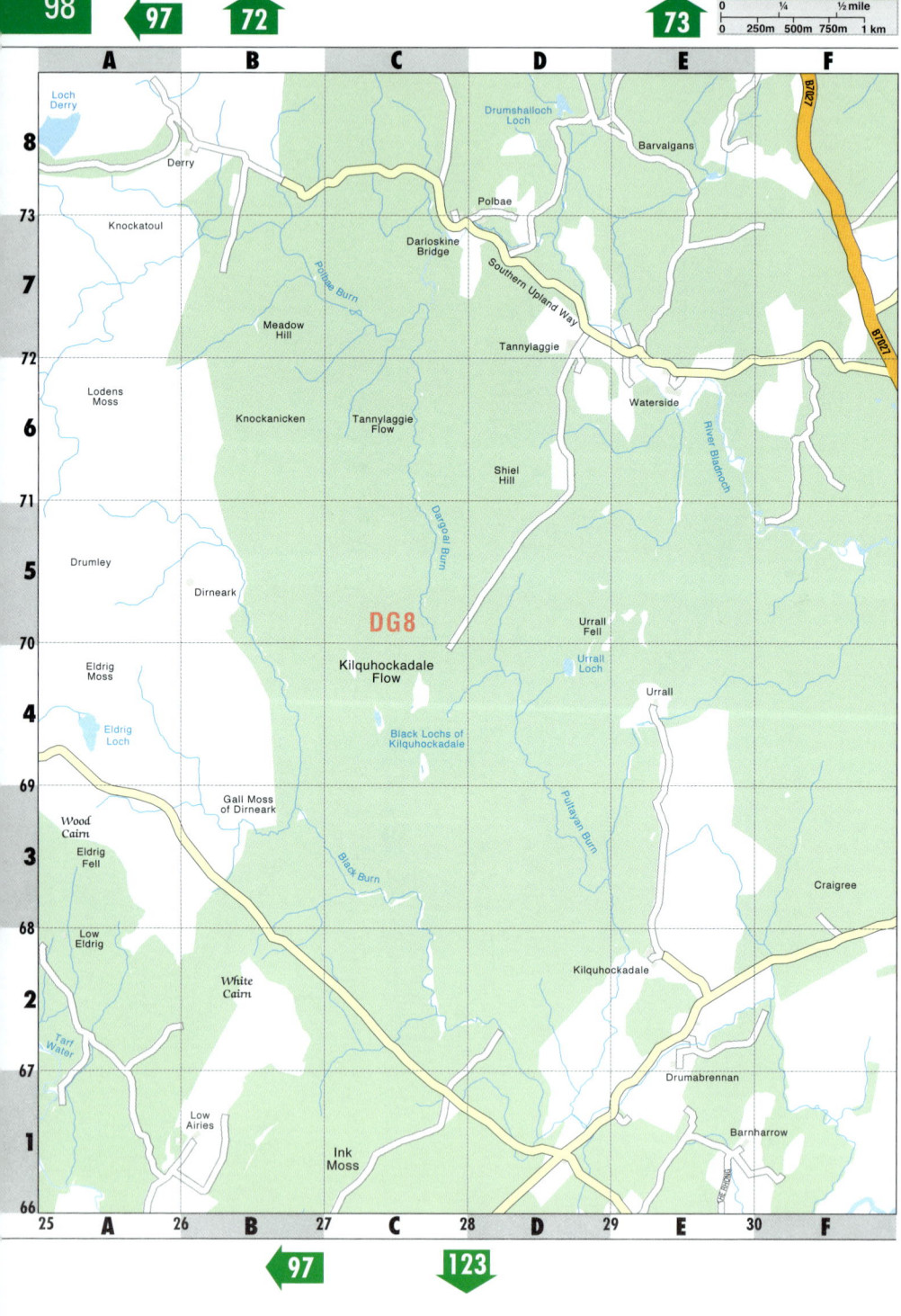

A B C D E F
8 73 7 72 6 71 5 70 4 69 3 68 2 67 1 66
25 26 27 28 29 30
Loch Derry
Derry
Knockatoul
Drumshalloch Loch
Barvalgans
Polbae
Darloskine Bridge
B7027
Polbae Burn
Southern Upland Way
Meadow Hill
Tannylaggie
Waterside
Lodens Moss
Knockanicken
Tannylaggie Flow
River Bladnoch
Shiel Hill
Dargoal Burn
Drumley
Dirneark
DG8
Urrall Fell
Urrall Loch
Eldrig Moss
Kilquhockadale Flow
Urrall
Eldrig Loch
Black Lochs of Kilquhockadale
Gall Moss of Dirneark
Pultayan Burn
Wood Cairn
Eldrig Fell
Black Burn
Craigree
Low Eldrig
Kilquhockadale
White Cairn
Tarf Water
Drumabrennan
Low Airies
Barnharrow
Ink Moss

97 123

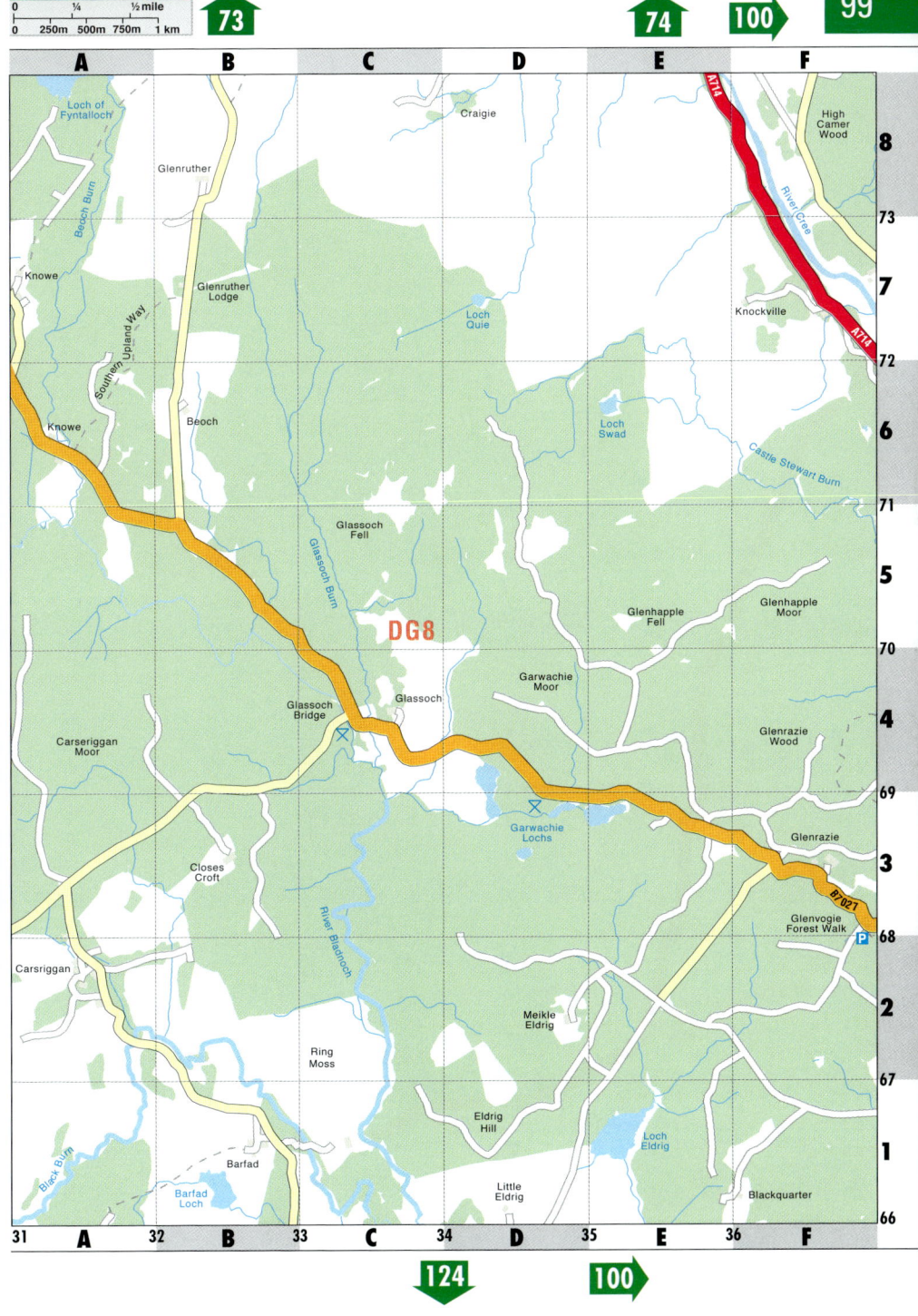

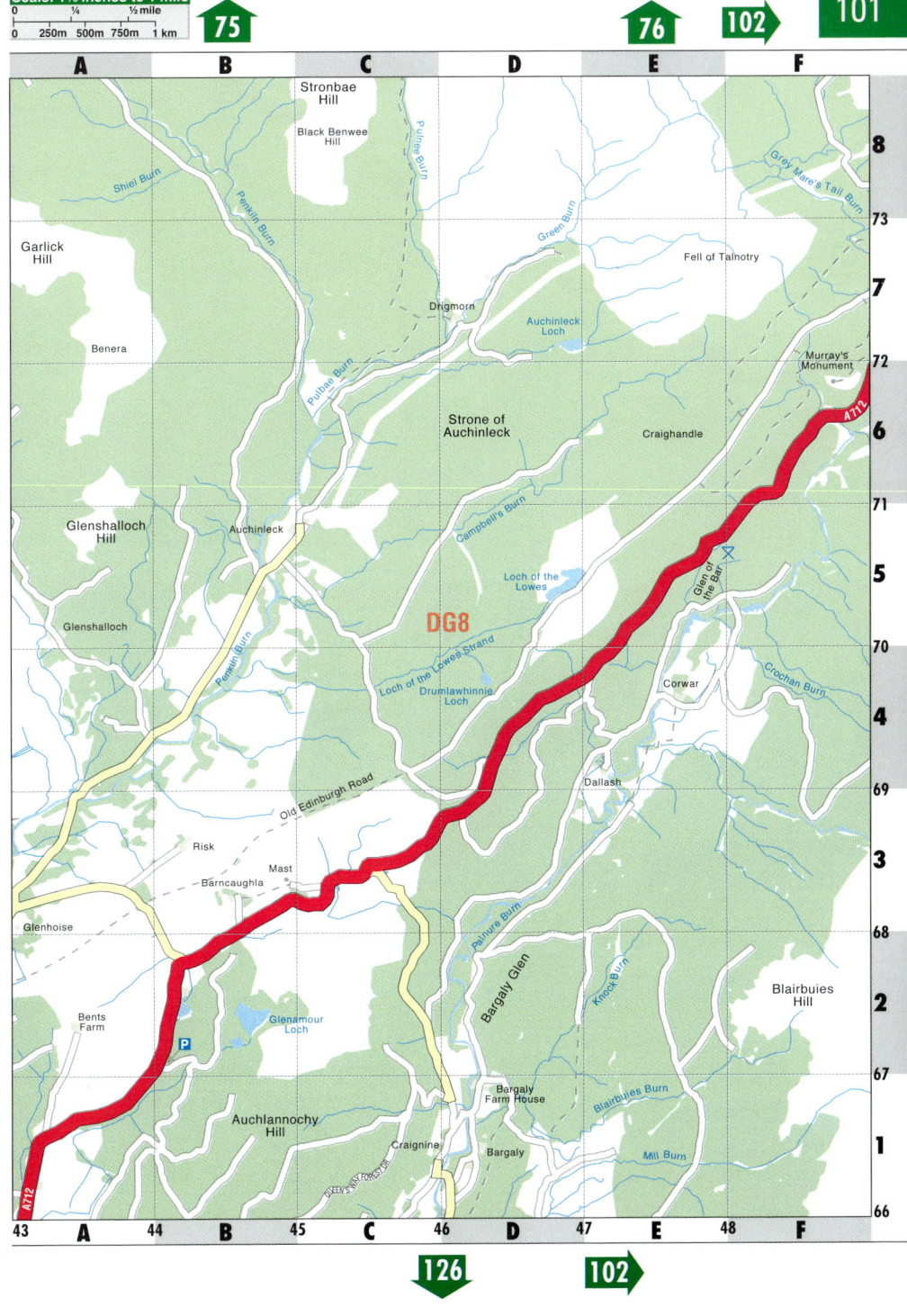

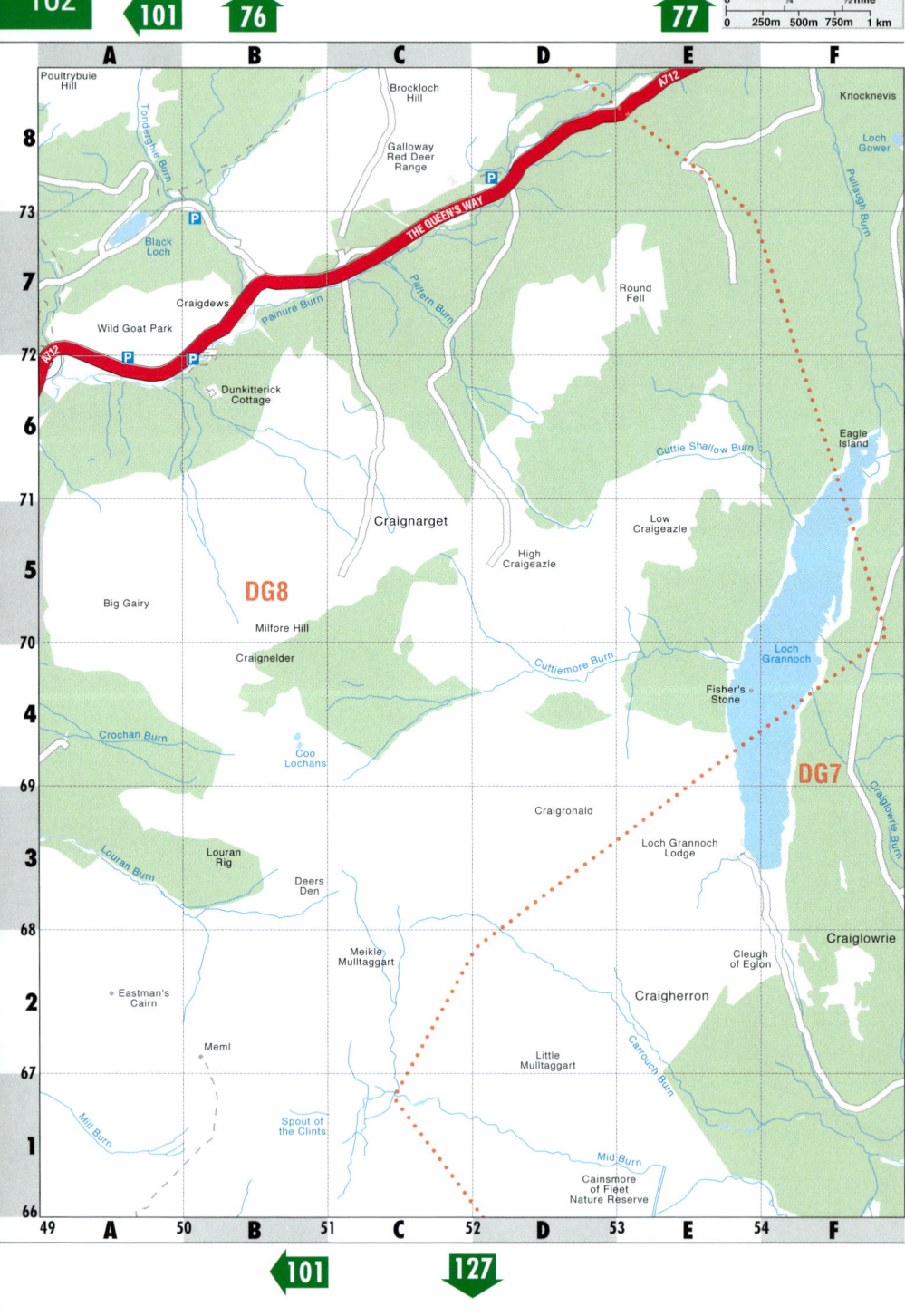

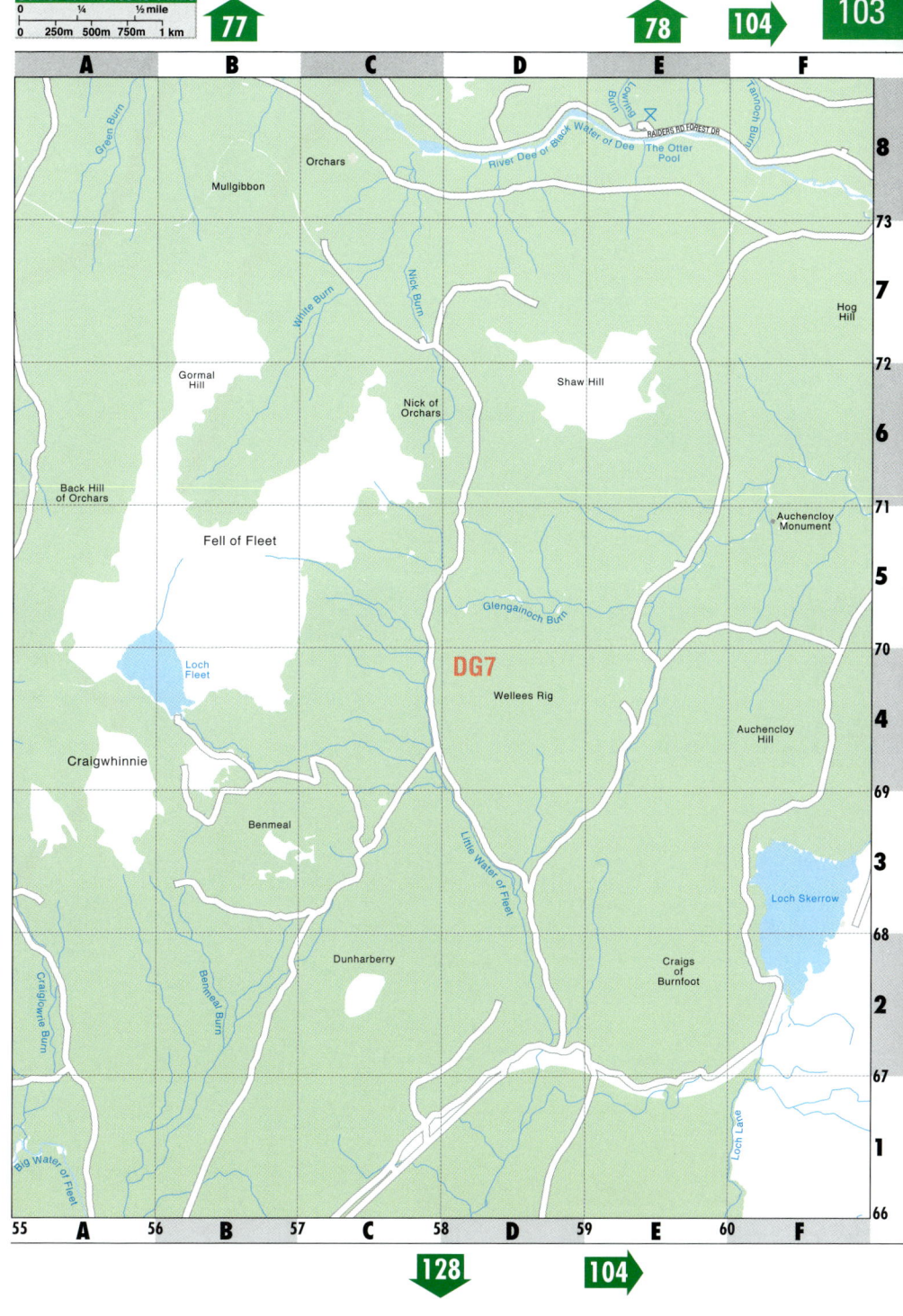

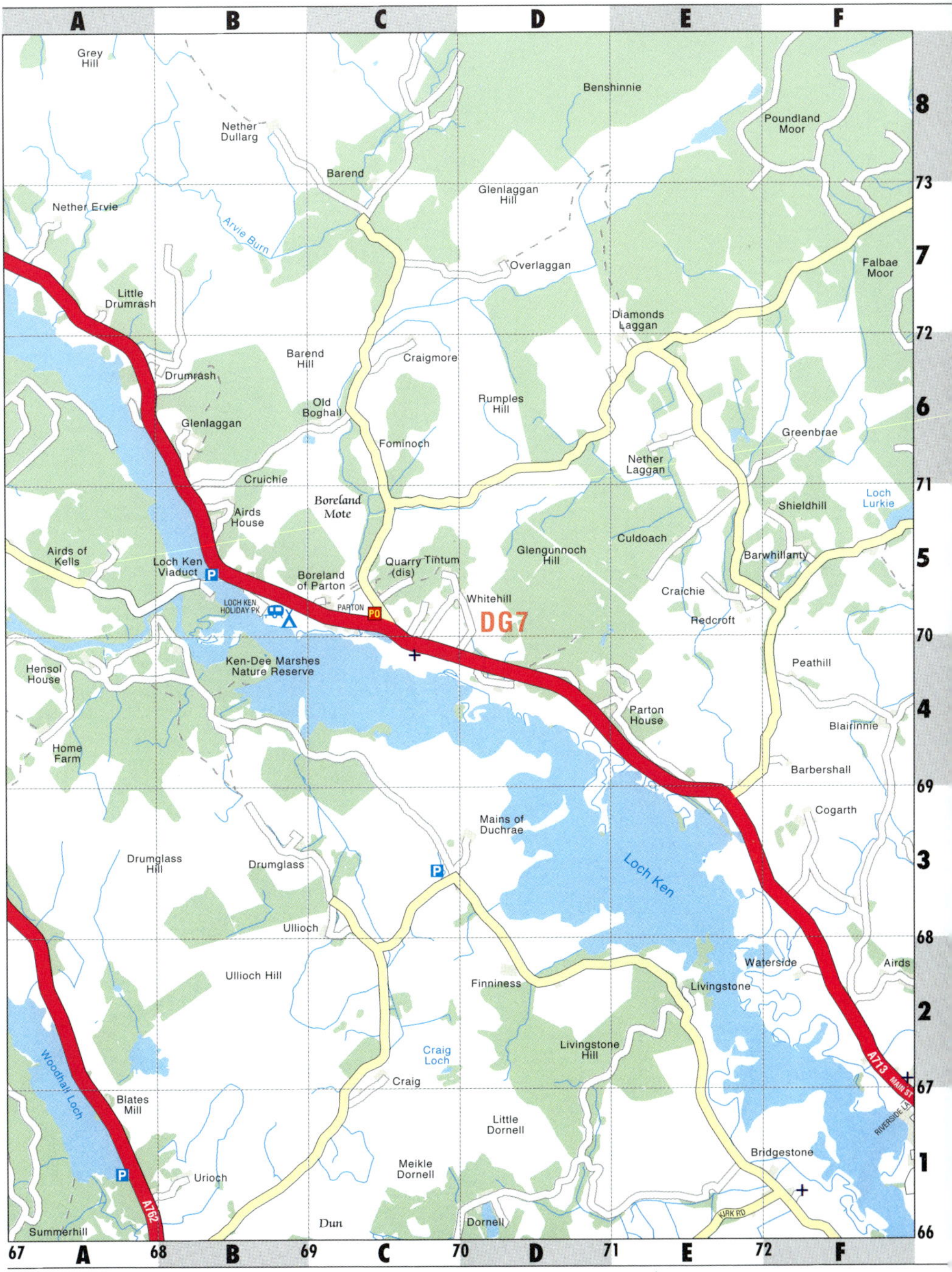
A
B
C
D
E
F
Grey Hill
Nether Dullarg
Benshinnie
Poundland Moor
8
73
Barend
Glenlaggan Hill
Nether Ervie
Arvie Burn
7
Overlaggan
Falbae Moor
Little Drumrash
Diamonds Laggan
72
Barend Hill
Craigmore
Drumrash
Rumples Hill
Old Boghall
6
Glenlaggan
Fominoch
Greenbrae
Nether Laggan
Cruichie
71
Boreland Mote
Shieldhill
Loch Lurkie
Airds House
Culdoach
Airds of Kells
Glengunnoch Hill
Barwhillanty
5
Loch Ken Viaduct
Quarry (dis)
Tintum
Boreland of Parton
Craichie
LOCH KEN HOLIDAY PK
PARTON
PO
Whitehill
DG7
Redcroft
70
Ken-Dee Marshes Nature Reserve
Peathill
Hensol House
4
Parton House
Blairinnie
Home Farm
Barbershall
69
Cogarth
Mains of Duchrae
Drumglass Hill
Drumglass
Loch Ken
3
Ullioch
68
Waterside
Airds
Ullioch Hill
Finniness
Livingstone
2
Craig Loch
Livingstone Hill
A713
Woodhall Loch
Craig
MAIN ST
67
Blates Mill
Little Dornell
RIVERSIDE LA
Bridgestone
1
Meikle Dornell
Urioch
A762
KIRK RD
Dun
Dornell
Summerhill
66
67
68
69
70
71
72

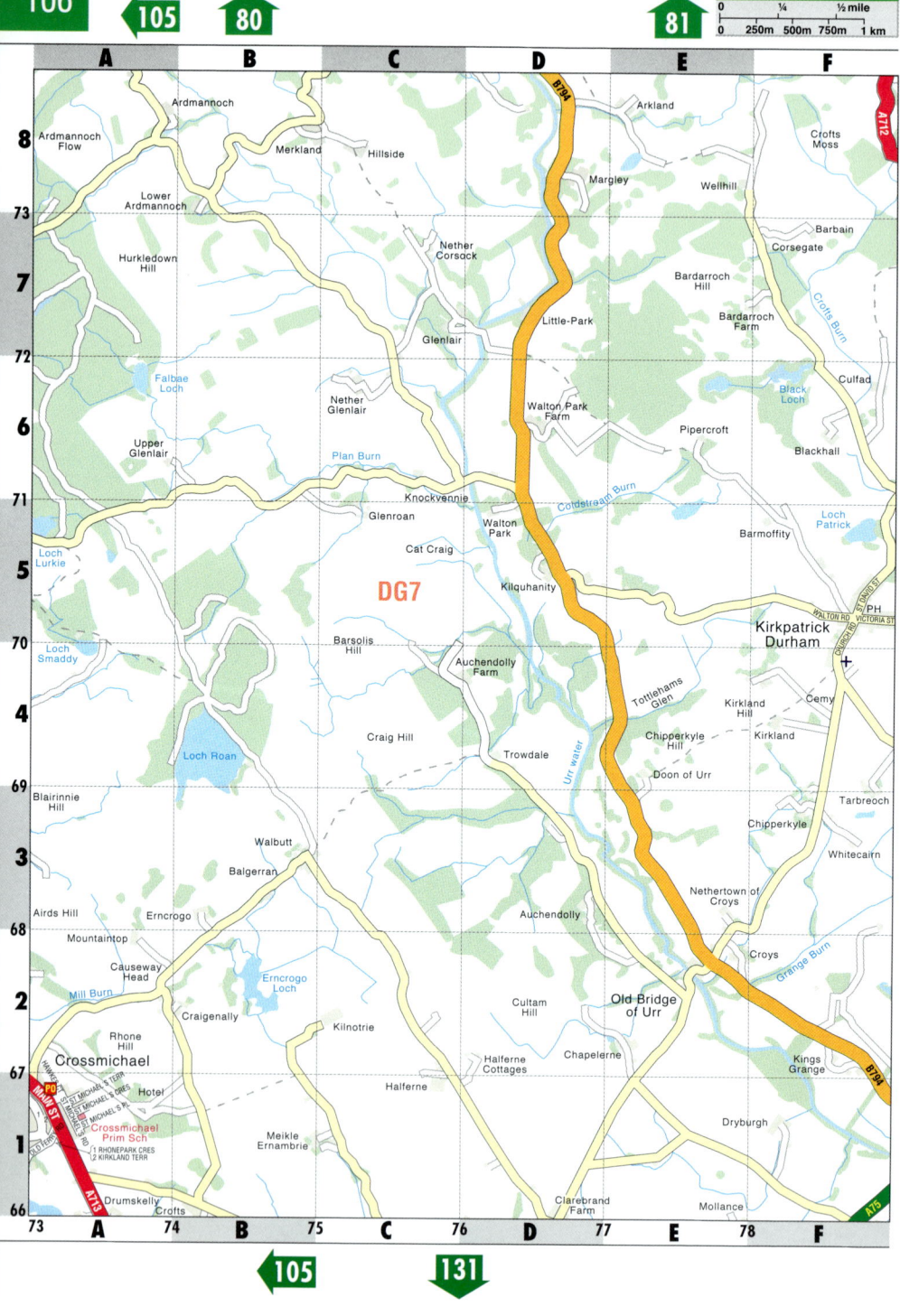

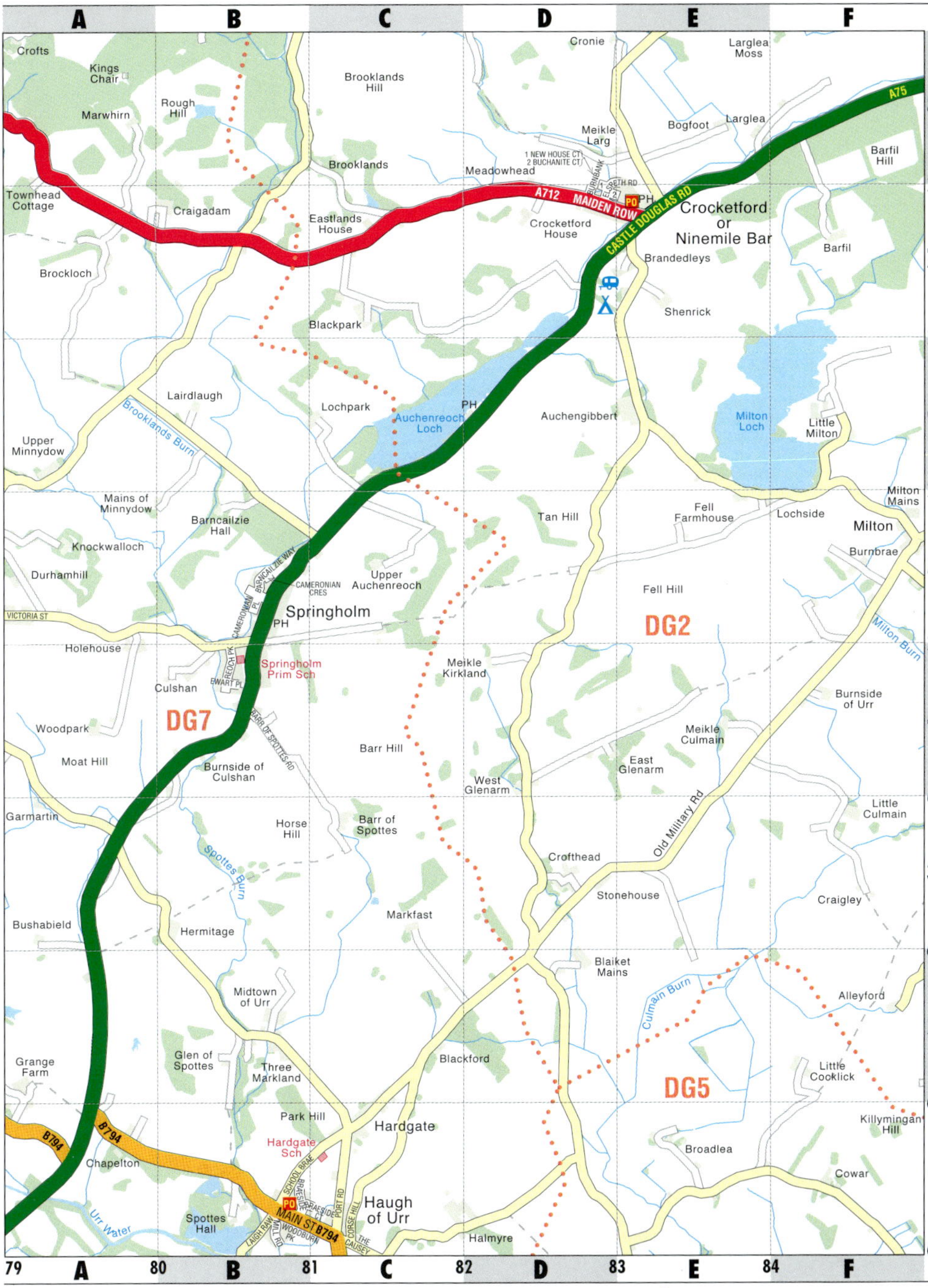
A B C D E F
8 73 7 72 6 71 5 70 4 69 3 68 2 67 1 66
79 80 81 82 83 84
Crofts
Kings Chair
Marwhirn
Rough Hill
Brooklands Hill
Cronie
Larglea Moss
Larglea
Bogfoot
Meikle Larg
1 NEW HOUSE CT
2 BUCHANITE CT
Barfil Hill
A75
Brooklands
Meadowhead
Townhead Cottage
Craigadam
Eastlands House
A712
MAIDEN ROW
PO
PH
CASTLE DOUGLAS RD
Crocketford or Ninemile Bar
Crocketford House
Barfil
Brockloch
Brandedleys
Shenrick
Blackpark
Lairdlaugh
Brooklands Burn
Lochpark
PH
Auchenreoch Loch
Auchengibbert
Milton Loch
Little Milton
Upper Minnydow
Mains of Minnydow
Barncailzie Hall
Knockwalloch
Tan Hill
Fell Farmhouse
Lochside
Milton Mains
Milton
Burnbrae
Durhamhill
BARNCAILZIE WAY
CAMERONIAN CRES
Upper Auchenreoch
Fell Hill
VICTORIA ST
Springholm
PH
DG2
Milton Burn
Holehouse
Springholm Prim Sch
Meikle Kirkland
Culshan
Burnside of Urr
DG7
Woodpark
BARR OF SPOTTES RD
Meikle Culmain
Moat Hill
Barr Hill
East Glenarm
Burnside of Culshan
West Glenarm
Garmartin
Horse Hill
Barr of Spottes
Old Military Rd
Little Culmain
Spottes Burn
Crofthead
Stonehouse
Craigley
Bushabield
Markfast
Hermitage
Blaiket Mains
Midtown of Urr
Culmain Burn
Alleyford
Glen of Spottes
Three Markland
Blackford
Grange Farm
Little Cooklick
DG5
Park Hill
Hardgate
Killymingan Hill
B794
Hardgate Sch
Chapelton
Broadlea
Cowar
Urr Water
Spottes Hall
PO
MAIN ST B794
Haugh of Urr
Halmyre
CORSE HILL
THE CAUSEY

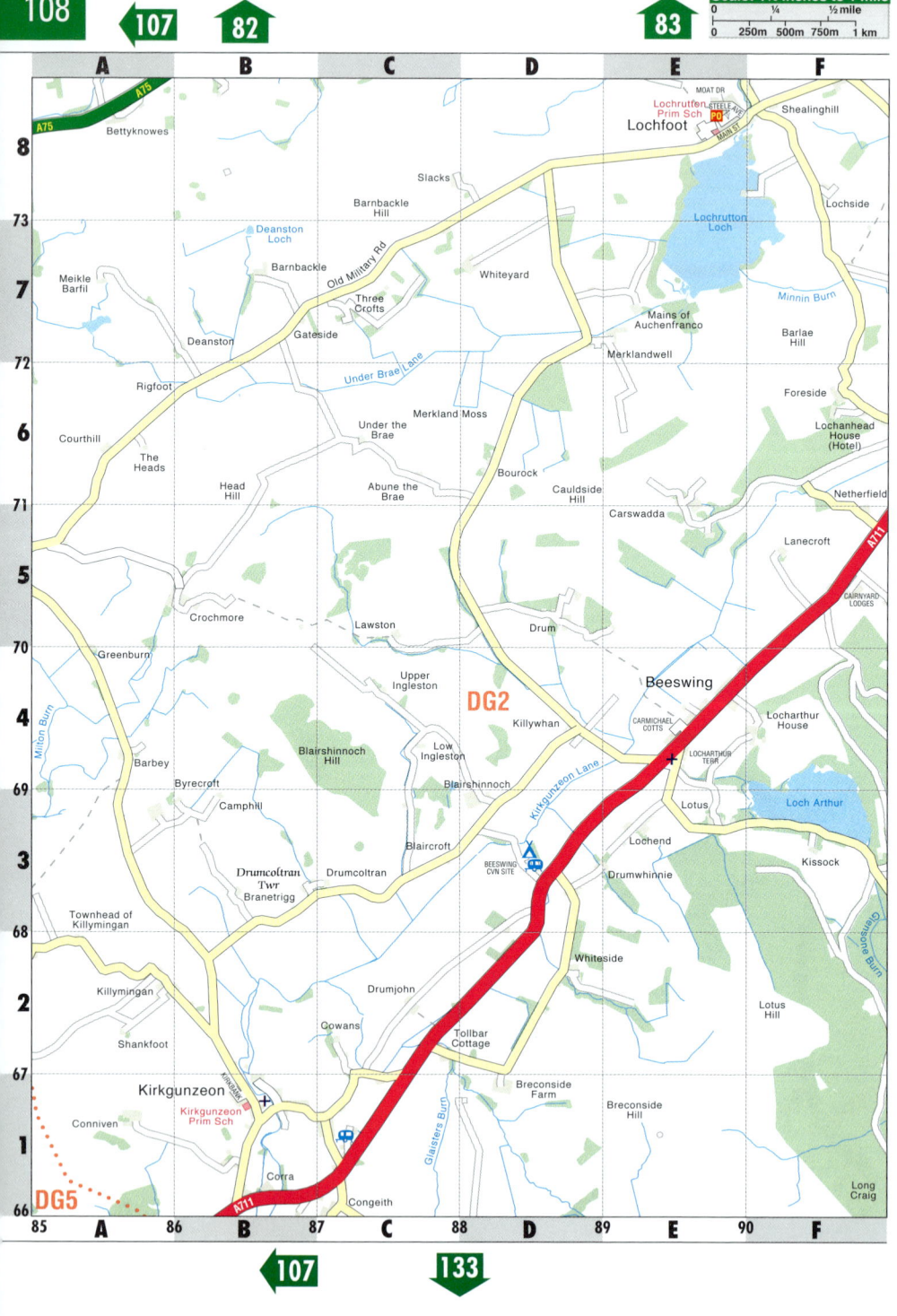

Scale: 1⅓ inches to 1 mile

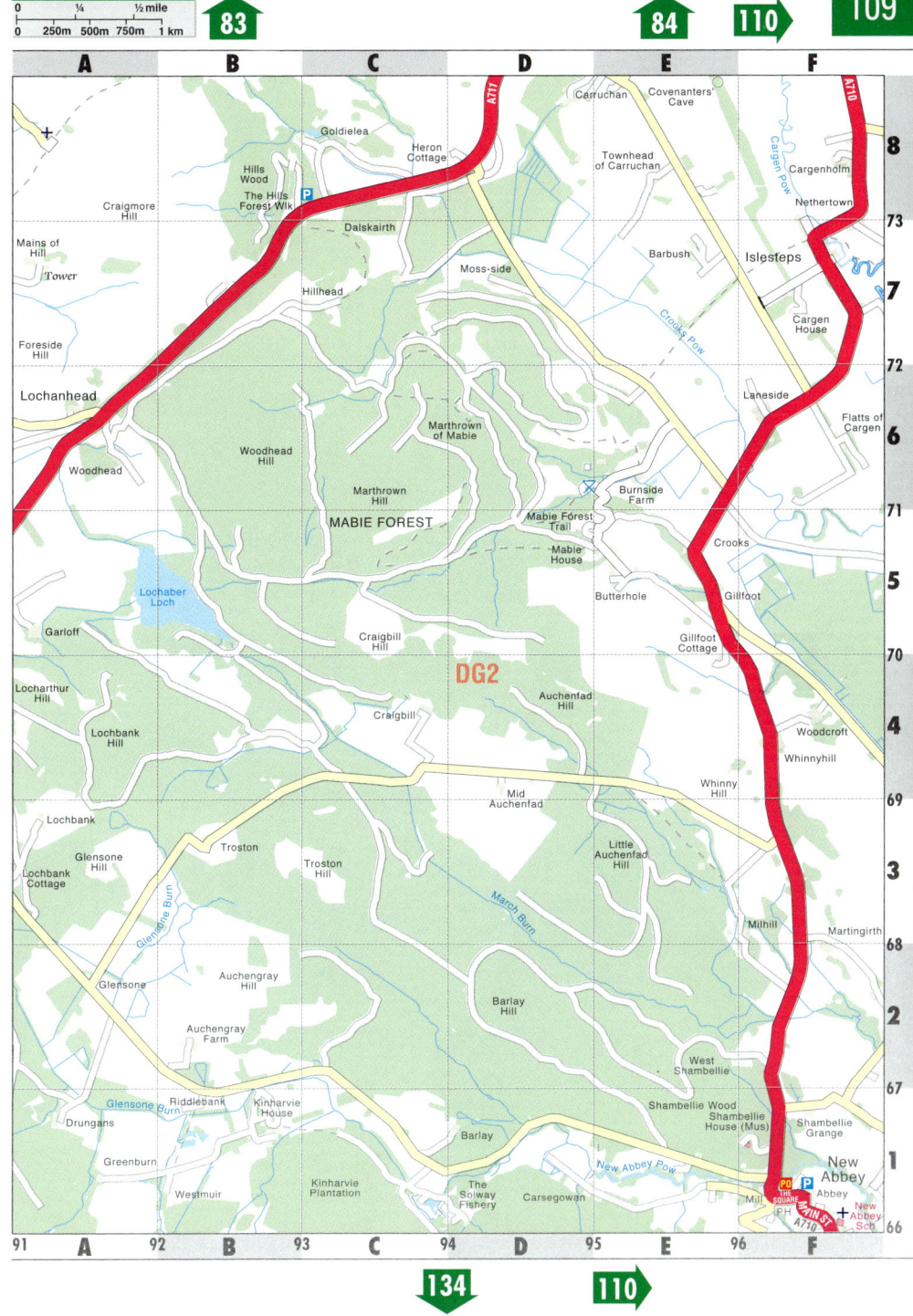
0
¼
½ mile
0
250m
500m
750m
1 km
83
84
110
A
B
C
D
E
F
Carruchan
Covenanters' Cave
Goldielea
Heron Cottage
A711
A710
Hills Wood
The Hills Forest Wlk
Craigmore Hill
Townhead of Carruchan
Cargen Pow
Cargenholm
Nethertown
Dalskairth
Mains of Hill
Tower
Barbush
Islesteps
Moss-side
Hillhead
Crooks Pow
Cargen House
Foreside Hill
Lochanhead
Laneside
Flatts of Cargen
Marthrown of Mabie
Woodhead Hill
Woodhead
Marthrown Hill
Burnside Farm
MABIE FOREST
Mabie Forest Trail
Mabie House
Crooks
Lochaber Loch
Butterhole
Gillfoot
Garloff
Craigbill Hill
Gillfoot Cottage
DG2
Locharthur Hill
Auchenfad Hill
Craigbill
Lochbank Hill
Woodcroft
Whinnyhill
Whinny Hill
Mid Auchenfad
Lochbank
Troston
Troston Hill
Little Auchenfad Hill
Glensone Hill
Lochbank Cottage
March Burn
Glensone Burn
Milhill
Martingirth
Glensone
Auchengray Hill
Barlay Hill
Auchengray Farm
West Shambellie
Glensone Burn
Riddlebank
Kinharvie House
Drungans
Shambellie Wood
Shambellie House (Mus)
Shambellie Grange
Barlay
Greenburn
New Abbey Pow
New Abbey
Kinharvie Plantation
The Solway Fishery
Carsegowan
Westmuir
Mill
PO
P
THE SQUARE
MAIN ST
Abbey
PH
A710
New Abbey Sch
8
73
7
72
6
71
5
70
4
69
3
68
2
67
1
66
91
92
93
94
95
96
134
110

109 84 85

Scale: 1⅓ inches to 1 mile

Kingholm Quay
Laghall
B726
KINGHOLM RD
McFARLANE AVE
KINGHOLM LOANING
LAGHALL CT
MILLVIEW 1
SHEARWATER RD 2
SALMON CT 3
GLENHOLM PL 4
LADYFIELD VILLAS 5
B725
Sch
The Crichton
Rosebank
Rosehall
Acrehead
STANEHOUSE LOANING
TROHOUGHTON AVE
Cairn of Craigs
Craigs Moss
Jennygill
Netherwood
Netherwood Mains
Netherwood Bank
Hightown of Craigs
CRAIGS RD
Barnkin of Craigs
Pleasance
NETHERWOOD COTTS
Trohoughton
Racks Moss
Kelton House
GLENCAPLE RD
Bush of Craigs
BANKEND RD
Keltonbank
Kelwood
Kelton
DG1
Kelwood Burn
Lochar Water
Greenmerse
CARLIN RD
Boreland
Upper Conheath
Ballieknowe
Kirconnell Flow
Gibbonhill
River Nith
Kirkblane Farm
Conheath
Meml
GIBBONHILL RD
Maxwellbank
Howmains
Byers Farm
Caerlaverock Sch
IRB Sta
PO
CHURCH ST
Tower
DG2
1 GREAT EASTERN DR
2 WARDLAW DR
NORFOLK AVE
WELLINGTON ST
Woodside
Craigwood
CROFT RD
B725
Bankend
Glencaple
Kirkconnell Merse
Highmains Hill
Craigs
Kirkconnell
Tower
Townfoot
Bankend Hill
Chapelhill
Highmains Farm
SHORE RD
Southfield
The Park
Banks
Drummillan
Banks Cottage
Lanarkland
KENNETH BANK
Dovecotwell
Glenhowan
Tower
Ward Law
Maryfield
Airds
Scar Point
B725
Lantonside
Wardlaw Mains
B725

109 135

Scale: 1⅓ inches to 1 mile

85
86
112

A
B
C
D
E
F
B724
Brocklehirst
MOUSWALD PL CVN PK
Cleughbrae Farm
A75
Craigie Burn
Wath
Mouswald Grange
Calfpark
8
Mouswald Sch
Burnhill
Townhead
Byeloch
West Denbie
Deadman's Gill
73
Wath Burn
Mouswald
KEDAR BANK
Beyond-the-Burn
West Raffles
7
Racks Moss
Ironhirst
East Raffles
72
Townfoot
Panteth Hill
Mouswald Burn
MOSS RD
Duncan's Mon
Raffles Burn
Mount Kedar
6
Masts
Broadgate
Holmhead
Skewbridge
Ironhirst Moss
71
Howthat
North Bowerhouses
Holmhead Moss
5
Slethat
Horseholm
Stragglingwath Plantation
Black Grain
70
Crossgills
DG1
Longbridge Muir
Long Plantation
B725
4
Longbridgemuir
Comlongon Mains
Comlongon Mains Cottages
B724
Merkland
69
136
Comlongon Castle (Hotel)
MERKLAND RD
3
Stank
Dockridding Wood
Willow Burn
Comlongon Wood
Seaheugh Burn
68
Upper Locharwoods
Cockpool Plantation
Brow Well
Mid Locharwoods Holdings
Cockpool
B725
2
Nether Locharwoods Holdings
Stanhope
Powhillon
67
Northpark Cottages
Shearington
1
Newmains
Lochar Water
Blackshaw
66
03
04
05
06
07
08

136
112

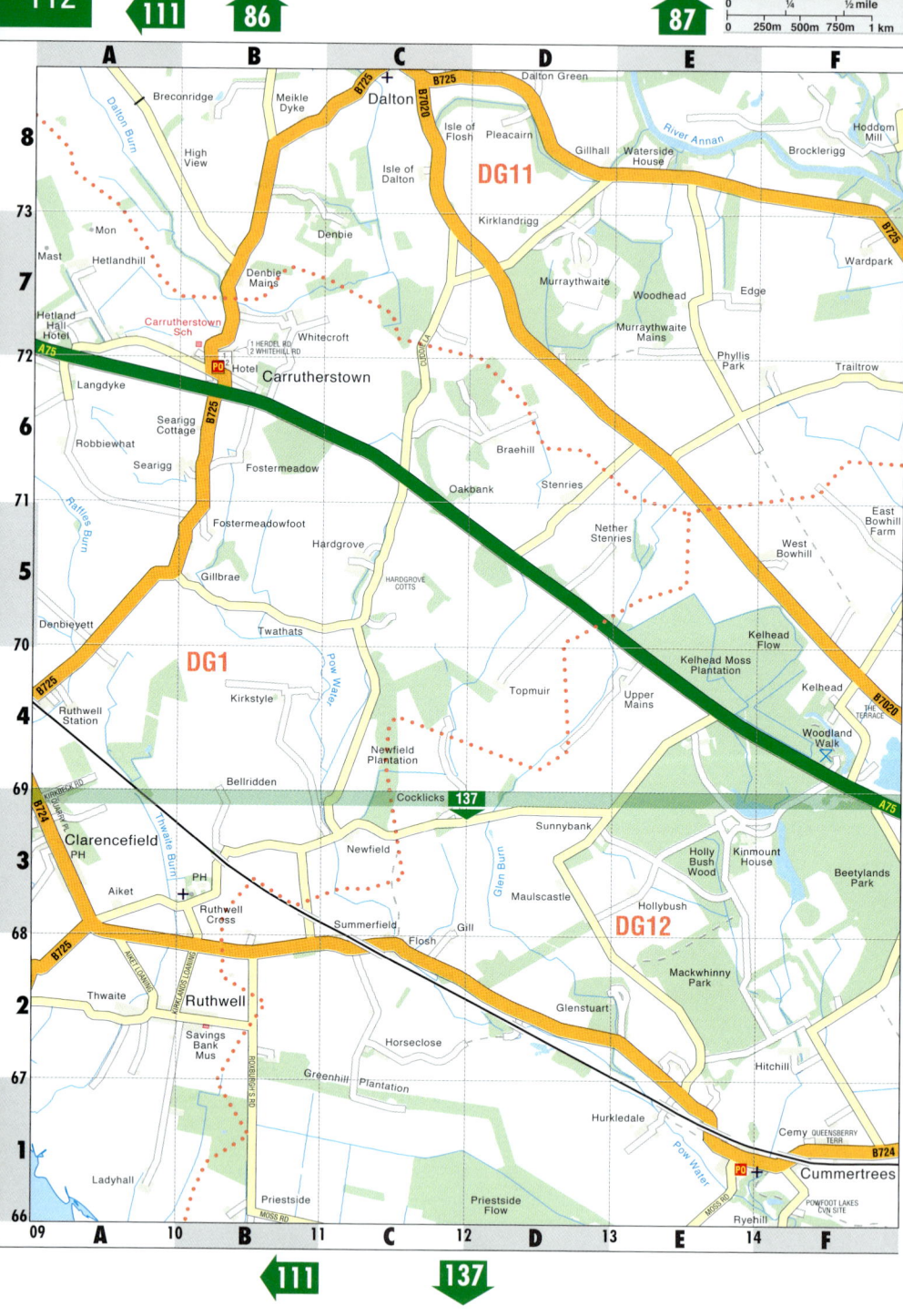

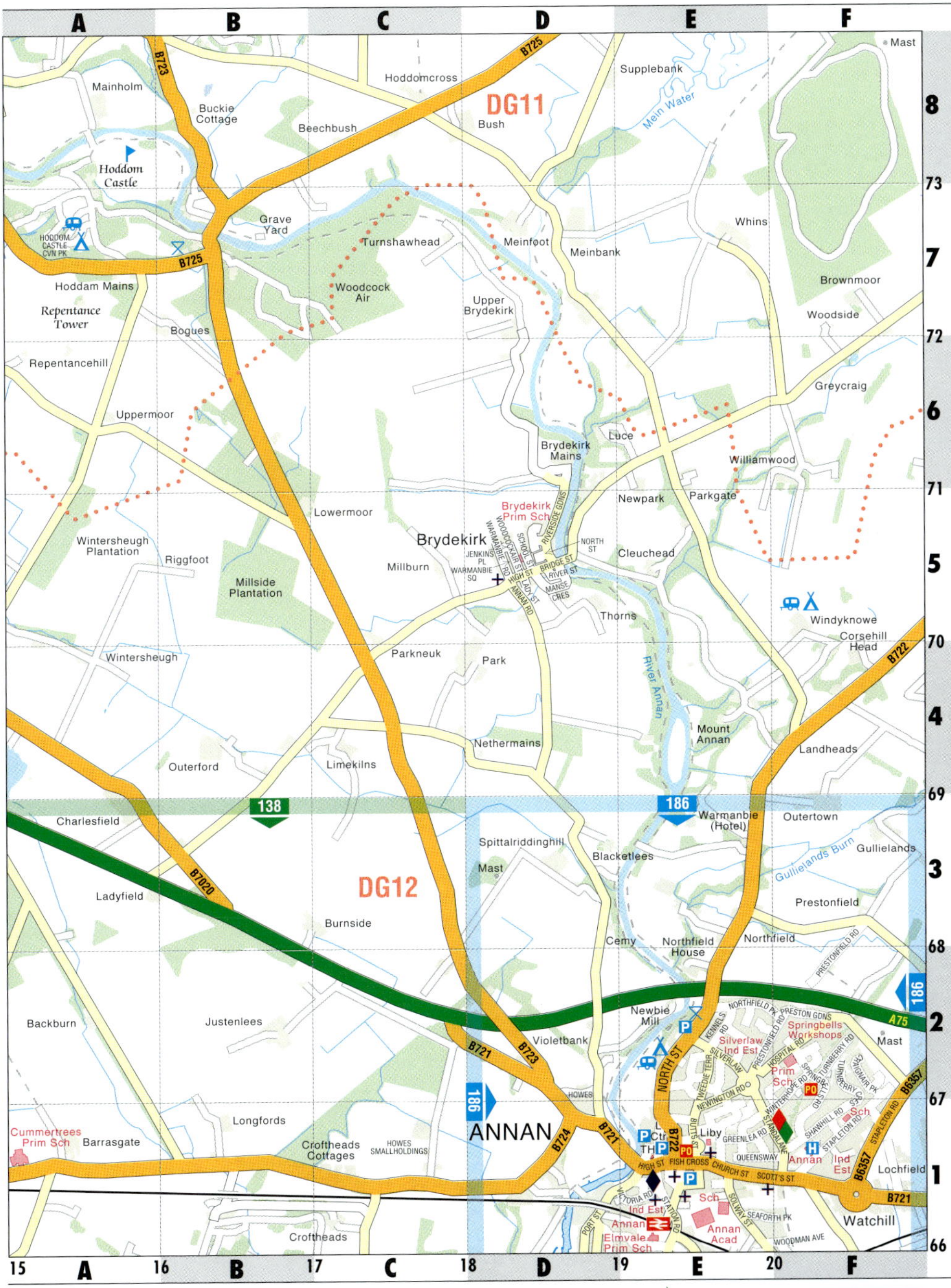

Scale: 1⅓ inches to 1 mile
0 ¼ ½ mile
0 250m 500m 750m 1 km

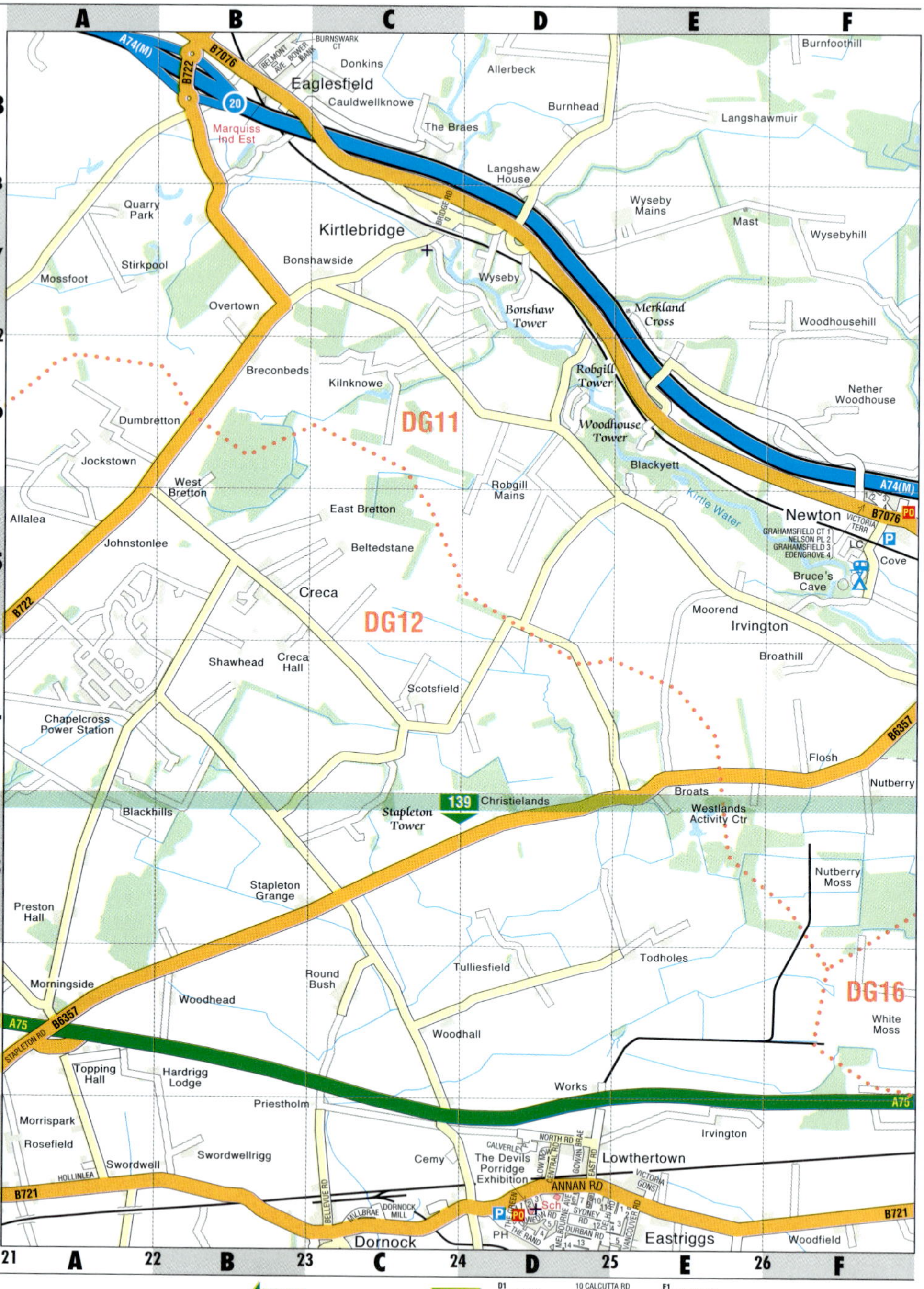

D1
1 HALIFAX RD
2 HOBART TERR
3 LADYSMITH RD
4 BREAKWELL AVE
5 DUNEDIN PL
6 MELBOURNE CT
7 OTTAWA RD
8 WINNIPEG WAY
9 TASMAN PL
10 CALCUTTA RD
11 BAFFIN PL
12 DELHI PL
13 GULLIELANDS PL
14 GILLWOOD RD

E1
1 BRISBANE WAY
2 AUCKLAND WLK
3 BRISBANE RD
4 SINGAPORE RD
5 PRETORIA RD

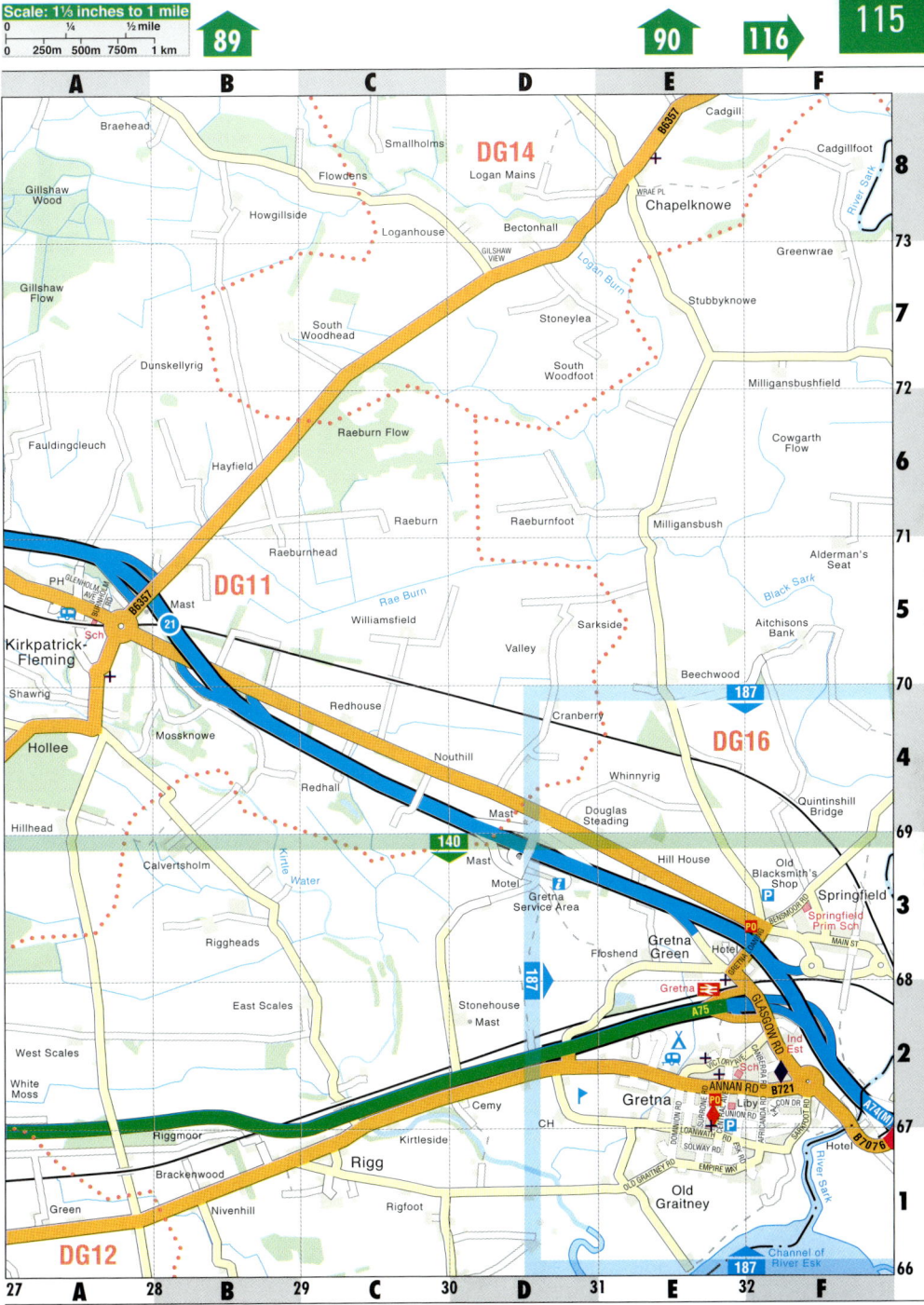

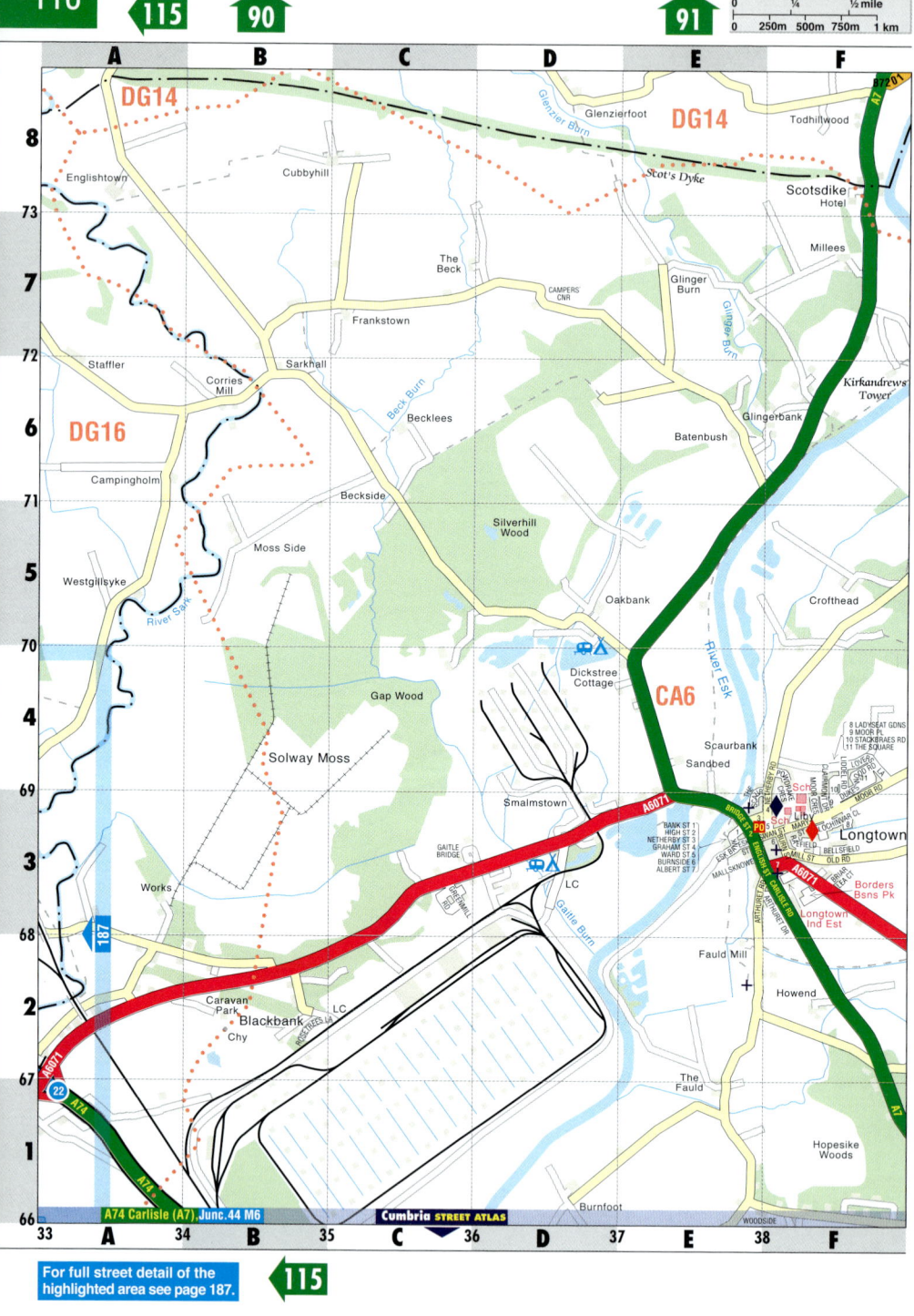

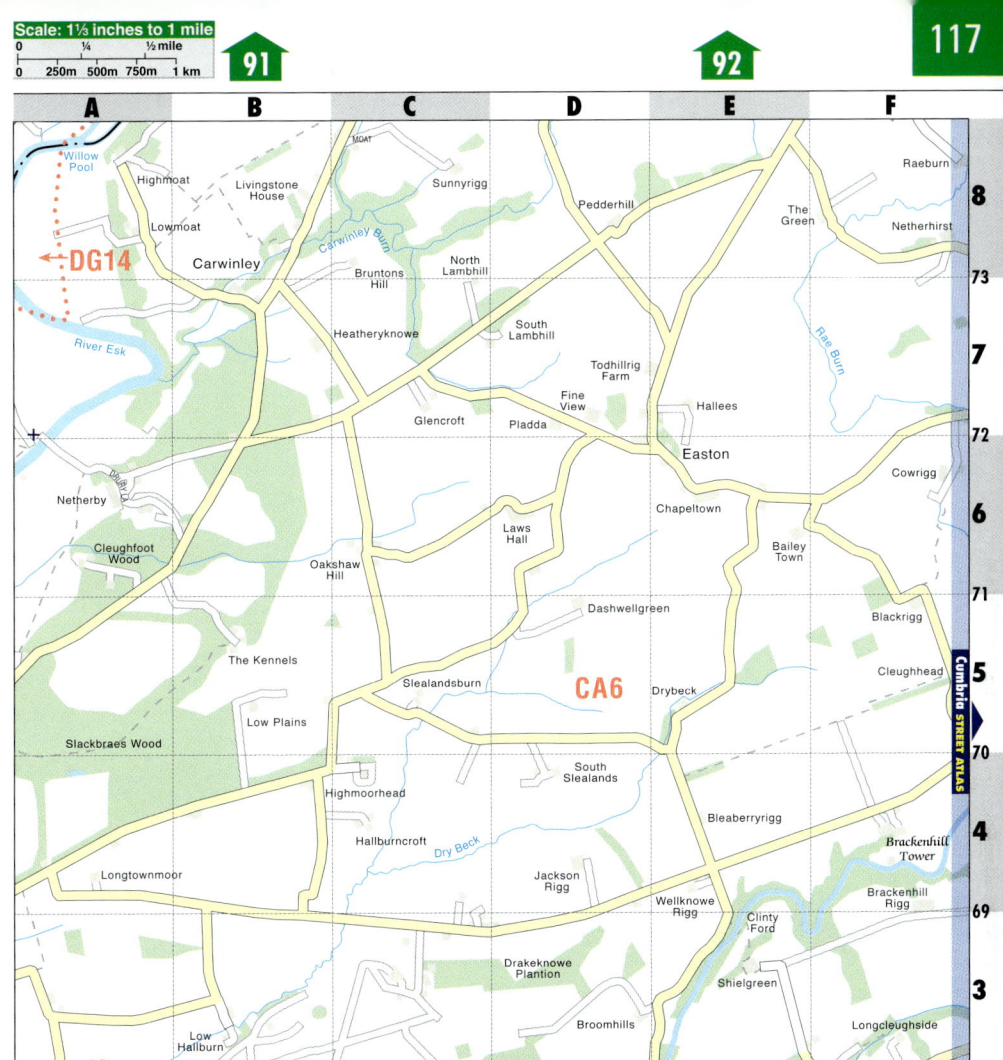

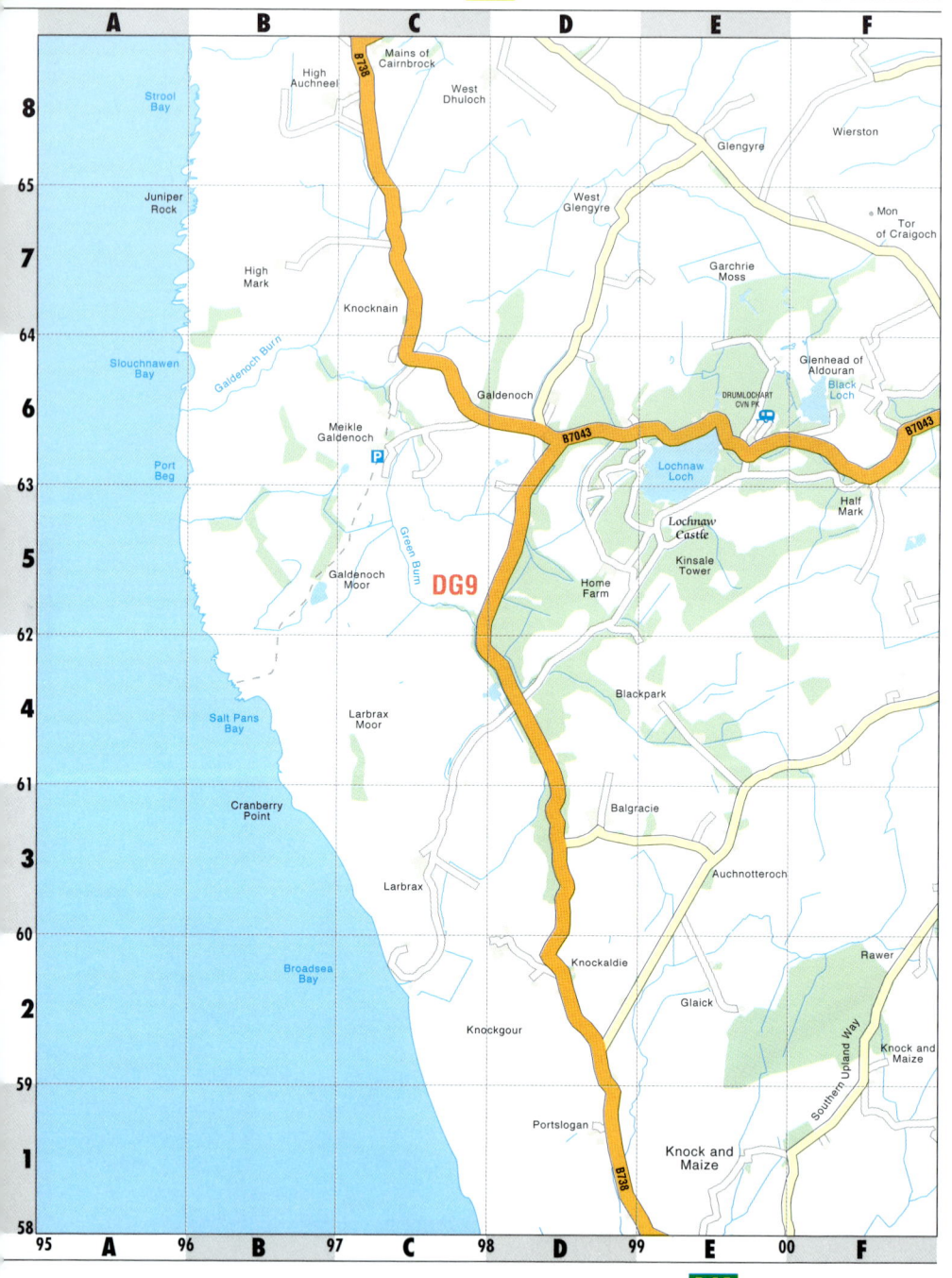

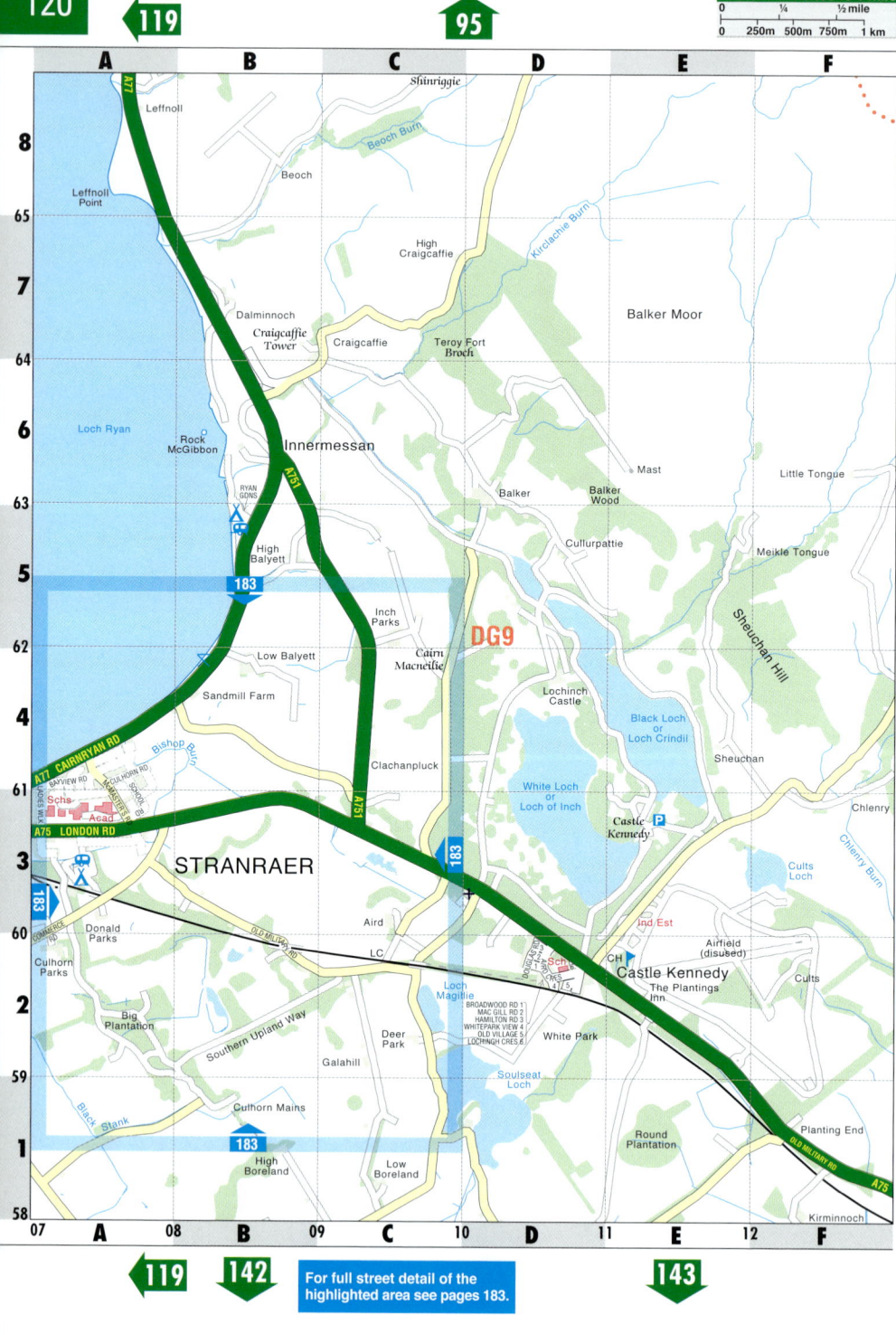

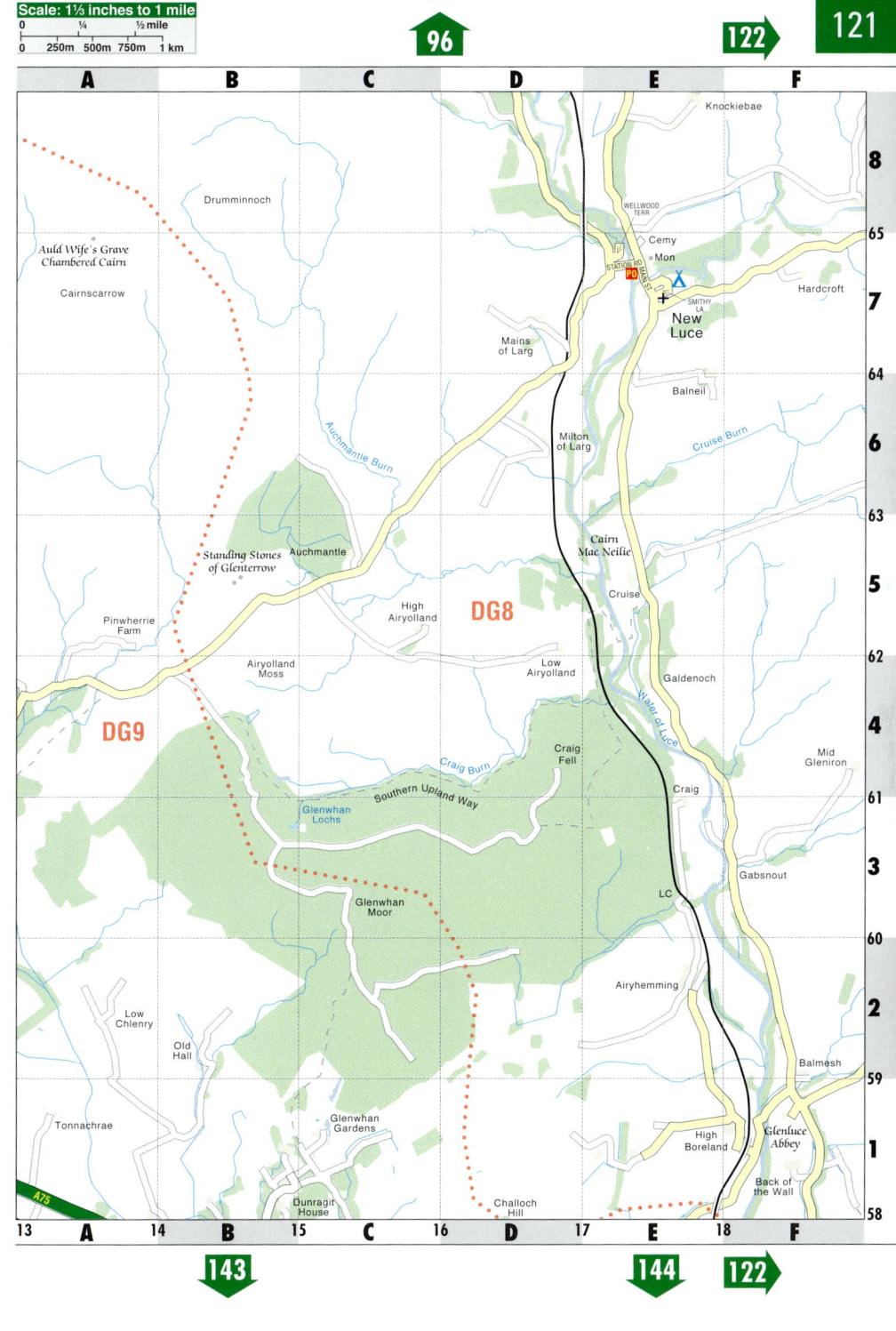

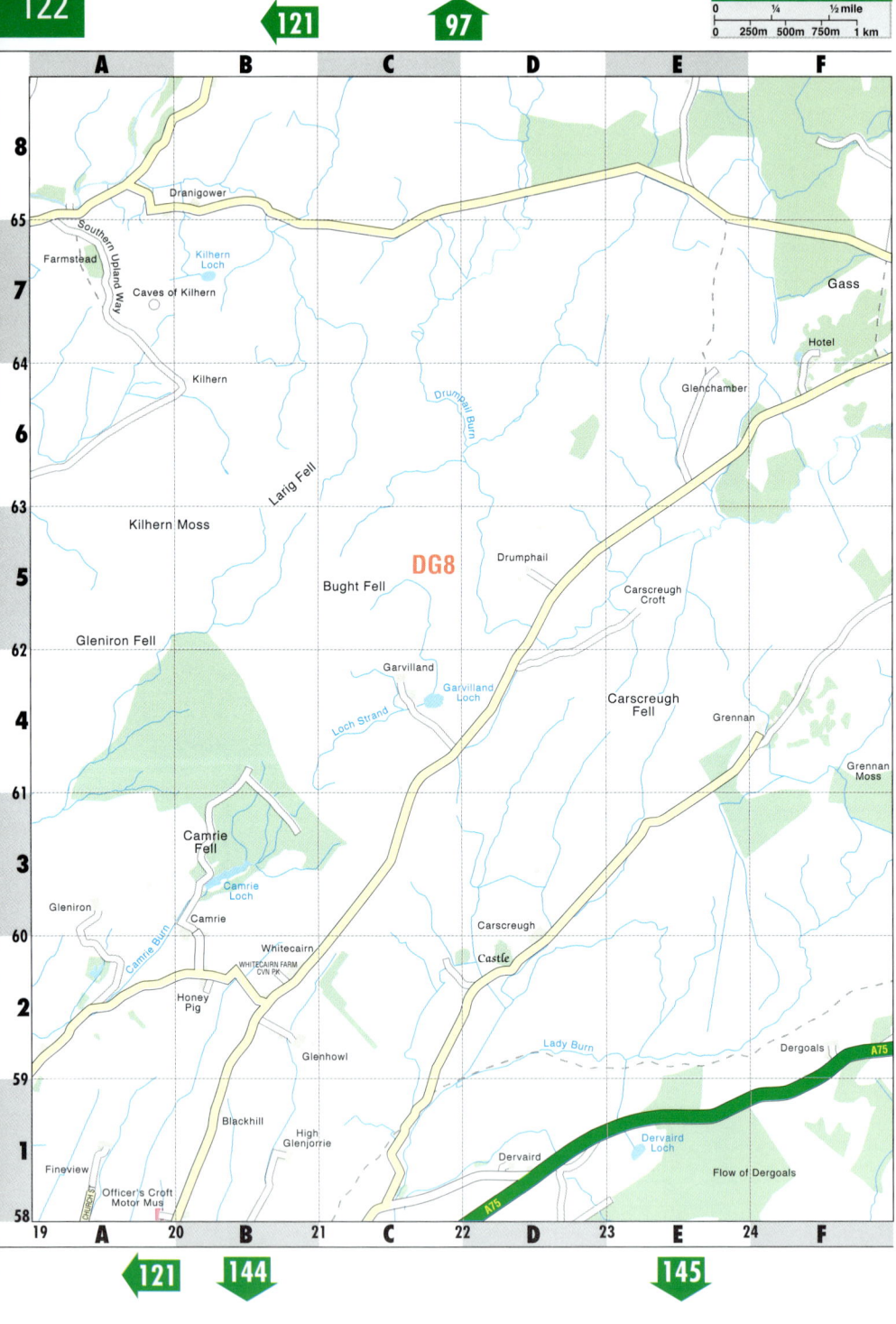

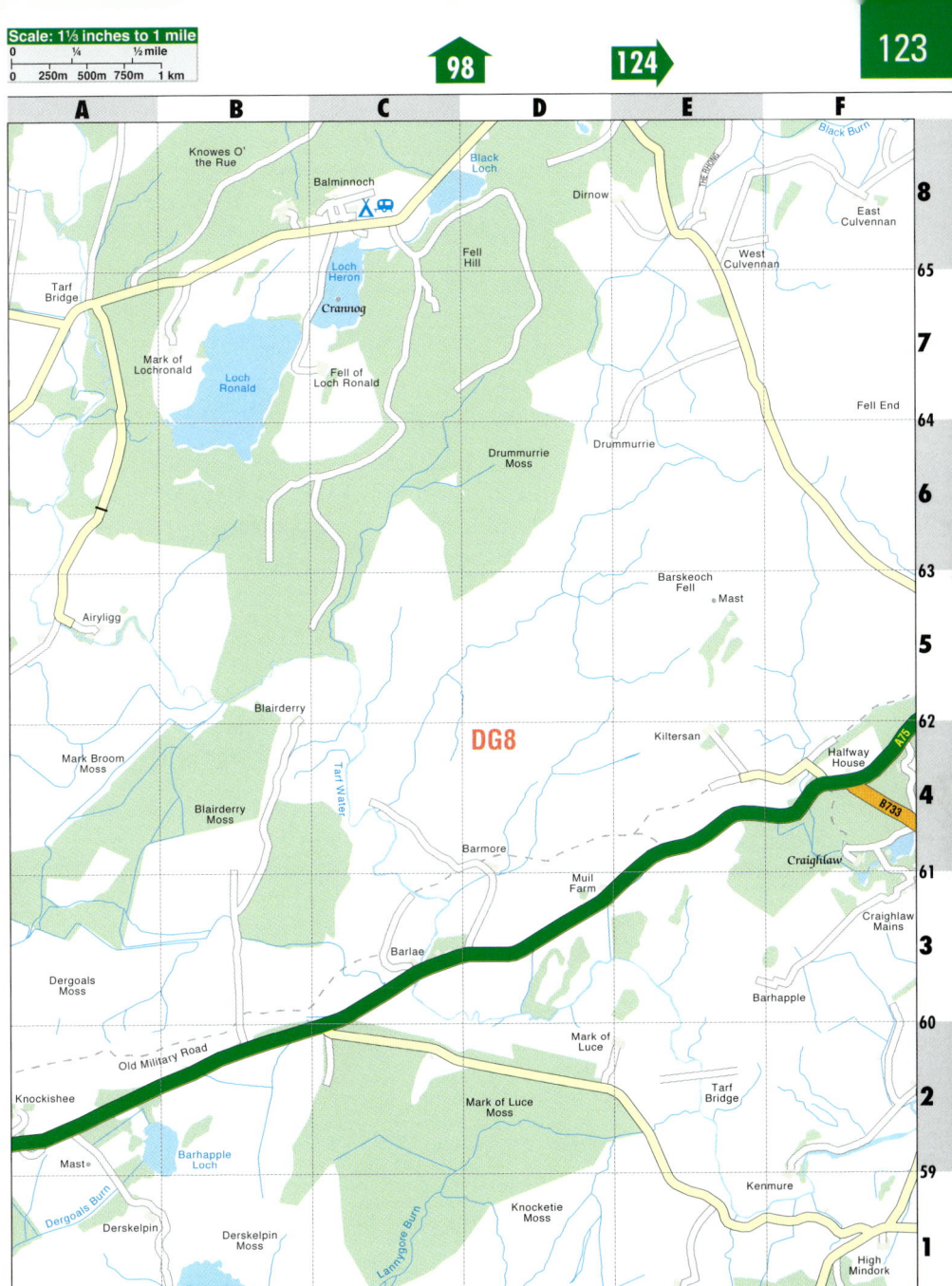

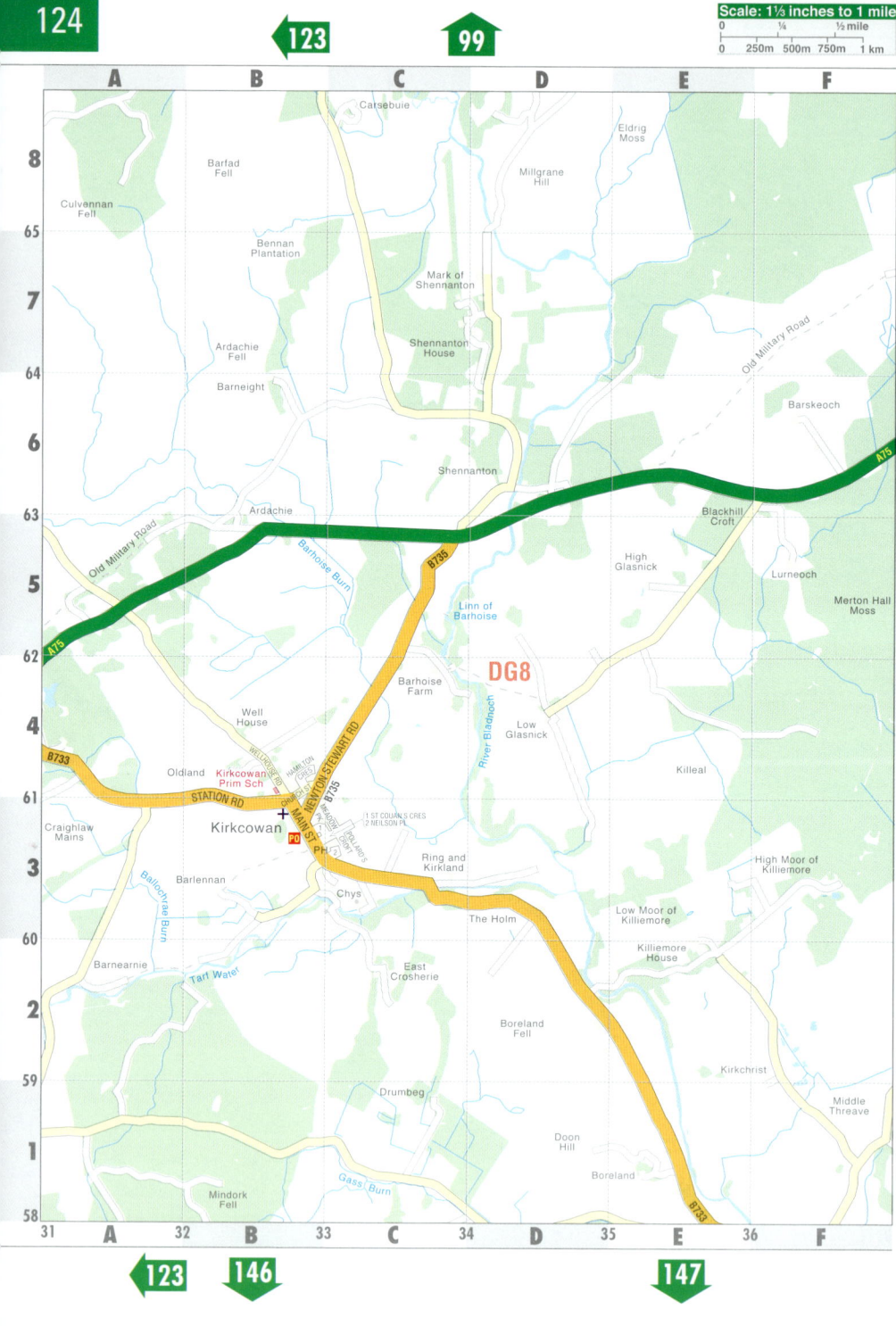

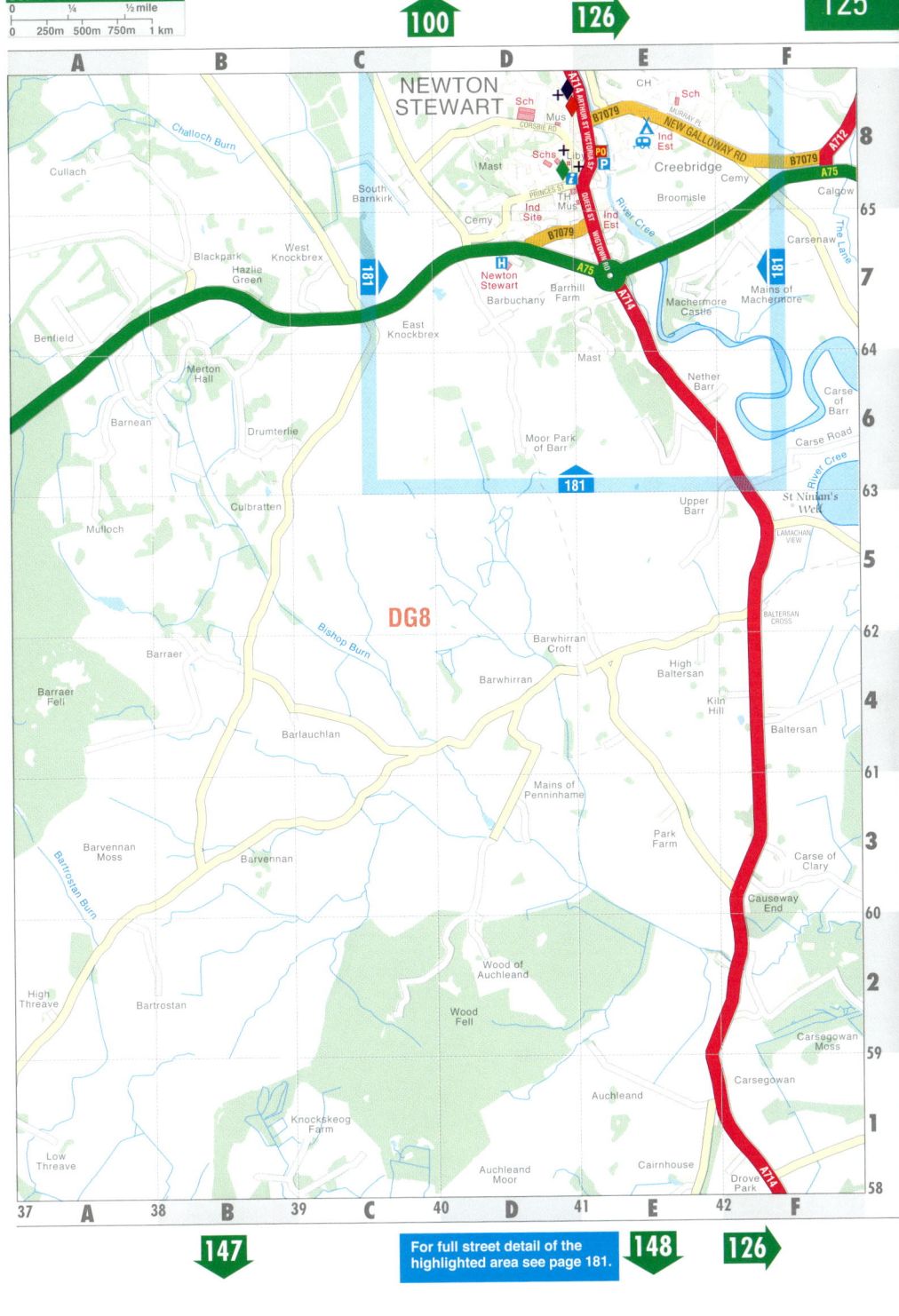

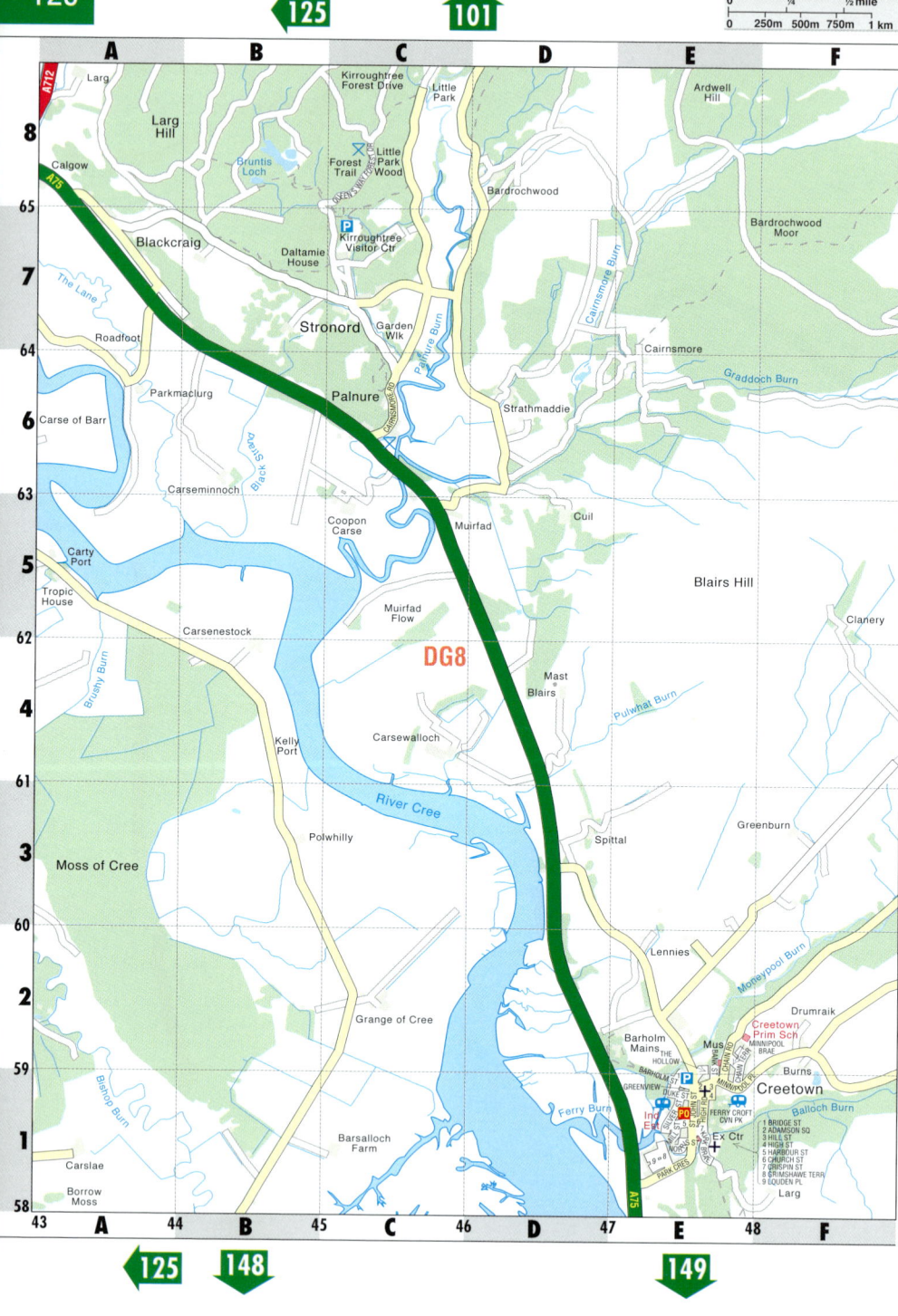

Scale: 1⅓ inches to 1 mile

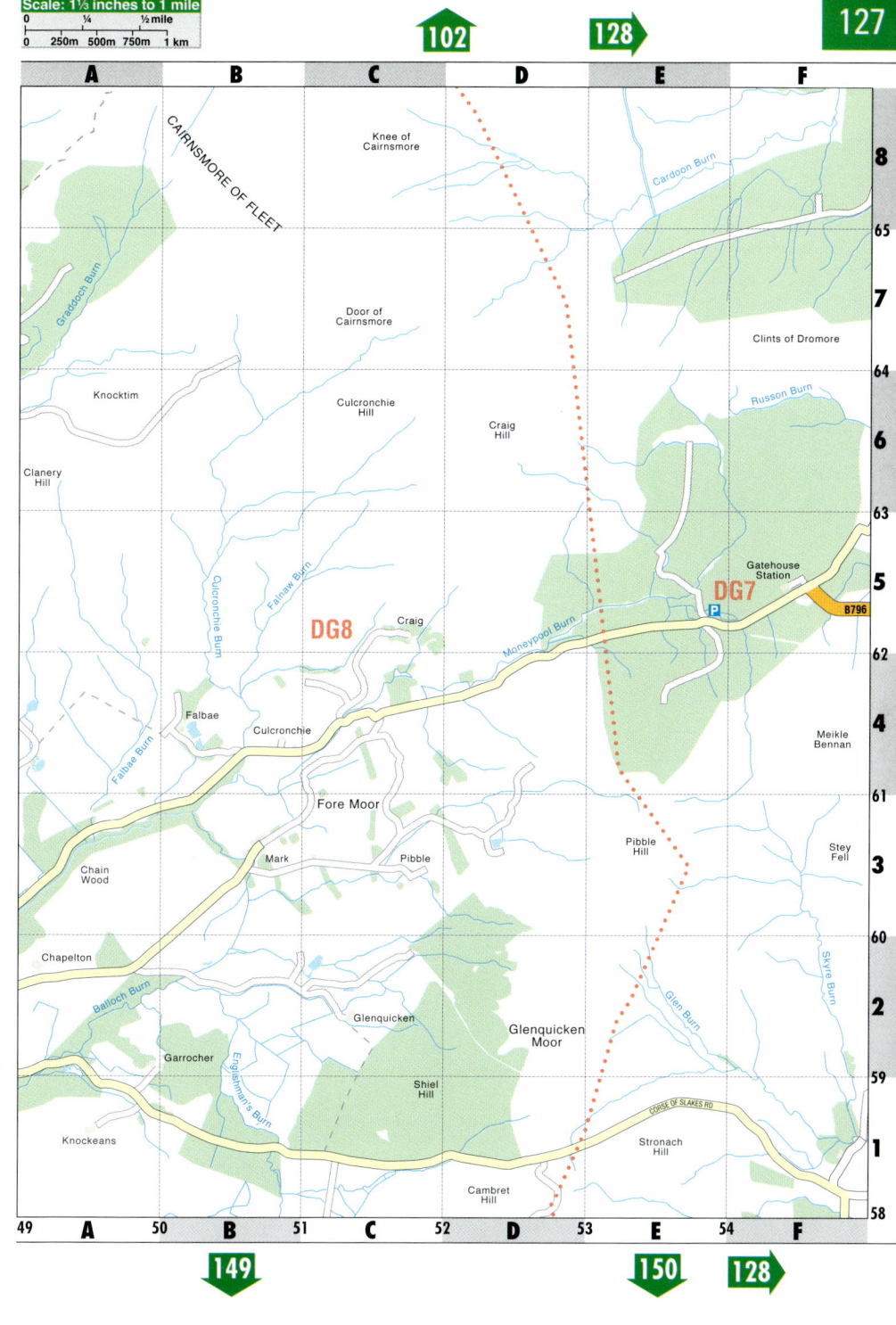

0 ¼ ½ mile
0 250m 500m 750m 1 km
102
128
A B C D E F
8 65 7 64 6 63 5 62 4 61 3 60 2 59 1 58
49 50 51 52 53 54
CAIRNSMORE OF FLEET
Knee of Cairnsmore
Cardoon Burn
Graddoch Burn
Door of Cairnsmore
Clints of Dromore
Knocktim
Culcronchie Hill
Russon Burn
Craig Hill
Clanery Hill
Gatehouse Station
DG7
B796
Culcronchie Burn
Falnaw Burn
DG8
Craig
Moneypool Burn
Falbae
Culcronchie
Falbae Burn
Meikle Bennan
Fore Moor
Pibble Hill
Stey Fell
Mark
Pibble
Chain Wood
Chapelton
Skyre Burn
Balloch Burn
Glen Burn
Glenquicken
Glenquicken Moor
Garrocher
Englishman's Burn
Shiel Hill
CORSE OF SLAKES RD
Knockeans
Stronach Hill
Cambret Hill
149
150
128

127
103

Scale: 1⅓ inches to 1 mile

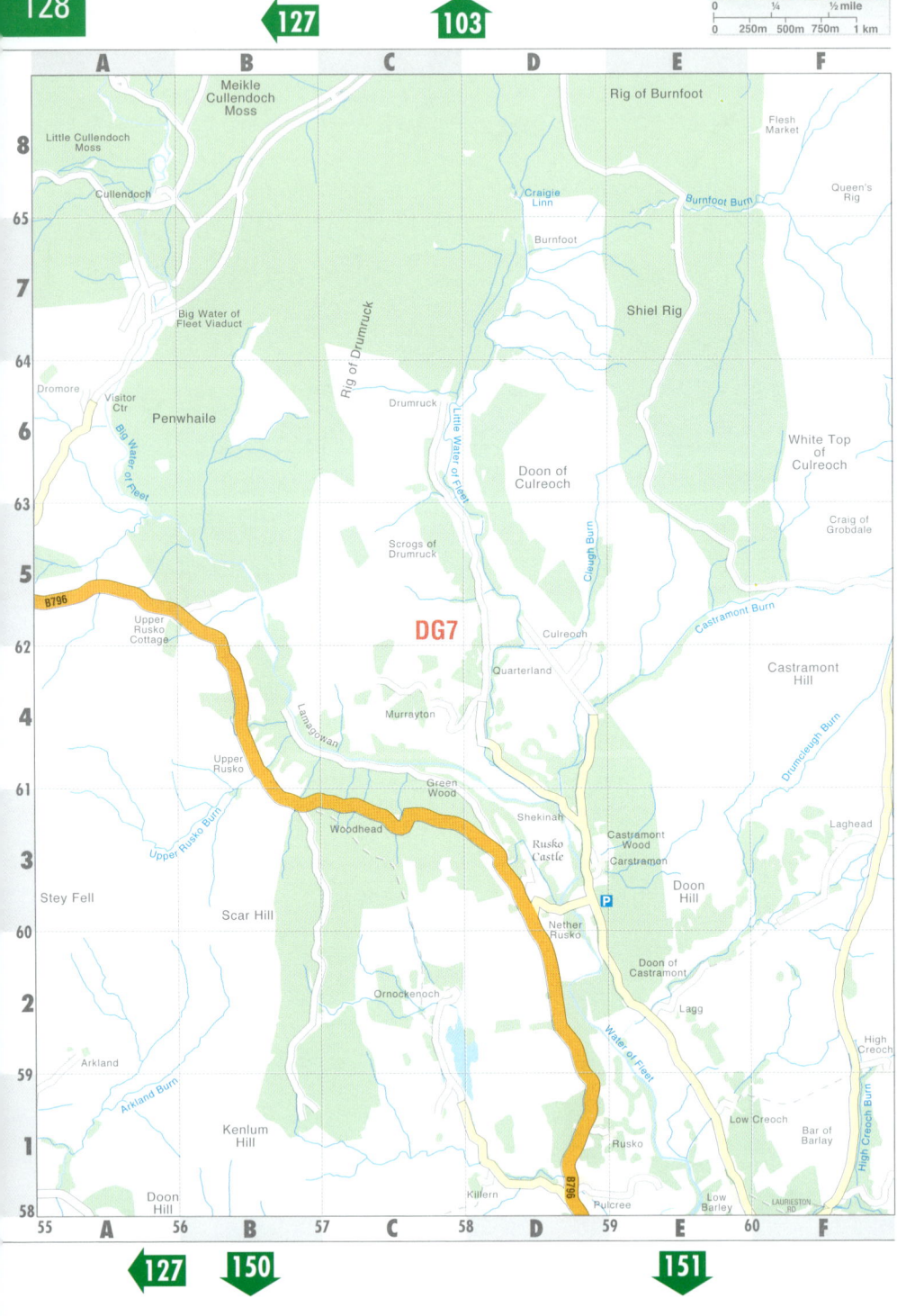
A
B
C
D
E
F
Meikle Cullendoch Moss
Rig of Burnfoot
Flesh Market
Little Cullendoch Moss
Queen's Rig
Cullendoch
Craigie Linn
Burnfoot Burn
Burnfoot
Big Water of Fleet Viaduct
Rig of Drumruck
Shiel Rig
Dromore
Visitor Ctr
Drumruck
Penwhaile
Little Water of Fleet
White Top of Culreoch
Big Water of Fleet
Doon of Culreoch
Craig of Grobdale
Cleugh Burn
Scrogs of Drumruck
B796
Castramont Burn
Upper Rusko Cottage
DG7
Culreoch
Castramont Hill
Quarterland
Lamagowan
Murrayton
Drumcleugh Burn
Upper Rusko
Green Wood
Shekinah
Laghead
Castramont Wood
Rusko Castle
Woodhead
Upper Rusko Burn
Carstramon
Stey Fell
P
Doon Hill
Scar Hill
Nether Rusko
Doon of Castramont
Ornockenoch
Lagg
Water of Fleet
High Creoch
Arkland
Arkland Burn
Low Creoch
Bar of Barlay
Kenlum Hill
Rusko
High Creoch Burn
Doon Hill
Killern
Pulcree
Low Barley
LAURIESTON RD
55
56
57
58
59
60
8
65
7
64
6
63
5
62
4
61
3
60
2
59
1
58

127
150
151

104
130

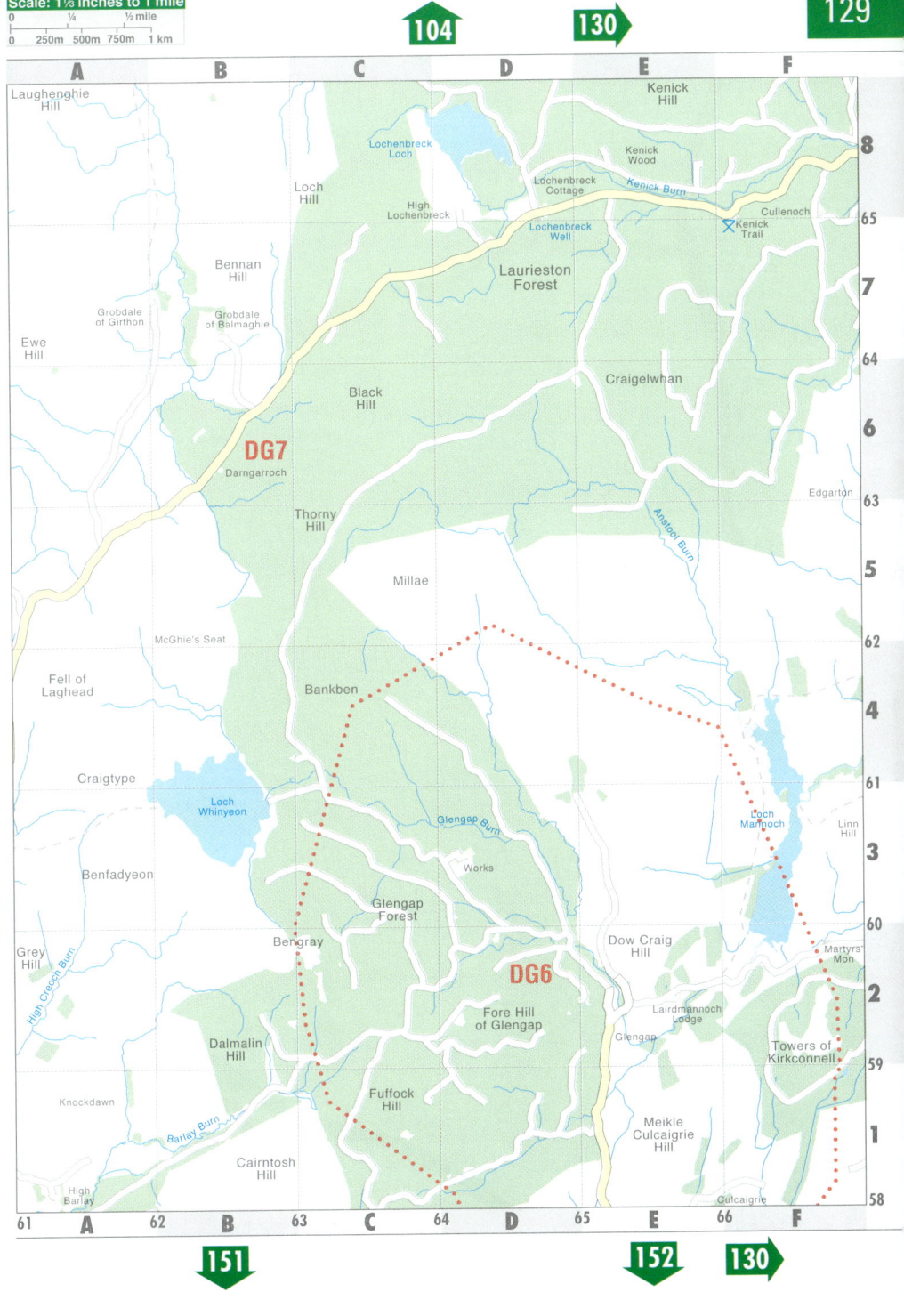
Scale: 1⅓ inches to 1 mile
0 ¼ ½ mile
0 250m 500m 750m 1 km
A B C D E F
Laughenghie Hill
Lochenbreck Loch
Kenick Hill
Kenick Wood
Lochenbreck Cottage
Kenick Burn
Loch Hill
High Lochenbreck
Lochenbreck Well
Cullenoch
Kenick Trail
Bennan Hill
Laurieston Forest
Grobdale of Girthon
Grobdale of Balmaghie
Ewe Hill
Craigelwhan
Black Hill
DG7
Darngarroch
Thorny Hill
Edgarton
Anstool Burn
Millae
McGhie's Seat
Fell of Laghead
Bankben
Craigtype
Loch Whinyeon
Loch Mannoch
Linn Hill
Glengap Burn
Works
Benfadyeon
Glengap Forest
Dow Craig Hill
Grey Hill
Bengray
Martyrs' Mon
DG6
High Creoch Burn
Fore Hill of Glengap
Lairdmannoch Lodge
Glengap
Dalmalin Hill
Towers of Kirkconnell
Knockdawn
Fuffock Hill
Meikle Culcaigrie Hill
Barlay Burn
Cairntosh Hill
High Barlay
Culcaigrie
8
65
7
64
6
63
5
62
4
61
3
60
2
59
1
58
61 A 62 B 63 C 64 D 65 E 66 F

151
152
130

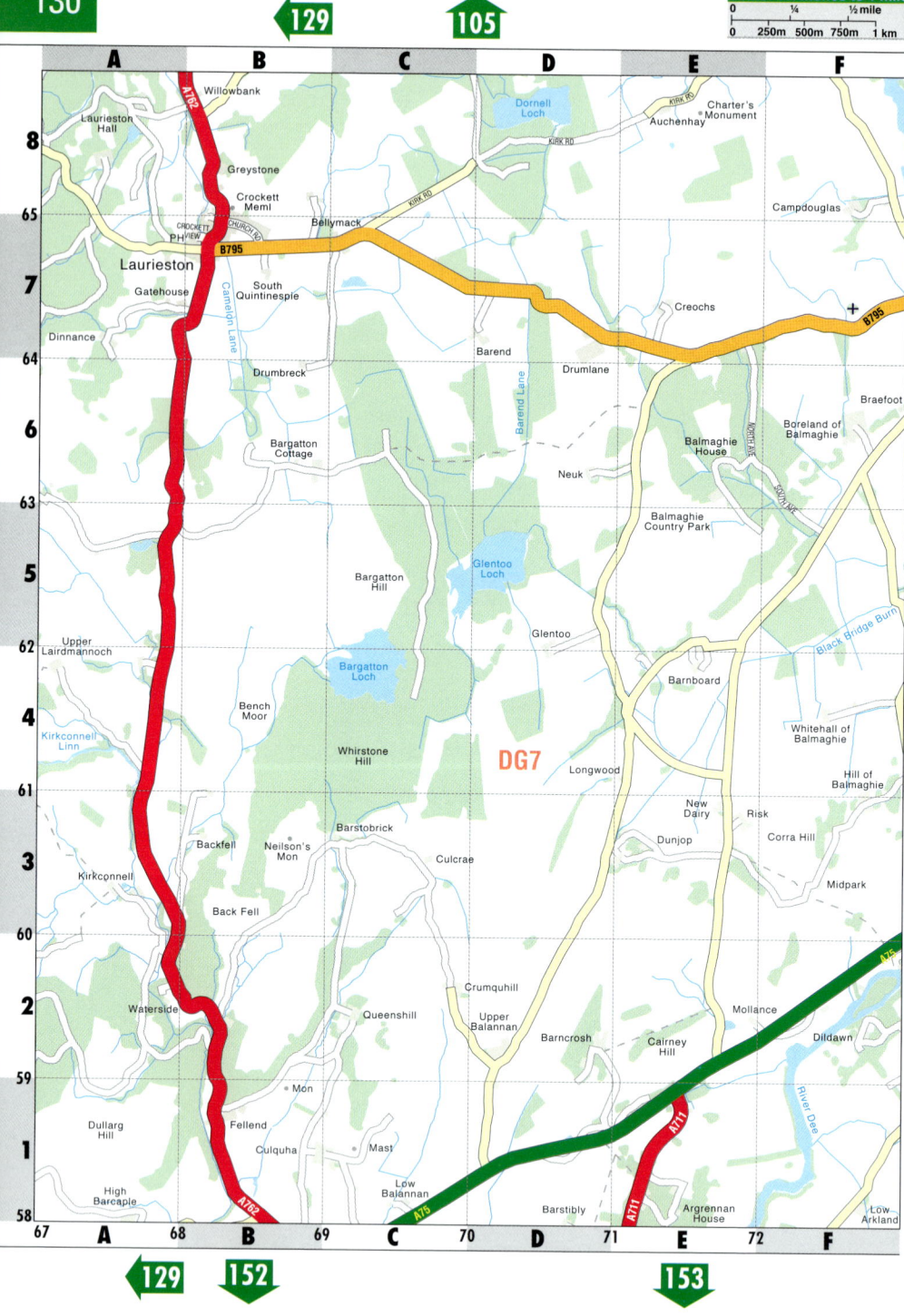

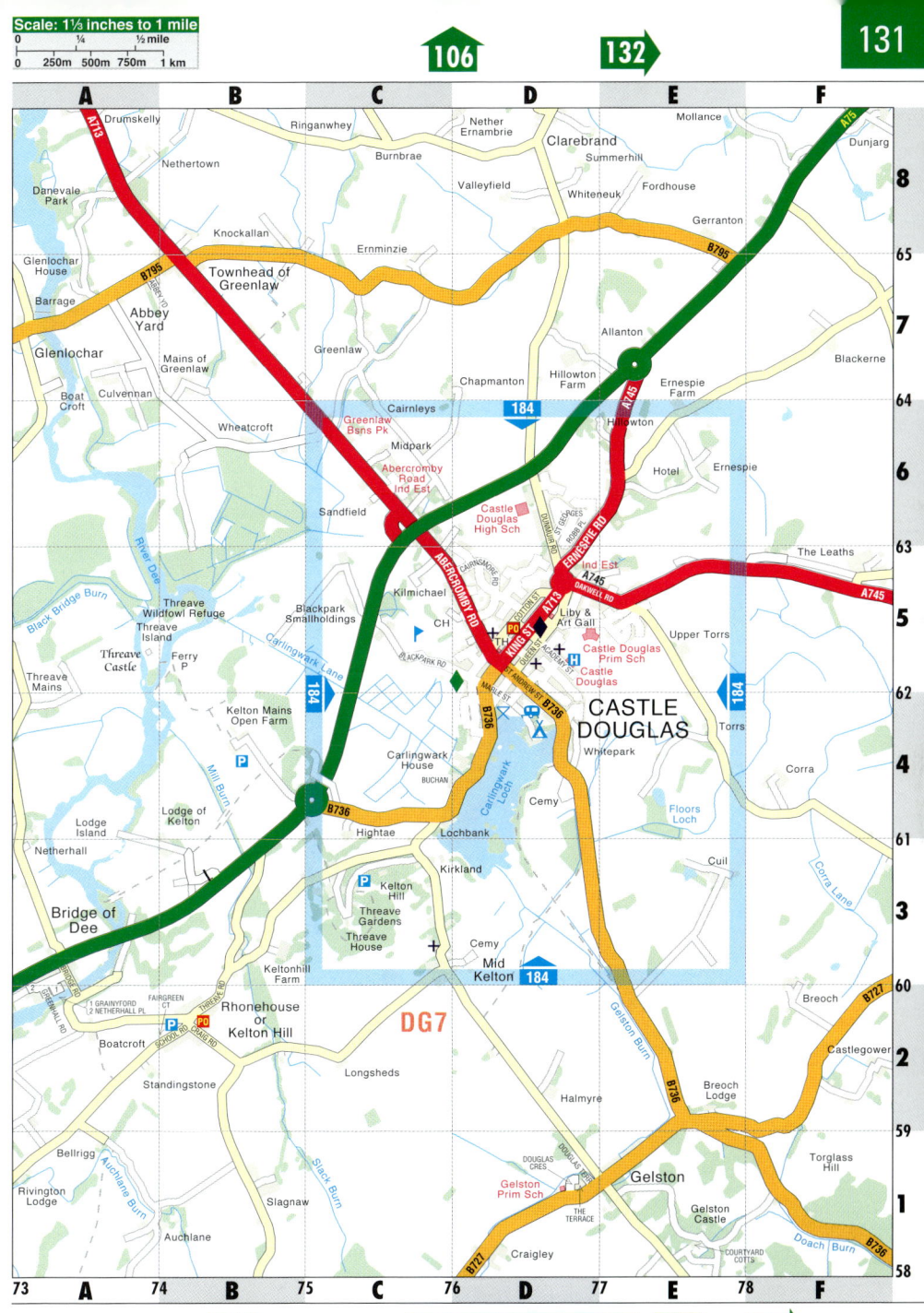

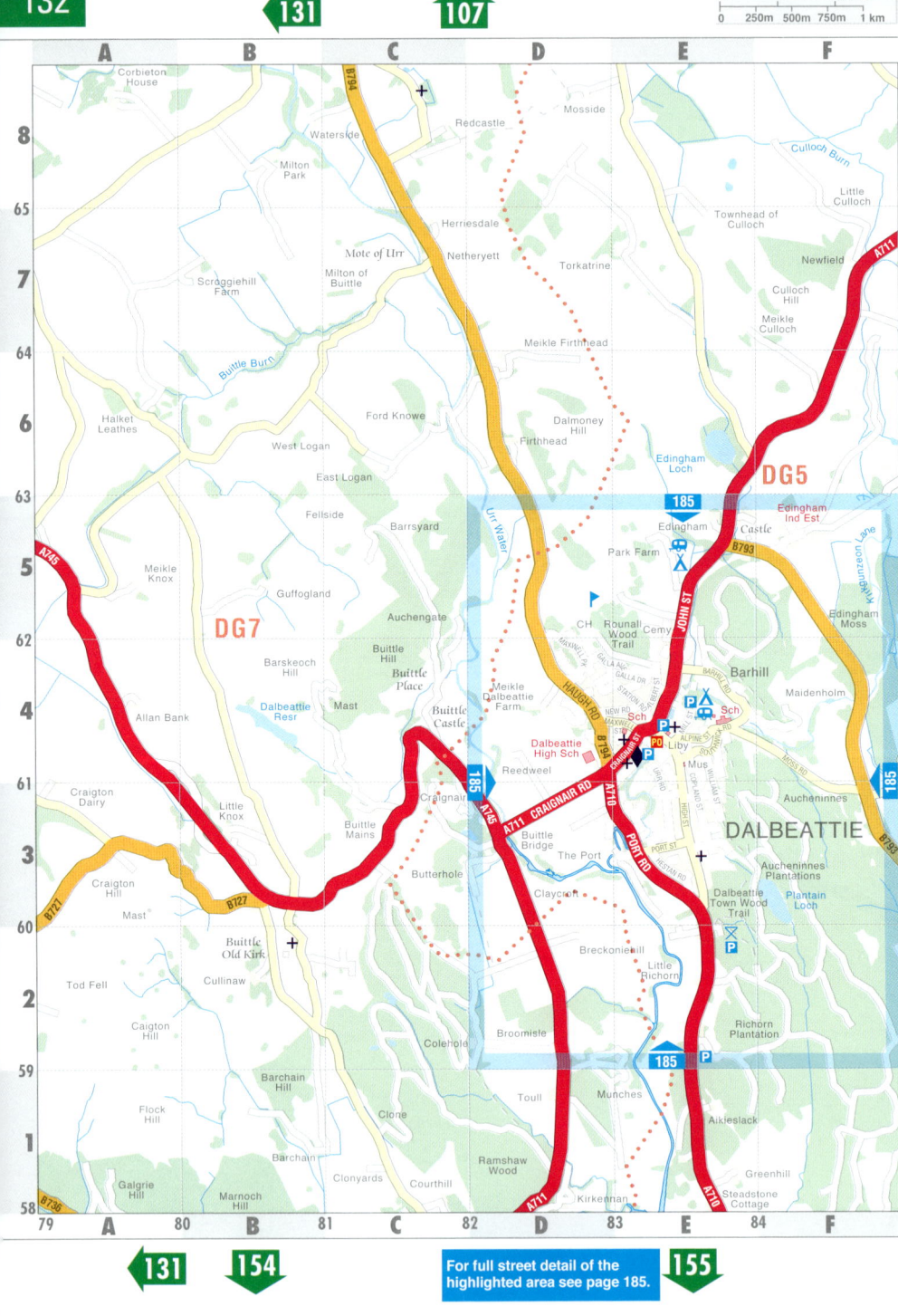

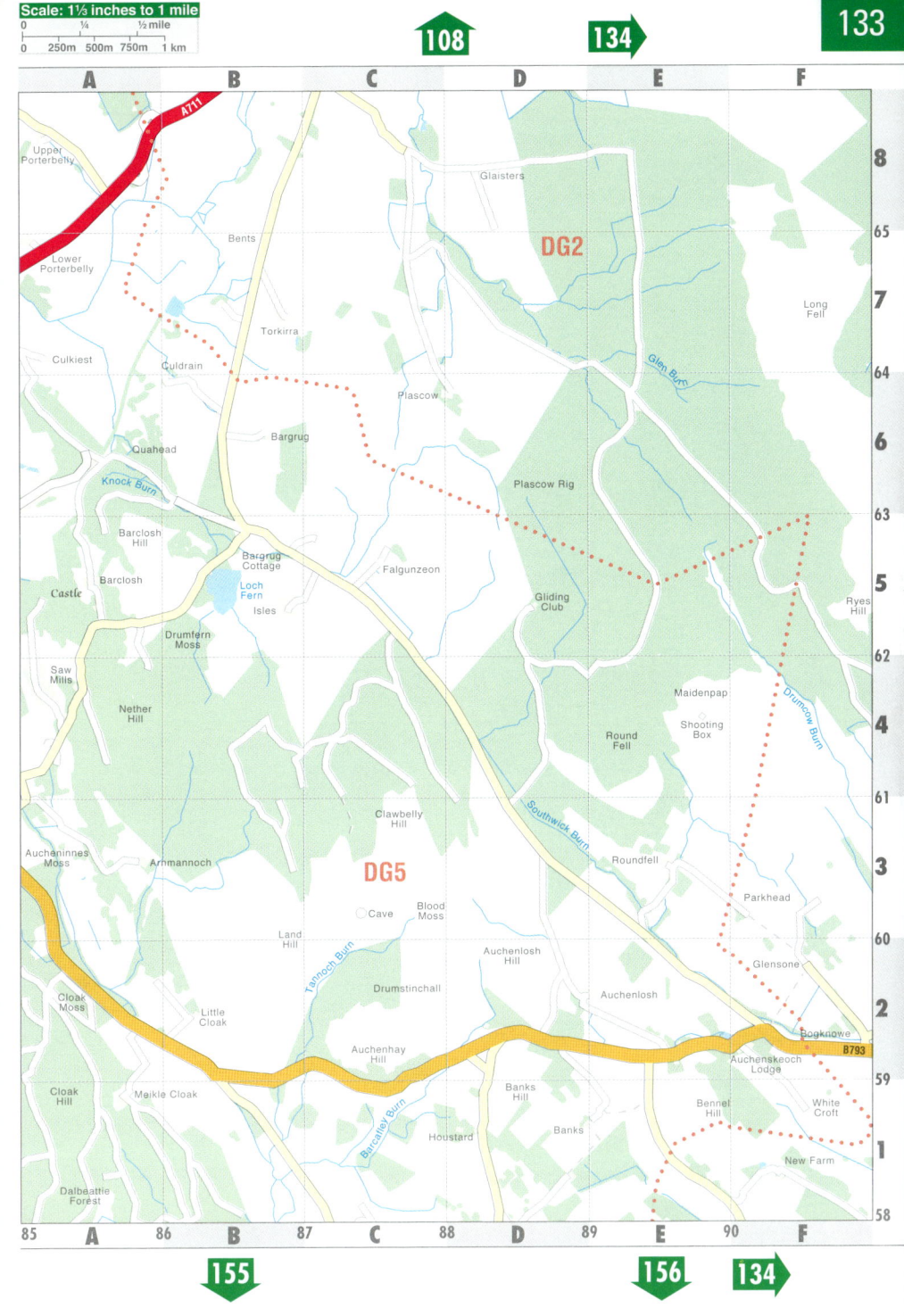

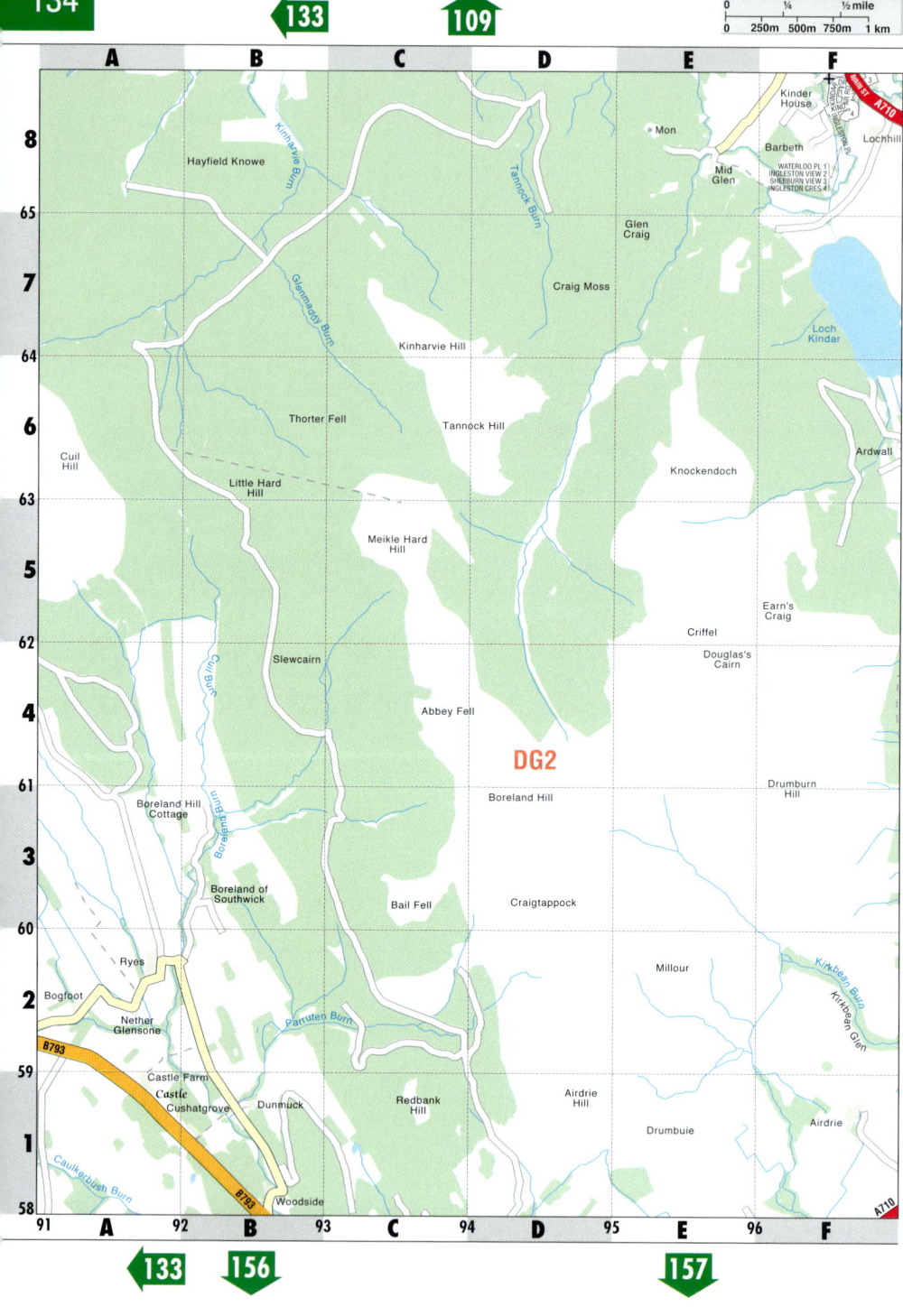

Scale: 1⅓ inches to 1 mile

112
138

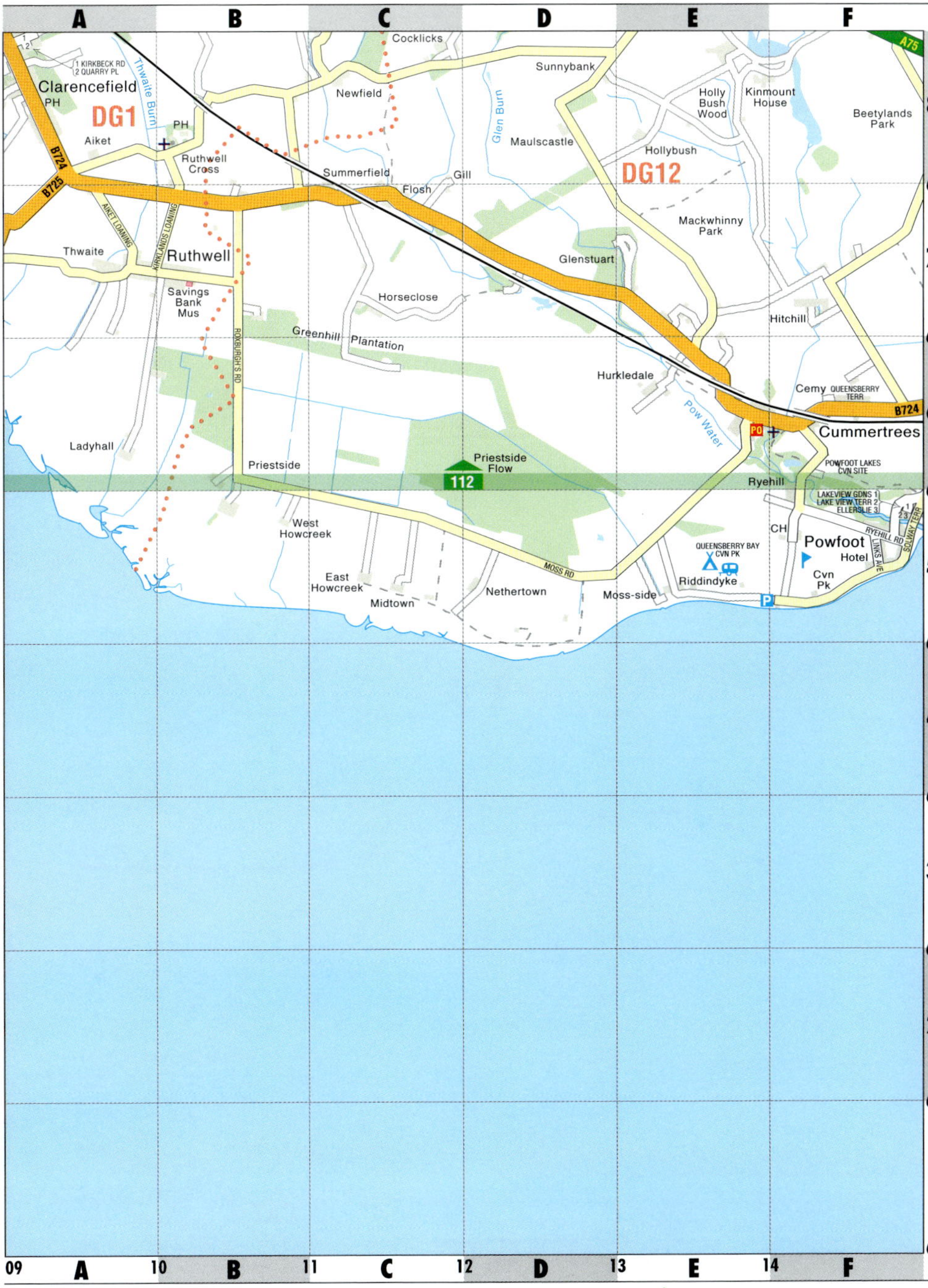
0 ¼ ½ mile
0 250m 500m 750m 1 km
A B C D E F
Clarencefield
PH
1 KIRKBECK RD
2 QUARRY PL
Thwaite Burn
DG1
PH
Aiket
Ruthwell Cross
B724
B725
Cocklicks
Newfield
Summerfield
Flosh
Gill
Sunnybank
Glen Burn
Maulscastle
Holly Bush Wood
Kinmount House
Beetylands Park
A75
Hollybush
DG12
Mackwhinny Park
Glenstuart
Thwaite
AIKET LOANING
KIRKLANDS LOANING
Ruthwell
Savings Bank Mus
Horseclose
Greenhill Plantation
ROXBURGH'S RD
Hitchill
Hurkledale
Pow Water
Cemy
QUEENSBERRY TERR
B724
Cummertrees
PO
Ladyhall
Priestside
Priestside Flow
112
Ryehill
POWFOOT LAKES CVN SITE
LAKEVIEW GDNS 1
LAKE VIEW TERR 2
ELLERSLIE 3
West Howcreek
CH
RYEHILL RD
LINKS AVE
SOLWAY TERR
Powfoot
Hotel
QUEENSBERRY BAY CVN PK
Riddindyke
Cvn Pk
MOSS RD
East Howcreek
Midtown
Nethertown
Moss-side
P
8
68
7
67
6
66
5
65
4
64
3
63
2
62
1
61
09
10
11
12
13
14

138

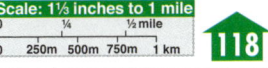

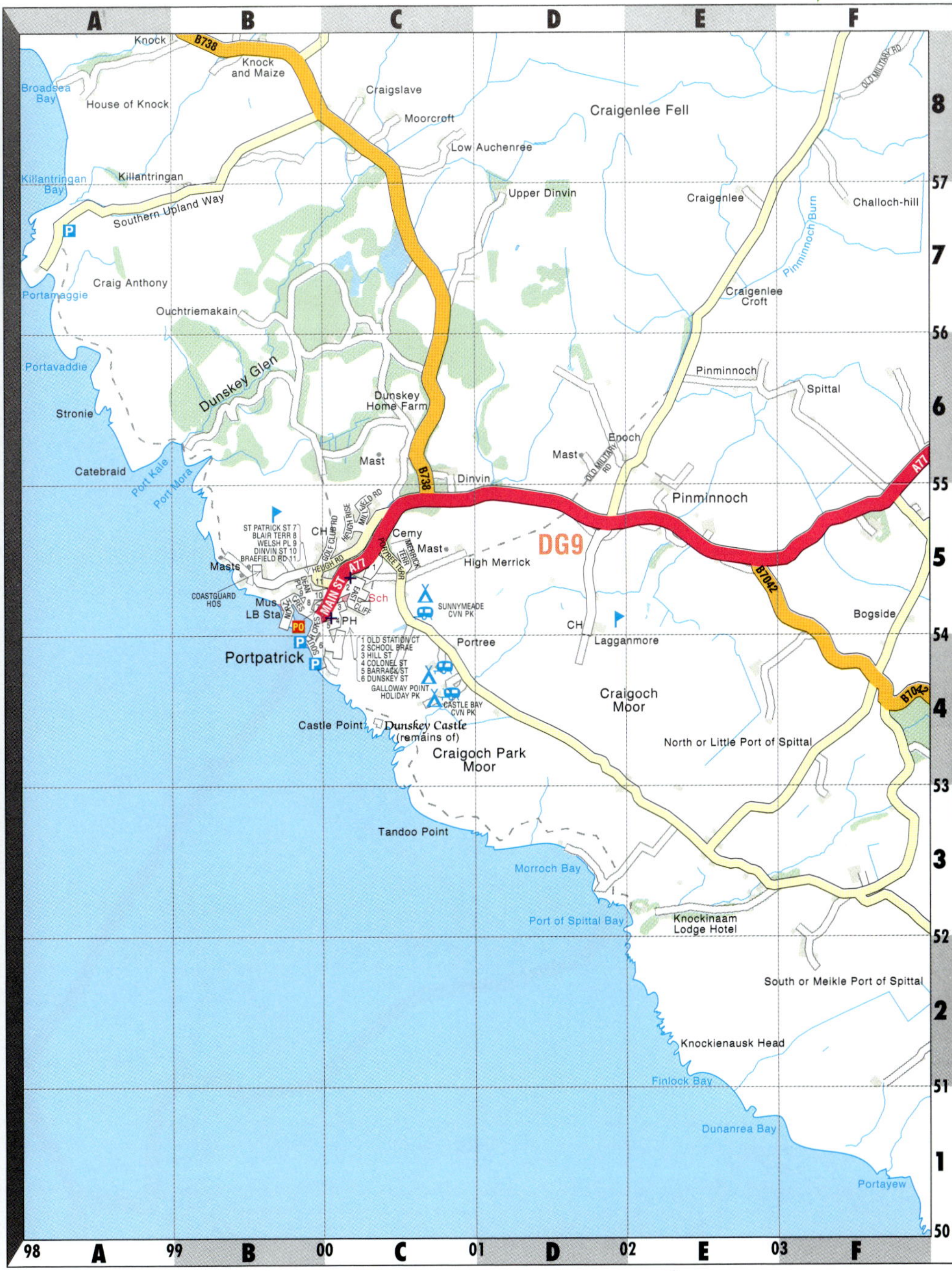

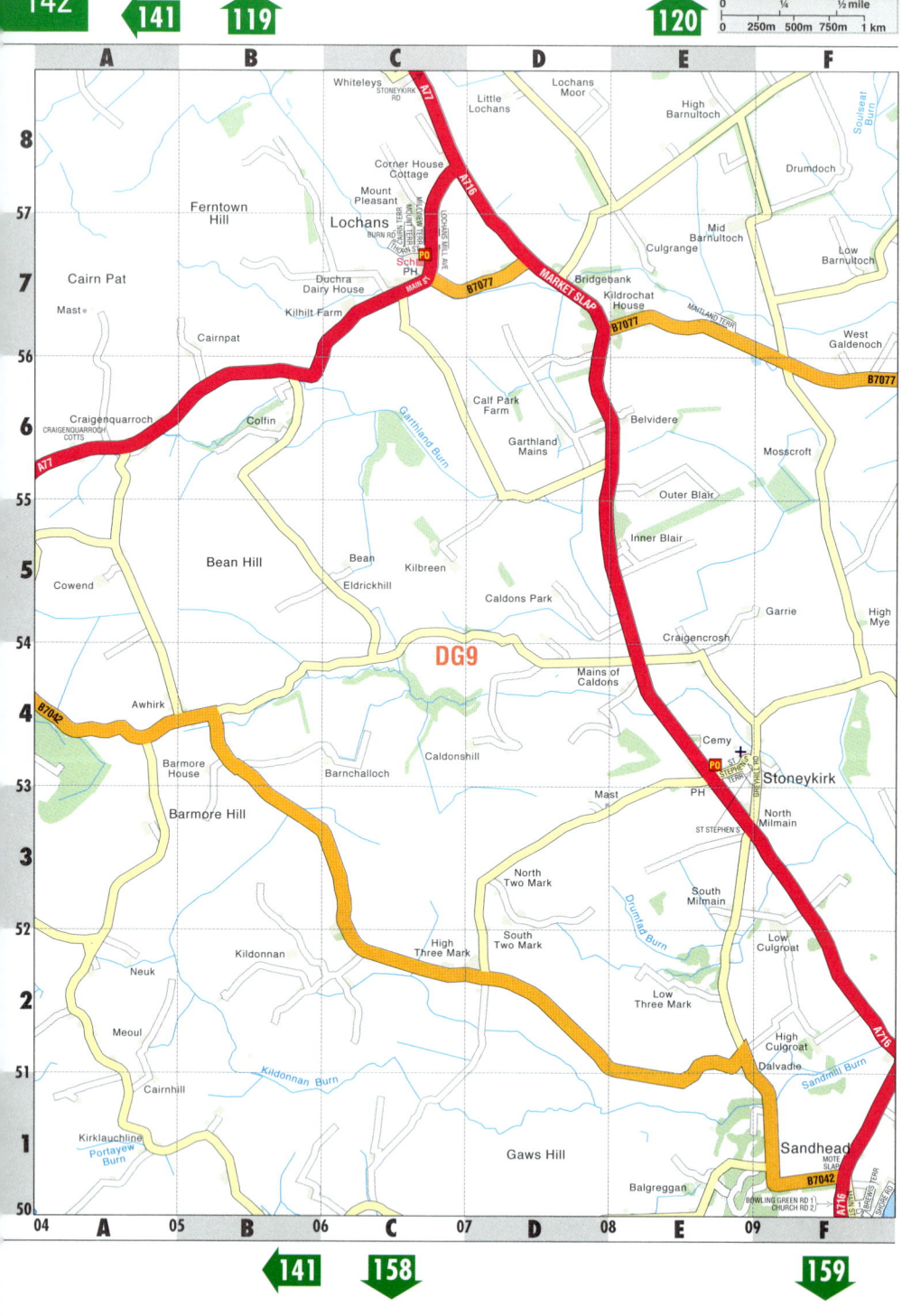

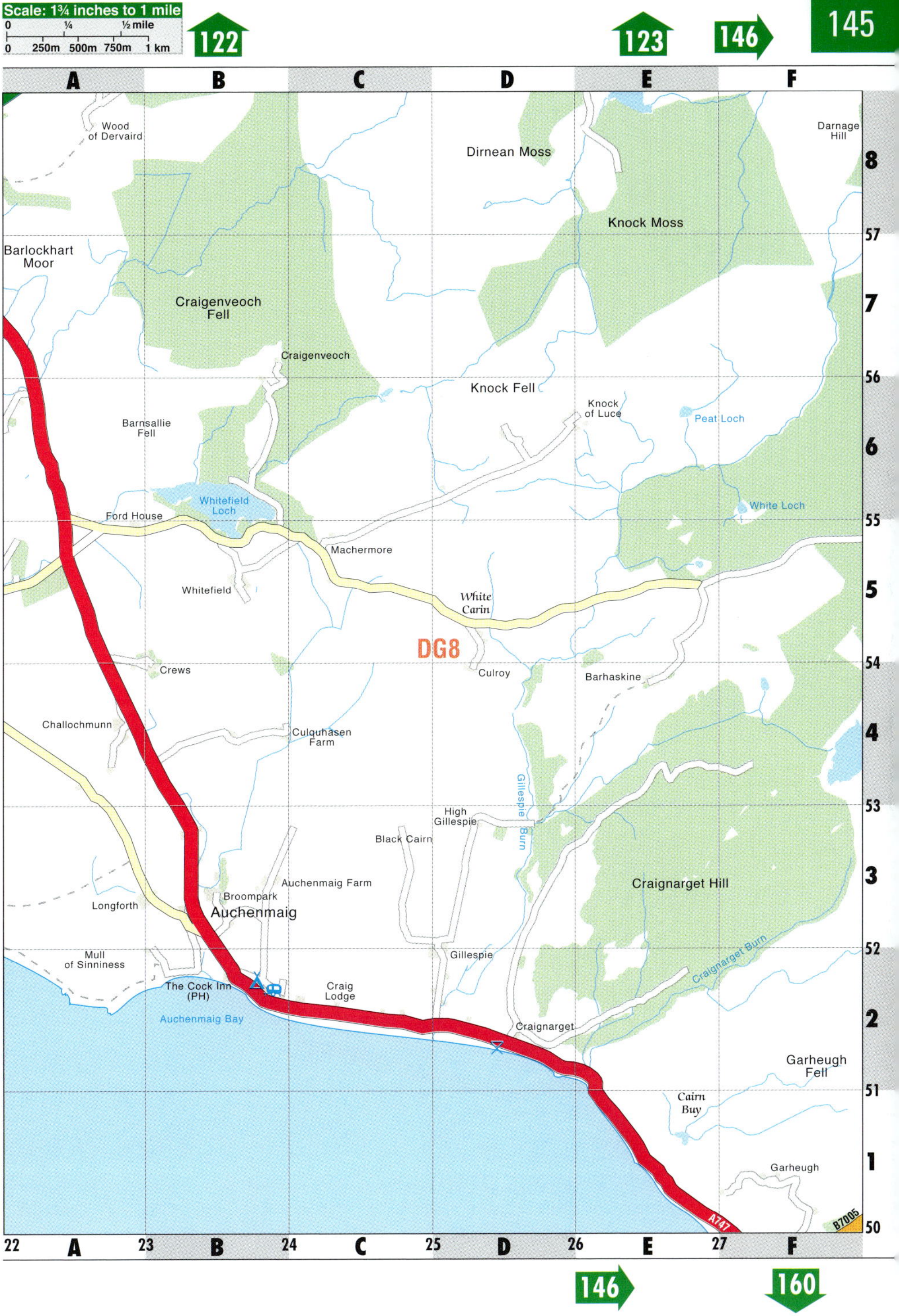
Scale: 1¾ inches to 1 mile
0 ¼ ½ mile
0 250m 500m 750m 1 km
122
123
146
A B C D E F
Wood of Dervaird
Dirnean Moss
Darnage Hill
Knock Moss
Barlockhart Moor
Craigenveoch Fell
Craigenveoch
Knock Fell
Knock of Luce
Peat Loch
Barnsallie Fell
Whitefield Loch
White Loch
Ford House
Machermore
Whitefield
White Carin
DG8
Crews
Culroy
Barhaskine
Challochmunn
Culquhasen Farm
Gillespie Burn
High Gillespie
Black Cairn
Auchenmaig Farm
Craignarget Hill
Broompark
Longforth
Auchenmaig
Gillespie
Mull of Sinniness
Craignarget Burn
The Cock Inn (PH)
Craig Lodge
Auchenmaig Bay
Craignarget
Garheugh Fell
Cairn Buy
Garheugh
A747
B7005
8 57 7 56 6 55 5 54 4 53 3 52 2 51 1 50
22 23 24 25 26 27
146
160

145
123
124
Scale: 1⅓ inches to 1 mile

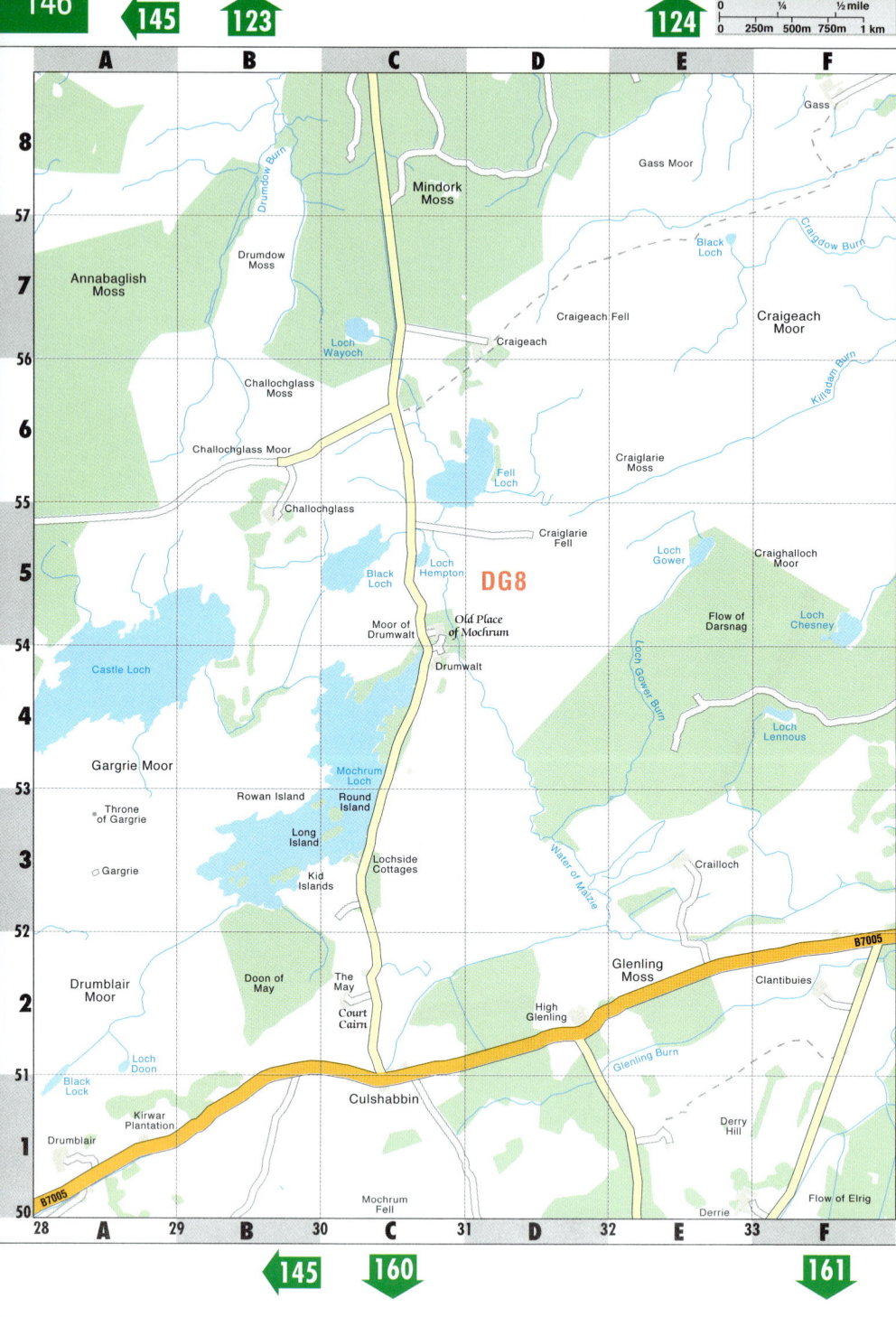

0 ¼ ½ mile
0 250m 500m 750m 1 km
A B C D E F
8 57 7 56 6 55 5 54 4 53 3 52 2 51 1 50
28 29 30 31 32 33
Gass
Gass Moor
Mindork Moss
Drumdow Burn
Drumdow Moss
Annabaglish Moss
Black Loch
Craigdow Burn
Craigeach Fell
Craigeach Moor
Loch Wayoch
Craigeach
Killadam Burn
Challochglass Moss
Challochglass Moor
Fell Loch
Craiglarie Moss
Challochglass
Craiglarie Fell
Loch Gower
Craighalloch Moor
Black Loch
Loch Hempton
DG8
Flow of Darsnag
Loch Chesney
Moor of Drumwalt
Old Place of Mochrum
Castle Loch
Drumwalt
Loch Gower Burn
Loch Lennous
Gargrie Moor
Mochrum Loch
Rowan Island
Round Island
Throne of Gargrie
Long Island
Water of Malzie
Lochside Cottages
Crailloch
Gargrie
Kid Islands
B7005
Glenling Moss
Drumblair Moor
Doon of May
The May
Clantibuies
Court Cairn
High Glenling
Loch Doon
Glenling Burn
Black Lock
Culshabbin
Kirwar Plantation
Derry Hill
Drumblair
B7005
Mochrum Fell
Flow of Elrig
Derrie

145
160
161

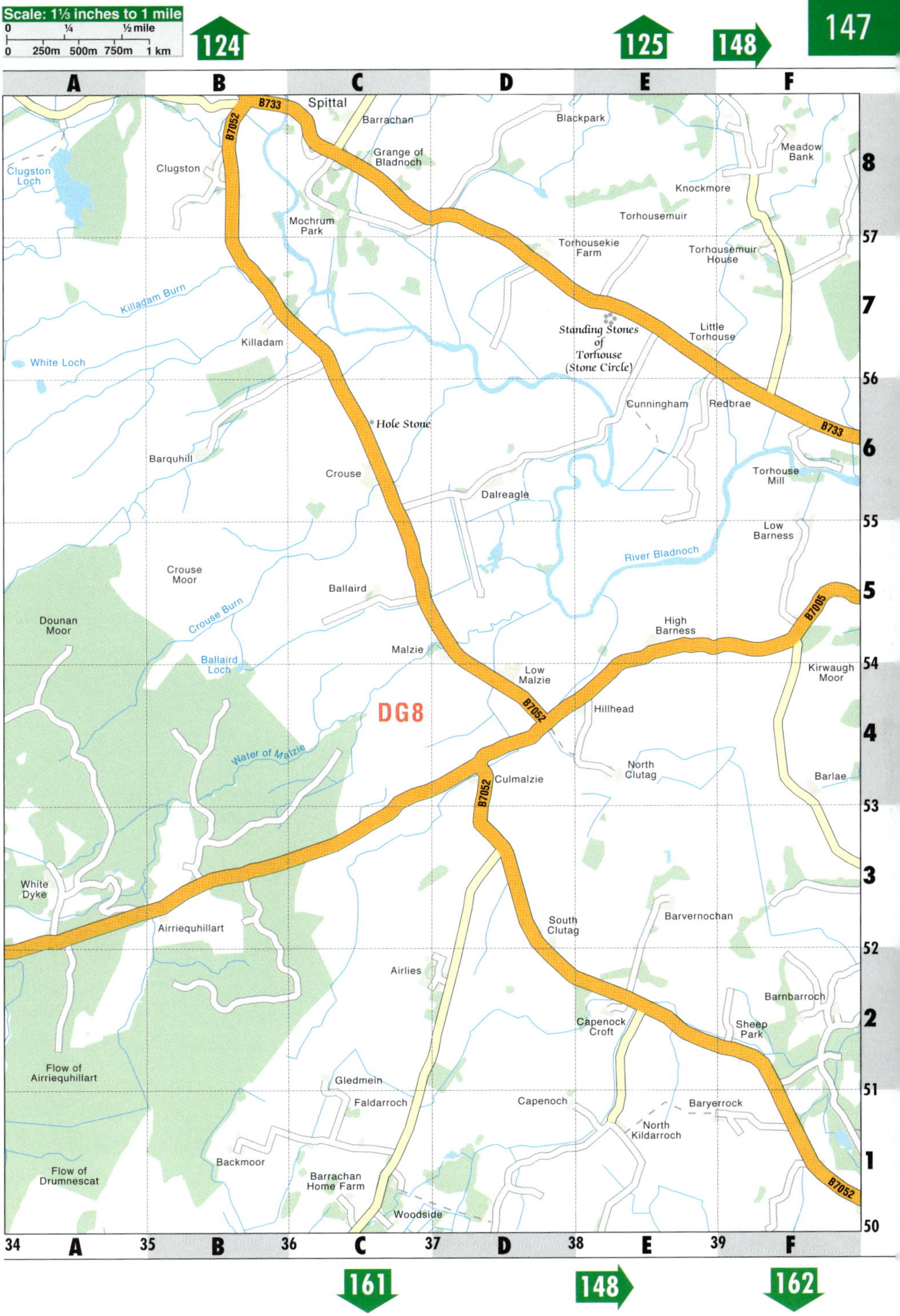
Scale: 1⅓ inches to 1 mile
0
¼
½ mile
0
250m
500m
750m
1 km
124
125
148
A
B
C
D
E
F
Spittal
B733
B7052
Barrachan
Blackpark
Grange of Bladnoch
Meadow Bank
Clugston Loch
Clugston
Knockmore
Mochrum Park
Torhousemuir
Torhousekie Farm
Torhousemuir House
Killadam Burn
Standing Stones of Torhouse (Stone Circle)
Little Torhouse
Killadam
White Loch
Cunningham
Redbrae
Hole Stone
Barquhill
Crouse
Torhouse Mill
Dalreagle
Low Barness
River Bladnoch
Crouse Moor
Ballaird
B7005
High Barness
Dounan Moor
Crouse Burn
Ballaird Loch
Malzie
Low Malzie
Kirwaugh Moor
DG8
Hillhead
Water of Malzie
North Clutag
Culmalzie
Barlae
White Dyke
South Clutag
Barvernochan
Airriequhillart
Airlies
Barnbarroch
Capenock Croft
Sheep Park
Flow of Airriequhillart
Gledmein
Faldarroch
Capenoch
Baryerrock
North Kildarroch
Flow of Drumnescat
Backmoor
Barrachan Home Farm
Woodside
8
57
7
56
6
55
5
54
4
53
3
52
2
51
1
50
34
35
36
37
38
39
161
148
162

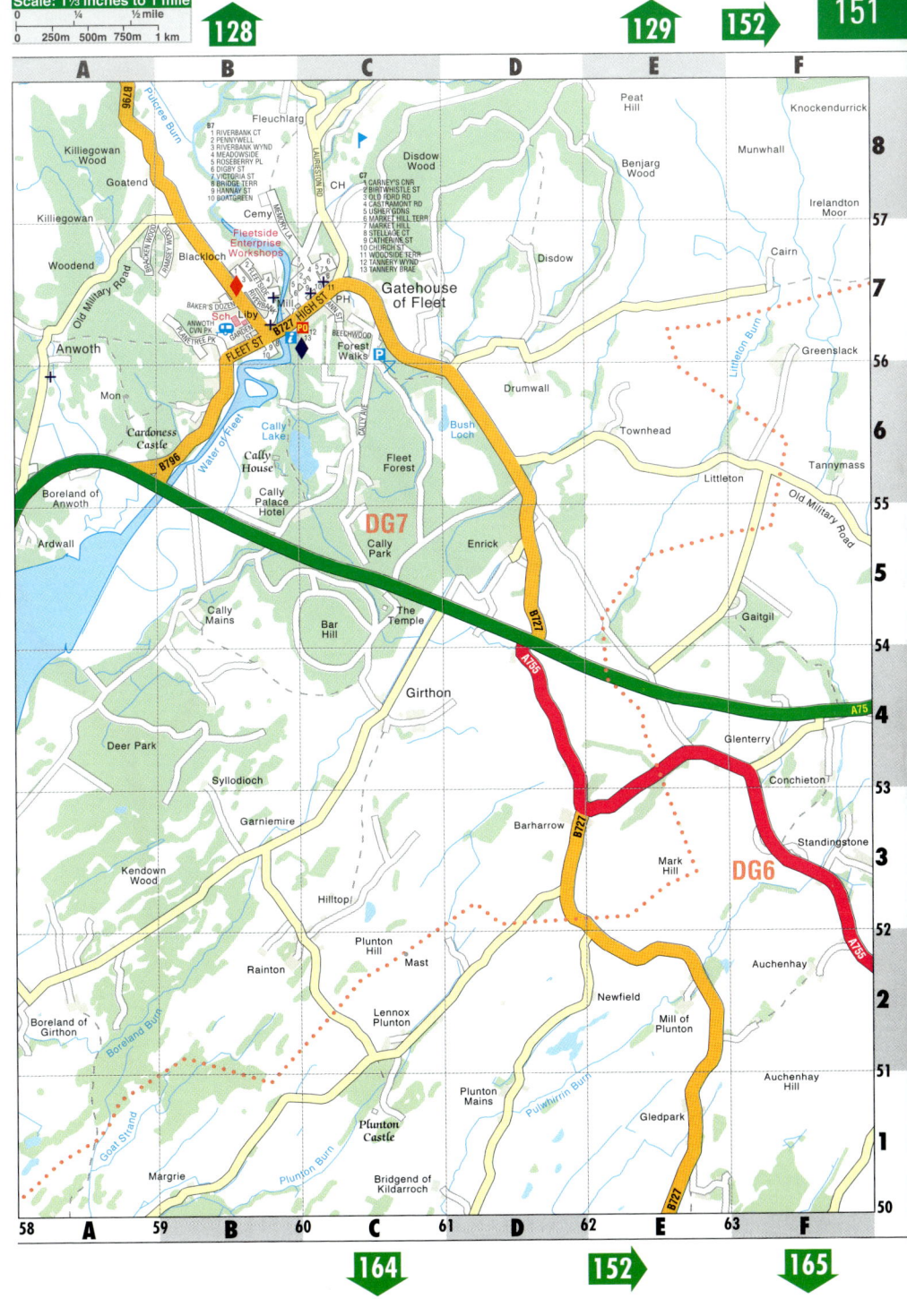

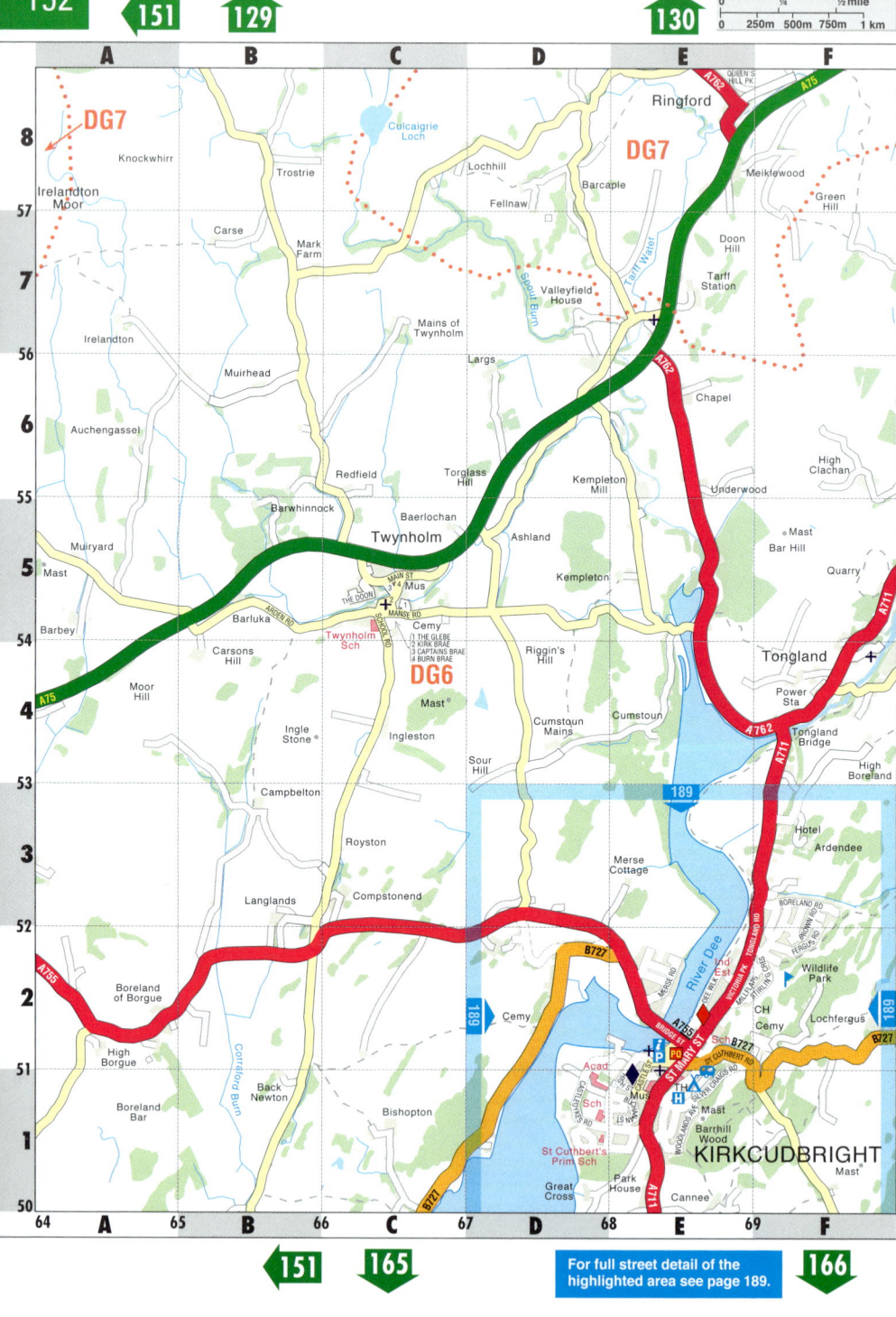

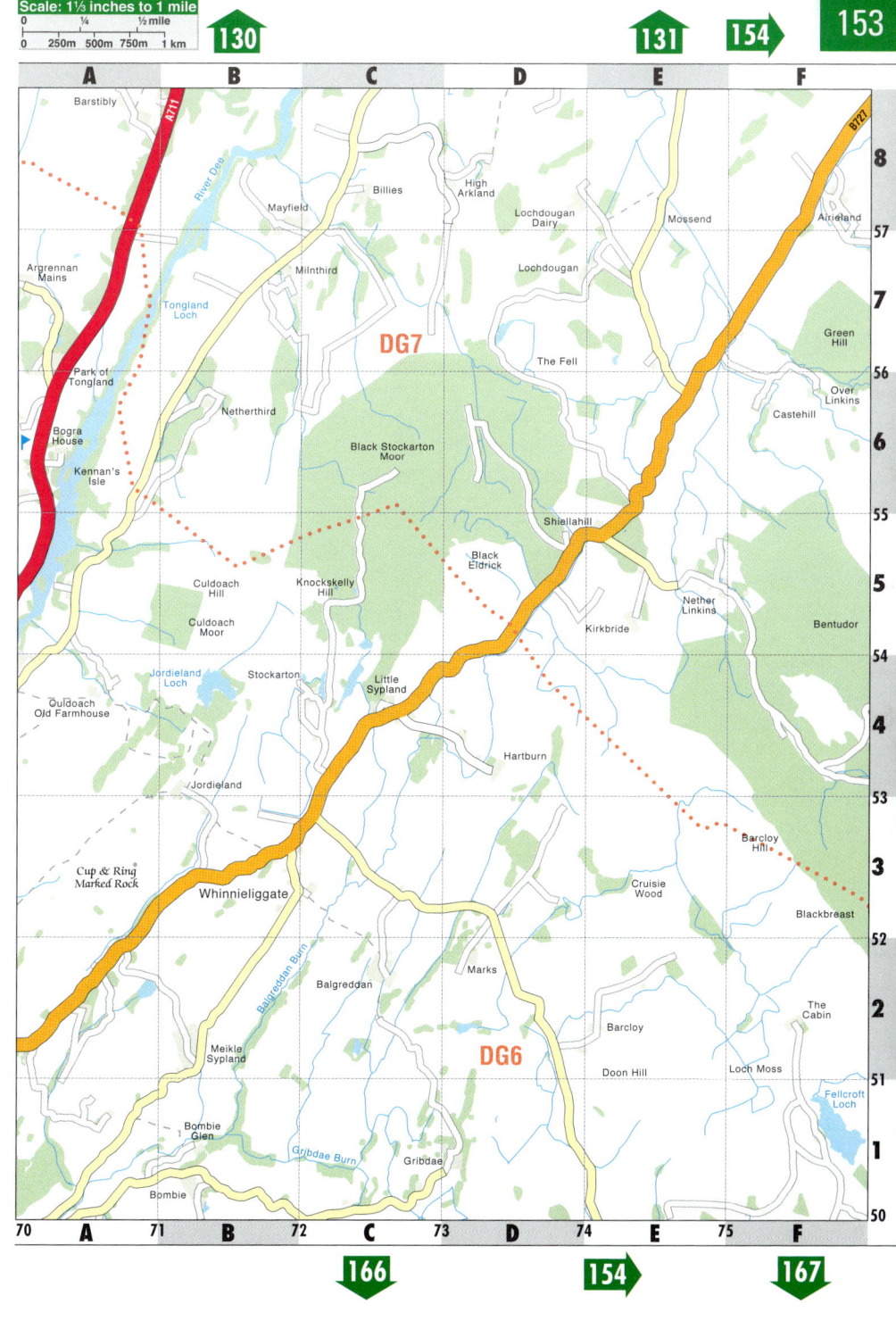

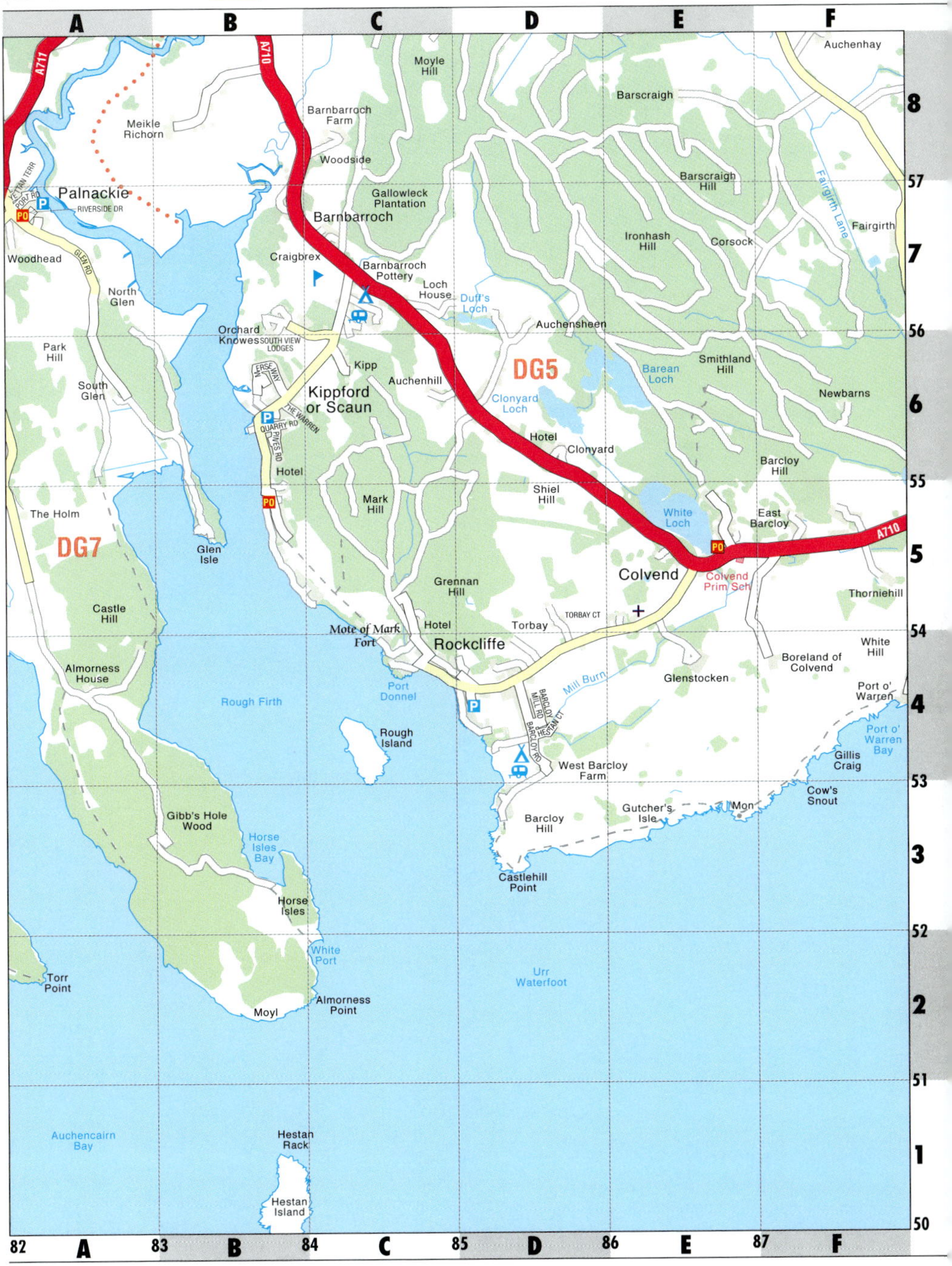
Scale: 1⅓ inches to 1 mile
0 ¼ ½ mile
0 250m 500m 750m 1 km
132
133
156
A B C D E F
8 57 7 56 6 55 5 54 4 53 3 52 2 51 1 50
82 83 84 85 86 87
A711
A710
Moyle Hill
Auchenhay
Barscraigh
Meikle Richorn
Barnbarroch Farm
Woodside
Barscraigh Hill
Fairgirth Lane
Gallowleck Plantation
Palnackie
RIVERSIDE DR
PORT RD
Barnbarroch
Ironhash Hill
Corsock
Fairgirth
Woodhead
GLEN RD
Craigbrex
Barnbarroch Pottery
Loch House
Duff's Loch
North Glen
Auchensheen
Orchard Knowes
SOUTH VIEW LODGES
Park Hill
Kipp
DG5
Barean Loch
Smithland Hill
Auchenhill
South Glen
Kippford or Scaun
Clonyard Loch
Newbarns
THE WARREN
QUARRY RD
Hotel
Clonyard
PIVES RD
Hotel
Barcloy Hill
Shiel Hill
Mark Hill
The Holm
White Loch
East Barcloy
DG7
Glen Isle
A710
Colvend
Colvend Prim Sch
Grennan Hill
Thorniehill
Castle Hill
Hotel
Torbay
TORBAY CT
Mote of Mark Fort
Rockcliffe
White Hill
Boreland of Colvend
Almorness House
Glenstocken
Port Donnel
Mill Burn
Port o' Warren
Rough Firth
Rough Island
Port o' Warren Bay
Gillis Craig
West Barcloy Farm
Cow's Snout
Gutcher's Isle
Mon
Gibb's Hole Wood
Horse Isles Bay
Barcloy Hill
Castlehill Point
Horse Isles
White Port
Torr Point
Urr Waterfoot
Almorness Point
Moyl
Auchencairn Bay
Hestan Rack
Hestan Island

Scale: 1⅓ inches to 1 mile

134

135

A
B
C
D
E
F
Ladyland
A710
Kells Burn
Redbank
Prestonmill
Prestonmill Burn
Newmains
Canabony
McCulloch's Castle
Arbigland
Kells
Torrorie
John Paul Jones Cottage
Mainsriddle
Maxwellfield
Thirl Stane
Wreaths Tower (remains of)
DG2
East Preston
Powillimount
P
Cowcorse
West Preston
Beck Burn
Loaningfoot
Caravan Park
Gillfoot
Gillfoot Bay
Preston Merse
CRIFFEL WAY
SANDYLA W
SANDY LA
ESWICK DR
CH
Southerness
Hotel
Southerness Point
OSWALD CRES
8
57
7
56
6
55
5
54
4
53
3
52
2
51
1
50
94
95
96
97
98
99

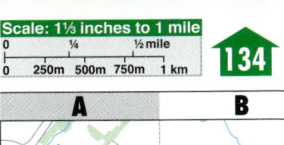

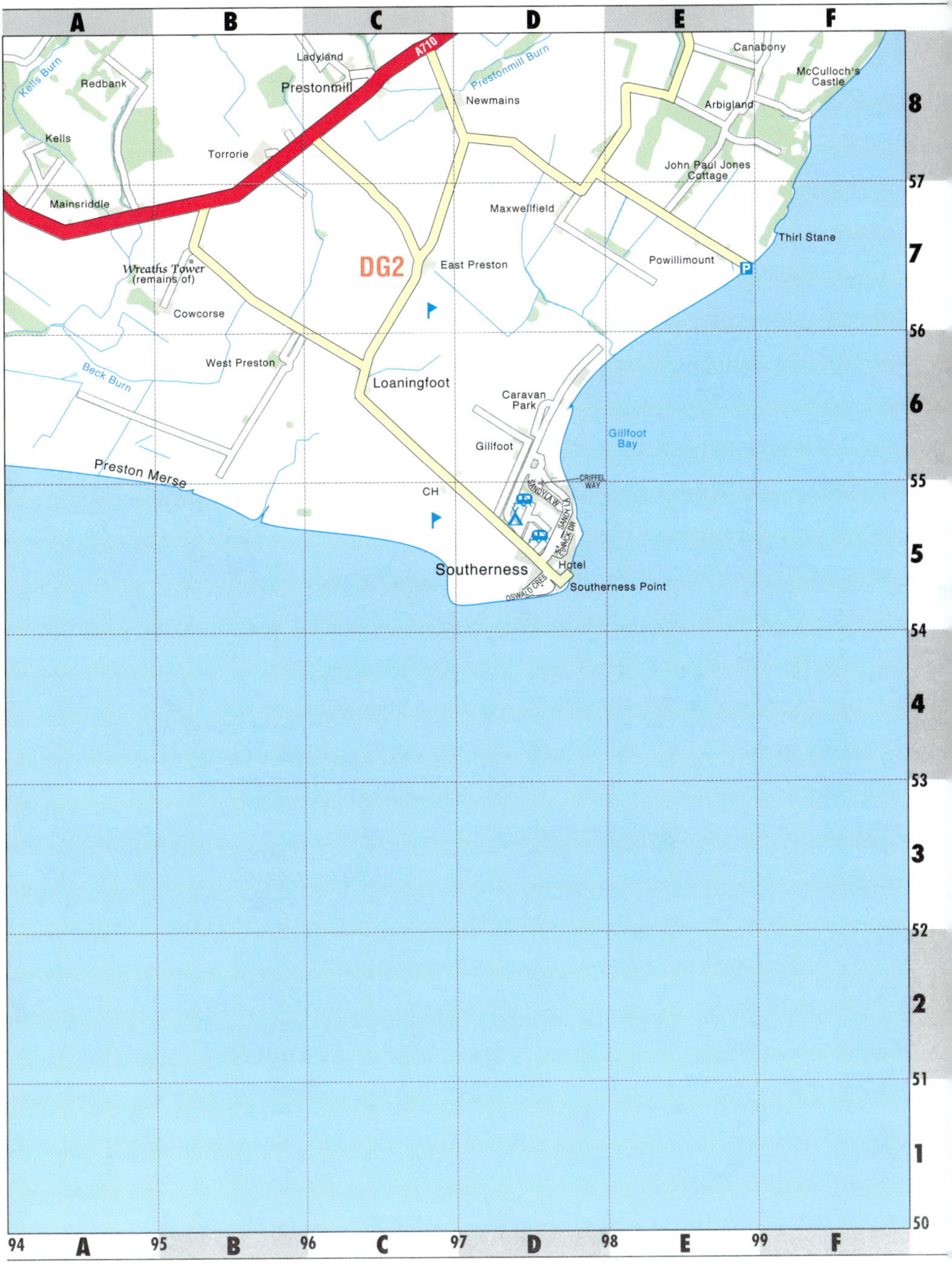

141
142

Scale: 1⅓ inches to 1 mile

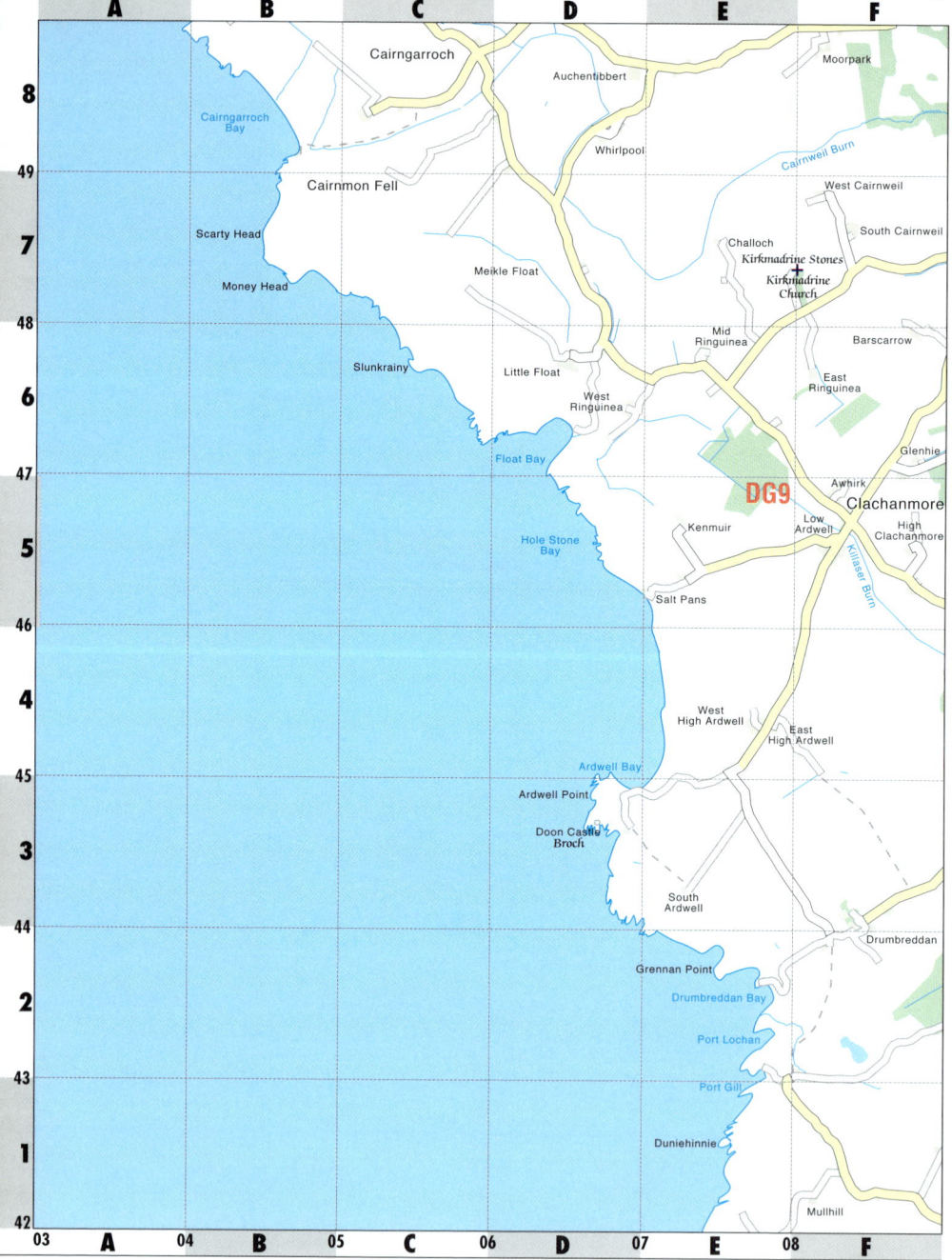
Cairngarroch
Auchentibbert
Moorpark
Cairngarroch Bay
Whirlpool
Cairnweil Burn
Cairnmon Fell
West Cairnweil
Scarty Head
South Cairnweil
Challoch
Kirkmadrine Stones
Kirkmadrine Church
Meikle Float
Money Head
Mid Ringuinea
Barscarrow
Slunkrainy
Little Float
East Ringuinea
West Ringuinea
Float Bay
Glenhie
Awhirk
DG9
Clachanmore
Low Ardwell
Kenmuir
High Clachanmore
Hole Stone Bay
Killaser Burn
Salt Pans
West High Ardwell
East High Ardwell
Ardwell Bay
Ardwell Point
Doon Castle Broch
South Ardwell
Drumbreddan
Grennan Point
Drumbreddan Bay
Port Lochan
Port Gill
Duniehinnie
Mullhill

168

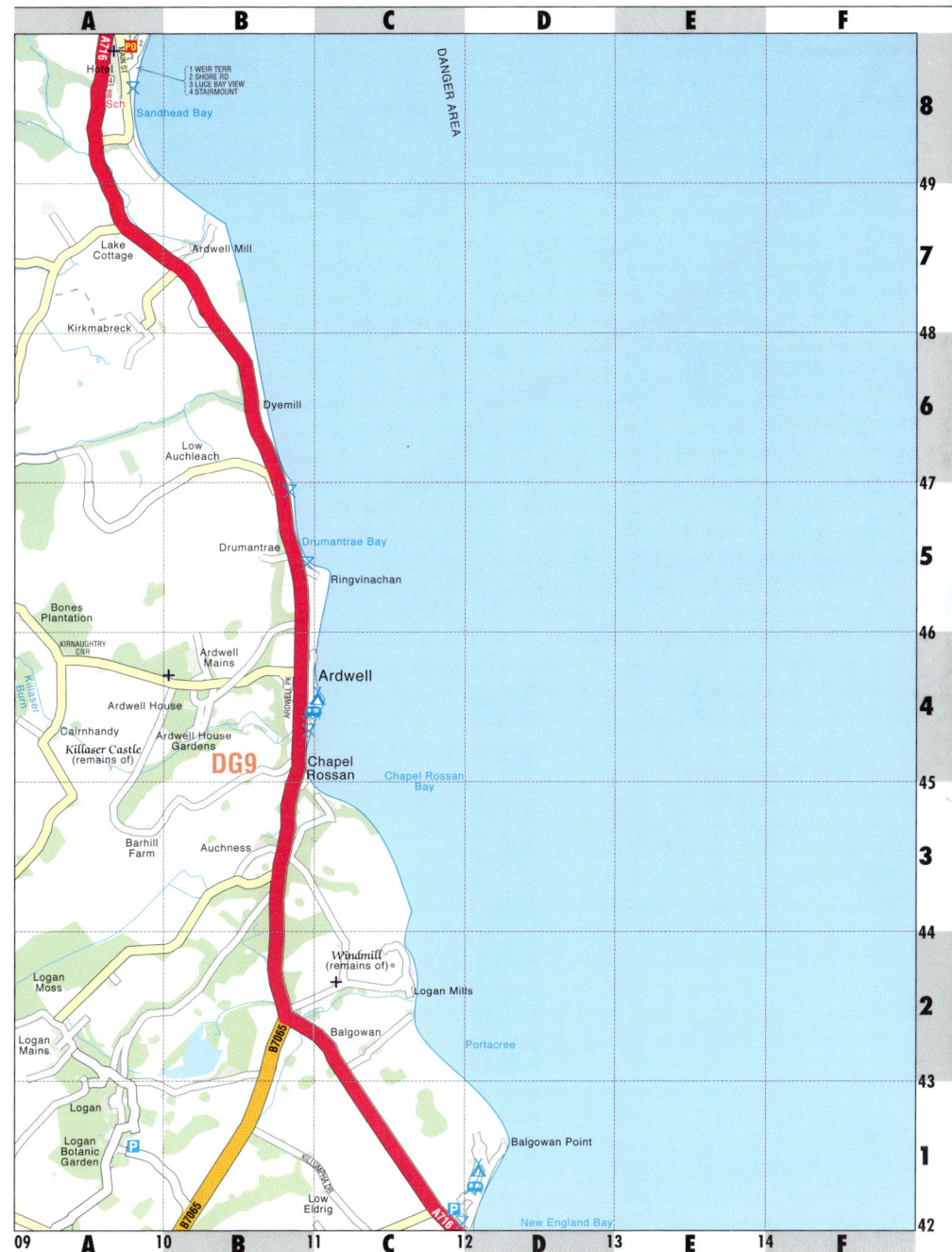

Scale: 1⅓ inches to 1 mile
0 ¼ ½ mile
0 250m 500m 750m 1 km
142
143
168
A B C D E F
8 49 7 48 6 47 5 46 4 45 3 44 2 43 1 42
09 10 11 12 13 14
A716
PO
Hotel
MAIN ST
1 WEIR TERR
2 SHORE RD
3 LUCE BAY VIEW
4 STAIRMOUNT
Sch
Sandhead Bay
DANGER AREA
Lake Cottage
Ardwell Mill
Kirkmabreck
Dyemill
Low Auchleach
Drumantrae
Drumantrae Bay
Ringvinachan
Bones Plantation
KIRNAUGHTRY CNR
Ardwell Mains
Killaser Burn
Ardwell
ARDWELL PK
Ardwell House
Cairnhandy
Ardwell House Gardens
Killaser Castle (remains of)
DG9
Chapel Rossan
Chapel Rossan Bay
Barhill Farm
Auchness
Windmill (remains of)
Logan Moss
Logan Mills
Logan Mains
B7065
Balgowan
Portacree
Logan
Logan Botanic Garden
P
Balgowan Point
KILLUMPHA DR
Low Eldrig
New England Bay

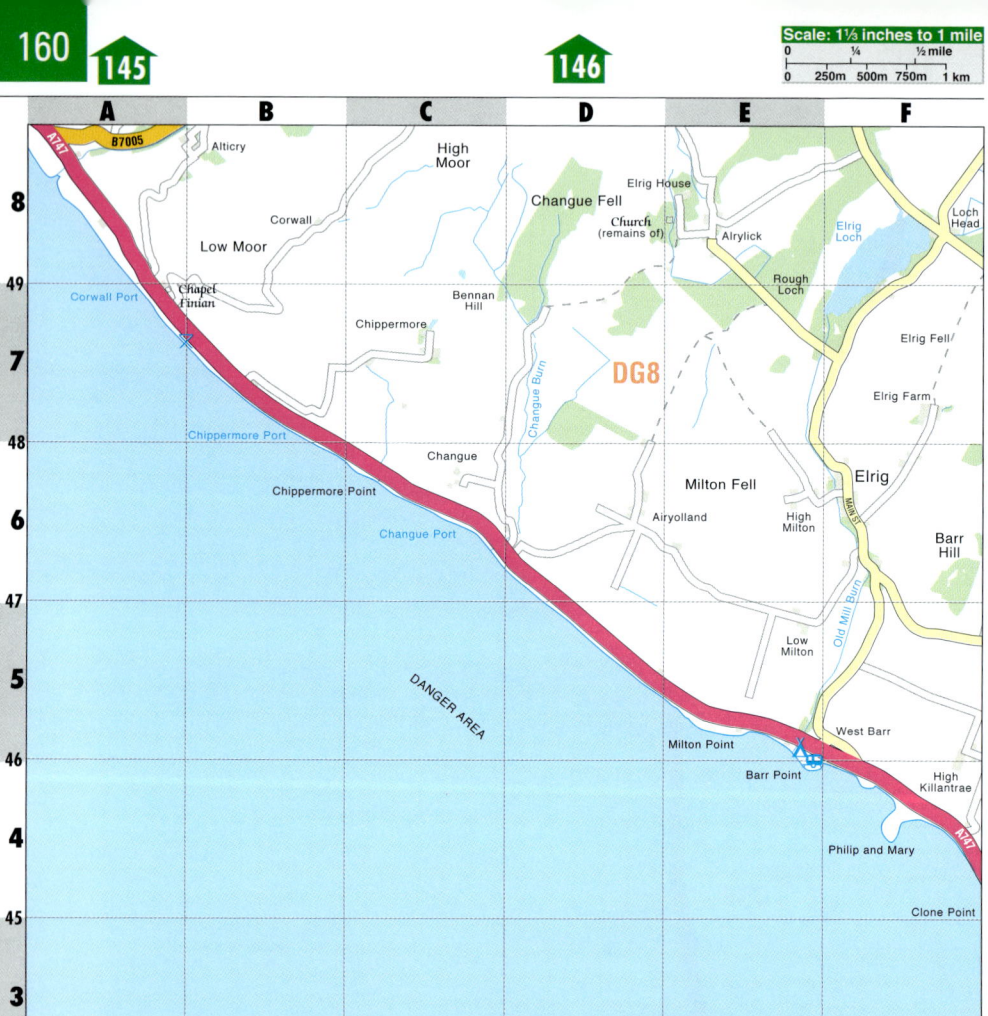

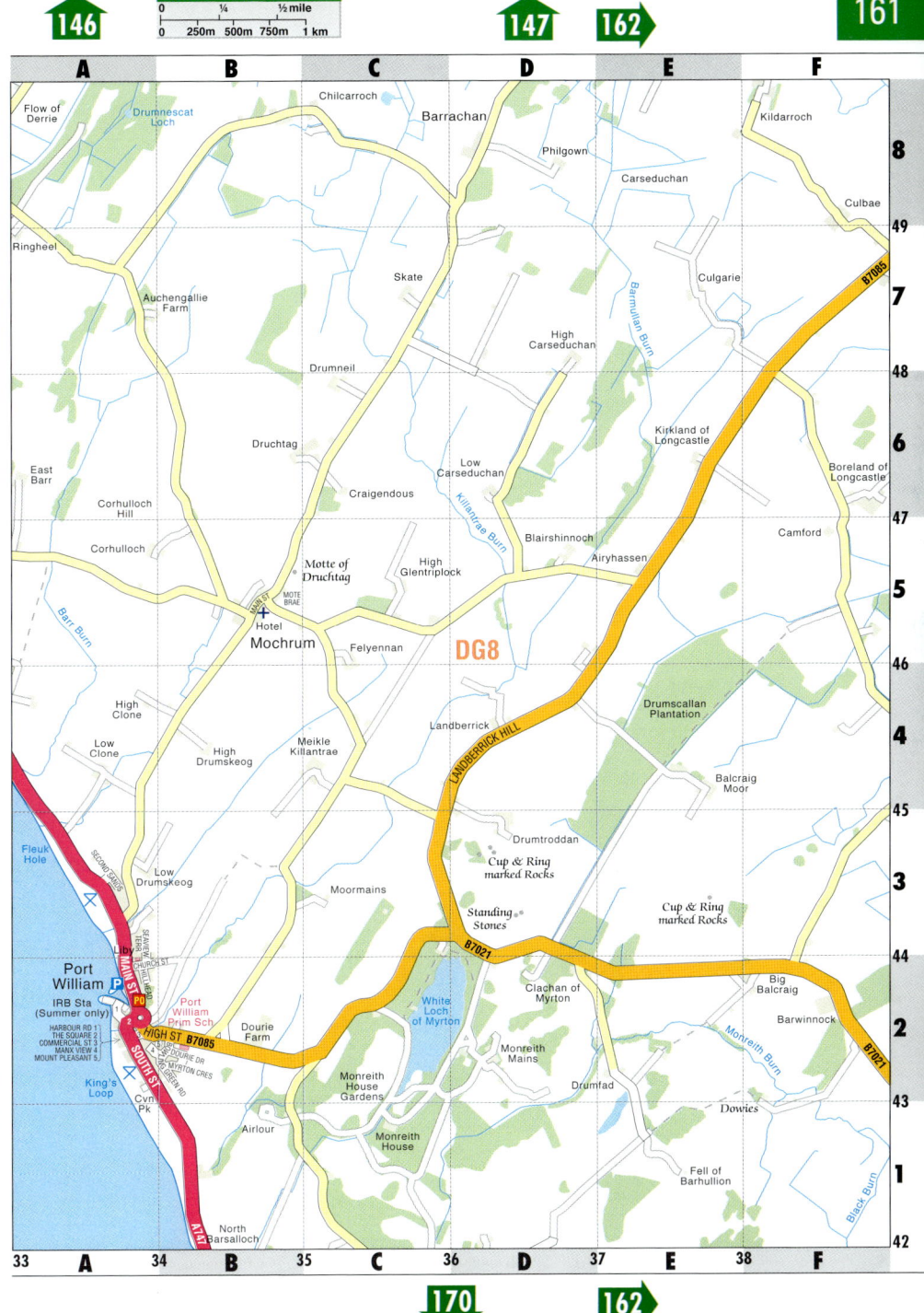

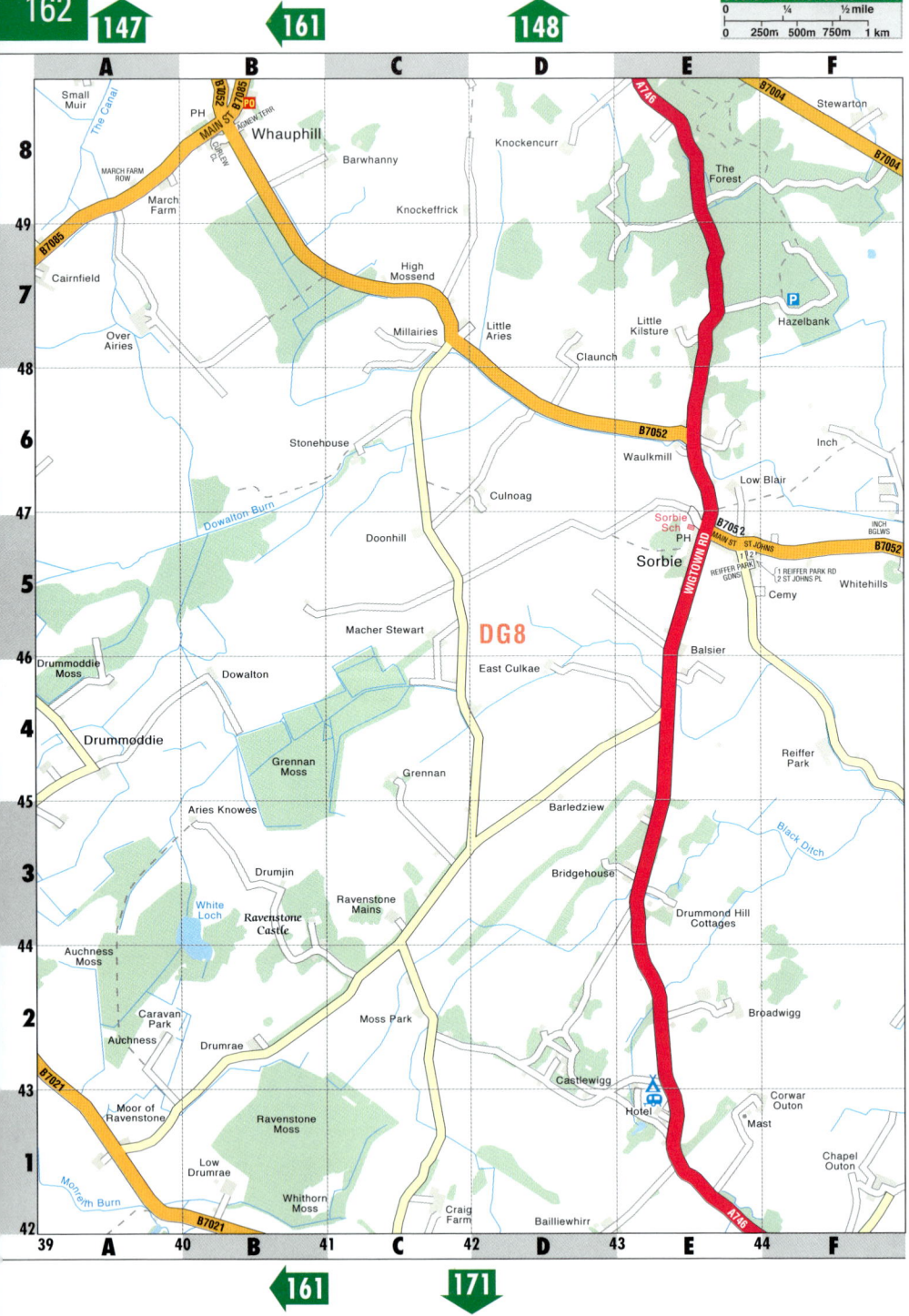

150
151

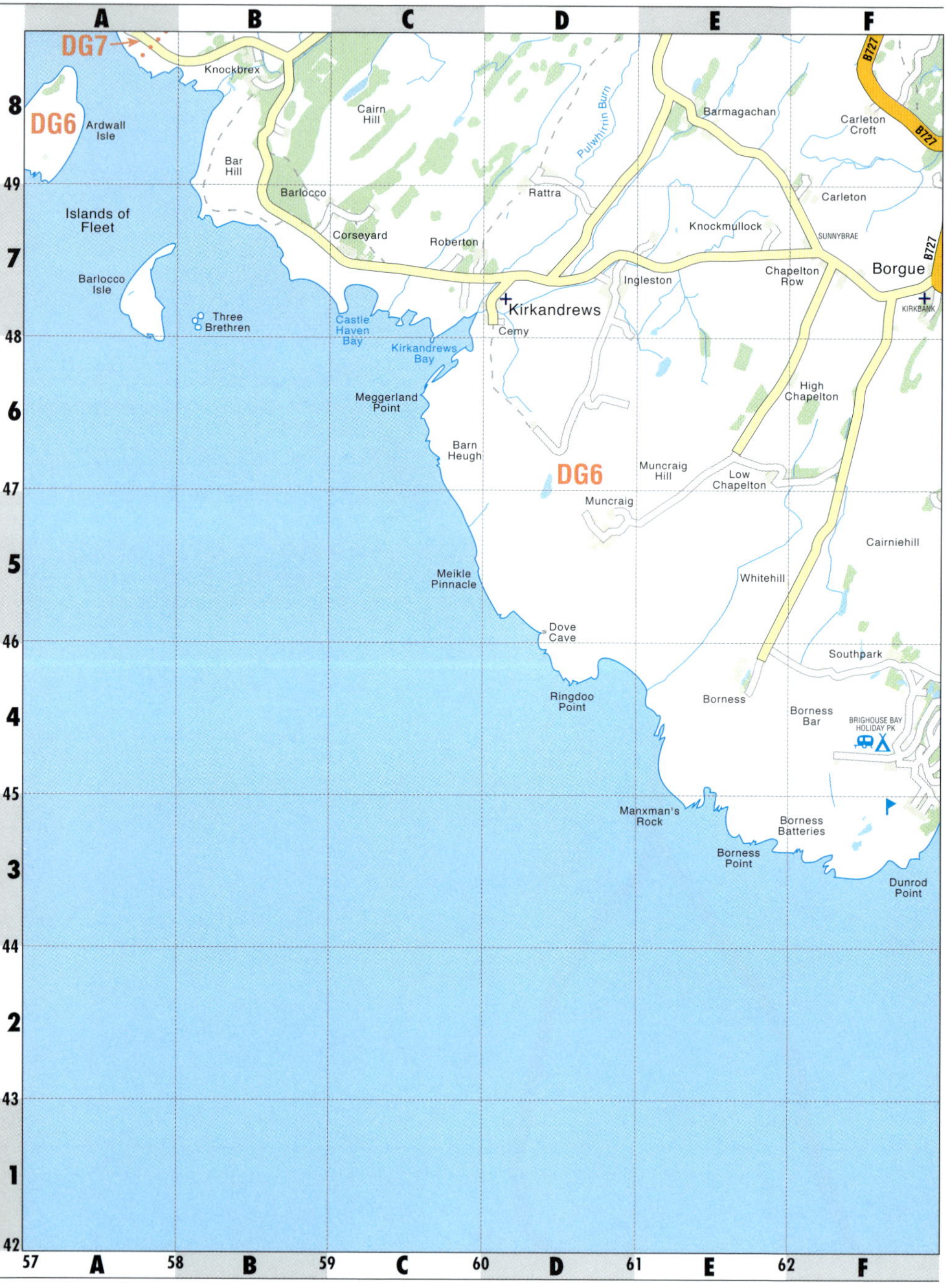
Scale: 1⅓ inches to 1 mile
0 ¼ ½ mile
0 250m 500m 750m 1 km
A B C D E F
8 49 7 48 6 47 5 46 4 45 3 44 2 43 1 42
57 58 59 60 61 62
DG7
DG6
Knockbrex
Ardwall Isle
Cairn Hill
Barmagachan
Carleton Croft
B727
Pulwhirrin Burn
Bar Hill
Barlocco
Rattra
Carleton
Islands of Fleet
Knockmullock
Corseyard
Roberton
SUNNYBRAE
Barlocco Isle
Ingleston
Chapelton Row
Borgue
Three Brethren
Kirkandrews
KIRKBANK
Castle Haven Bay
Cemy
Kirkandrews Bay
Meggerland Point
High Chapelton
Barn Heugh
DG6
Muncraig Hill
Low Chapelton
Muncraig
Cairniehill
Meikle Pinnacle
Whitehill
Dove Cave
Southpark
Ringdoo Point
Borness
Borness Bar
BRIGHOUSE BAY HOLIDAY PK
Manxman's Rock
Borness Batteries
Borness Point
Dunrod Point

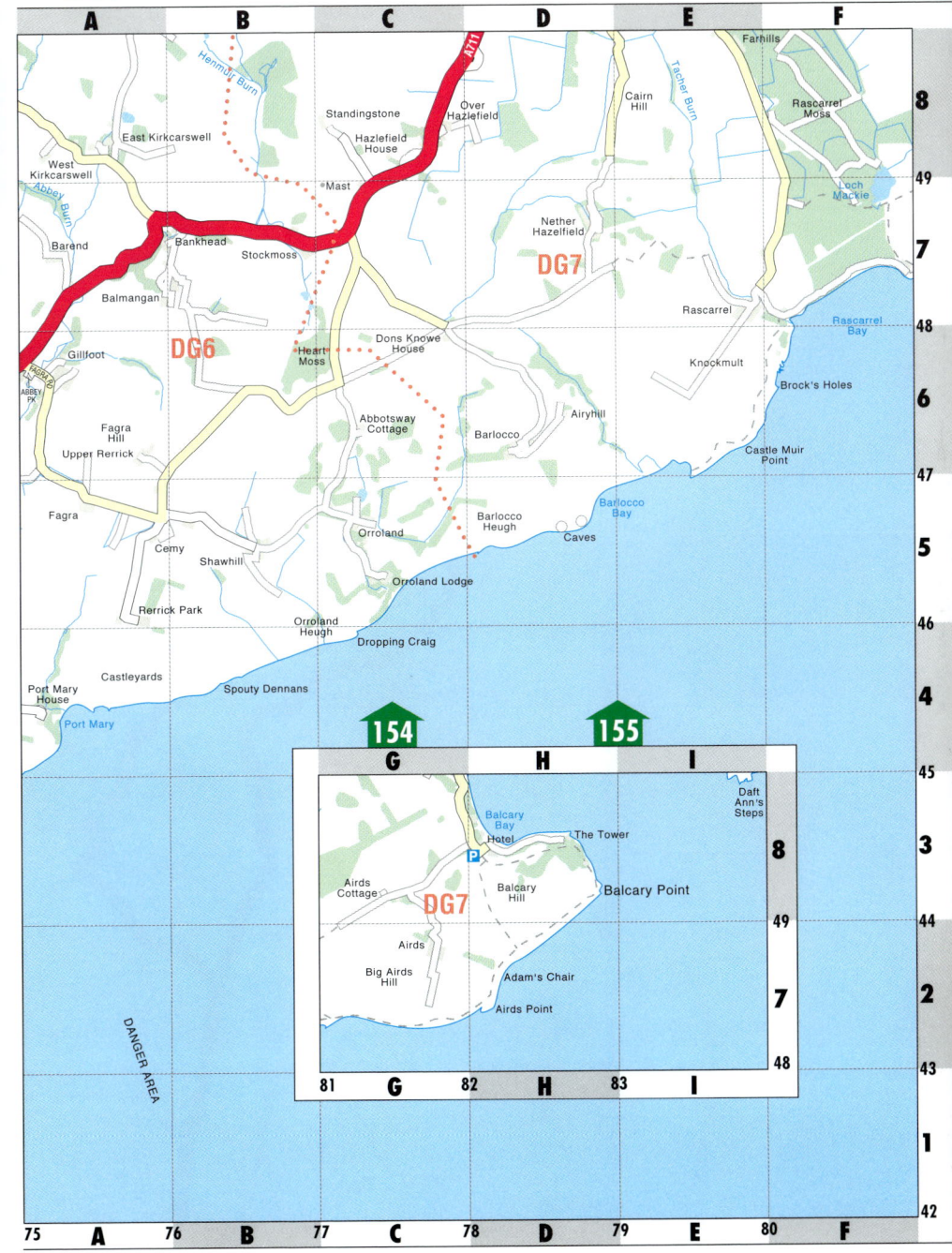

Scale: 1⅓ inches to 1 mile
0 ¼ ½ mile
0 250m 500m 750m 1 km
153
154
155
A
B
C
D
E
F
G
H
I
75
76
77
78
79
80
81
82
83
42
43
44
45
46
47
48
49
1
2
3
4
5
6
7
8
A711
Henmuir Burn
Farhills
Cairn Hill
Tacher Burn
Rascarrel Moss
Standingstone
Over Hazlefield
Hazlefield House
East Kirkcarswell
West Kirkcarswell
Abbey Burn
Mast
Loch Mackie
Nether Hazelfield
Barend
Bankhead
Stockmoss
DG7
Balmangan
Rascarrel
Rascarrel Bay
Gillfoot
DG6
Heart Moss
Dons Knowe House
Knockmult
FAGRA RD
ABBEY PK
Brock's Holes
Airyhill
Abbotsway Cottage
Fagra Hill
Barlocco
Upper Rerrick
Castle Muir Point
Barlocco Bay
Fagra
Barlocco Heugh
Caves
Orroland
Cemy
Shawhill
Orroland Lodge
Rerrick Park
Orroland Heugh
Dropping Craig
Castleyards
Port Mary House
Spouty Dennans
Port Mary
Daft Ann's Steps
Balcary Bay
Hotel
The Tower
P
Airds Cottage
Balcary Hill
Balcary Point
DG7
Airds
Big Airds Hill
Adam's Chair
Airds Point
DANGER AREA

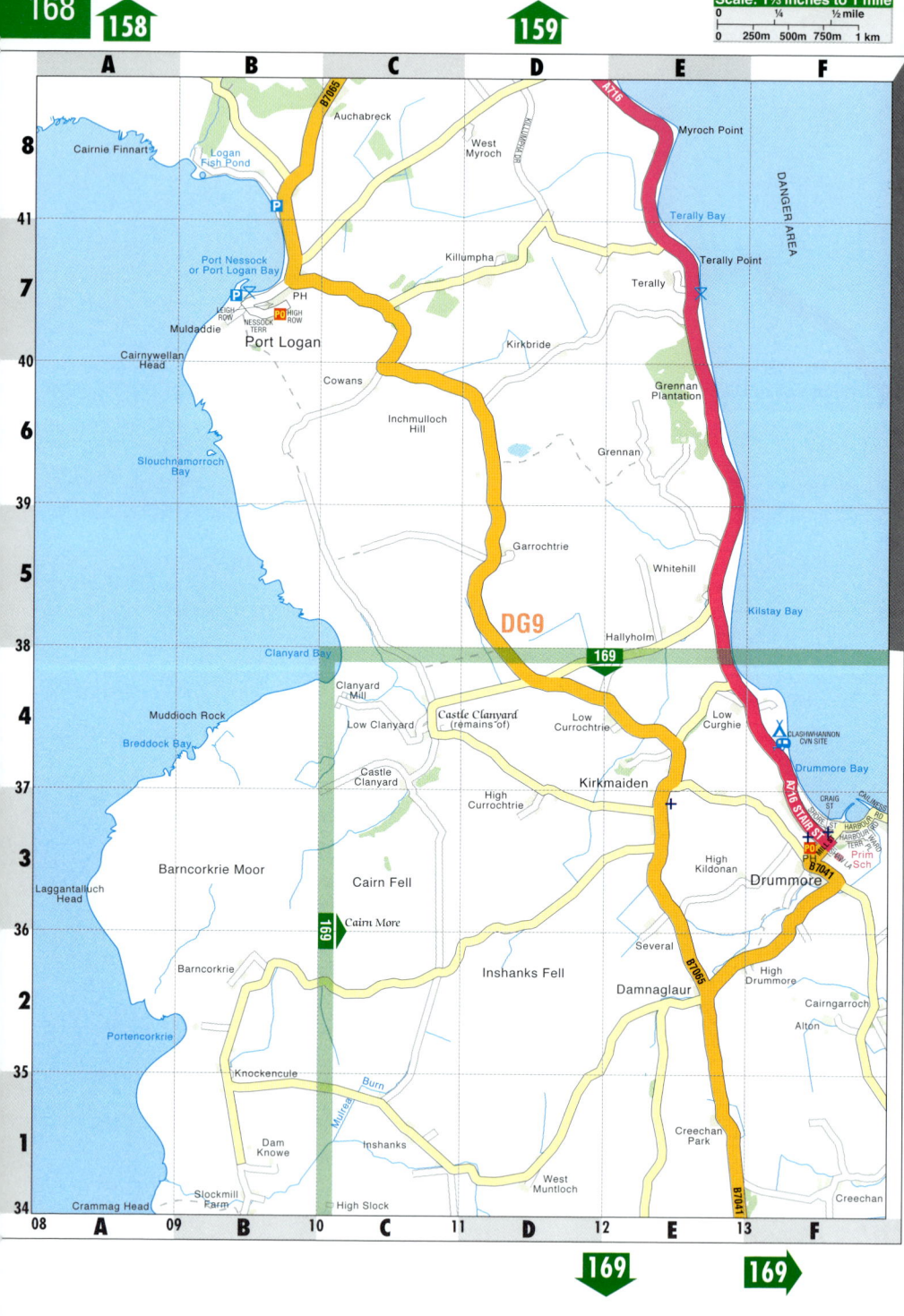

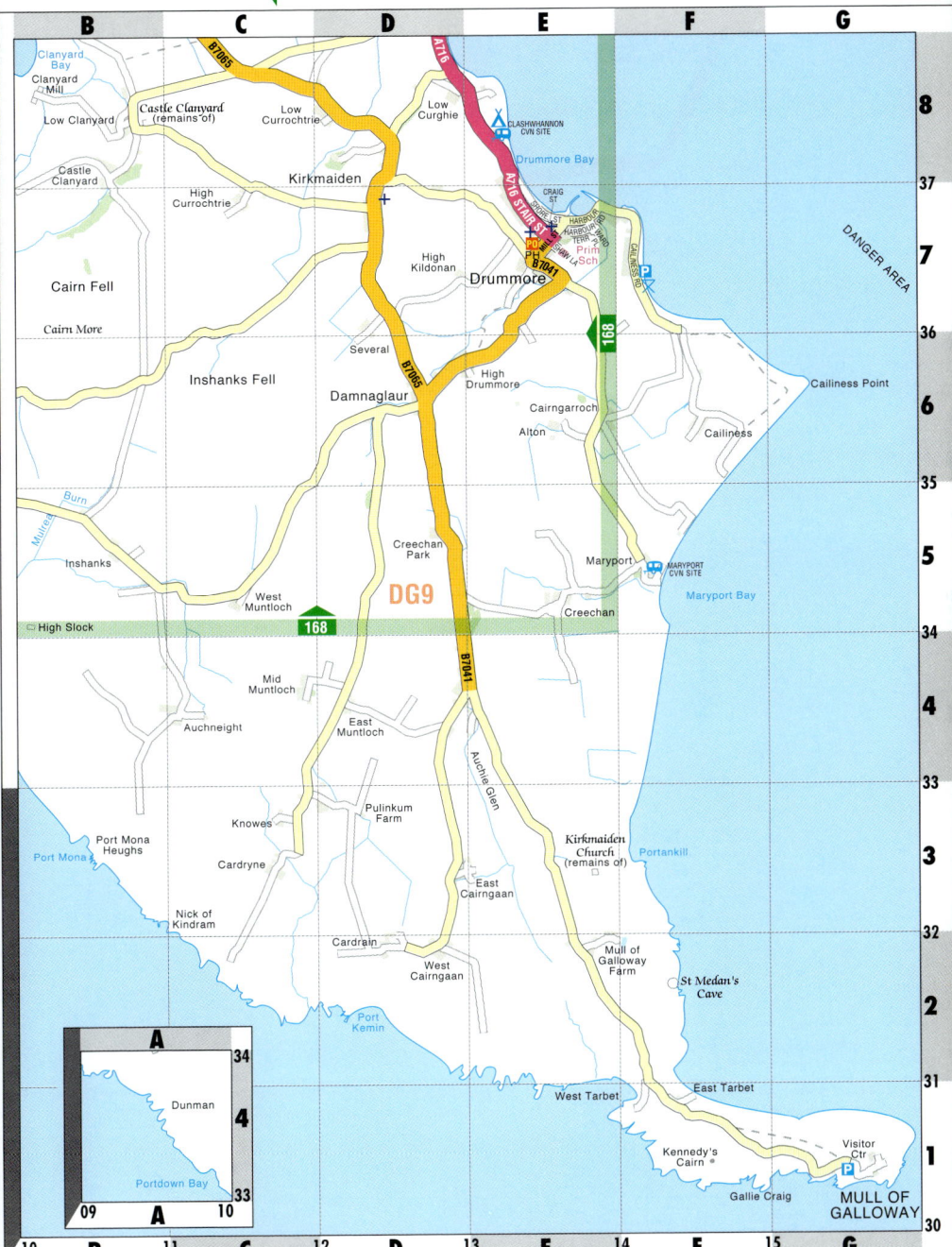

Scale: 1⅓ inches to 1 mile
0 ¼ ½ mile
0 250m 500m 750m 1 km
168
168
Clanyard Bay
Clanyard Mill
Low Clanyard
Castle Clanyard (remains of)
Castle Clanyard
Low Currochtrie
High Currochtrie
Kirkmaiden
Low Curghie
CLASHWHANNON CVN SITE
Drummore Bay
CRAIG ST
SHORE ST
HARBOUR RD
HARBOUR TERR
WARD PL
MILL ST
SHAW LA
Prim Sch
PO
PH
A716 STAIR ST
A716
B7065
B7041
CAILINESS RD
High Kildonan
Drummore
Cairn Fell
Cairn More
Several
Inshanks Fell
Damnaglaur
High Drummore
Cairngarroch
Alton
Cailiness Point
Cailiness
DANGER AREA
Mulrea Burn
Inshanks
West Muntloch
Creechan Park
DG9
Maryport
MARYPORT CVN SITE
Maryport Bay
Creechan
High Slock
168
Mid Muntloch
Auchneight
East Muntloch
Auchie Glen
Knowes
Pulinkum Farm
Port Mona Heughs
Port Mona
Cardryne
Kirkmaiden Church (remains of)
Portankill
East Cairngaan
Nick of Kindram
Cardrain
West Cairngaan
Mull of Galloway Farm
St Medan's Cave
Port Kemin
Dunman
Portdown Bay
West Tarbet
East Tarbet
Kennedy's Cairn
Visitor Ctr
Gallie Craig
MULL OF GALLOWAY
A B C D E F G
8 7 6 5 4 3 2 1
37 36 35 34 33 32 31 30
10 11 12 13 14 15
09 10

161

Scale: 1⅓ inches to 1 mile

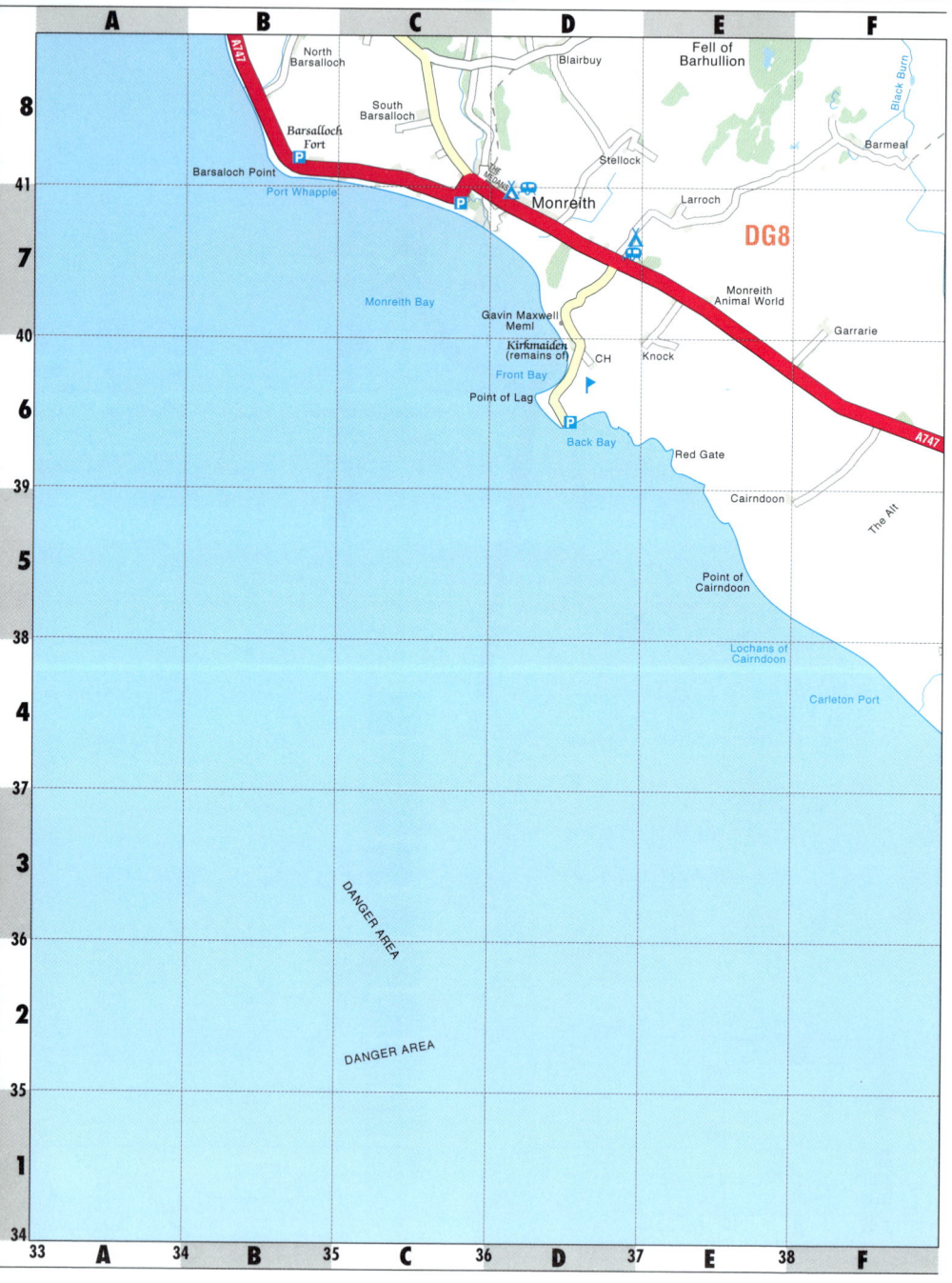

0 ¼ ½ mile
0 250m 500m 750m 1 km
A B C D E F
8 41 7 40 6 39 5 38 4 37 3 36 2 35 1 34
33 34 35 36 37 38
A747
North Barsalloch
South Barsalloch
Blairbuy
Fell of Barhullion
Black Burn
Barsalloch Fort
Barsaloch Point
Port Whapple
Stellock
Barmeal
THE MEDANS
Monreith
Larroch
DG8
Monreith Bay
Monreith Animal World
Gavin Maxwell Meml
Kirkmaiden (remains of)
CH
Knock
Garrarie
Front Bay
Point of Lag
Back Bay
Red Gate
Cairndoon
The Alt
Point of Cairndoon
Lochans of Cairndoon
Carleton Port
DANGER AREA
DANGER AREA

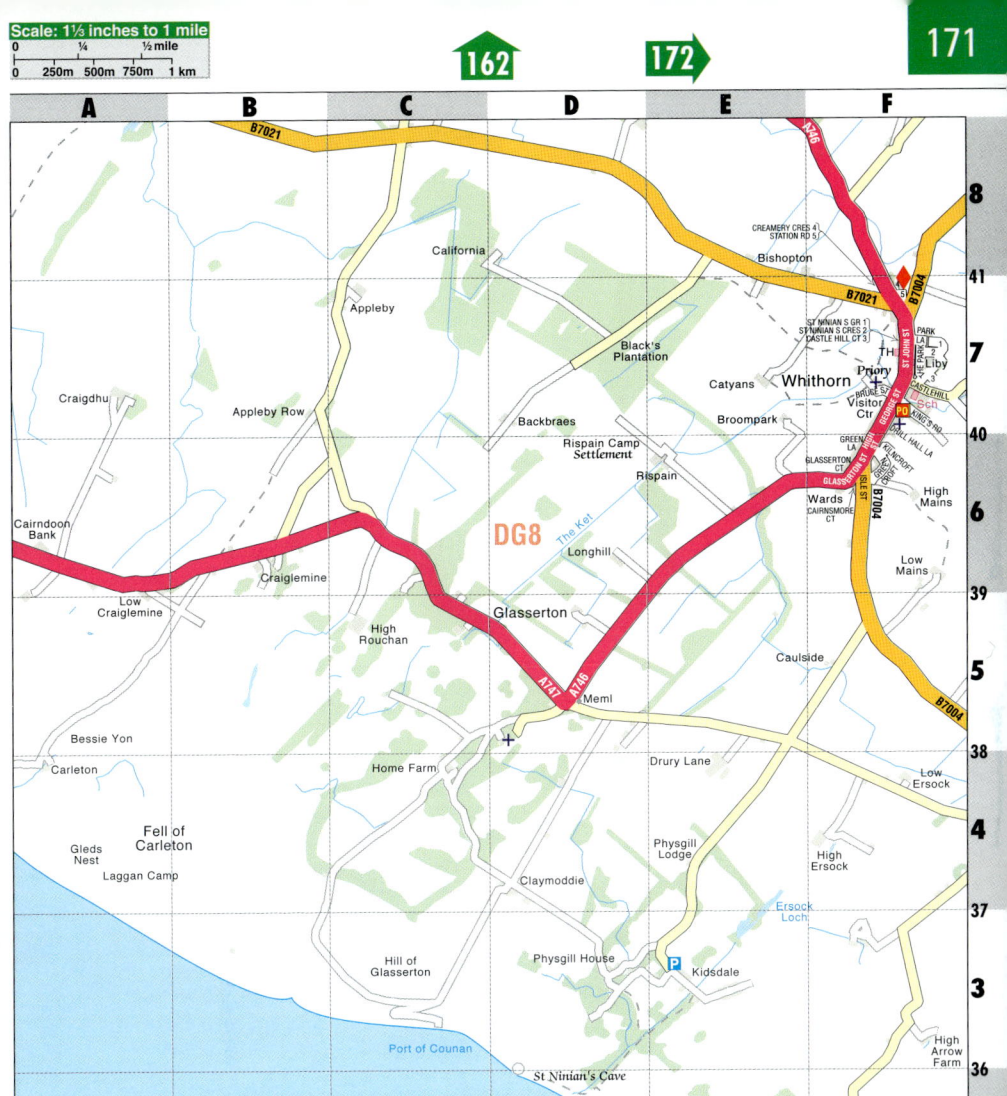

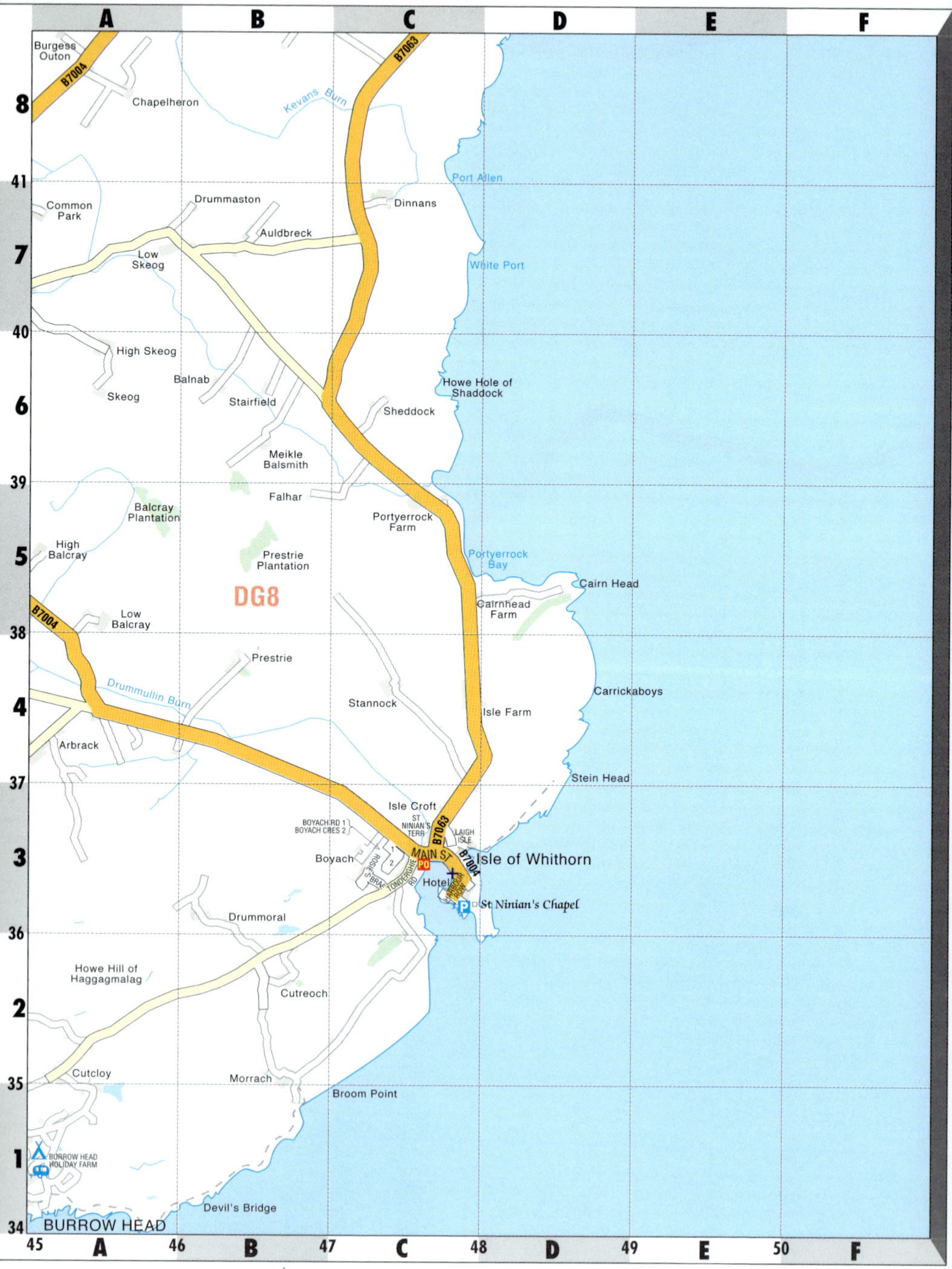

9 9 10 10

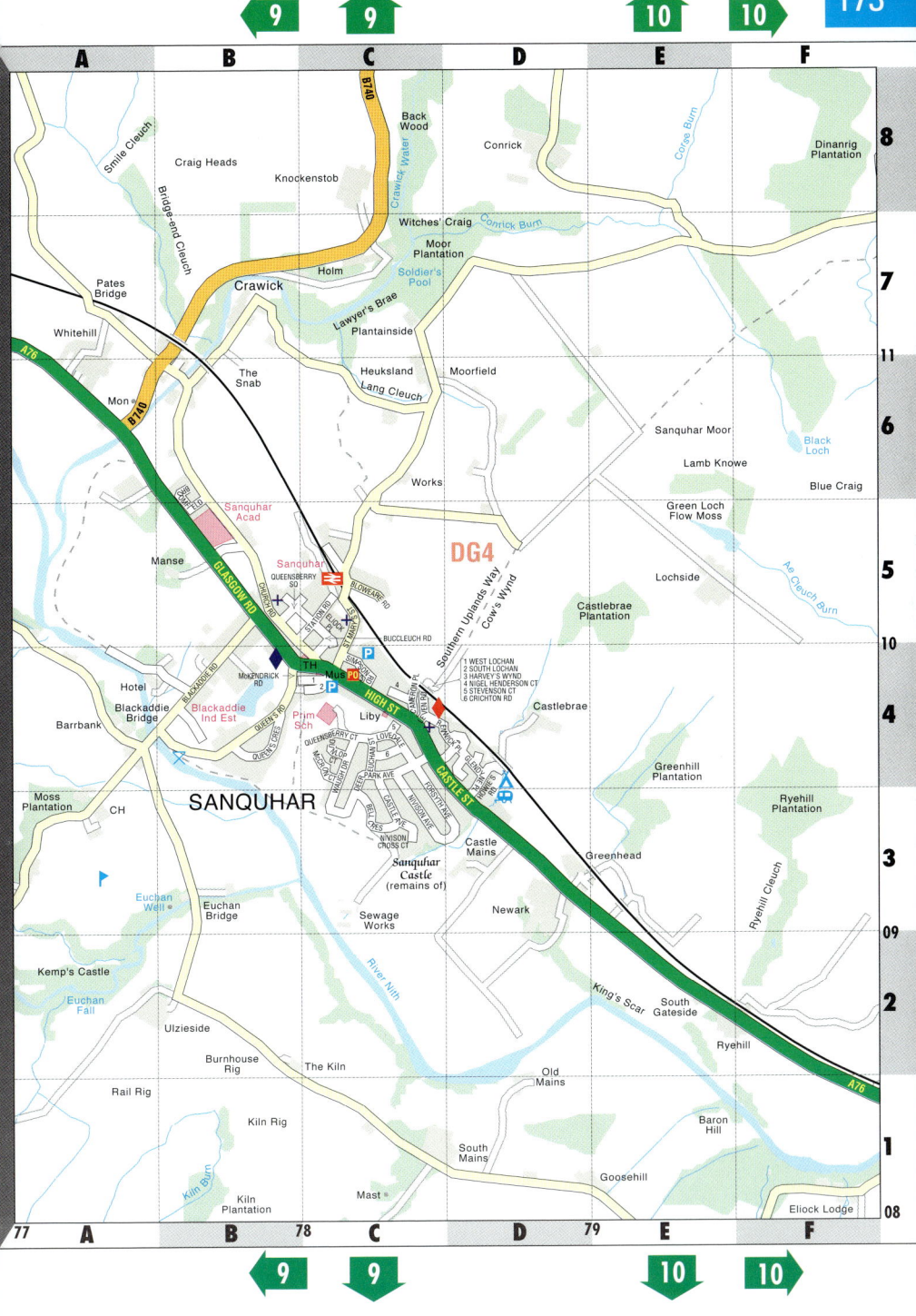

A
B
C
D
E
F
8
7
11
6
5
10
4
3
09
2
1
08
77
78
79
B740
Back Wood
Conrick
Dinanrig Plantation
Smile Cleuch
Craig Heads
Knockenstob
Corse Burn
Crawick Water
Bridge-end Cleuch
Witches' Craig
Conrick Burn
Moor Plantation
Holm
Soldier's Pool
Pates Bridge
Crawick
Lawyer's Brae
Whitehill
Plantainside
A76
The Snab
Heuksland
Moorfield
Lang Cleuch
Mon
Sanquhar Moor
Black Loch
Lamb Knowe
Works
Blue Craig
Sanquhar Acad
Green Loch Flow Moss
DG4
Manse
Sanquhar
QUEENSBERRY SQ
BLOWEARE RD
Lochside
Ae Cleuch Burn
GLASGOW RD
CHURCH RD
STATION RD
ELIOCK PL
ST MARY'S ST
Southern Uplands Way
Cow's Wynd
Castlebrae Plantation
BUCCLEUCH RD
1 WEST LOCHAN
2 SOUTH LOCHAN
3 HARVEY'S WYND
4 NIGEL HENDERSON CT
5 STEVENSON CT
6 CRICHTON RD
TH
Mus
PO
HIGH ST
McKENDRICK RD
BLACKADDIE RD
Hotel
Blackaddie Bridge
Blackaddie Ind Est
Prim Sch
Liby
Castlebrae
Barrbank
QUEEN'S RD
QUEEN'S CRES
QUEENSBERRY CT
LOVEDALE
RENWICK PL
EUCHAN ST
GLENDYNE PL
PARK AVE
Greenhill Plantation
CASTLE ST
HOWIE'S RD
Moss Plantation
CH
SANQUHAR
CASTLE AVE
NIVISON AVE
FORSYTH AVE
BELL CRES
Ryehill Plantation
NIVISON CROSS CT
Castle Mains
Greenhead
Sanquhar Castle (remains of)
Ryehill Cleuch
Euchan Well
Euchan Bridge
Sewage Works
Newark
River Nith
Kemp's Castle
King's Scar
South Gateside
Euchan Fall
Ulzieside
Ryehill
Burnhouse Rig
The Kiln
Old Mains
Rail Rig
A76
Kiln Rig
Baron Hill
South Mains
Goosehill
Kiln Burn
Mast
Kiln Plantation
Eliock Lodge

9 9 10 10

14 14 15 15

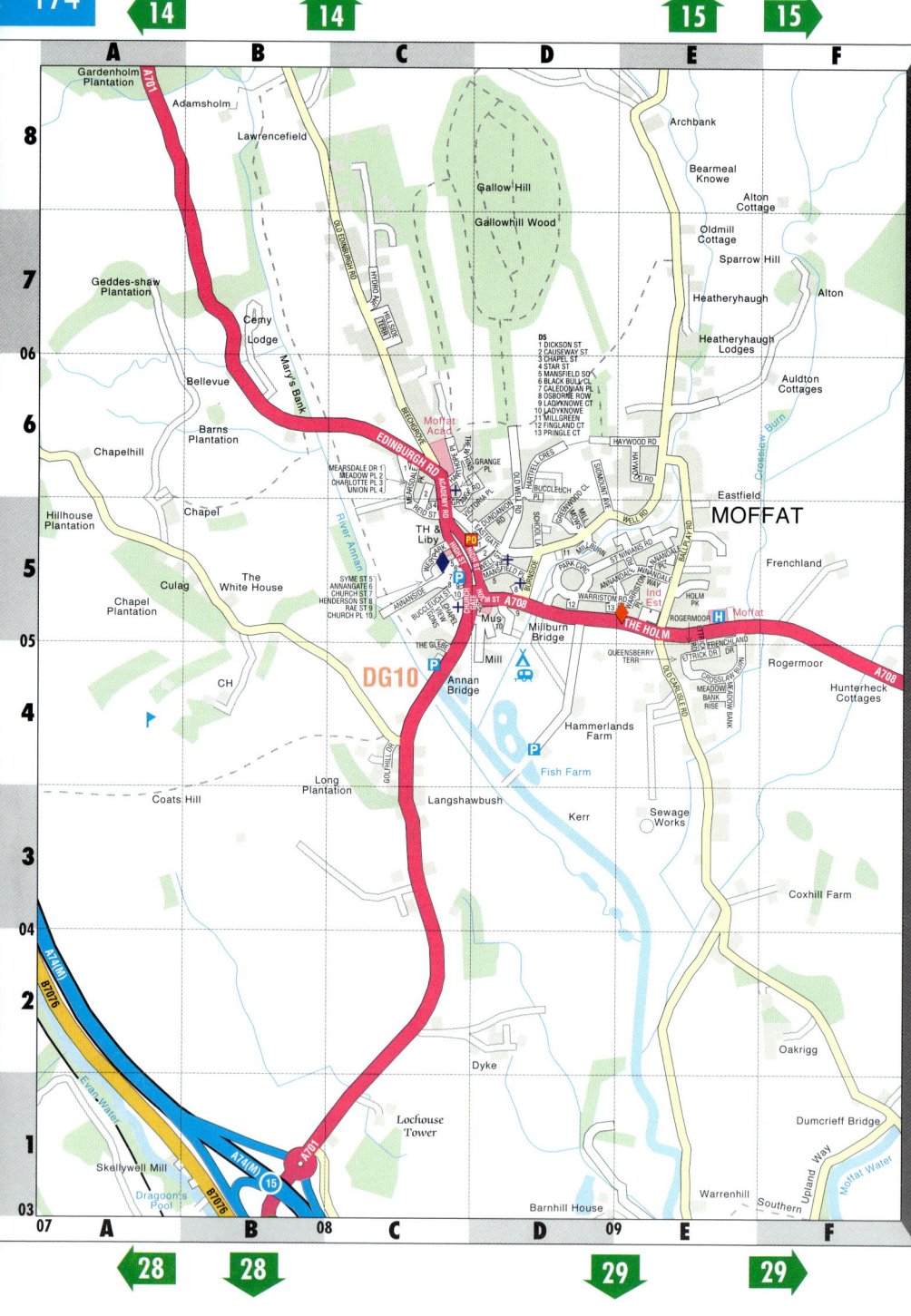
A
B
C
D
E
F
8
7
06
6
5
05
4
3
04
2
1
03
07
08
09
Gardenholm Plantation
A701
Adamsholm
Lawrencefield
Archbank
Bearmeal Knowe
Alton Cottage
Gallow Hill
Gallowhill Wood
Oldmill Cottage
Sparrow Hill
Geddes-shaw Plantation
Heatheryhaugh
Alton
Cemy Lodge
Heatheryhaugh Lodges
Mary's Bank
Bellevue
Auldton Cottages
OLD EDINBURGH RD
HYDRO AVE
HILLSIDE TERR
D5
1 DICKSON ST
2 CAUSEWAY ST
3 CHAPEL ST
4 STAR ST
5 MANSFIELD SQ
6 BLACK BULL CL
7 CALEDONIAN PL
8 OSBORNE ROW
9 LADYKNOWE CT
10 LADYKNOWE
11 MILLGREEN
12 FINGLAND CT
13 PRINGLE CT
Barns Plantation
Chapelhill
Moffat Acad
BEECHGROVE
EDINBURGH RD
HAYWOOD RD
Crosslaw Burn
MEARSDALE DR 1
MEADOW PL 2
CHARLOTTE PL 3
UNION PL 4
GRANGE PL
Eastfield
Hillhouse Plantation
Chapel
River Annan
MOFFAT
TH & Liby
PO
HIGH ST
ACADEMY RD
OLD WELL RD
SCHOOL LA
SIDMOUNT AVE
WELL RD
BALLPLAY RD
Frenchland
The White House
Culag
Chapel Plantation
SYME ST 5
ANNANGATE 6
CHURCH ST 7
HENDERSON ST 8
RAE ST 9
CHURCH PL 10
ANNANSIDE
BUCCLEUCH ST
CHAPEL VIEW GDNS
CHURCH GATE
A708
MILLBURN
ST NINIANS RD
PARK CIRC
WARRISTON RD
Ind Est
HOLM PK
ROGERMOOR
Moffat
THE HOLM
Mus
Millburn Bridge
THE GLEBE
Mill
DG10
Annan Bridge
CH
QUEENSBERRY TERR
ETTRICK DR
FRENCHLAND DR
CROSSLAW BURN
MEADOW BANK RISE
OLD CARLISLE RD
Rogermoor
Hunterheck Cottages
Hammerlands Farm
Fish Farm
GOLFHILL DR
Long Plantation
Coats Hill
Langshawbush
Kerr
Sewage Works
Coxhill Farm
A74(M)
B7076
Oakrigg
Dyke
Evan Water
Lochouse Tower
Dumcrieff Bridge
Skellywell Mill
15
Dragoon's Pool
Warrenhill
Southern Upland Way
Moffat Water
Barnhill House

28 28 29 29

78 78 79 79

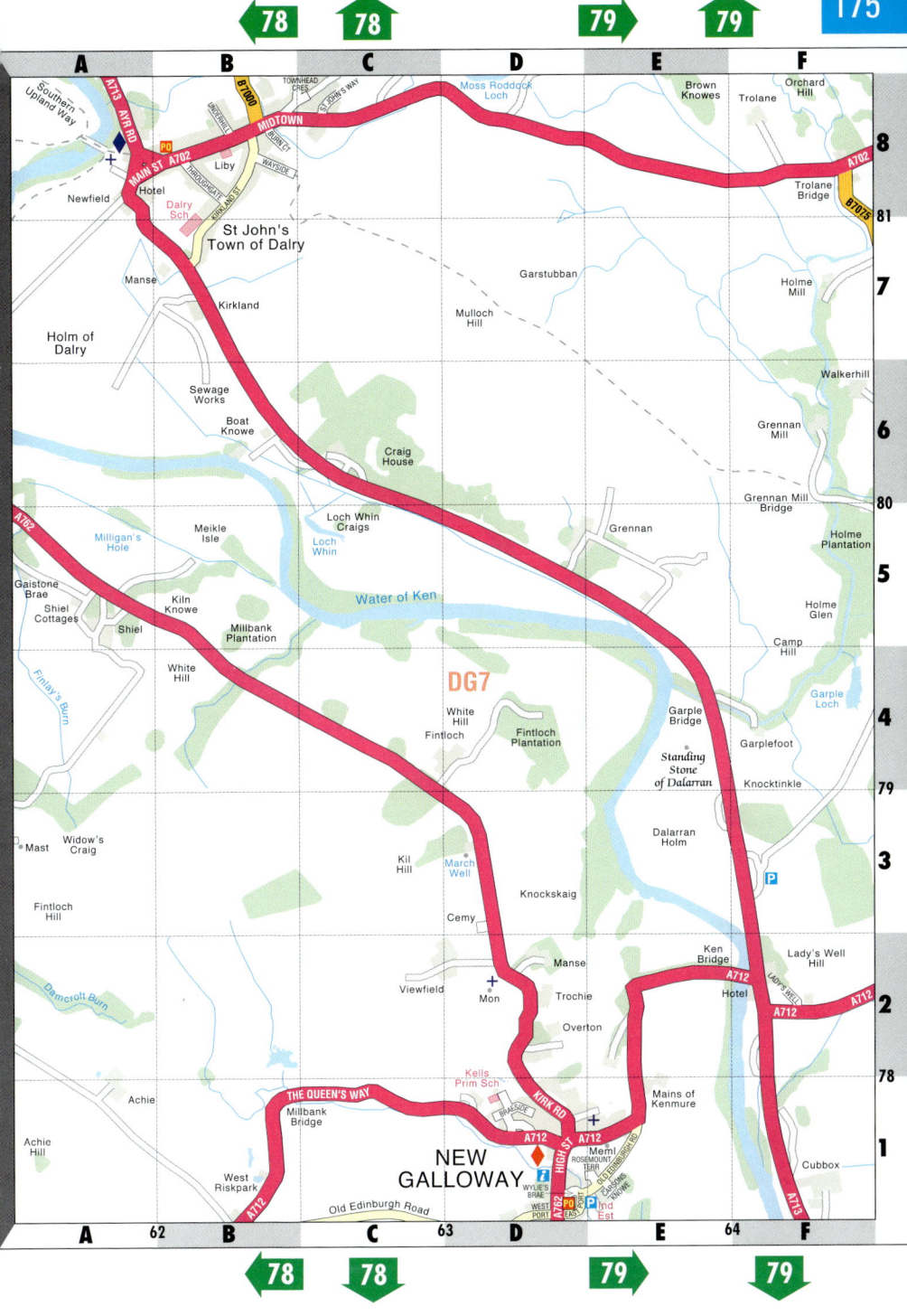

A B C D E F
8 81 7 6 80 5 4 79 3 2 78 1
62 63 64
Southern Upland Way
A713 AYR RD
B7000
TOWNHEAD CRES
ST JOHN'S WAY
UNDERHILL
MIDTOWN
BURN CT
WAYSIDE
MAIN ST A702
PO
Liby
THROUGHGATE
KIRKLAND ST
Hotel
Newfield
Dalry Sch
St John's Town of Dalry
Moss Roddock Loch
Brown Knowes
Trolane
Orchard Hill
A702
Trolane Bridge
B7075
Garstubban
Holme Mill
Manse
Kirkland
Mulloch Hill
Holm of Dalry
Walkerhill
Sewage Works
Boat Knowe
Grennan Mill
Craig House
Grennan Mill Bridge
A762
Loch Whin Craigs
Loch Whin
Grennan
Milligan's Hole
Meikle Isle
Holme Plantation
Gaistone Brae
Shiel Cottages
Kiln Knowe
Water of Ken
Shiel
Millbank Plantation
Holme Glen
Camp Hill
White Hill
Finlay's Burn
DG7
White Hill
Fintloch
Fintloch Plantation
Garple Bridge
Garple Loch
Garplefoot
Standing Stone of Dalarran
Knocktinkle
Mast
Widow's Craig
Dalarran Holm
Kil Hill
March Well
P
Fintloch Hill
Knockskaig
Cemy
Ken Bridge
Lady's Well Hill
Manse
Viewfield
Mon
Trochie
A712
Hotel
LADY'S WELL
A712
A712
Damcroft Burn
Overton
Achie
Kells Prim Sch
THE QUEEN'S WAY
Millbank Bridge
BRAESIDE
KIRK RD
Mains of Kenmure
A712
A712
Achie Hill
HIGH ST
Meml
ROSEMOUNT TERR
OLD EDINBURGH RD
NEW GALLOWAY
West Riskpark
A712
WYLIE'S BRAE
CARSONS KNOWE
Cubbox
Old Edinburgh Road
WEST PORT
A762
PO
EAST PORT
P
Ind Est
A713

78 78 79 79

83 84

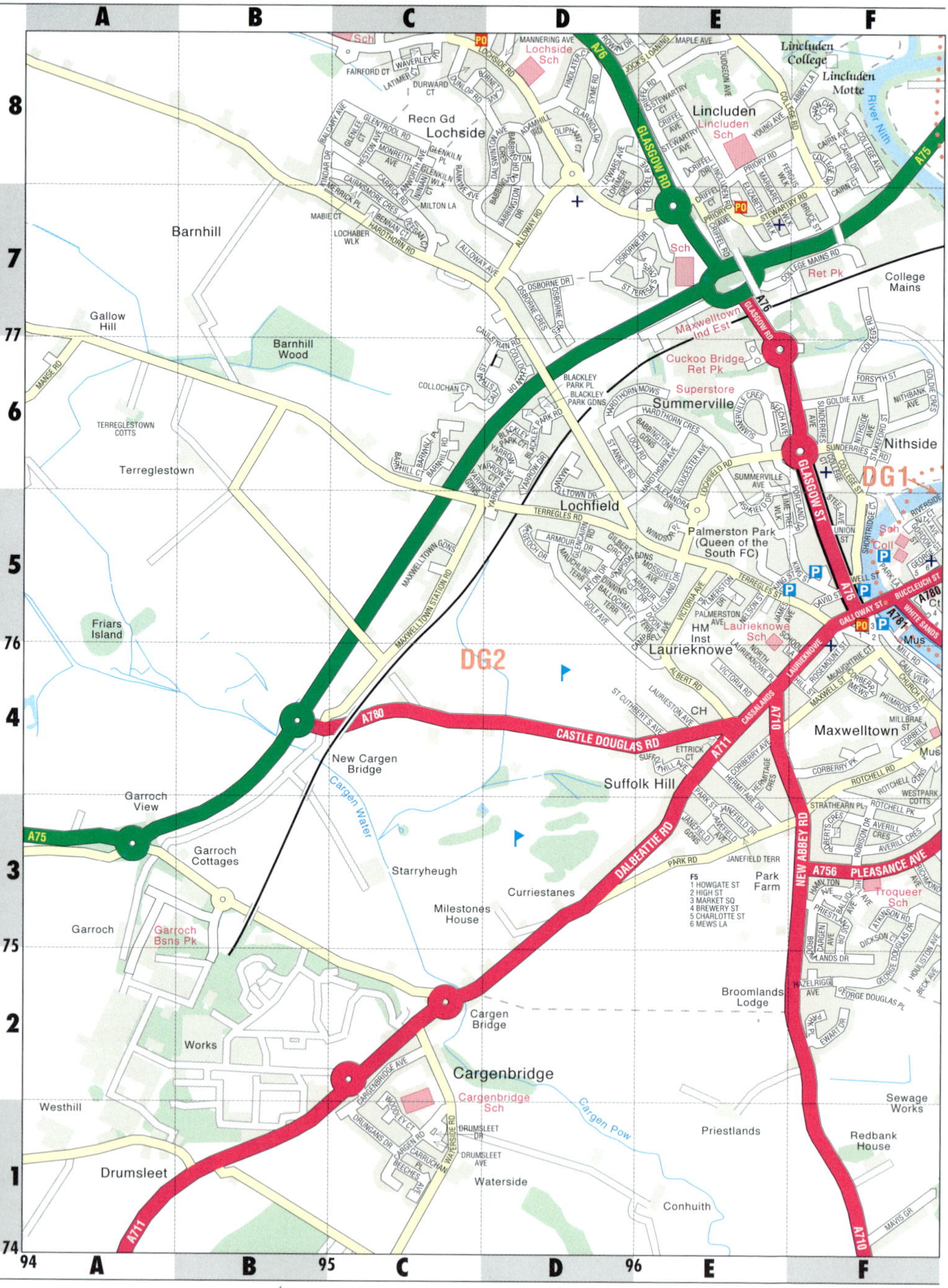

A B C D E F
8 7 6 5 4 3 2 1
77 76 75 74
94 95 96
Lincluden College
Lincluden Motte
River Nith
Lincluden
Lincluden Sch
Lochside Sch
Lochside
Recn Gd
Barnhill
Gallow Hill
Barnhill Wood
Terreglestown
TERREGLESTOWN COTTS
Friars Island
Garroch View
Garroch Cottages
Garroch
Garroch Bsns Pk
Works
Westhill
Drumsleet
College Mains
Maxwelltown Ind Est
Cuckoo Bridge Ret Pk
Ret Pk
Superstore
Summerville
Nithside
DG1
DG2
Lochfield
Palmerston Park (Queen of the South FC)
HM Inst
Laurieknowe Sch
Laurieknowe
Maxwelltown
CH
Suffolk Hill
New Cargen Bridge
Cargen Water
Starryheugh
Curriestanes
Milestones House
Park Farm
Troqueer Sch
Broomlands Lodge
Cargen Bridge
Cargenbridge
Cargenbridge Sch
Cargen Pow
Priestlands
Sewage Works
Redbank House
Waterside
Conhuith
Mus
Coll
Sch
GLASGOW RD
GLASGOW ST
CASTLE DOUGLAS RD
DALBEATTIE RD
NEW ABBEY RD
PLEASANCE AVE
TERREGLES RD
A75 A76 A780 A781 A710 A711 A756
F5
1 HOWGATE ST
2 HIGH ST
3 MARKET SQ
4 BREWERY ST
5 CHARLOTTE ST
6 MEWS LA

83 109

A5
1 IRVING ST
2 GEORGE STREET MEUSE
3 MEUSE LA
4 BUCCLEUCH ST
5 GREYFRIARS' ST
6 CHURCH PL
7 ST ANDREW ST
8 QUEENSBERRY CT
9 QUEENSBERRY MEWS
10 THREE CROWNS CT
11 GREAT KING ST
12 QUEENSBERRY SQ
13 MIDSTEEPLE
14 OLD UNION ST
15 MUNCHES ST
16 DOBIE'S WYND
17 BARNRAWS

84
178
85

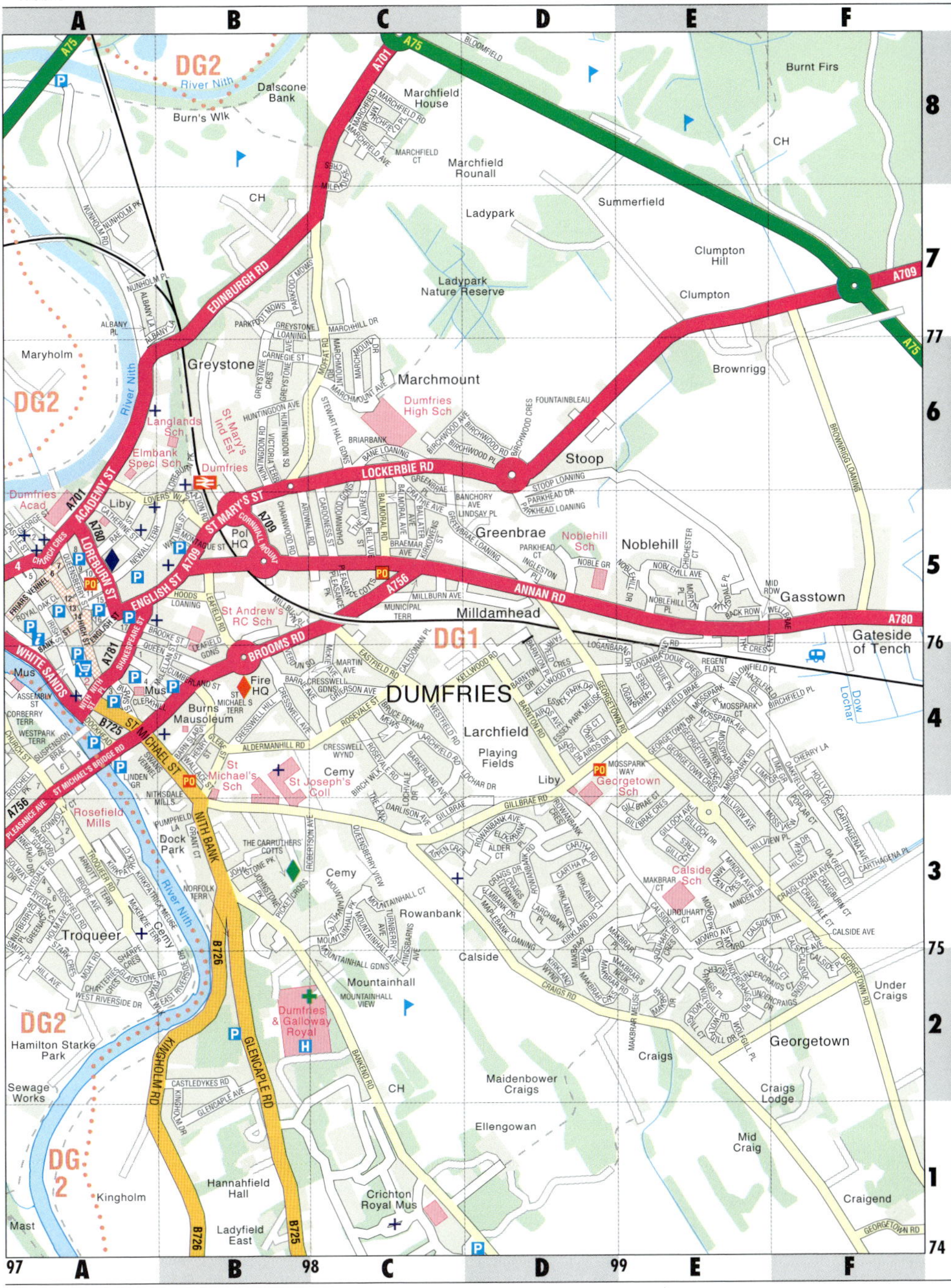

A4
1 GIFHORN HO
2 The Loreburne Sh Ctr
3 SOUTH AND TOWNHEAD HO
4 BURNS CT
5 WELLDALE
6 WELLDALE PK
7 FRANKLIN PL

A3
1 RYEDALE TERR
2 NELLIEVILLE TERR
3 STEVENSON TERR
4 HEYWOOD PL
5 WOODSIDE TERR
6 ROSELAND TERR
7 HOWST TERR

110
85

84
62

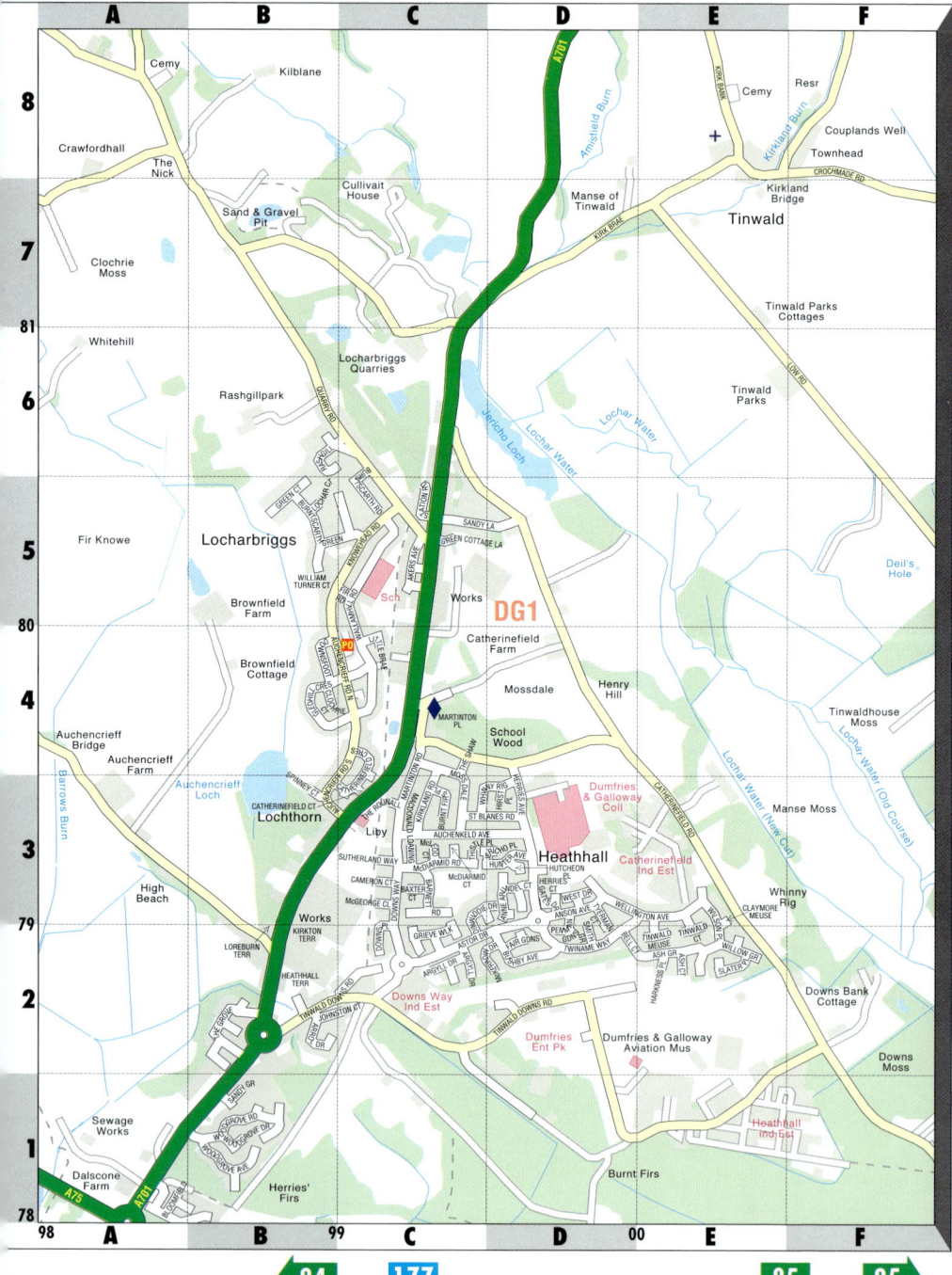
A
B
C
D
E
F
8
7
81
6
5
80
4
3
79
2
1
78
98
99
00
A701
A75
Cemy
Kilblane
Crawfordhall
The Nick
Sand & Gravel Pit
Cullivait House
Clochrie Moss
Whitehill
Locharbriggs Quarries
Rashgillpark
QUARRY RD
Amisfield Burn
Manse of Tinwald
KIRK BRAE
KIRK BANK
Cemy
Resr
Kirkland Burn
Couplands Well
Townhead
CROCHMADE RD
Kirkland Bridge
Tinwald
Tinwald Parks Cottages
LOW RD
Tinwald Parks
Jericho Loch
Lochar Water
Lochar Water
Fir Knowe
Locharbriggs
GREEN CT
LOCHAR CT
BURNTSCARTH
SCARTH RD
KNOWEHEAD RD
WILLIAM TURNER CT
SANDY LA
GREEN COTTAGE LA
AKERS AVE
Sch
Works
DG1
Brownfield Farm
Brownfield Cottage
Catherinefield Farm
Mossdale
Henry Hill
Deil's Hole
PO
AUCHENCRIEFF RD N
STILE BRAE
MARTINTON PL
School Wood
THE SHAW
Tinwaldhouse Moss
Lochar Water (Old Course)
Lochar Water (New Cut)
Auchencrieff Bridge
Auchencrieff Farm
Auchencrieff Loch
Barrows Burn
SPINNEY CT
CATHERINEFIELD CT
Lochthorn
THE ROUNDALL
MARTINTON RD
MACDONALD LOANING
KIRKLAND RD
BURNT FIRS
HERRIES AVE
ST BLANES RD
AUCHENKELD AVE
Liby
Dumfries & Galloway Coll
CATHERINEFIELD RD
Manse Moss
SUTHERLAND WAY
McDIARMID RD
McDIARMID CT
Heathhall
HUTCHEON CT
Catherinefield Ind Est
CAMERON CT
McGEORGE CL
DOWNS WAY
BAXTER CT
WEST DR
WELLINGTON AVE
CLAYMORE MEUSE
Whinny Rig
High Beach
Works
KIRKTON TERR
LORBURN TERR
GRIEVE WLK
ASTOR DR
FAIR GDNS
TWINAME WAY
TINWALD MEUSE
TINWALD CT
ASH GR
WILLOW GR
SLATER PL
HARKNESS PL
ARGYLL DR
BUSHBY AVE
HEATHHALL TERR
TINWALD DOWNS RD
JOHNSTON CT
Downs Way Ind Est
TINWALD DOWNS RD
Downs Bank Cottage
THE GROVE
Dumfries Ent Pk
Dumfries & Galloway Aviation Mus
Downs Moss
SANDY GR
WOODGROVE RD
WOODGROVE DR
WOODGROVE AVE
Sewage Works
Heathhall Ind Est
Dalscone Farm
BLOOMFIELD
Herries' Firs
Burnt Firs

84
177
85
85

63 63 64 64

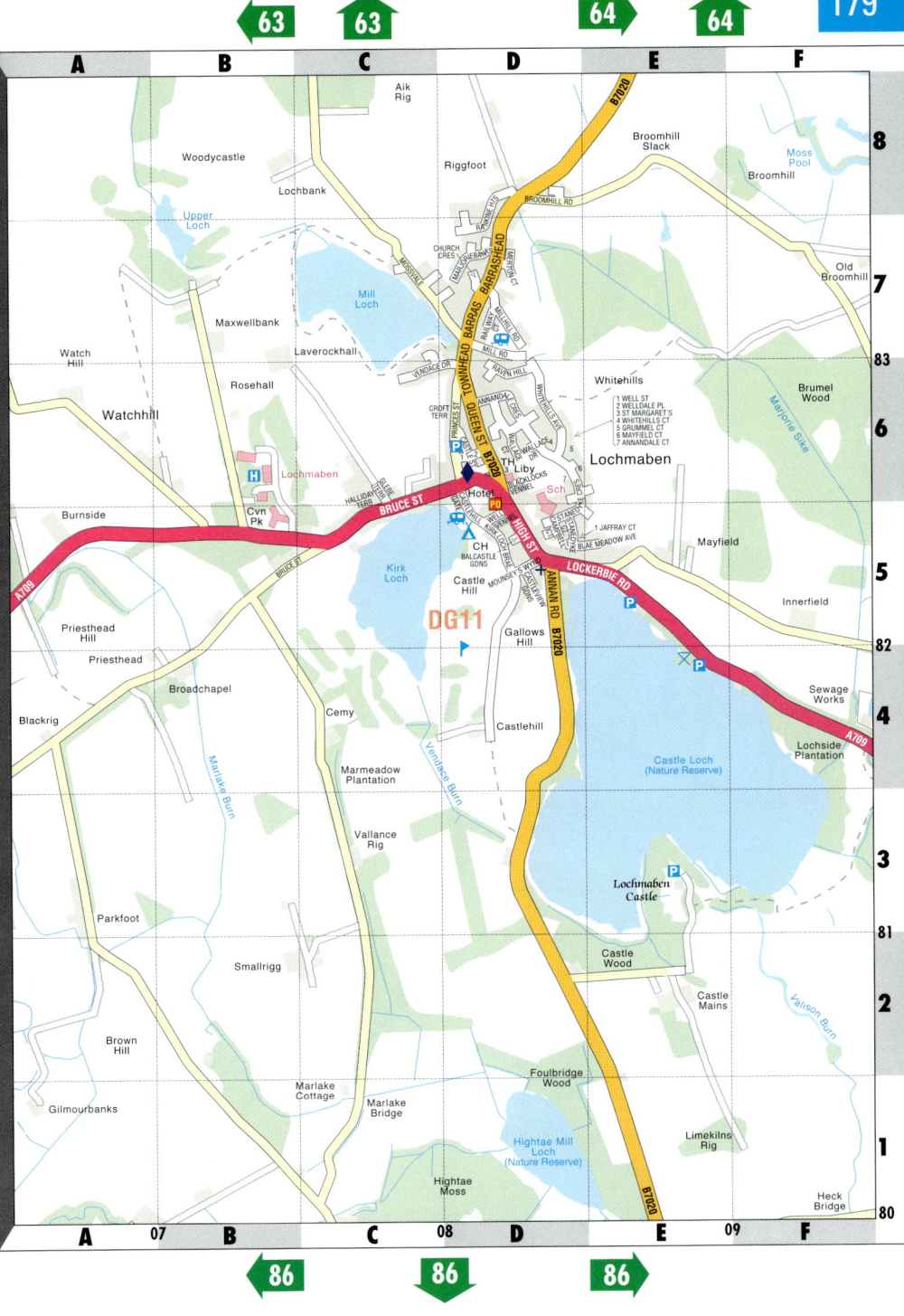
A
B
C
D
E
F
8
7
83
6
5
82
4
3
81
2
1
80
07
08
09
Aik Rig
Woodycastle
Riggfoot
Broomhill Slack
Moss Pool
Broomhill
Lochbank
BROOMHILL RD
B7020
Upper Loch
RAIKINE HTS
CHURCH CRES
MARJORIEBANKS
BARRASHEAD
MERTON CT
Mill Loch
MOSSVALE
Old Broomhill
Maxwellbank
TOWNHEAD
BARRAS
RAILWAY CT
MILLHILL RD
Watch Hill
Laverockhall
MILL RD
VENDACE DR
RAVEN HILL
Rosehall
Whitehills
Watchhill
CROFT TERR
PRINCES ST
QUEEN ST
ANNANDALE CRES
WHITEHILLS AVE
1 WELL ST
2 WELLDALE PL
3 ST MARGARET'S
4 WHITEHILLS CT
5 GRUMMEL CT
6 MAYFIELD CT
7 ANNANDALE CT
Brumel Wood
Marjorie Sike
CASTLE ST
WALLACE CT
WALLACE DR
TH
Liby
Lochmaben
Lochmaben
BLACKLOCKS VENNEL
Sch
HALLIDAY TERR
GLEBE TERR
Hotel
PO
BRUCE ST
CASTLEHILL GATE
WELL VENNEL
Cvn Pk
Burnside
STANEDYKE CT
CAMPBELL CT
STANEDYKE CRES
1 JAFFRAY CT
BLAE MEADOW AVE
Mayfield
HIGH ST
CH
KIRK LOCH BRAE
BALCASTLE GDNS
LOCKERBIE RD
BRUCE ST
Kirk Loch
Castle Hill
MOUNSEY'S WYND
CASTLEVIEW GDNS
ANNAN RD
A709
Innerfield
DG11
Priesthead Hill
Gallows Hill
B7020
Priesthead
Broadchapel
Sewage Works
Blackrig
Cemy
Castlehill
A709
Lochside Plantation
Marlake Burn
Marmeadow Plantation
Vendace Burn
Castle Loch (Nature Reserve)
Vallance Rig
Lochmaben Castle
Parkfoot
Castle Wood
Smallrigg
Castle Mains
Valison Burn
Brown Hill
Foulbridge Wood
Marlake Cottage
Gilmourbanks
Marlake Bridge
Hightae Mill Loch (Nature Reserve)
Limekilns Rig
Hightae Moss
B7020
Heck Bridge

86 86 86

64 64 65

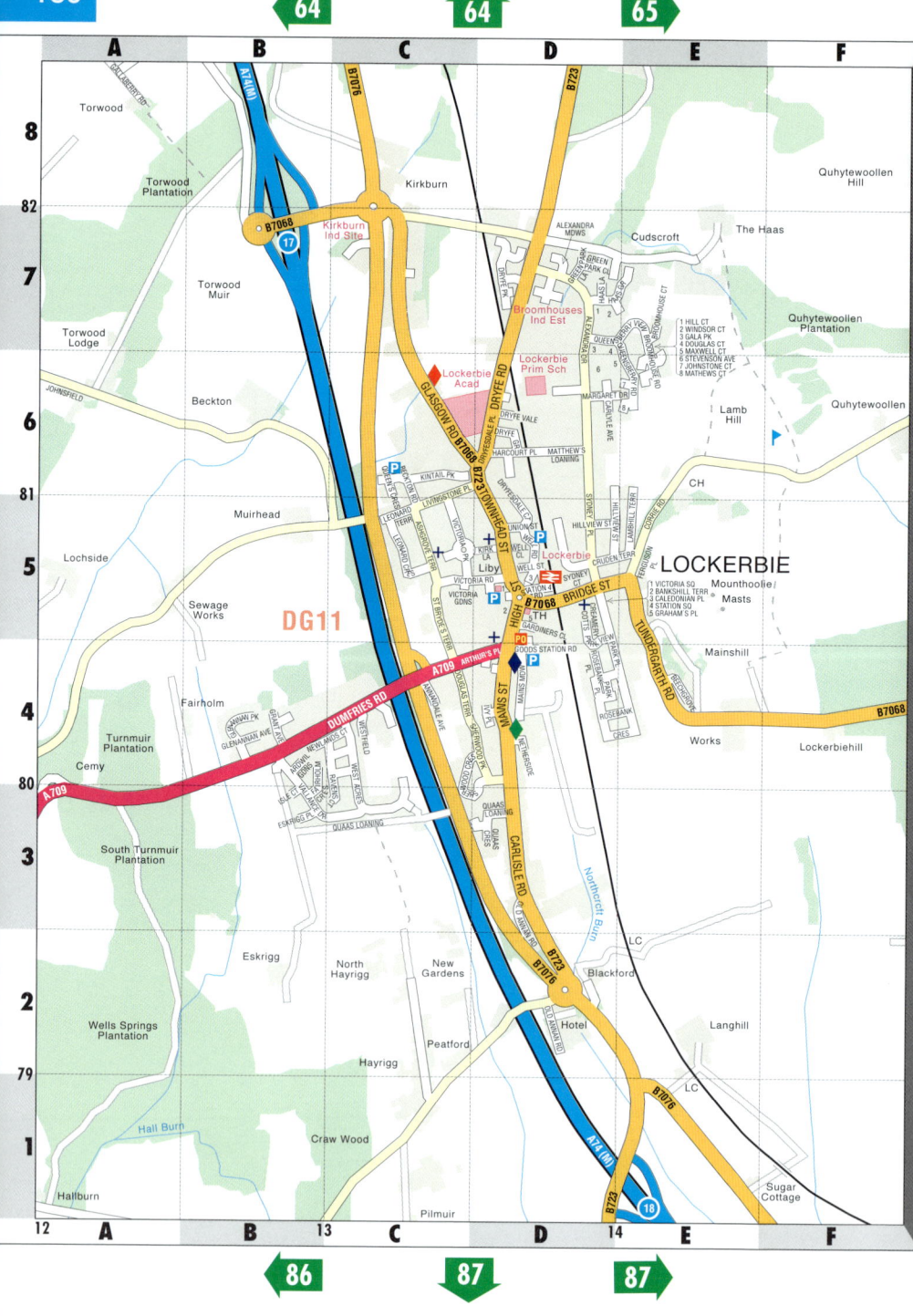

A B C D E F
8
82
7
6
81
5
4
80
3
2
79
1
12 13 14
Torwood
Torwood Plantation
Torwood Muir
Torwood Lodge
Beckton
Muirhead
Lochside
Sewage Works
DG11
Fairholm
Turnmuir Plantation
Cemy
South Turnmuir Plantation
Eskrigg
Wells Springs Plantation
Hall Burn
Hallburn
North Hayrigg
Hayrigg
Craw Wood
New Gardens
Peatford
Pilmuir
Kirkburn
Kirkburn Ind Site
Broomhouses Ind Est
Lockerbie Acad
Lockerbie Prim Sch
Lockerbie
LOCKERBIE
Liby
TH
PO
Cudscroft
The Haas
Quhytewoollen Hill
Quhytewoollen Plantation
Quhytewoollen
Lamb Hill
CH
Mounthoolie
Masts
Mainshill
Works
Lockerbiehill
Northcroft Burn
LC
Blackford
Hotel
Langhill
Sugar Cottage
A74(M)
B7076
B723
B7068
A709
17
18
GLASGOW RD
DRYFE RD
TOWNHEAD ST
HIGH ST
MAINS ST
CARLISLE RD
BRIDGE ST
DUMFRIES RD
ARTHUR'S PL
TUNDERGARTH RD
ALEXANDRA MDWS
ALEXANDRA DR
GREEN PARK
GREEN PARK CL
SYDNEY PL
HILLVIEW ST
HILLVIEW TERR
LAMBHILL TERR
CORRIE RD
FERGUSON PL
CRUDEN TERR
SYDNEY CT
STATION RD
GOODS STATION RD
GARDINERS CL
CREAMERY
COTTS
VIEW PARK PL
ROSEBANK PL
ROSEBANK PARK
ROSEBANK CRES
BEECHGROVE
MARGARET DR
CARLYLE AVE
QUEENSBERRY VIEW
QUEENSBERRY RD
BROOMHOUSE CT
BROOMHOUSE RD
1 HILL CT
2 WINDSOR CT
3 GALA PK
4 DOUGLAS CT
5 MAXWELL CT
6 STEVENSON AVE
7 JOHNSTONE CT
8 MATHEWS CT
1 VICTORIA SQ
2 BANKSHILL TERR
3 CALEDONIAN PL
4 STATION SQ
5 GRAHAM'S PL
DRYFE PK
DRYFE VALE
DRYFE GR
DRYFESDALE PL
DRYFESDALE CT
HARCOURT PL
MATTHEW'S LOANING
KINTAIL PK
BECKTON RD
QUEEN'S CRES
LIVINGSTONE PL
LEONARD TERR
LEONARD CRES
ASHGROVE TERR
VICTORIA PK
VICTORIA RD
VICTORIA GDNS
KIRK LA
UNION ST
WELL RD
WELL CL
WELL ST
ST BRYDE'S TERR
ANNANDALE AVE
DOUGLAS TERR
SHERWOOD PK
SHERWOOD CRES
IVY PL
MAINS MDW
NETHERSIDE
QUAAS LOANING
QUAAS CRES
OLD ANNAN RD
GLENANNAN PK
GLENANNAN AVE
GRANT AVE
NEWLANDS CT
WESTFIELD
WEST ACRES
ARDWIL GDNS
FAIRHOLM
RAVENS CT
VALLANCE DR
ISLE CT
ESKRIGG PL
JOHNSFIELD
GALLABERRY RD

86 87 87

100 100 100

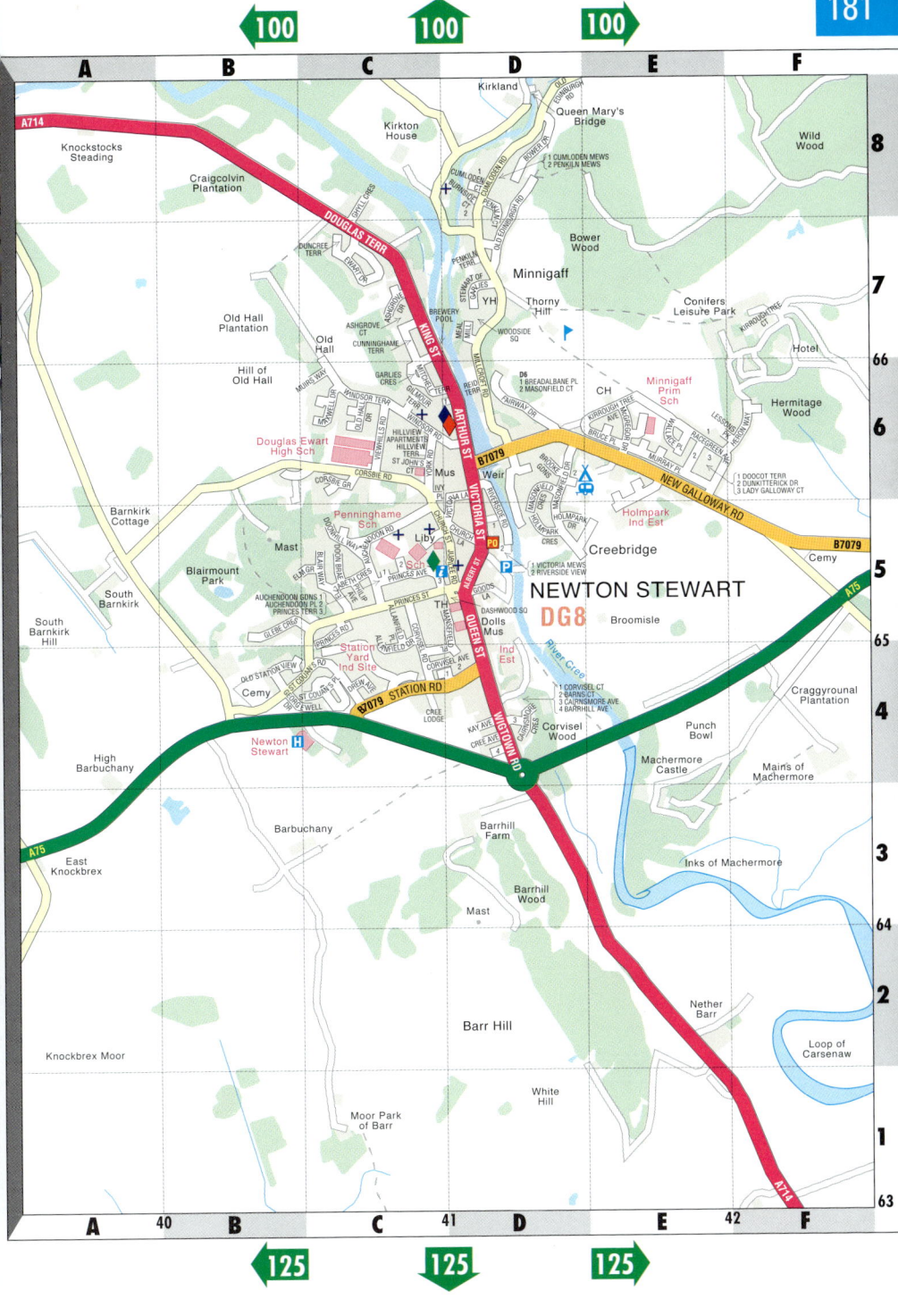
A
B
C
D
E
F
8
7
66
6
5
65
4
3
64
2
1
63
40
41
42
NEWTON STEWART
DG8
A714
A75
B7079
Kirkland
Queen Mary's Bridge
OLD EDINBURGH RD
Kirkton House
Knockstocks Steading
Craigcolvin Plantation
Wild Wood
1 CUMLODEN MEWS
2 PENKILN MEWS
CUMLODEN RD
BOWER DR
CUMLODEN CT
BURNSIDE CT
PENKILN CT
OLD EDINBURGH RD
Bower Wood
DOUGLAS TERR
GHYLL CRES
DUNCREE TERR
EWART DR
PENKILN TERR
STEWART OF GARLIES
Minnigaff
YH
Thorny Hill
Conifers Leisure Park
KIRROUGHTREE CT
Hotel
Old Hall Plantation
ASHGROVE DR
ASHGROVE CT
BREWERY POOL
CUNNINGHAME TERR
MEAL MILL
WOODSIDE SQ
MILLCROFT RD
Old Hall
Hill of Old Hall
GARLIES CRES
KING ST
MITCHELL TERR
REID TERR
D6
1 BREADALBANE PL
2 MASONFIELD CT
Minnigaff Prim Sch
Hermitage Wood
CH
MUIRS WAY
WINDSOR TERR
GILMOUR TERR
FAIRWAY DR
KIRROUGH TREE AVE
McGREGOR DR
WALLACE PL
LESSONS PK
HERON WAY
MAXWELL DR
OLD HALL DR
VIEWHILLS RD
WINDSOR RD
ARTHUR ST
BRUCE PL
RACEGREEN AVE
MURRAY PL
Douglas Ewart High Sch
HILLVIEW APARTMENTS
HILLVIEW TERR
ST JOHN'S CT
YORK RD
Weir
BROOKE GDNS
MASONFIELD DR
NEW GALLOWAY RD
1 DOOCOT TERR
2 DUNKITTERICK DR
3 LADY GALLOWAY CT
CORSBIE RD
CORSBIE GR
Mus
IVY PL
VICTORIA ST
RIVERSIDE RD
MASONFIELD CRES
HOLMPARK DR
HOLMPARK CRES
Holmpark Ind Est
Barnkirk Cottage
Penninghame Sch
Liby
CHURCH ST
CHURCH LA
DOONHILL WAY
AUCHENDOON RD
Mast
PO
Creebridge
Cemy
ELM GR
BLAIR WAY
DOON BRAE
ELIZABETH CRES
PHILIP AVE
Sch
PRINCES AVE
JUBILEE RD
ALBERT ST
1 VICTORIA MEWS
2 RIVERSIDE VIEW
Blairmount Park
South Barnkirk
AUCHENDOON GDNS 1
AUCHENDOON PL 2
PRINCES TERR 3
PRINCES ST
TH
GOODS LA
DASHWOOD SQ
Dolls Mus
Broomisle
South Barnkirk Hill
GLEBE CRES
PRINCES RD
ALLANFIELD PL
ALLANFIELD DR
CORVISEL RD
MANSFIELD
QUEEN ST
Station Yard Ind Site
Ind Est
River Cree
OLD STATION VIEW
ST COUAN'S RD
ST COUAN'S PL
DREW AVE
CORVISEL AVE
STATION RD
1 CORVISEL CT
2 BARNS CT
3 CAIRNSMORE AVE
4 BARRHILL AVE
Craggyrounal Plantation
Cemy
GEORGE ST
EWELL
CREE LODGE
KAY AVE
CAIRNSMORE CRES
Corvisel Wood
Punch Bowl
Newton Stewart
H
CREE AVE
WIGTOWN RD
High Barbuchany
Machermore Castle
Mains of Machermore
Barbuchany
Barrhill Farm
East Knockbrex
Inks of Machermore
Barrhill Wood
Mast
Nether Barr
Barr Hill
Loop of Carsenaw
Knockbrex Moor
White Hill
Moor Park of Barr

125 125 125

119
119

A
B
C
D
E
F
8
7
6
5
4
3
2
1
62
61
60
59
04
05
06
McCulloch's Point
Braefield
Poultry Farm
A718
LESWALT RD
Spirrey
Loch Ryan
1 KINTYRE CT
2 ARRAN CT
SHEUCHAN ST
B737
Liddesdale
House
BROOKFIELD
AVE
SPRING BANK RD
LEAFIELD
RISE
Sheuchan
Prim Sch
IRB Sta
West Pier
SHEUCHAN LA
HAMILTON
CT
Agnew Park
Stranraer
Harbour
East Pier
E5
1 NORTH STRAND ST
2 SOUTH STRAND ST
3 CASTLE ST
4 ST ANDREW ST
5 THISTLE ST
6 CALEDONIA CT
7 TRADES CT
8 GREENVALE CT
Ferry
Terminal
Springbank
LESWALT HIGH RD
AGNEW CRES
PRINCES ST
MARKET ST
HARBOUR ST
A717
PORT RODIE
CAIRNRYAN RD
A77
STAIR DR
STRANRAER
ENCLIFFE
LA
Mus
Liby
SUN ST
HANOVER ST
LONDON RD
A75
1 ASTON TERR
2 CLIFTON TERR
3 CARLTON TERR
4 BIRNAM PL
Stair
Park
Cts
Park
Sch
STATION ST
Thistle
Bsns Pk
Gallow Hill
Mast
Gallowhill
House
Cemy
LEWIS ST
EDINBURGH RD
DALRYMPLE ST
Coll
Galloway
Com
St
Joseph's
RC Sch
Gallowhill
Farm
1 AILSA GAIT WAY
2 ARCHYSWELL LA
Black Parks
Peter's
Hill
Hillside
Piggeries
Piltanton Burn
Belmont
Sch
DG9
COMMERCE RD
Greenfield
Mid
Auchtralure
Blackparks
Ind Est
Auchtralure
Ochtrelure
Southern Upland Way
STONEYKIRK RD
Clashmahew
Crailloch Burn
Upper Piltanton
Bridge
Crailloch
Bridgend
Spoutwells
Culreoch
Smallholdings
Knockglass
Bridge
Dunbae
Hill
Low
Knockglass
Dunbae

119
119

120
120

A
B
C
D
E
F
8
62
7
6
61
5
4
60
3
2
59
1
07
08
09
Loch Ryan
A77
Beech Cottage
Seat Hill
A751
Inch Parks
Inchparks Cottages
Macneilie Hill
Cairn Macneilie
Low Balyett
Balyett Moss
Sandmill Farm
Hamilton Wood
LOCHVIEW CRES
Bishop Burn Bridge
CAIRNRYAN RD
Bishop Burn
Inch Parks Croft
Clachanpluck
PALMER DR
SANDMILL CRES
FAIRWAY
BAYVIEW RD
KILMIRREN AVE
ROSS AVE
BRAIDVIEW AVE
EASTWOOD AVE
CULHORN RD
BURNSIDE TERR
PROVOST RD
WHINBANK TERR
SCHOOL RD
BRAEWOOD GR
AIRD AVE
MCMASTER'S RD
CAIRNPORT RD
FELLVIEW RD
LADIES WLK
New Bridge of Aird
Stirk Park Wood
Rephad Prim Sch
Aird Sch
Stranraer Acad
LONDON RD
Black Stank
LOCHINCH PL
WESTWOOD AVE
DG9
A75
AIRD DONALD CVN PK
Rhodora Villa
Auchrochar Bank
Donald Parks
Two Mile Howe
Aird
COMMERCE RD
OLD MILITARY RD
Folly Wood
Culhorn Parks
LC
Lime Kiln
Loch Magillie
Southern Upland Way
Witches' Howe
Culhorn Loch
Gala Hill
Big Plantation
Guyon's Brae Wood
Deer Park
The Kennels
Craig Spier
Galahill
Barrack Hill Wood
Crancree Hill
Soulseat Loch
Culhorn Mains
Black Stank
High Boreland

120
120

131 131 131

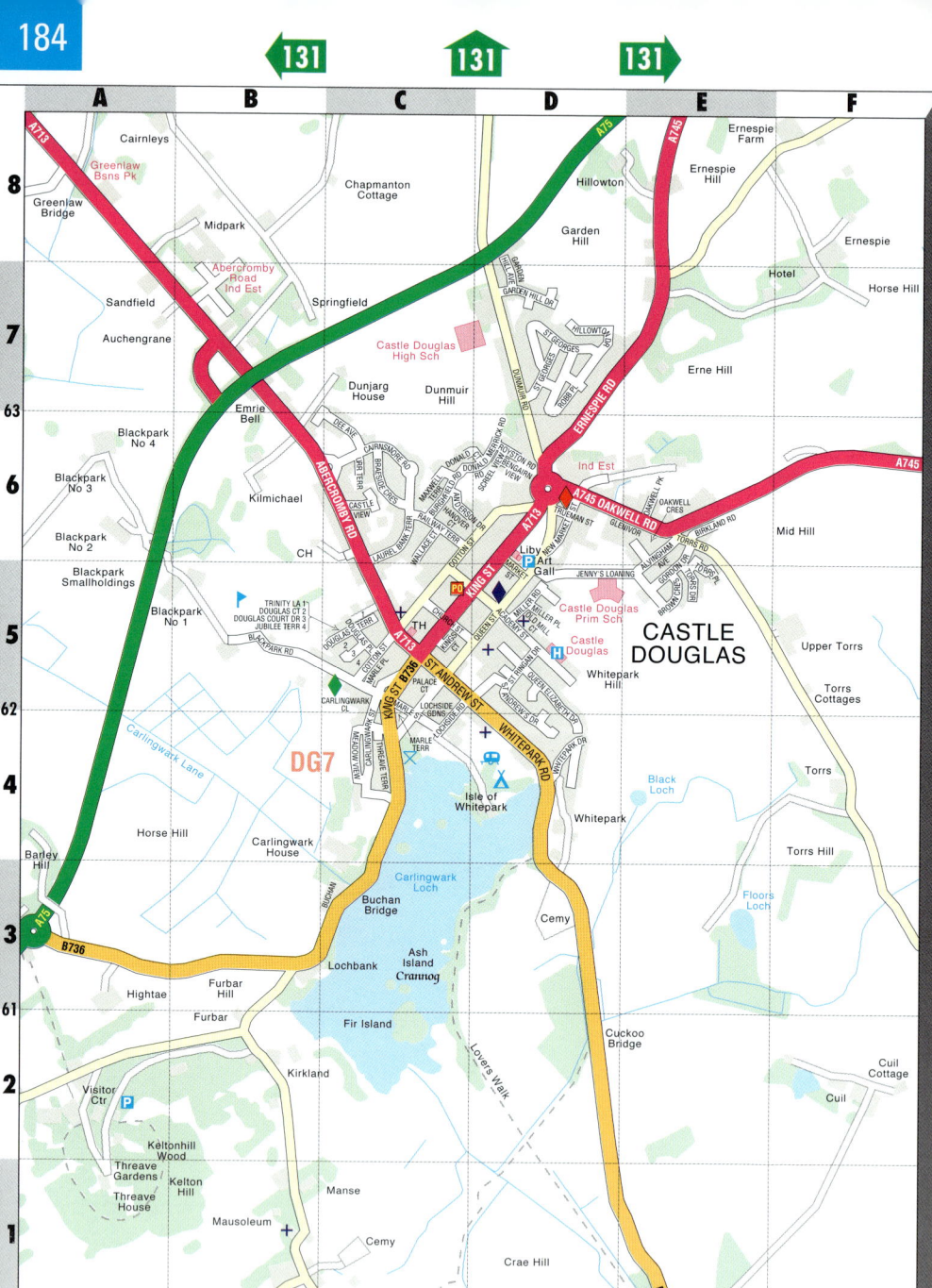
A
B
C
D
E
F
8
7
63
6
5
62
4
3
61
2
1
60
75
76
77
A713
A75
A745
B736
Cairnleys
Greenlaw Bsns Pk
Greenlaw Bridge
Chapmanton Cottage
Ernespie Farm
Ernespie Hill
Hillowton
Midpark
Garden Hill
Ernespie
Abercromby Road Ind Est
Hotel
Horse Hill
Sandfield
Springfield
GARDEN HILL AVE
GARDEN HILL DR
HILLOWTON DR
ST GEORGES
Auchengrane
Castle Douglas High Sch
Erne Hill
DUNMUIR RD
ROBB PL
ERNESPIE RD
Dunjarg House
Dunmuir Hill
Emrie Bell
Blackpark No 4
DEE AVE
CAIRNSMORE RD
MERRICK RD
ROYSTON RD
BENGAIRN VIEW
SCREEL VIEW
DONALD RD
Ind Est
Blackpark No 3
URR TERR
BRAESIDE CRES
MAXWELL TERR
BURGHFIELD RD
ANDERSON DR
HANOVER CT
RAILWAY TERR
CASTLE VIEW
ABERCROMBY RD
Kilmichael
A745 OAKWELL RD
OAKWELL PK
OAKWELL CRES
TRUEMAN ST
GLENIVOR
BIRKLAND RD
TORRS RD
Mid Hill
Blackpark No 2
CH
LAUREL BANK TERR
WALLACE CT
COTTON ST
NEW MARKET ST
Liby
Art Gall
ALVINGHAM AVE
GORDON DR
TORRS PL
TORRS DR
BROWN CRES
Blackpark Smallholdings
KING ST
MARKET ST
JENNY'S LOANING
PO
TRINITY LA 1
DOUGLAS CT 2
DOUGLAS COURT DR 3
JUBILEE TERR 4
Blackpark No 1
TERR
DOUGLAS TERR
DOUGLAS PL
CHURCH ST
KINGS CT
QUEEN ST
ACADEMY ST
MILLER RD
MILLER PL
OLD MILL CT
Castle Douglas Prim Sch
Castle Douglas
CASTLE DOUGLAS
Upper Torrs
TH
BLACKPARK RD
COTTON ST
MARLE PL
A713
KING ST B736
ST ANDREW ST
PALACE CT
ST RINGAN DR
QUEEN ELIZABETH DR
ST ANDREW'S DR
Whitepark Hill
Torrs Cottages
CARLINGWARK CL
LOCHSIDE GDNS
LOCHSIDE RD
MARLE ST
CARLINGWARK ST
MEADOW VIEW
THREAVE TERR
MARLE TERR
WHITEPARK RD
WHITEPARK DR
Carlingwark Lane
DG7
Isle of Whitepark
Black Loch
Torrs
Whitepark
Horse Hill
Carlingwark House
Torrs Hill
Barley Hill
Carlingwark Loch
BUCHAN
Buchan Bridge
Floors Loch
Cemy
Ash Island
Crannog
Lochbank
Furbar Hill
Hightae
Furbar
Fir Island
Cuckoo Bridge
Lovers Walk
Kirkland
Visitor Ctr
P
Cuil Cottage
Cuil
Keltonhill Wood
Threave Gardens
Kelton Hill
Threave House
Manse
Mausoleum
Cemy
Crae Hill
Mid Kelton

131 131 131

132 132 133

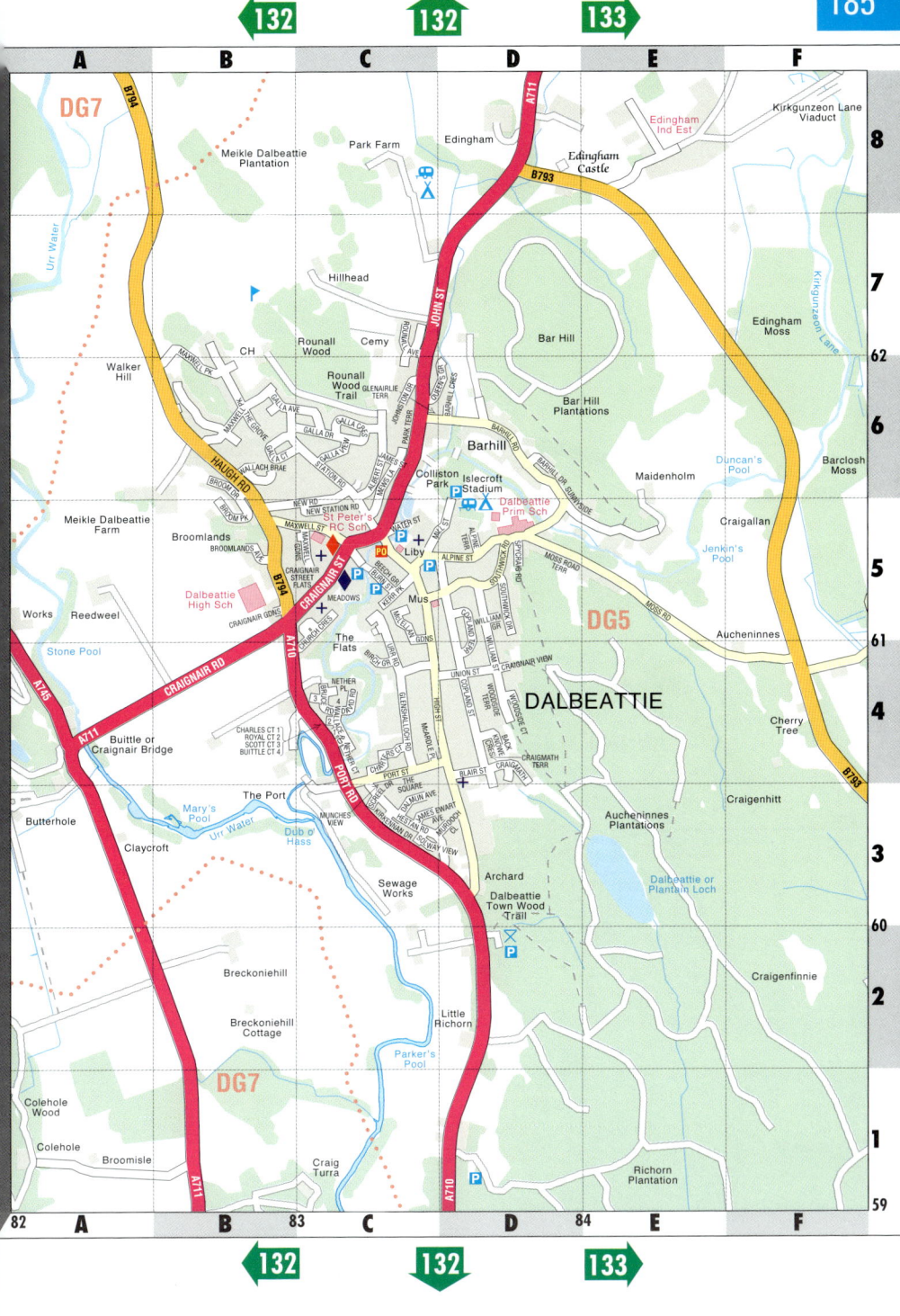

A B C D E F
8 7 6 5 4 3 2 1
62 61 60 59
82 83 84
DG7
DG5
DG7
B794
A711
B793
A710
A745
Meikle Dalbeattie Plantation
Park Farm
Edingham
Edingham Ind Est
Edingham Castle
Kirkgunzeon Lane Viaduct
Urr Water
Hillhead
JOHN ST
Bar Hill
Edingham Moss
Kirkgunzeon Lane
Walker Hill
CH
Rounall Wood
Cemy
Rounall Wood Trail
MAXWELL PK
GLENAIRLIE TERR
ROUNALL AVE
QUEEN'S GR
BARHILL CRES
JOHNSTON DR
Bar Hill Plantations
MAXWELL PK
THE GROVE
GALLA AVE
GALLA CRES
GALLA DR
GALLA VIEW
GALLA CT
PARK TERR
Barhill
BARHILL RD
BARHILL DR
SUNNYSIDE
Duncan's Pool
Barclosh Moss
HAUGH RD
WALLACH BRAE
STATION RD
ALBERT ST
JAMES ST
MEWS LA
Colliston Park
Islecroft Stadium
Maidenholm
BROOM DR
BROOM PK
NEW RD
NEW STATION RD
Dalbeattie Prim Sch
Meikle Dalbeattie Farm
MAXWELL ST
St Peter's RC Sch
WATER ST
MILL ST
Craigallan
Broomlands
BROOMLANDS AVE
MAXWELL GDNS
Liby
ALPINE TERR
SOUTHWICK RD
SPYCRAIG RD
MOSS ROAD TERR
Jenkin's Pool
PO
ALPINE ST
CRAIGNAIR STREET FLATS
BEECH GR
BURN ST
KERR PK
CRAIGNAIR ST
MEADOWS
Mus
Dalbeattie High Sch
Works
Reedweel
CRAIGNAIR GDNS
CHURCH CRES
MCLELLAN GDNS
COPLAND TERR
WILLIAM GR
SOUTHWICK DR
MOSS RD
Aucheninnes
Stone Pool
The Flats
BIRCH GR
URR RD
UNION ST
WILLIAM ST
CRAIGNAIR VIEW
CRAIGNAIR RD
NETHER PL
BRUCE RD
DAVID RD
GLENSHALLOCH RD
HIGH ST
COPLAND ST
WOODSIDE TERR
WOODSIDE CT
DALBEATTIE
Cherry Tree
Buittle or Craignair Bridge
CHARLES CT 1
ROYAL CT 2
SCOTT CT 3
BUITTLE CT 4
WALLACE RD
NETHER CT
McARDLE PL
KNOWE CRES
BACK
CRAIGMATH TERR
CRAIGMATH
CHARTERS CT
PORT ST
BLAIR ST
PORT RD
The Port
THE SQUARE
SCREEL DR
DALMUN AVE
JAMES EWART AVE
HESTAN RD
MURDOCH CL
KIRKENNAN DR
SOLWAY VIEW
Craigenhitt
Butterhole
Mary's Pool
Urr Water
MUNCHES VIEW
Dub o' Hass
Auchenines Plantations
Claycroft
Archard
Dalbeattie or Plantain Loch
Sewage Works
Dalbeattie Town Wood Trail
Craigenfinnie
Breckoniehill
Little Richorn
Breckoniehill Cottage
Parker's Pool
Colehole Wood
Colehole
Broomisle
Craig Turra
Richorn Plantation

132 132 133

138 113 139

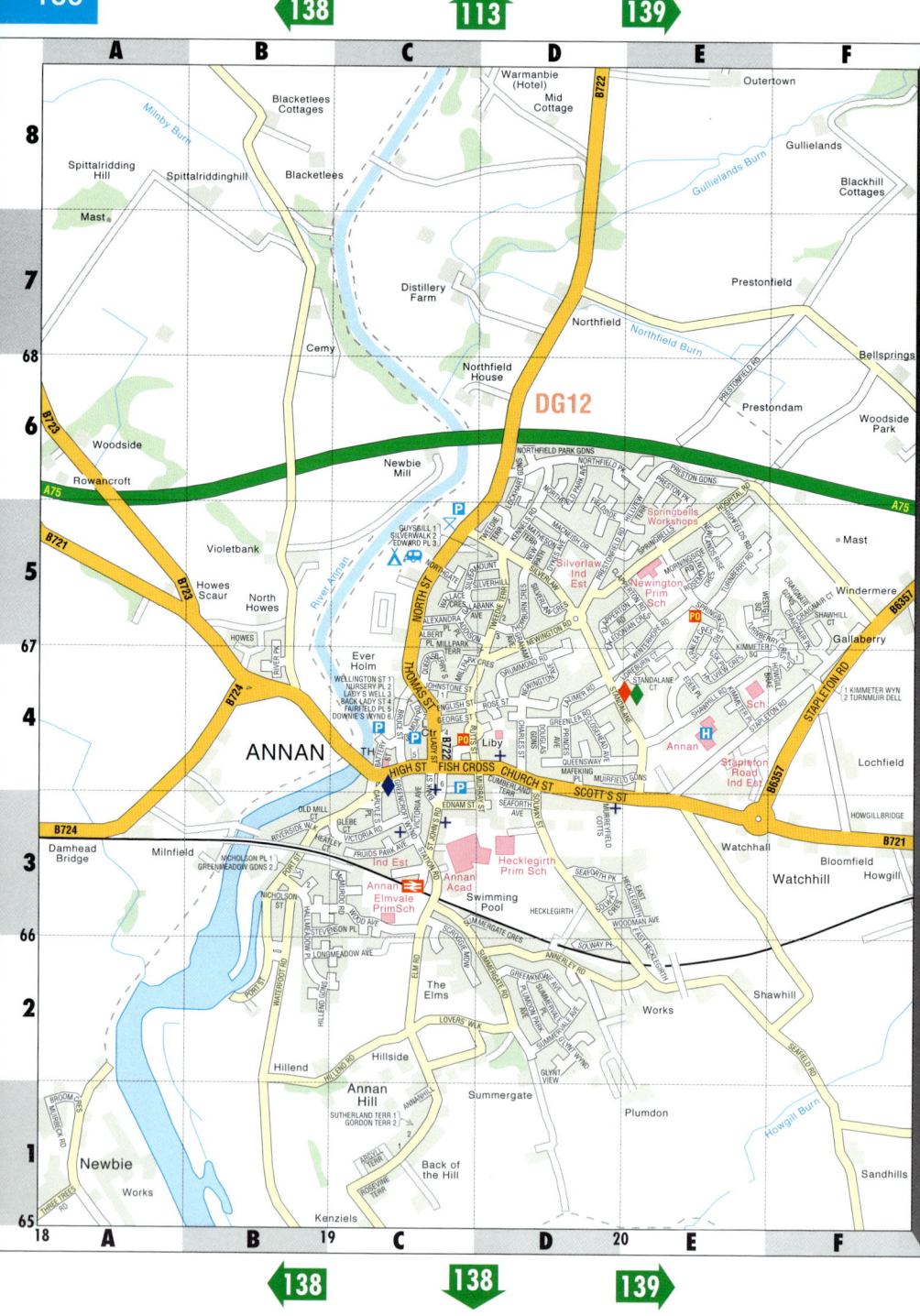

A B C D E F
8 7 68 6 5 67 4 3 66 2 1 65
18 19 20
Warmanbie (Hotel)
Mid Cottage
Outertown
Blacketlees Cottages
Milnby Burn
Gullielands
Gullielands Burn
Blackhill Cottages
Spittalridding Hill
Spittalriddinghill
Blacketlees
Mast
Distillery Farm
Prestonfield
Northfield
Northfield Burn
Cemy
Bellsprings
Northfield House
DG12
PRESTONFIELD RD
Prestondam
Woodside Park
B722
B723
Woodside
Rowancroft
A75
Newbie Mill
NORTHFIELD PARK GDNS
NORTHFIELD PK
PRESTON GDNS
PRESTON PK
HOSPITAL RD
Springbells Workshops
B721
Violetbank
GUYSGILL 1
SILVERWALK 2
EDWARD PL 3
Mast
Silverlaw Ind Est
Newington Prim Sch
River Annan
Howes Scaur
North Howes
Windermere
B6357
NORTH ST
Gallaberry
HOWES
RIVER PK
Ever Holm
WELLINGTON ST 1
NURSERY PL 2
LADY'S WELL 3
BACK LADY ST 4
FAIRFIELD PL 5
DOWNIE'S WYND 6
THOMAS ST
NEWINGTON RD
STANDALANE
STANDALANE CT
1 KIMMETER WYN
2 TURNMUIR DELL
B724
Sch
STAPLETON RD
ANNAN
TH
Ctr
Liby
Annan
Stapleton Road Ind Est
Lochfield
HIGH ST
FISH CROSS
CHURCH ST
SCOTT'S ST
B6357
B724
OLD MILL CT
HOWGILLBRIDGE
Damhead Bridge
Milnfield
RIVERSIDE WK
VICTORIA RD
FRUIDS PARK AVE
Watchhall
B721
NICHOLSON PL 1
GREENMEADOW GDNS 2
Ind Est
Hecklegirth Prim Sch
Bloomfield
Howgill
Watchhill
Annan Acad
Annan
Elmvale PrimSch
Swimming Pool
HECKLEGIRTH
SUMMERGATE CRES
ANNERLEY RD
The Elms
Shawhill
Works
LOVERS' WLK
Hillend
HILLEND RD
Hillside
GLYNT VIEW
Annan Hill
Summergate
Plumdon
SUTHERLAND TERR 1
GORDON TERR 2
Howgill Burn
SEAFIELD RD
BROOM CRES
MUIRBECK RD
Newbie
Works
THREE TREES RD
ARGYLL TERR
ROSEVINE TERR
Back of the Hill
Sandhills
Kenziels

138 138 139

115 115 116 116

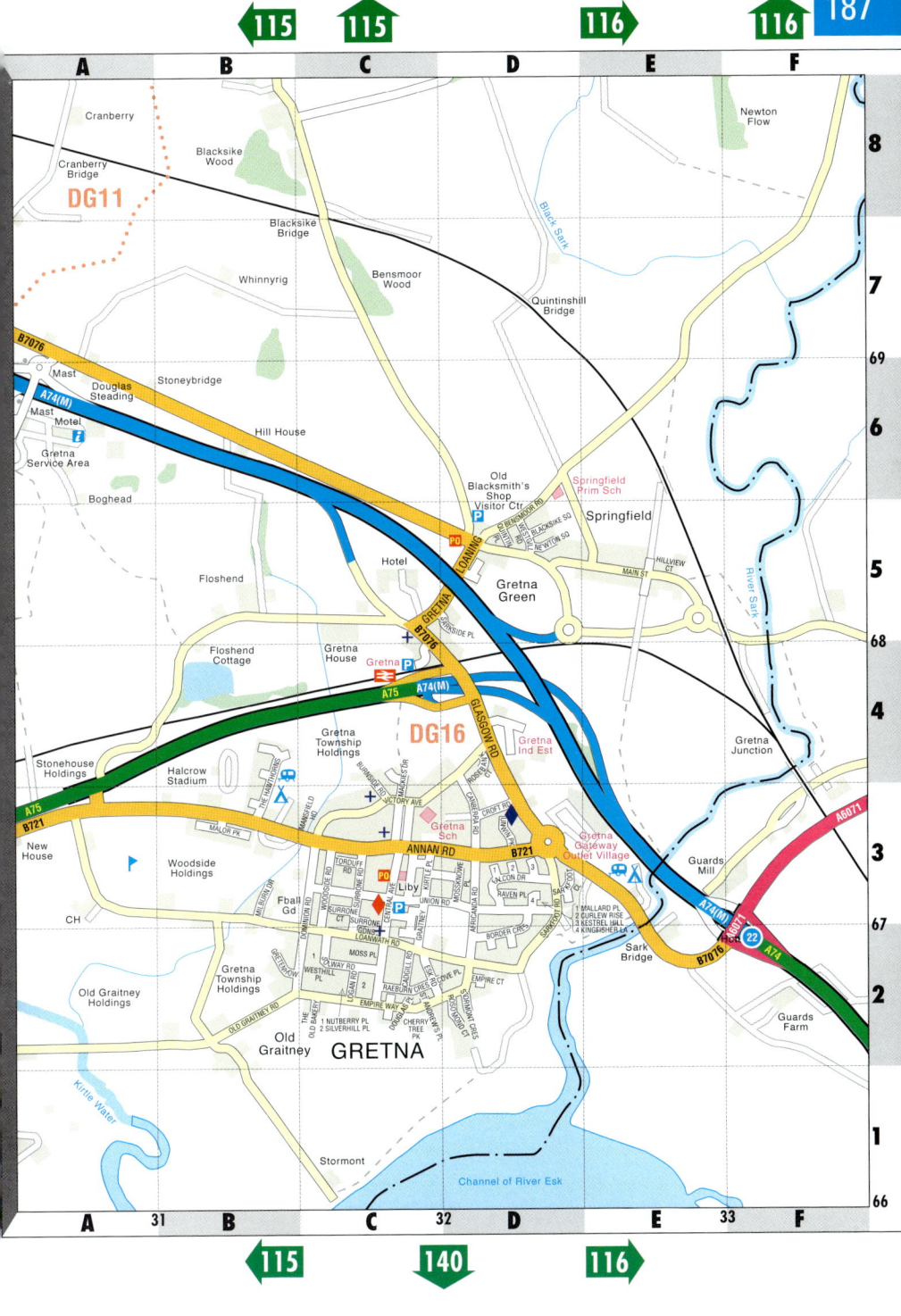

A B C D E F
8 7 69 6 5 68 4 3 67 2 1 66
31 32 33
Cranberry
Cranberry Bridge
DG11
Blacksike Wood
Blacksike Bridge
Whinnyrig
Bensmoor Wood
Newton Flow
Black Sark
Quintinshill Bridge
B7076
Mast
Douglas Steading
Stoneybridge
A74(M)
Mast
Motel
Gretna Service Area
Hill House
Boghead
Old Blacksmith's Shop Visitor Ctr
Springfield Prim Sch
Springfield
BENSMOOR RD
QUINTIN PL
WESTGILL RD
BLACKSIKE SQ
NEWTON SQ
LOANING
MAIN ST
HILLVIEW CT
Hotel
Floshend
Gretna Green
River Sark
GRETNA
SARKSIDE PL
B7076
Floshend Cottage
Gretna House
Gretna
A75
A74(M)
GLASGOW RD
DG16
Gretna Ind Est
Gretna Township Holdings
Gretna Junction
Stonehouse Holdings
Halcrow Stadium
THE HAWTHORNS
BURNSIDE RD
MACKIES DR
ROSEBANK CT
VICTORY AVE
CANBERRA RD
CROFT RD
UNION PK
MANSFIELD RD
A75
B721
MALOR PK
Gretna Sch
A6071
New House
ANNAN RD
B721
Gretna Gateway Outlet Village
Woodside Holdings
TORDUFF RD
WOODSIDE RD
SURRONE RD
KIRTLE PL
MOSSKNOWE PL
FALCON DR
RAVEN PL
SARKFOOT CL
Guards Mill
Liby
Fball Gd
MILBURN DR
SURRONE CT
SURRONE GDNS
CENTRAL AVE
UNION RD
GRAITNEY
AFRICANDA RD
BORDER CRES
SARKFOOT RD
1 MALLARD PL
2 CURLEW RISE
3 KESTREL HILL
4 KINGFISHER LA
A74(M)
A6071
CH
DOMINION RD
LOANWATH RD
22
Hotel
A74
Sark Bridge
B7076
GRETENHOW
MOSS PL
WESTHILL PL
SOLWAY RD
CADGILL RD
ESK RD
COVE PL
EMPIRE CT
LOGAN RD
RAEBURN CRES
Gretna Township Holdings
Old Graitney Holdings
OLD GRAITNEY RD
EMPIRE WAY
DOUGLAS PL
ST ANDREWS PL
ROSOMOND CT
STORMONT CRES
THE OLD BAKERY
1 NUTBERRY PL
2 SILVERHILL PL
CHERRY TREE PK
Guards Farm
Old Graitney
GRETNA
Kirtle Water
Stormont
Channel of River Esk

115 140 116

148
148
148

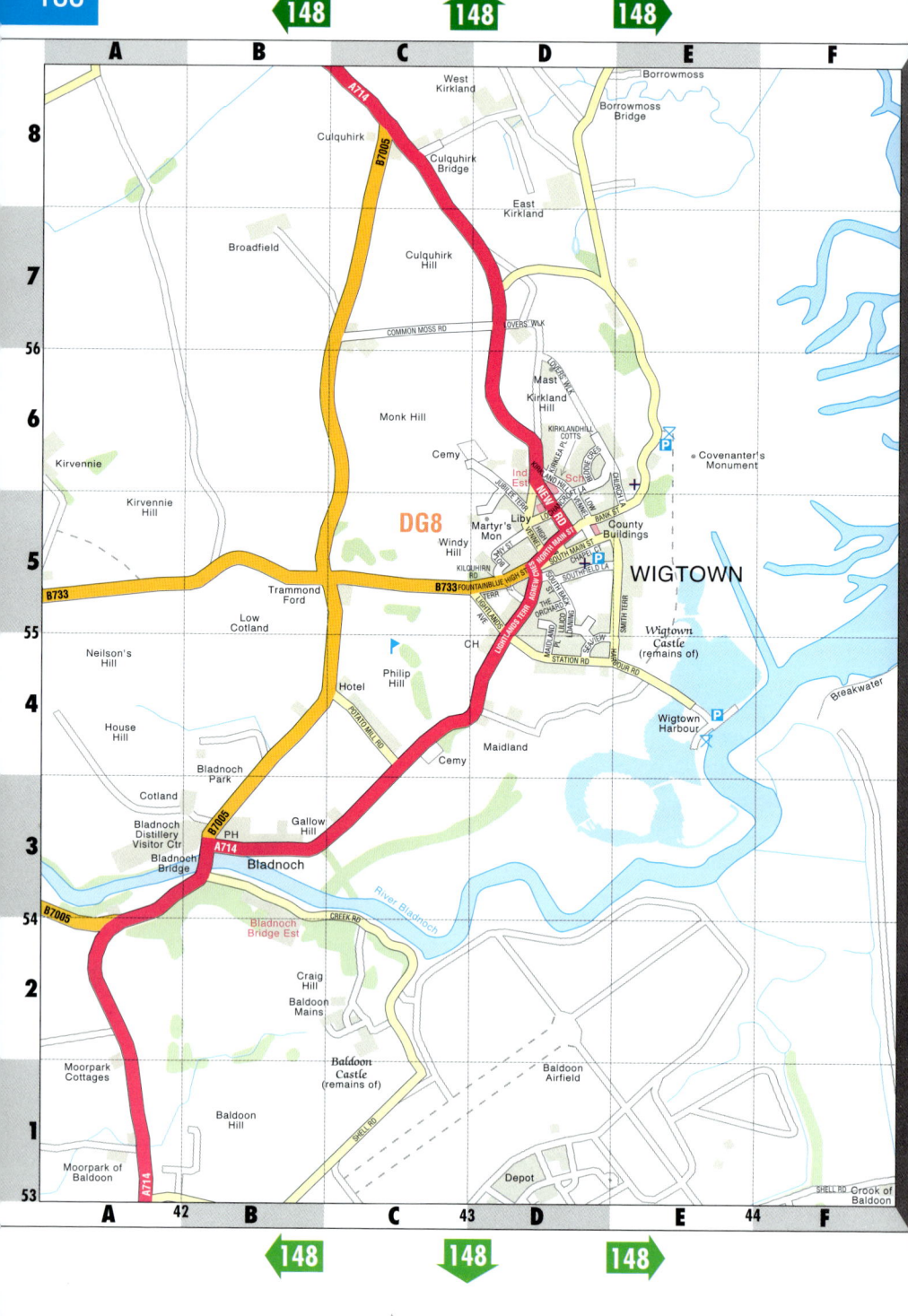
A
B
C
D
E
F
8
7
56
6
5
55
4
3
54
2
1
53
42
43
44
West Kirkland
Borrowmoss
Borrowmoss Bridge
Culquhirk
Culquhirk Bridge
A714
B7005
East Kirkland
Broadfield
Culquhirk Hill
COMMON MOSS RD
LOVERS' WLK
Mast
Kirkland Hill
Monk Hill
KIRKLANDHILL COTTS
Covenanter's Monument
Cemy
Kirvennie
Ind Est
Sch
NEW RD
Kirvennie Hill
DG8
Liby
Martyr's Mon
County Buildings
Windy Hill
WIGTOWN
B733
Trammond Ford
FOUNTAINBLUE HIGH ST
NORTH MAIN ST
SOUTH MAIN ST
BANK ST
CHURCH LA
Low Cotland
SOUTHFIELD LA
SMITH TERR
LIGHTLANDS TERR
AGNEW CRES
Neilson's Hill
CH
Wigtown Castle (remains of)
STATION RD
HARBOUR RD
Philip Hill
Hotel
Breakwater
House Hill
POTATO MILL RD
Wigtown Harbour
Maidland
Cemy
Bladnoch Park
Cotland
Bladnoch Distillery Visitor Ctr
PH
Gallow Hill
Bladnoch Bridge
Bladnoch
River Bladnoch
Bladnoch Bridge Est
CREEK RD
Craig Hill
Baldoon Mains
Baldoon Castle (remains of)
Moorpark Cottages
Baldoon Airfield
Baldoon Hill
SHELL RD
Moorpark of Baldoon
Depot
Crook of Baldoon

148
148
148

152 152 153

A B C D E F
8 7 52 6 5 51 4 3 50 2 1 49
67 68 69
Cumstoun Pool
Spout Plantation
Woodhead Plantation
Cumstoun Bank
Hotel
Mid Boreland Plantation
Kirkland Cottage
Ardendee
Ellenbank
Merse Cottage
Toll Bar Drum
1 HOLROYD CL
2 TELFORD RD
Low Boreland
DG6
Merse Plantation
BORELAND RD
RUTHERFORD CL
A755
Silverdale
Mersecroft
TONGLAND RD
B727
Kirkchrist
Lochfergus Plantation
Galloway Wildlife Conservation Park
Stell Wood
Ind Est
VICTORIA PK
Kirkchrist (remains of) Cemy
Castle Sod
CH
KIRKCUDBRIGHT
Lochfergus
GORDON PL 1
CASTLE GDNS 2
RIVERSIDE CT 3
HARBOUR SQ 4
ST CUTHBERT'S PL 5
BEACONSFIELD PL 6
1 MAXWELL PL
2 MAXWELL WYND
3 JOHNSTON PL
4 GLADSTONE PL
5 ATKINSON PL
6 MANSE PL
7 SHILLINGHILL
MacLellan's Castle (remains of)
Castledykes Point
Kirkcudbright Bridge
A755 BRIDGE ST
ST MARY ST
Johnston Sch
Angel Hill
Cemy
DG6
B727
Dead Wife's Moss
Gartshore Park
PO
ST CUTHBERT ST
ST CUTHBERT RD
Kirkcudbright Acad
Stewartry Mus
TH
Barend Wood Walk
Bar Hill
Stable Isle
Castledykes Prim Sch
Kirkcudbright
C4
1 BUCHANAN WYND
2 WHEATCROFT
3 POLICE CL
4 FISHER'S ST
5 RANKINE PL
6 TANPITS CL
7 TOWN WALLS CL
8 MACLELLAN CL
9 PIPERS CT
10 CHURCH ROW
11 CHURCH PL
12 ST MARY'S PL
13 TOWNEND
14 BARRHILL RD
Janet's Plantation
Mast
Barrhill Wood
Kirkland Hill Mast
Gibb Hill
Gibbhill Point
River Dee
St Cuthbert's Prim Sch
Low Kirkland
1 SEGGIES
2 ROSSWAY HILL
3 ROSSWAY RD
Long Acre
High Kirkland
Great Cross
Park House
Cannee
Sand Side
Moss Bank Plantation
Sounding Kettle
Cow Green
Black Moray Plantation
Moss Bank Plantation
Drumcroy
Buckland Burn
Laundry Cottage
Stables Cottage
Manxman's Lake
Orchard Banks Plantation
Slate Harbour
Corbie Nest
St Mary's Isle
Auchenflower Plantation
A711

165 165 166 166

Index

Place name May be abbreviated on the map

Location number Present when a number indicates the place's position in a crowded area of mapping

Locality, town or village Shown when more than one place has the same name

Postcode district District for the indexed place

Page and grid square Page number and grid reference for the standard mapping

Church Rd 6 Beckenham BR2..........53 C6

Public and commercial buildings are highlighted in magenta **Places of interest are highlighted in blue with a star★**

Abbreviations used in the index

Acad	**Academy**	Comm	**Common**	Gd	**Ground**	L	**Leisure**	Prom	**Promenade**
App	**Approach**	Cott	**Cottage**	Gdn	**Garden**	La	**Lane**	Rd	**Road**
Arc	**Arcade**	Cres	**Crescent**	Gn	**Green**	Liby	**Library**	Recn	**Recreation**
Ave	**Avenue**	Cswy	**Causeway**	Gr	**Grove**	Mdw	**Meadow**	Ret	**Retail**
Bglw	**Bungalow**	Ct	**Court**	H	**Hall**	Meml	**Memorial**	Sh	**Shopping**
Bldg	**Building**	Ctr	**Centre**	Ho	**House**	Mkt	**Market**	Sq	**Square**
Bsns, Bus	**Business**	Ctry	**Country**	Hospl	**Hospital**	Mus	**Museum**	St	**Street**
Bvd	**Boulevard**	Cty	**County**	HQ	**Headquarters**	Orch	**Orchard**	Sta	**Station**
Cath	**Cathedral**	Dr	**Drive**	Hts	**Heights**	Pal	**Palace**	Terr	**Terrace**
Cir	**Circus**	Dro	**Drove**	Ind	**Industrial**	Par	**Parade**	TH	**Town Hall**
Cl	**Close**	Ed	**Education**	Inst	**Institute**	Pas	**Passage**	Univ	**University**
Cnr	**Corner**	Emb	**Embankment**	Int	**International**	Pk	**Park**	Wk, Wlk	**Walk**
Coll	**College**	Est	**Estate**	Intc	**Interchange**	Pl	**Place**	Wr	**Water**
Com	**Community**	Ex	**Exhibition**	Junc	**Junction**	Prec	**Precinct**	Yd	**Yard**

Index of localities, towns and villages

A

Abbey Yard 131 A7
Ae 62 B8
Ae Bridgend 62 E5
Amisfield 62 D1
Angel Hill 189 D5
Annan 186 B4
Annan Hill 186 C1
Anwoth 151 A7
Applegarthtown 64 B2
Ardwell 159 C4
Arkleton 49 E2
Auchencairn
Dalbeattie 154 D2
Dumfries 62 B4
Auchenmaig 145 B3
Auldgirth 61 A5

B

Balmaclellan 79 B6
Bankend 110 F3
Bankshill 88 B8
Bargrennan 74 A3
Barhill 185 D6
Barnbarroch 155 C7
Barnhill 176 B7
Barrachan 161 D8
Battlehill 139 A5
Beattock 28 F5
Beeswing 108 E4
Bellsbank 19 A7
Bentpath 48 E1
Blackbank 116 B2
Blackcraig 126 A7
Blackshaw 136 B6
Bladnoch 188 B3
Boreland 46 C2
Borgue 164 F7
Bowness-on-Solway 139 B2
Brae 82 E1
Braehead 148 B3
Breconrae 85 F1
Bridge of Dee 131 A3
Browhouses 140 B4
Brydekirk 113 C5
Burnhead 41 B6

C

Cairngarroch 158 C8
Cairnryan 95 A3
Cample 41 F5
Canonbie 91 C3
Capplegill 15 F4
Cargenbridge 176 D2
Carronbridge 41 B8
Carrutherstown 112 B6
Carsethorn 135 B2
Carsluith 149 C5
Carsphairn 36 B4
Carwinley 117 B8
Castle Douglas 184 E5
Castle Kennedy 120 E2
Castle O'er 47 E3
Catlowdy 92 D3
Caulkerbush 156 E8
Caulside 92 B7
Challoch 100 B2
Chapelknowe 115 E8
Chapel Rossan 159 C4
Clachanmore 158 F5
Clarebrand 131 D8
Clarencefield 137 A8
Clatteringshaws 77 C3
Closeburn 41 E3
Cluden 84 A6
Collin 85 D2
Colvend 155 E5
Corrie Common 65 F5
Corsock 80 F3
Craigencross 119 B6
Crawick 173 B7
Creca 114 C5
Creebridge 181 E5
Creetown 126 F1
Crocketford or Ninemile
Bar 107 E7
Crossleys 84 A7
Crossmichael 106 A2
Culshabbin 146 C1
Cummertrees 137 F6

D

Dalbeattie 185 D4
Dalmellington 19 A8
Dalswinton 61 C4
Dalton 112 C8
Damnaglaur 169 D6
Davington 31 D5
Dinduff 119 B7
Dornock 139 C5
Drummoddie 162 A4
Drummore 169 E7
Drumsleet 176 A1
Dumfries 177 C4
Duncow 61 F2
Dundeugh 55 E6
Dundrennan 166 F6
Dunragit 143 F8
Dunscore 60 C3
Durisdeer 25 F6
Durisdeermill 25 E7

E

Eaglesfield 88 F1
Easton 117 E6
Eastriggs 139 E5
Ecclefechan 88 C1
Elizafield 85 D1
Elrig 160 F6
Enterkinfoot 25 C7
Ericstane 14 E6
Ervie 93 E2
Eskdalemuir 47 E8
Evertown 90 F3
Ewes 49 D1

G

Garlieston 163 D5
Gasstown 177 F5
Gatehouse of Fleet 151 C7
Gatelawbridge 41 F7
Gateside of Tench 177 F5
Gelston 131 E1
Georgetown 177 F2
Girthon 151 C4
Glasserton 171 D5
Glencaple 110 C3
Glenlochar 131 A7
Glenluce 144 E8
Glentrool Village 74 B5
Greenbrae 177 D5
Greenhead 41 E7
Greenhill 86 E6
Greenlea 85 D2
Gretna 187 C2
Gretna Green 187 D5
Greystone 177 B6

H

Halleaths 64 A1
Hardgate 107 C1
Haugh of Urr 107 C1
Heathhall 178 D3
Heck 86 D7
Hightae 86 D5
Hollee 115 A4
Holywood 84 A7
Howes 186 B5

I

Innermessan 120 B6
Irongray 83 D6
Irvington 114 E5
Isle of Man 85 A2
Isle of Whithorn 172 D3
Islesteps 109 F7

J

Johnstonebridge 45 A3

K

Keir Mill 41 A4
Kelloholm 9 B6
Kelton 110 C5
Kendoon 55 F6
Kettleholm 87 C4
Kingholm Quay 110 A8
Kippford 155 C6
Kirkandrews 164 D7
Kirkbean 135 A2
Kirkcolm 94 C3
Kirkconnel 9 A7
Kirkcowan 124 B3
Kirkcudbright 189 E5
Kirkgunzeon 108 B1
Kirkinner 148 B2
Kirkland 40 C1
Kirklinton 117 E2
Kirkmaiden 169 D8
Kirkpatrick Durham 106 F5
Kirkpatrick-Fleming 115 A5
Kirkton 84 D8
Kirtlebridge 114 C7
Kirtleton 89 D7

L

Langholm 68 E3
Larchfield 177 D4
Laurieknowe 176 E4
Laurieston 130 A7
Leswalt 119 B6
Lime Kiln 183 D3
Lincluden 176 E8
Little Ross 165 D2
Loaningfoot 157 C6
Lochanhead 109 A6
Lochans 142 C7
Locharbriggs 178 B5
Lochfield 176 D5
Lochfoot 108 E8
Lochmaben 179 E6
Lochside 176 C8
Lochthorn 178 B3
Lockerbie 180 E5
Longtown 116 F3
Low Boreland 189 E7
Lowthertown 139 E6

M

Marchmount 177 C6
Maxwelltown 176 F4
Mennock 10 C3
Mersecroft 189 C6
Middlebie 88 D3
Middleshaw 87 C2
Mid Kelton 184 C1
Milldamhead 177 D5
Millhousebridge 64 B4
Milngate 63 C5
Milton 107 F5
Minnigaff 181 D7
Minnygap 44 B7
Moat 117 C8
Mochrum 161 B5
Moffat 174 E5
Moniaive 39 F2
Monreith 170 D7
Mossdale 104 E5
Mouswald 111 D7
Mutehill 165 F7

N

Nethermill 63 B6
New Abbey 109 F1
Newbie 138 C5
Newbridge 84 B5
New Galloway 175 D1
New Langholm 68 C3
New Luce 121 E7
Newton 114 F5
Newton Stewart 181 D5
Nithside 176 F6
Noblehill 177 E5
North Kirkbryde 93 F5

O

Ochtrelure 182 C2

Old Bridge of Urr 106 E2
Old Graitney 187 B2

P

Palnackie 155 A7
Palnure 126 C6
Park 41 F2
Parkgate 62 E6
Parton 105 C5
Penpont 40 F5
Pinminnoch 141 E5
Plantationfoot 45 C5
Port Carlisle 139 D2
Portling 156 A5
Port Logan 168 B7
Portpatrick 141 B4
Port William 161 A2
Powfoot 137 F5
Prestonmill 157 C8

R

Racks 85 C1
Rhonehouse 131 B2
Rigg 140 C6
Ringford 152 E8
Rockcliffe 155 D4
Roucan 85 C4
Rowanburn 91 F3
Ruthwell 137 B7

S

St Ann's 44 E4
St John's Town of Dalry 175 B7
St Mary's Isle 189 A1
Sandhead 142 F1
Sand Side 189 C2
Sandyhills 156 A6
Sanquhar 173 B3
Scotsdike 116 F8
Scuggate 92 C1
Shawhead 82 F3
Shearington 136 A6
Shieldhill 63 A4
Sibbaldbie 64 F6
Smyrton 70 A7
Sorbie 162 E5
Southerness 157 D5
Spittal 147 C8
Springfield 187 E5
Springholm 107 B5
Stairhaven 144 F4
Stoneykirk 142 F4
Stoop 177 D6
Stranraer 182 B5
Stronord 126 C7
Suffolk Hill 176 E4
Summerville 176 E6

T

Templand 63 F5
Terregles 83 E4
Teviothead 34 C8
The Lake 165 F6
Thornhill 41 D6
Throughgate 60 C3
Tinwald 178 E7
Tongland 152 F4
Torthorwald 85 C5
Townhead of Greenlaw 131 B7
Troqueer 177 A3
Twynholm 152 C5
Tynron 40 B3

U

Uppertown 117 F2

W

Wallaceton 59 F6
Wanlockhead 11 C7
Warwicksland 92 C3
Watchhill
 Annan 186 F3
 Lochmaben 179 A6
Waterbeck 89 A4
Whauphill 162 B8
Whinnieliggate 153 B3
Whithorn 171 F7
Wigtown 188 E5
Woodside 85 E2

Index of streets, hospitals, industrial estates, railway stations, schools, shopping centres, universities and places of interest

A

Aaron Ct DG8 148 C2
Abbey La DG2 176 F8
Abbey Pk DG6 167 A6
Abbey Pl DG2 84 B6
Abbey Yd DG7 131 A7
Abercromby Rd DG7 184 C6
Abercromby Road Ind Est DG7 184 B7
Academy Pl DG13 68 C3
Academy Rd DG10 174 C6
Academy St
 Castle Douglas DG7 184 D5
 Dumfries DG1 177 A5
 Ecclefechan DG11 88 B1
 Stranraer DG9 182 E4
Acremire La CA7 139 B2
Adamhill Rd DG2 176 D8
Adamson Sq DG8 126 E1
Addison Pl DG12 186 C5
Ae Prim Sch DG1 62 B8
Africanda Rd DG16 187 D3
Afton Dr DG2 176 D5
Agnew Cres
 Stranraer DG9 182 D6
 Wigtown DG8 188 D5
Agnew Terr DG8 162 B8
Aiket Loaning DG1 137 A7
Ailsa Cres DG9 182 C6
Ailsa Gait Way DG9 182 D4
Aird Ave DG9 183 B5
Aird Cres DG9 120 D2
Aird Donald Cvn Pk DG9 183 A4
Airds Ave DG1 177 D4
Aird Sch DG9 183 A5
Airds Ct DG1 177 D4
Airds Dr DG1 177 D4
Akers Ave DG1 178 C5
Albany La DG1 177 A7
Albany Pl DG1 177 A7
Albert Pl
 Annan DG12 186 C5
 11 Langholm DG13 68 D3
Albert Rd DG2 176 E4
Albert St
 Dalbeattie DG5 185 C6
 Longtown CA6 116 F3
 Newton Stewart DG8 181 D5
Alder Ct DG1 177 D3
Aldermanhill Rd DG1 177 B4
Aldery Bank DG14 91 D3
Aldery Terr DG14 91 D3
Alexandra Dr
 Dumfries DG2 176 E5
 Lockerbie DG11 180 D7
Alexandra Mdws DG11 180 D7
Alexandra Pl DG12 186 C5
Allanfield Dr DG8 181 C4
Allanfield Pl DG8 181 C5
Alloway Ave DG2 176 C7
Alloway Rd DG2 176 D7
Alma Pl 6 DG13 68 D3
Alpine St DG5 185 D5
Alpine Terr DG5 185 D5
Alvingham Ave DG7 184 E6
Amisfield Sch DG1 62 D1
Anderson Dr DG7 184 C6
Anderson St DG4 9 B6
Angecroft Cvn Pk TD7 18 A8
Annan Acad DG12 186 C3
Annandale Ave DG11 180 C4
Annandale Cres DG11 179 D6
Annandale Ct DG11 179 D6
Annandale Pl DG10 174 E5
Annandale Rd DG10 174 E5
Annandale Way DG10 174 E5
Annangate DG10 174 C5
Annanhill DG12 186 C1
Annan Hospl DG12 186 E4
Annan Rd
 Brydekirk DG12 113 D5
 Dumfries DG1 177 D5
 Eastriggs DG12 139 D6
 Gretna DG16 187 C3
 Lochmaben DG11 179 D5
Annanside DG10 174 C5
Annan Sta DG12 186 C3
Anne Arundel Ct DG1 178 D3
Annerley Rd DG12 186 D2
Ann St DG7 151 C7
Anson Ave DG1 178 D3
Antrim Ave DG9 182 D4
Anworth Ave DG2 176 C8
Anwoth Cvn Pk DG7 151 B7
Applegarth Sch DG11 64 C6
Arbigland DG2 157 E8
Archyswell La DG9 182 C4
Arden Rd DG6 152 B5
Ardill Rd 23 DG13 68 D3
Ardwall Rd DG1 177 B5
Ardwell House Gdns DG9 159 B4
Ardwell Pk DG9 159 B4
Ardwil Gdns DG11 180 B4
Argyll Dr DG1 178 C2
Argyll Terr DG12 186 C1
Arkinholm Dr DG13 68 D3
Arkinholm Terr DG13 68 D3
Armour Dr
 Dumfries DG2 176 D5
 Dumfries DG2 176 E5
Armstrong Ct 25 DG13 68 D3
Arnott Terr DG2 177 A3
Arran Ct DG9 182 C7
Arrol Dr DG1 178 B2
Arthur's Pl DG11 180 D4
Arthuret Dr CA6 116 F3
Arthuret Rd CA6 116 E3
Arthur St DG8 181 D6
Ash Ct DG1 178 E2
Ashfield Dr DG2 176 E5
Ash Gr DG1 178 E2
Ashgrove Cres DG11 88 B1
Ashgrove Ct DG8 181 C7
Ashgrove Dr DG8 181 C7
Ashgrove Terr DG11 180 C5
Ashton Dr DG2 84 B5
Ashwood Dr DG9 182 D5
Ashyards Cres DG11 89 A1
Ashyards Ct DG11 88 F1
Aspen Cres DG1 177 C3
Assembly St DG1 177 A4
Aston Terr DG9 182 F5
Astor Dr DG1 178 C2
Atkinson Pl DG6 189 D5
Atkinson Rd DG2 176 F3
Auchencairn Prim Sch DG7 154 D2
Auchencrieff Rd N DG1 178 C4
Auchencrieff Rd S DG1 178 B3
Auchendoon Gdns DG8 181 C5
Auchendoon Pl DG8 181 C5
Auchendoon Rd DG8 181 C5
Auchengour Dr DG4 9 A6
Auchenkeld Ave DG1 178 C3
Auchenlarie Holiday Farm DG7 150 B3
Auchneel Cres DG9 182 B8
Auckland Wlk 2 DG12 139 E6
Auld Brig View DG2 61 A5
Aulton Terr 3 DG3 41 C6
Averill Cres DG2 176 F3
Ayr Rd DG7 175 A8
Ayr St DG3 39 E1

B

Babbington Cres DG2 176 D8
Babbington Dr DG2 176 D7
Babbington Gdns DG2 176 E6
Back Knowe Cres DG5 185 D4
Back Lady St DG12 186 C4
Back Rampart DG9 182 D5
Back Row DG1 177 E5
Back St 13 DG3 41 C6
Baffin Pl 11 DG12 139 D6
Baker's Dozen DG7 151 B7
Bakery St DG7 154 D2
Balcary Ave DG2 176 C8
Balcastle Gdns DG11 179 D5
Balkail Ave DG8 144 D8
Ballater Ave DG1 177 C5
Balliol Ave DG2 176 F3
Ballochan Rd DG2 61 A5
Ballochmyle Terr DG2 176 D5
Ballplay Rd DG10 174 E5
Balmaghie Ctry Pk DG7 130 E5
Balmoral Ave DG1 177 C5
Balmoral Rd DG1 177 C5
Baltersan Cross DG8 125 F5
Banchory Ave DG1 177 C5
Bane Loaning DG1 177 C6
Bankend Rd DG1 110 D6
Bankfield Rd DG8 144 D8
Bankshill Rd DG11 88 D3
Bankshill Terr DG11 180 D5
Bank St
 Annan DG12 186 C4
 Creetown DG8 126 E2
 Dumfries DG1 177 A5
 Longtown CA6 116 E3
 Wigtown DG8 188 D5
Barcloy Mill Rd DG5 155 D4
Barcloy Rd DG5 155 D4
Barend DG5 156 A6
Barend Wood Walk DG6 189 E4
Barhill Cres DG5 185 D6
Barhill Dr DG5 185 D6
Barhill Rd DG5 185 D6
Barholm Mains DG8 126 E2
Barholm St DG8 126 E1
Barkerland Ave DG1 177 C4
Barnbarroch Pottery DG5 155 C7
Barncailzie Way DG7 107 B5
Barnett Rd DG1 178 C3
Barnhill Ct DG2 176 C6
Barnhill Pl DG2 176 C6
Barnhill Rd DG2 176 C6
Barnraws 17 DG1 177 A5
Barns Ct DG8 181 D4
Barn Slaps DG1 177 B4
Barnton Dr DG1 177 D4
Barnton Pl DG1 177 D4
Barnton Rd DG1 177 D4
Barony Coll DG1 62 F6
Barrack St DG9 141 C5
Barras DG11 179 D7
Barrasgate DG1 84 D8
Barrashead DG11 179 D7
Barrhill Ave
 Kirkcudbright DG6 189 C4
 Newton Stewart DG8 181 D4
Barrhill Rd 14 DG6 189 C4
Barrhill Sta KA26 72 A8
Barrhill Terr DG6 189 C4
Barrie Ave DG1 177 B4
Barr of Spottes Rd DG7 107 B4
Barsalloch Fort DG8 170 B8
Barwinnock KA26 73 D4
Barwise Brow CA7 139 A2
Battery St DG12 186 C4
Baxter Ct DG1 178 C3
Bayview Rd DG9 183 A6
Bayview Terr DG9 94 B3
Bay View Terr DG8 149 C5
Beaconsfield Pl DG6 189 C5
Beattock Pk DG10 28 F5
Beattock Sch DG10 28 F5
Beck Ave DG2 176 F2
Beckton Rd DG11 180 C6
Beddie Cres DG8 188 D6
Beech Ave
 Dumfries DG2 176 E6
 Parkgate DG1 62 E6
Beech Dr DG5 57 F6
Beeches Ave DG2 176 C1
Beechfield La DG11 45 A2
Beech Gr
 Dalbeattie DG5 185 C5
 Parkgate DG1 62 E6
Beechgrove
 Lockerbie DG11 180 E4
 Moffat DG10 174 C6
Beech Wlk DG9 182 C5
Beechwood
 Gatehouse of F DG7 151 C7
 Kettleholm DG11 87 D4
Beechwood Ave DG9 182 C6
Beeswing Cvn Site DG2 108 D3
Bell Cres DG4 173 C3
Bell Ct DG1 178 D2
Bellevilla Rd DG9 182 E5
Bellevue Rd DG12 139 C6
Bellsfield CA6 116 F3
Bell Vue St DG1 177 C5
Belmont Ave DG11 114 B8
Belmont Cres DG9 182 E4
Belmont Rd DG9 182 D4
Belmont Sch DG9 182 D3
Benan Ct 19 DG3 41 C6
Benan Pl 20 DG3 41 C6
Bengairn View DG7 184 D6
Bennan Ct DG2 176 C7
Bensmoor Rd DG16 187 D5
Bessie's Hill Trail DG13 47 D6
Birchfield Pl DG1 177 F4
Birch Gr DG5 185 C4
Birch Wlk DG1 177 C4
Birchwood Ave DG1 177 C6
Birchwood Cres DG1 177 D6
Birchwood Pl DG1 177 C6
Birchwood Rd DG1 177 D6
Birkburn Rd DG4 9 A6
Birkie Knowe DG1 62 B8
Birkland Rd DG7 184 E6
Birnam Pl DG9 182 F5
Birtwhistle St 2 DG7 151 C7
Blackaddie Ind Est DG4 173 B4
Blackaddie Rd DG4 173 B4
Black Brae DG2 60 A3
Black Bull Cl 6 DG10 174 D5
Blackley Park Ct DG2 176 D6
Blackley Park Gdns DG2 176 D6
Blackley Park Pl DG2 176 D6
Blackley Park Rd DG2 176 D6
Blacklocks Vennel DG11 179 D6
Blackmire Terr 2 DG3 41 C6
Blackmoss Ct DG2 84 B5
Blackpark Rd DG7 184 B5
Blackparks Ind Est DG9 182 E3
Blackpark View DG9 182 E2
Blackrig 9 DG3 41 C6
Blacksike Sq DG16 187 D5
Bladnoch Bridge Est DG8 188 B2
Bladnoch Distillery Visitor Ctr DG8 188 A3
Blae Meadow Ave DG11 179 E5
Blairhall Rd DG1 62 C3
Blair St DG5 185 D4
Blair Terr DG9 141 B5
Blair Way DG8 181 C5
Bloomfield DG1 178 A1
Blowearie Rd DG4 173 C5
Bluebell Ct DG11 88 B1
Boat Brae DG3 41 C6
Boatgreen 10 DG7 151 B7
Bogg Rd DG3 40 F5
Border Cres DG16 187 D2
Borders Bsns Pk CA6 116 F3
Boreland Rd DG6 189 E7
Borgue Sch DG6 165 A7
Botany St DG8 188 D5
Bourtree Ave DG6 189 C4
Bourtree Cres DG6 189 C4
Bower Bank DG11 114 B8
Bower Dr DG8 181 D8
Bowling Green Rd
 Port William DG8 161 B2
 Sandhead DG9 142 F1
 Stranraer DG9 182 F5
Bowness-on-Solway Prim Sch CA7 139 B2
Boyach Cres DG8 172 C3
Boyach Rd DG8 172 C3
Bracken Wood DG7 151 A7
Braco Sq DG2 82 F2
Bradford Gdns DG2 177 A3
Braefield Rd DG9 141 B5
Braehead DG13 68 C3
Braehead Steadings DG11 86 D7
Braemar Ave DG1 177 C5
Braeside
 Haugh of U DG7 107 B1
 New Galloway DG7 175 D1
Braeside Cres DG7 184 C6
Braeside Ct DG7 107 B1
Braewood Gr DG9 183 B5
Braidview Ave DG9 183 A6
Brasswell Pk DG1 85 A2
Breadalbane Pl 1 DG8 181 D6
Breakwell Ave 4 DG12 139 D6
Breckenry Rd DG11 64 D4
Breckeny Cres DG4 9 A6
Brewery Pool DG8 181 C7
Brewery St 4 DG1 176 F5
Brewis Terr DG9 142 F1
Briarbank DG1 177 C6
Briar Lea Ct CA6 116 F3
Briar Pl DG3 40 F5
Brickfield Rd DG9 182 E2
Bridgemill Bsns Pk DG8 144 C8
Bridge Of Aldouran DG9 119 A6
Bridge Rd
 Bridge of D DG7 131 A3
 Kirtlebridge DG11 114 C7
Bridge St
 Brydekirk DG12 113 D5
 Creetown DG8 126 E1
 Kirkcudbright DG6 189 D5
 Lockerbie DG11 180 D5
 Longtown CA6 116 E3
 Stranraer DG9 182 E5
Bridge Terr 8 DG7 151 B7
Brierbush DG3 40 F5
Briery Sq DG14 90 F3
Brighouse Bay Holiday Pk DG6 164 F4
Brighton Pl DG14 91 D3
Brisbane Rd 3 DG12 139 E6
Brisbane Way 1 DG12 139 E6
Brisco Burn Bsns Pk CA6 117 B2
Broadmeadow Ind Est DG11 88 B1
Broadstone Rd DG9 182 C7
Broadwood Rd DG9 120 D2
Brodie Ave DG2 177 A3
Brooke Gdns DG8 181 D6
Brooke St DG1 177 B5
Brookfield Ave DG9 182 B6
Brookfield Cres DG9 182 B7
Broom Cres DG12 186 A1
Broom Dr DG5 185 B6
Broomfield DG4 173 B5
Broomfield Gdns DG9 182 E5
Broomhill Rd DG11 179 D8
Broomhouse Ct DG11 180 E7
Broomhouse Rd DG11 180 E7
Broomhouses Ind Est DG11 180 D7
Broomknowe DG4 9 A7
Broomlands Ave DG5 185 B5
Broomlands Dr DG2 176 F2
Broom Pk DG5 185 B5
Broomrig Ct DG2 84 B5
Brooms Rd DG1 177 B4
Browhouses DG12 140 B4
Brown Cres DG7 184 E5
Brownhall Prim Sch DG1 110 B8
Brown Rd DG6 189 E7
Brownrigg Loaning DG1 177 F6
Brow Well DG1 136 F7
Bruce Dewar Mews DG1 177 C4
Bruce Pl DG8 181 E6
Bruce Rd DG5 185 C4
Bruce's Cave DG11 114 F5
Bruce's Stone DG7 77 D3
Bruce St
 Annan DG12 186 C4
 Dumfries DG2 176 F7
 Lochmaben DG11 179 C5
 Whithorn DG8 171 F7
Brydekirk Prim Sch DG12 113 D5
Bryson Terr ML12 11 B8
Buccleuch Cres 1 DG3 41 C6
Buccleuch Pl
 2 Langholm DG13 68 D3
 Moffat DG10 174 D6
Buccleuch Rd DG4 173 C5

192 Buc–Dru

Buccleuch St
Dumfries DG1 176 F5
Moffat DG10 174 C5
Buccleuch Terr DG13 68 C3
Buchan DG7 184 C3
Buchanan St DG6 189 C4
Buchanan Wynd 1 DG6 189 C4
Buchanite Ct DG2 107 D7
Buittle Ct DG5 185 C4
Burghfield Rd DG7 184 C6
Burn's House Mus DG1 177 A4
Burnbank DG2 107 D7
Burnbank St DG11 88 B1
Burnbrae DG9 182 D3
Burn Brae
Thornhill DG3 41 E8
Twynholm DG6 152 C5
Burn Ct DG7 175 B8
Burnett Ave DG2 176 D8
Burnholm Rd DG11 115 A5
Burn Rd DG9 142 C7
Burns Ct 4 DG1 177 A4
Burnside
Eaglesfield DG11 88 F1
Longtown CA6 116 F3
Moffat DG10 174 D5
Burnside Ct
Newton Stewart DG8 181 D8
Stranraer DG9 182 F4
Burnside Gdns
Ecclefechan DG11 88 B1
Kirkcudbright DG6 189 E7
Burnside La DG8 163 C5
Burnside Loaning DG6 189 E6
Burnside Rd DG16 187 C3
Burnside Terr DG9 183 B6
Burns Mausoleum DG1 177 B4
Burns St
Dumfries DG1 177 A4
Kelloholm DG4 9 B6
Burn St
Dalbeattie DG5 185 C5
Longtown CA6 116 F3
Burnswark Ct DG11 114 B8
Burnswark Villas DG11 88 E1
Burnt Firs Pl DG1 178 C3
Burntscarthgreen DG1 178 B5
Burntscarth Rd DG1 178 C5
Burrain View DG11 64 F6
Burrenrig DG11 44 C1
Burrow Head Holiday Farm
DG8 172 A1
Bushby Ave DG1 178 D2
Butts St DG12 186 C4
Byreburnfoot DG14 91 D4
Byreburnfoot Trail DG14 91 D4

C

Cademuir International Sch
DG3 40 A1
Cadger's Loaning DG11 64 D7
Cadgill Rd DG16 187 C2
Caerlaverock Castle
DG1 135 F8
Caerlaverock National Nature Reserve DG1 136 A5
Caerlaverock Sch DG1 110 C3
Cailiness Rd DG9 169 F7
Cainsmore of Fleet Nature Reserve DG7 102 D1
Cairn Ave DG2 176 F8
Cairn Circ DG2 176 F8
Cairn Ct DG2 176 F8
Cairn Dr
Dumfries DG2 176 F8
Wallaceton DG2 59 F6
Cairnholy Chambered Cairns
DG8 149 F4
Cairnkinna Cres DG3 41 C6
Cairnport Rd DG9 183 A5
Cairnryan Rd DG9 182 F5
Cairnsmore Ave DG8 181 D4
Cairnsmore Cres
Dumfries DG2 176 C7
Newton Stewart DG8 181 D4
Cairnsmore Ct DG8 171 F6
Cairnsmore Rd
Castle Douglas DG7 184 C6
Palnure DG8 126 C6
Cairn Terr DG9 142 C7
Cairnyard Lodges DG2 108 F5
Calcutta Rd 10 DG12 139 D6
Caldons Forest Trail DG8 74 F6
Caledonia Ct 6 DG9 182 E5
Caledonian Cres DG12 186 E5
Caledonian Pl
Dumfries DG1 177 C4
Lockerbie DG11 180 D5
7 Moffat DG10 174 D5
Cally Ave DG7 151 C6
Cally Woods Walks DG7 151 C7
Calside Ave DG1 177 F2
Calside Ct DG1 177 E2
Calside Dr DG1 177 E3
Calside Gdns DG1 177 F2
Calside Pl DG1 177 F2
Calside Rd DG1 177 E3
Calside Sch DG1 177 E3
Calverley Pl DG12 139 D6
Cameron Ct DG1 178 C3
Cameronian Cres DG7 107 B5
Cameronian Pl DG7 107 B5
Cameron Pl DG4 173 C4
Campbell Ave DG2 176 E5
Campbell Ct DG11 179 D5
Campers' Cnr CA6 116 D7
Campfield Marsh Nature Reserve CA7 138 F2
Canberra Rd DG16 187 D3
Canonbie Sch DG14 91 D3
Captains Brae DG6 152 C5
Cardoness Castle DG7 151 B6
Cardoness St DG1 177 C5
Cargen Ave DG2 176 F3
Cargenbridge Ave DG2 176 C2
Cargenbridge Sch DG2 176 C2
Cargen Rd DG2 176 C1
Carlingwark Cl DG7 184 C5
Carlingwark Loch (Nature Reserve) DG7 184 C3
Carlingwark St DG7 184 C4
Carlin Rd DG1 110 B5
Carlisle Rd
Lockerbie DG11 180 D3
Longtown CA6 116 F3
Carlton Terr DG9 182 F5
Carlyle's Pl DG12 186 C3
Carlyle Ave DG11 180 D6
Carlyle Pl DG11 88 B1
Carmichael Cotts DG2 108 E4
Carnegie St DG1 177 B6
Carney's Cnr 1 DG7 151 C7
Caroline St DG13 68 C3
Carrick Rd DG2 176 C7
Carronbank DG3 41 C8
Carron Linn Nature Walk
DG3 25 D3
Carronview DG3 25 C1
Carruchan Pl DG2 176 C1
Carruthers' Cotts The
DG1 177 B3
Carrutherstown Sch
DG1 112 B7
Carsluith Castle DG8 149 D5
Carsons Knowe DG7 175 E1
Carsons Knowe Ind Est
DG7 175 E1
Carsphairn Heritage Ctr
DG7 36 A4
Carsphairn Rd KA6 19 A8
Carsphairn Sch DG7 36 B4
Carthagena Ave DG1 177 F3
Carthagena Pl DG1 177 F3
Cartha Pl DG1 177 D3
Cartha Rd DG1 177 D3
Cassalands DG2 176 E4
Castle Acre DG11 88 B1
Castle Ave DG4 173 C3
Castle Bank DG6 189 C5
Castle Bay Cvn Pk DG9 141 C4
Castle Break DG11 88 B1
Castle Cres DG3 41 E3
Castle Croft KA6 19 A8
Castle Douglas High Sch
DG7 184 C7
Castle Douglas Hospl
DG7 184 D5
Castle Douglas Prim Sch
DG7 184 D5
Castle Douglas Rd
Crocketford or Ninemile Bar DG2 107 E7
Dumfries DG2 176 D4
Castledykes Prim Sch
DG6 189 B4
Castledykes Rd
Dumfries DG1 177 B2
Kirkcudbright DG6 189 B4
Castle Gdns DG6 189 C5
Castlehill DG8 171 F7
Castle Hill Ct DG8 171 F7
Castlehill Gate DG11 179 D5
Castle Kennedy and Lochinch DG9 120 D3
Castle Kennedy Prim Sch
DG9 120 D2
Castle Loch Nature Reserve
DG11 86 C8
Castle O'er Trail DG13 47 E3
Castle Rd KA6 19 A8
Castle St
Dumfries DG1 177 A5
Kirkcudbright DG6 189 C4
Lochmaben DG11 179 D6
Sanquhar DG4 173 D4
3 Stranraer DG9 182 E5
Castle View DG7 184 C6
Castleview Gdns DG11 179 D5
Castleview Terr DG1 85 D5
Castramont Rd 4 DG7 151 C7
Castramont Wood DG7 128 E3
Catherinefield Cres DG1 178 C3
Catherinefield Ct DG1 178 C3
Catherinefield Ind Est
DG1 178 E3
Catherinefield Rd DG1 178 E3
Catherine St
Dumfries DG1 177 A5
9 Gatehouse of F DG7 151 C7
Caulside DG14 92 B6
Caulstran Rd DG2 176 D6
Caulstran St DG2 176 D6
Caul View DG2 176 F4
Causeway St 2 DG10 174 D5
Causey The DG7 107 C1
Caven Pl DG11 88 B1
Cemetery Rd DG13 68 D2
Central Ave DG16 187 C3
Central Rd DG12 139 D6
Chain Rd DG8 126 E2
Chain Terr DG8 126 E2
Challoch Cres DG9 119 A6
Chapel Ct DG8 188 D5
Chapel Finian DG8 160 A7
Chapel St
3 Moffat DG10 174 D5
Moniaive DG3 39 E1
Chapelview Gdns DG10 174 C5
Charles Ct DG5 185 C4
Charles St
Annan DG12 186 D4
15 Langholm DG13 68 D3
Charlotte Pl DG10 174 C5
Charlotte St
5 Dumfries DG1 176 F5
Langholm DG13 68 D3
Stranraer DG9 182 E5
Charnwood Gdns DG1 177 C5
Charnwood Rd DG1 177 B5
Charteries Cres DG1 177 A2
Charters Ct DG5 185 C4
Cherry La DG1 177 F4
Cherry Tree Pk DG16 187 C2
Chichester Ct DG1 177 E5
Church Cres
Dalbeattie DG5 185 C5
Dumfries DG1 177 A5
Dunscore DG2 60 B3
Lochmaben DG11 179 D7
Church Gate DG10 174 C5
Church Gr DG9 119 A6
Church Hill KA6 19 A8
Churchill Ave DG9 182 B7
Church La
Newton Stewart DG8 181 D5
Wigtown DG8 188 E6
Church Pl
Auchencairn DG7 154 D2
6 Dumfries DG1 177 A5
11 Kirkcudbright DG6 189 C4
Moffat DG10 174 C5
Church Rd
Auchencairn DG7 154 D2
Kirkcolm DG9 94 B3
Kirkpatrick Durham DG7 106 F5
Laurieston DG7 130 B7
Sandhead DG9 142 F1
Sanquhar DG4 173 B5
Church Row 10 DG6 189 C4
Church St
Annan DG12 186 D4
Castle Douglas DG7 184 C5
Creetown DG8 126 E1
Dumfries DG2 176 F4
Ecclefechan DG11 88 B1
10 Gatehouse of F DG7 151 C7
Glencaple DG1 110 C3
Glenluce DG8 144 D8
Kirkcowan DG8 124 B4
Moffat DG10 174 C5
Newton Stewart DG8 181 C5
Port William DG8 161 A2
Stranraer DG9 182 D5
Wanlockhead ML12 11 C8
Claddyburn Terr DG9 95 A2
Clairmont Dr CA6 116 F3
Clan Armstrong Langholm Mus DG13 68 D4
Clapperton Rd DG12 186 D5
Clarinda Dr DG2 176 D8
Clashmahew Rd DG9 182 F3
Clashwhannon Cvn Site
DG9 169 E8
Clatteringshaws Forest Trail
DG7 77 D3
Clatteringshaws Visitor Ctr
DG7 77 D3
Claymore Meuse DG1 178 E3
Clayshant Cvn Pk DG9 143 A3
Clemie Cl DG6 189 E6
Clenoch Parks Rd DG9 182 E3
Clenoch St DG9 182 E4
Clerkhill DG1 177 A4
Clifton Terr DG9 182 F5
Clint Terr DG11 87 F3
Clochrie Ct DG1 178 B4
Clone Rd DG3 40 D2
Closeburn Prim Sch DG3 41 F3
Closehead Ave DG12 186 D4
Cluden Ct DG2 84 B5
Coastguard Hos DG9 141 B5
Coldside Rd
Auldgirth DG2 61 A2
Dunscore DG2 60 E3
College Ave DG2 176 F8
College Ct DG2 176 F6
College Dr DG2 176 F8
College Mains Rd DG2 176 F7
College Rd
Dumfries, Lincluden DG2 176 E8
Dumfries, Nithside DG2 176 F7
College St DG2 176 F6
Collin Sch DG1 85 C2
Collochan Ct DG2 176 C6
Collochan Dr DG2 176 D6
Colonel St DG9 141 C5
Colvend Prim Sch DG5 155 E5
Commerce Rd DG9 182 F3
Commercial St DG8 161 A2
Common Moss Rd DG8 188 C7
Community Workshops
DG2 84 B5
Conifers Leisure Pk DG8 181 E7
Connel Terr DG2 61 C4
Connolly Ct DG2 177 A3
Copland St DG5 185 D4
Copland Terr DG5 185 D5
Corbelly Hill DG2 176 F4
Corberry Ave DG2 176 E4
Corberry Mews DG2 176 F4
Corberry Pk DG2 176 F4
Corberry Terr DG2 177 A4
Cornal Ct DG10 29 A5
Cornwall Mount DG1 177 B5
Coronation Dr DG9 182 C4
Corridow Pl DG4 9 A7
Corrie Rd DG11 180 E5
Corsbie Gr DG8 181 C6
Corsbie Rd DG8 181 C6
Corse Hill DG7 107 C1
Corse of Slakes Rd DG7 127 E1
Corse Rd DG3 40 F5
Corserig Cres DG4 9 A6
Corserine Terr KA6 19 A7
Corsewall Cres DG9 182 C7
Corstorphine Rd DG3 41 D6
Corvisel Ave DG8 181 C4
Corvisel Ct DG8 181 D4
Corvisel Rd DG8 181 C5
Cottage Cvn Pk CA7 139 D1
Cotton St DG7 184 C6
Courthill Pk DG2 61 B2
Courtyard Cotts DG7 131 E1
Covenanter's Monument
DG8 188 E6
Cove Pl DG16 187 C2
Cowgate DG8 163 C5
Craigburn Ct DG1 177 F3
Craig Dr DG4 9 A6
Craigenquarroch Cotts
DG9 142 A6
Craigie Ave DG10 29 A5
Craigieburn Forest Wlks
DG10 29 E8
Craigielands DG10 28 F5
Craigielands Ctry Pk
DG10 28 F4
Craigielands Pk DG10 28 F5
Craiglea Ave DG9 182 C5
Craiglochar Ave DG1 177 F3
Craigmath DG5 185 D4
Craigmath Terr DG5 185 D4
Craignair Ct DG12 186 F5
Craignair Gdns
Annan DG12 186 F5
Dalbeattie DG5 185 B5
Craignair Pk DG12 186 F5
Craignair Rd DG5 185 B4
Craignair St DG5 185 C5
Craignair Street Flats
DG5 185 C5
Craignair View DG5 185 D4
Craignee Dr DG3 39 E2
Craig Rd DG7 131 B2
Craigs Dr DG1 177 D3
Craigs Loaning DG1 177 D3
Craigs Rd
Dumfries DG1 177 D2
Kingholm Quay DG1 110 D7
Craig St DG9 169 E7
Craigvale Ct DG1 177 F3
Crathie Ave DG1 177 C5
Crawston Pl DG2 60 B3
Creamery Cotts DG11 180 D5
Creamery Cres DG8 171 F7
Cree Ave DG8 181 D4
Creek Rd DG8 188 C3
Cree Lodge DG8 181 C4
Creetown Exhibition Ctr
DG8 126 E1
Creetown Prim Sch DG8 126 E2
Crescent The
Dumfries DG1 177 E4
1 Eastriggs DG12 139 D5
Cresswell Ave DG1 177 B4
Cresswell Gdns DG1 177 C4
Cresswell Hill DG1 177 B4
Cresswell Wynd DG1 177 C4
Crichton Rd DG4 173 C4
Crichton Royal Mus DG1 177 C1
Crichton The DG1 110 B8
Criffel Ave DG2 176 E8
Criffel Ct DG2 176 E7
Criffel Dr DG2 176 E8
Criffel Rd
Dumfries DG2 176 E7
Dumfries DG2 176 E8
Criffel Way DG2 157 D6
Crispin St DG8 126 E1
Croach Rd DG9 95 A2
Crochmade Rd DG1, DG2 85 C8
Crockett Rd DG7 154 D2
Crofthill Rd DG8 144 E8
Croftmaggot Rd DG2 61 C1
Croft Manor DG11 88 F1
Croft Rd
Bankend DG1 110 F3
Gretna DG16 187 D3
Crofts The DG6 189 C4
Croft Terr DG11 179 D6
Crooked Rd DG10 28 E4
Crosslaw Burn DG10 174 E4
Crossmichael Prim Sch
DG7 106 A1
Cruden Terr DG11 180 D5
Cuckoo Bridge Ret Pk
DG2 176 E6
Cuddie La DG1, DG11 112 C7
Culderry La DG8 163 C5
Culderry Row DG8 163 C5
Culhorn Rd DG9 183 B6
Culmore Ind Est DG9 143 A3
Culreoch Way DG9 182 F3
Cumberland St DG1 177 B4
Cumberland Terr DG12 186 D4
Cumloden Ct DG8 181 D8
Cumloden Mews DG8 181 D8
Cumloden Rd DG8 181 D8
Cummertrees Prim Sch
DG12 138 A6
Cumrue Cotts DG11 63 D5
Cunninghame Terr DG8 181 C7
Curlew Cl DG8 162 B8
Curlew Rise DG16 187 D3

D

Dalrymple Ct DG9 182 E5
Dalawoodie Ct DG2 84 B5
Dalbeattie High Sch
DG5 185 B5
Dalbeattie Mus DG5 185 C5
Dalbeattie Prim Sch
DG5 185 D5
Dalbeattie Rd DG2 176 E3
Dalbeattie Town Wood Trail
DG5 185 D3
Dalcrum Rise DG1 62 B8
Dale Cres DG9 182 B7
Dalgarnock Pl 11 DG3 41 C6
Dalgarnock Rd DG3 41 C6
Dalgonar Rd DG2 60 B3
Dalmacallan View DG3 39 F1
Dalmun Ave DG5 185 C3
Dalriada Ave DG9 182 C6
Dalrymple St DG9 182 E4
Dalry Sch DG7 175 B8
Dalswinton Ave DG2 176 D8
Dalton Ave KA6 19 A8
Darlison Ave DG1 177 C3
Dashwood Sq DG8 181 D5
David Coulthard Mus
DG6 152 C5
David Rd DG5 185 C4
David St
Dumfries DG2 176 F5
14 Langholm DG13 68 D3
Davie Gill Pk DG3 41 C6
Deacon Rd DG6 189 B4
Dean Pl DG9 141 B5
Deans Ave DG2 84 B5
Dee Ave DG7 184 C6
Deegan Ct DG2 176 C7
Dee Rd DG6 189 D5
Deer Park Ave DG4 173 C4
Dee Wlk DG6 189 D6
Delhi Pl 12 DG12 139 D6
Delhi Rd DG12 139 D5
Dercongal Rd DG2 84 B6
Devils Porridge Exhibition The DG12 139 D6
Dickson Ct DG2 176 F3
Dickson St 1 DG10 174 D5
Digby St 6 DG7 151 B7
Dinmont Ave DG2 84 B5
Dinning Cl DG2 176 D5
Dinvin St DG9 141 B5
Dinwiddie Dr DG1 178 C3
Doach Forest Walk DG7 154 D8
Dobie's Wynd 16 DG1 177 A5
Dockhead DG1 177 A4
Dolls Mus DG8 181 D5
Dominion Rd DG16 187 C3
Donald Ct DG7 184 D6
Donald Rd DG7 184 D6
Doocot Terr DG8 181 E6
Doon Brae DG8 181 C5
Doonhill Way DG8 181 C5
Doon Terr DG2 176 E5
Doon The DG6 152 C5
Dornock Mill DG12 139 C6
Douglas Court Dr DG7 184 C5
Douglas Cres DG7 131 D1
Douglas Ct
Castle Douglas DG7 184 C5
Lockerbie DG11 180 D7
Douglas Ewart High Sch
DG8 181 C6
Douglas Gdns DG12 186 D4
Douglas Pl
Castle Douglas DG7 184 C5
Gretna DG16 187 C2
Douglas Rd DG9 120 D2
Douglas Terr
Castle Douglas DG7 184 C5
Gelston DG7 131 D1
Langholm DG13 68 C3
Lockerbie DG11 180 C4
Newton Stewart DG8 181 C7
Douie Cres DG1 177 E4
Douie Pk DG1 177 E4
Dounan Rd DG9 143 F8
Dourie Dr DG8 161 B2
Dovecroft DG6 189 C4
Downie's Wynd DG12 186 C4
Downsfoot DG1 178 B4
Downs Pl DG1 178 C2
Downs Way DG1 178 C3
Downs Way Ind Est DG1 178 C2
Drew Ave DG8 181 C4
Drill Hall La DG8 171 F7
Drochduil Prim Sch DG9 143 F7
Drove Rd DG13 68 D3
Drumblane Strand DG6 189 E6
Drumcoltran Twr DG2 108 B3
Drum Hill DG9 182 C4
Drumlanrig Castle DG3 25 B2
Drumlanrig Cycle Trails & Nature Walks DG3 25 B2
Drumlanrig St DG3 41 C6
Drumlanrig View DG3 41 C6
Drumlochart Cvn Pk
DG9 118 E6
Drummond Rd DG12 186 D4

Drummore Prim Sch DG9 169 E7
Drumshinnoch DG3 25 D2
Drumsleet Ave DG2 176 C1
Drumsleet Dr DG2 176 C1
Drumtroddan Cup & Ring marked Rocks DG8 161 D3
Drumtroddan (East) Cup & Ring marked Rocks DG8 161 E3
Drumtroddan Standing Stones DG8 161 D3
Drungans Dr DG2 176 C1
Drury La CA6 117 A6
Dryburn Rd DG4 9 A6
Dryfebridge DG11 64 D2
Dryfe Gr DG11 180 D6
Dryfe Pk DG11 180 D7
Dryfe Rd DG11 180 D6
Dryfesdale Ct DG11 180 D5
Dryfesdale Pl DG11 180 D6
Dryfe Vale DG11 180 D6
Dudgeon Ave DG2 176 E8
Duke St
Creetown DG8 126 E1
Kirkconnel DG4 8 F7
Dukes Wood Rd CA6 116 F4
Dumfries Acad DG1 177 A5
Dumfries Ent Pk DG1 178 D2
Dumfries & Galloway Aviation Mus DG1 178 D2
Dumfries & Galloway Coll
Heathhall DG1 178 D3
Stranraer DG9 182 E4
Dumfries & Galloway Coll, George St Campus DG1 176 F5
Dumfries & Galloway Royal Infirmary DG1 177 B2
Dumfries High Sch DG1 177 C6
Dumfries Mus & Camera Obscura DG2 176 F4
Dumfries Rd DG11 180 C4
Dumfries Sta DG1 177 B6
Dunbae Rd DG9 182 D4
Dunbar Ave DG6 189 C3
Dunbar Ct DG9 182 E5
Duncow Ct DG1 84 D8
Duncow Prim Sch DG2 61 F2
Duncree Terr DG8 181 C7
Dundanion Rd DG10 174 D5
Dundrennan Abbey DG6 166 F6
Dunedin Pl 5 DG12 139 D6
Dunedin Rd DG12 139 D6
Dunkitterick Dr DG8 181 E6
Dunloe Terr DG11 88 F1
Dunlop Ct DG4 173 C4
Dunlop Rd DG2 176 C8
Dunmuir Rd DG7 184 D7
Dunreggan Brae DG3 39 F2
Dunscore Prim Sch DG2 60 C3
Dunskey St DG9 141 B4
Durban Rd DG12 139 D6
Durward Ct DG2 176 C8
Dykes Ave DG12 186 D5

E

Eaglesfield Prim Sch DG11 88 F1
Earshaig Forest Wlk DG10 28 D5
East Ave DG11 89 B2
East Cliff DG9 141 C5
Eastfield Rd DG1 177 C4
Eastgate DG10 174 D5
East Hecklegirth DG12 186 E2
East Morton St 7 DG3 41 C6
Eastpark Farm Visitor Ctr DG1 136 C5
East Port DG7 175 D1
East Rd DG12 139 D6
Eastriggs Sch DG12 139 D6
East Riverside Dr DG2 177 B2
Eastwood Ave DG9 183 A5
Edengrove DG11 114 F5
Eden Pl DG12 186 E4
Edinburgh Rd
Dumfries DG1 177 B7
Moffat DG10 174 C6
Stranraer DG9 182 E4
Edingham Ind Est DG5 185 E8
Ednam St DG12 186 C3
Edward Pl DG12 186 D5
Elder Ave DG2 84 B5
Elderbank Pl DG1 177 D3
Eliock Pl
Kirkconnel DG4 9 A7
Sanquhar DG4 173 C5
Elizabeth Cres DG8 181 C5
Elizabeth St DG13 68 D3
Elizabeth Wlk DG2 176 E7
Ellerslie DG12 137 F5
Ellisland Dr DG2 176 E5
Ellisland Farm DG2 61 B2
Elmbank Dr DG1 177 D3
Elmbank Specl Sch DG1 177 A6
Elm Ct DG9 182 C5
Elm Gr DG8 181 C5
Elm Rd DG12 186 C2
Elmvale Prim Sch DG12 186 C3
Elspeth Rd DG2 107 D7
Empire Ct DG16 187 D2
Empire Way DG16 187 C2
Encliffe La DG9 182 C5
English St
Annan DG12 186 C4
English St *continued*
Dumfries DG1 177 A5
Longtown CA6 116 F3
Eriff Rd KA6 19 A7
Ernespie Rd DG7 184 D7
Ervie Rd DG9 119 A6
Esk Bank CA6 116 E3
Eskdaill St DG13 68 C3
Esk Pl
Annan DG12 186 E4
3 Langholm DG13 68 D3
Esk Rd DG16 187 C2
Eskrigg Pl DG11 180 B3
Esk St CA6 116 E3
Essex Park Dr DG1 177 D4
Essex Park Meuse DG1 177 D4
Ettrick Ct DG2 176 E4
Ettrick Dr DG10 174 E4
Ettrick Rd DG10 174 E5
Euchan St DG4 173 C4
Evan Ct DG10 29 A5
Evan Pl DG10 29 A5
Evan Rd DG10 29 A5
Ewart Dr
Dumfries DG2 176 F2
Newton Stewart DG8 181 C7
Ewart Pl DG7 107 B4
Ewart Wlk DG2 177 A2

F

Fagra Rd DG6 167 A6
Fairfield Cres DG1 177 D4
Fairfield Pl DG12 186 C4
Fairford Ct DG2 176 C8
Fair Gdns DG1 178 D2
Fairgreen Ct DG7 131 B2
Fairholm Cres DG11 180 B4
Fairhurst Rd DG9 182 D4
Fairway DG9 183 A6
Fairway Dr DG8 181 D6
Falcon Dr DG16 187 D3
Fellview Rd DG9 183 A5
Fellview Terr DG8 144 E8
Ferguson Pl DG11 180 E5
Fergus Rd DG6 189 E6
Fergus Wlk DG2 176 E8
Fernlea Cres DG12 186 E5
Ferry Croft Cvn Pk DG8 126 E1
Fieldside DG12 186 D5
Field View CA7 139 D2
Findlater Ct DG2 176 D8
Fineview Cres DG8 144 D8
Fingland Ct 12 DG10 174 D5
Finnart Cres DG9 182 C6
Firmuir Ave DG3 41 E3
Fir Rd DG1 178 C5
Fish Cross DG12 186 C4
Fisher's St 4 DG6 189 C4
Fisher St DG9 182 D5
Fleetside DG7 151 B7
Fleetside Enterprise Workshops DG7 151 B7
Fleet St DG7 151 B7
Foreland Pl DG9 182 C6
Forest Cotts DG11 46 C2
Forest of Ae Walks DG1 43 B3
Forgeholm DG14 91 D3
Forrest Rd DG7 55 C4
Forsyth Ave DG4 173 C3
Forsyth St DG2 176 F6
Forteviot Gdns DG8 163 C5
Foundry La DG9 182 C6
Fountainbleau DG1 177 D6
Fountainblue Terr DG8 188 D5
Fountain Way DG9 182 F3
Frances St 4 DG13 68 D3
Franklin Pl 7 DG1 177 A4
Fraser Terr ML12 11 C7
Frenchland Dr DG10 174 E5
Friars Vennel DG1 177 A5
Fruids Park Ave DG12 186 C3

G

Gaitle Bridge CA6 116 C3
Galabank Ave DG12 186 C5
Galabreck Rd DG3 41 C6
Gala Pk DG11 180 D7
Galeside DG13 68 C3
Galla Ave DG5 185 B6
Gallaberry Rd DG11 64 C3
Galla Cres DG5 185 C6
Galla Ct DG5 185 B6
Galla Dr DG5 185 C6
Galla View DG5 185 C6
Galloway Ave DG9 182 E3
Galloway Com Hospl DG9 182 E4
Galloway House Gdns DG8 163 C5
Galloway Hydros Visitor Ctr DG6 152 F4
Galloway Point Holiday Pk DG9 141 C4
Galloway Red Deer Range DG8 102 C8
Galloway St DG2 176 F5
Galloway Wildlife Conservation Pk DG6 189 E6
Gallowhill Rise DG9 182 D3
Garden Hill Ave DG7 184 D7
Garden Hill Dr DG7 184 D7
Garden St DG7 151 B7
Gardiners Cl DG11 180 D5
Garleiston Prim Sch DG8 163 C5
Garlies Cres DG8 181 C6
Garlies Ct DG9 182 D5
Garpol Gr DG4 10 B2
Garrick Dr DG9 182 C4
Garroch Bsns Pk DG2 176 A3
Gas La DG6 189 C5
Gatehouse Sch DG7 151 B7
Gates Dr DG1 178 D3
Gavin Maxwell Meml DG8 170 D7
Gawinmoor Rd DG3 42 C2
Gelston Prim Sch DG7 131 D1
Gem Rock Mus DG8 126 E2
George Douglas Dr DG2 176 F2
George Douglas Pl DG2 176 F2
George St
Annan DG12 186 C4
Dumfries DG1 176 F5
Langholm DG13 68 D3
Stranraer DG9 182 D5
Whithorn DG8 171 F7
George Street Meuse 2 DG1 177 A5
Georgetown Cres DG1 177 E4
Georgetown Dr DG1 177 E4
Georgetown Rd DG1 177 F2
Georgetown Sch DG1 177 D4
Georgewell Dr DG8 181 B4
Ghyll Cres DG8 181 C8
Gibbonhill Rd DG1 110 A4
Gifhorn Ho 1 DG1 177 A4
Gilbert Circ DG2 176 D5
Gillbrae DG1 177 C3
Gillbrae Cres DG1 177 E3
Gillbrae Ct DG1 177 E3
Gillbrae Rd DG1 177 D3
Gillenburn Rd DG4 9 A6
Gillie's Ct DG11 88 B1
Gilloch Ave DG1 177 E3
Gilloch Cres DG1 177 E3
Gilloch Dr DG1 177 E3
Gill Rd DG3 41 C6
Gillwood Rd 14 DG12 139 D6
Gilmour Terr DG8 181 C6
Gilnockie Tower DG14 91 C5
Gilshaw View DG14 115 D7
Gladstone Pl DG6 189 D5
Gladstone Rd DG2 177 A2
Glasgow Rd
Dumfries DG2 84 B5
Gretna DG16 187 D4
Lockerbie DG11 180 C6
Sanquhar DG4 173 B5
Glasgow St DG2 176 F6
Glasserton Ct DG8 171 F6
Glasserton St DG8 171 F6
Glebe Cres
Auchencairn DG7 154 D2
Newton Stewart DG8 181 B5
Glebe Ct DG12 186 C3
Glebe St
Dumfries DG1 177 B4
Stranraer DG9 182 D5
Glebe Terr DG11 179 C6
Glebe The
Moffat DG10 174 C4
Twynholm DG6 152 C5
Gledhill Cres DG1 178 B4
Glenairlie Terr DG5 185 C6
Glenannan Ave DG11 180 B4
Glenannan Pk DG11 180 B4
Glenaylmer Rd DG4 9 A6
Glencairn Rd DG2 176 D5
Glencaple Ave DG1 177 B2
Glencaple Rd DG1 110 B6
Glendale Cvn Pk CA7 139 D1
Glendene Pk DG1 62 D2
Glendyne Pl DG4 173 D4
Glenesk Rd DG13 68 D3
Glengaber Ave DG4 9 A6
Glengonnar Halt ML12 11 D8
Glenholm Ave DG11 115 A5
Glenholm Pl DG1 110 A8
Glenivor DG7 184 E6
Glenjorrie Ave DG8 144 E8
Glenkiln Pl DG2 176 C8
Glenkiln Wlk DG2 176 C8
Glenlee Ct DG2 176 C8
Glenluce Abbey DG8 121 F1
Glenluce Prim Sch DG8 144 D8
Glenochar Heritage Trail ML12 12 D8
Glen Orch DG9 182 C4
Glen Rd
Leswalt DG9 119 A6
Palnackie DG7 155 A7
Glenshalloch Rd DG5 185 C4
Glen St DG9 182 E5
Glentrool Rd DG2 176 C8
Glentrool Sch DG8 74 B5
Glentrool Visitor Ctr DG8 74 D5
Glenvogie Forest Walk DG8 99 F3
Glenwell Ave DG9 182 D4
Glenwhan Gdns DG8 121 C1
Glenwhargen Ave DG4 9 A6
Glenwharrie Rd DG4 9 A6
Glenzier Sch DG14 90 F2
Gloucester Ave DG2 176 E6
Glynt View DG12 186 D2
Glynt Wynd DG12 186 D2
Goldie Ave DG2 176 F6
Goldie Cres DG2 176 F6
Goldscaur Row ML12 11 C8
Golf Ave DG2 176 D5
Golf Club Rd DG9 141 C5
Golfhill Dr DG10 174 C4
Goods La DG8 181 D5
Goods Station Rd DG11 180 D4
Gordon Dr DG7 184 E5
Gordon Pl DG6 189 C5
Gordon St DG1 176 F5
Gordon Terr DG12 186 C1
Gowan Brae DG12 139 D6
Graham Ave DG12 186 D5
Grahamsfield DG11 114 F5
Grahamsfield Ct DG11 114 F5
Graham's Pl DG11 180 D5
Graham St
Kelloholm DG4 9 B6
Longtown CA6 116 F3
Grainyford DG7 131 A2
Graitney DG16 187 C3
Grange Pl DG10 174 C6
Grange Rd DG10 174 C6
Grant Ave DG11 180 B4
Grant Ct
Dumfries DG1 177 B3
Thornhill DG3 41 C6
Great Cross Rd DG6 189 C3
Great Eastern Dr DG1 110 C3
Great King St 11 DG1 177 A5
Greenacre Dr DG2 177 A3
Greenbank Ct 5 DG13 68 D3
Greenbrae Loaning DG1 177 D5
Greenbrae Pl DG1 177 C6
Green Cottage La DG1 178 C5
Green Croft DG8 171 F6
Greencroft Wynd DG12 186 C3
Green Ct DG1 178 B5
Greenfield Row DG9 182 C3
Greenfield View DG9 182 C3
Greenhall Rd DG7 131 A2
Greenhead Brae DG7 78 F4
Greenhill Rd DG11 86 D5
Greenhillstairs DG10 14 B4
Greenknowe Ave DG12 186 D2
Green La DG8 171 F6
Greenlaw Bsns Pk DG7 184 A8
Greenlea Cres DG1 85 D2
Greenlea Dr DG1 85 D2
Greenlea Pk DG1 85 C2
Greenlea Rd DG12 186 D4
Greenmeadow Gdns DG12 186 B3
Greenmill Rd CA6 116 C3
Green Park Cl DG11 180 D7
Greenpark La DG11 180 D7
Green The DG12 139 D6
Greenvale Ct 8 DG9 182 E5
Greenview DG8 126 E1
Greenwell DG2 60 B3
Greenwood Cl DG10 174 D5
Grennan Pl DG3 40 F5
Grennan Rd DG3 40 F5
Gretenhow DG16 187 B2
Gretna Gateway Outlet Village DG16 187 E3
Gretna Ind Est DG16 187 D4
Gretna Loaning DG16 187 D5
Gretna Sch DG16 187 C3
Gretna Sta DG16 187 C4
Greyfriars' St 5 DG1 177 A5
Greyhill Rd DG9 142 F4
Grey Mare's Tail (Waterfalls) TD7 7 D1
Greystone Ave
Dumfries DG1 177 B6
Kelloholm DG4 9 A6
Greystone Cres DG1 177 B6
Greystone Loaning DG1 177 B7
Grierson Ave DG1 177 C4
Grieve Wlk DG1 178 C2
Grimshawe Terr DG8 126 E1
Grove The
Dalbeattie DG5 185 B6
Heathhall DG1 178 B2
Stranraer DG9 182 B7
Grummel Ct DG11 179 D6
Guffock Rd DG4 9 A6
Guilyhill Ct DG2 84 B5
Gullielands Pl 13 DG12 139 D6
Guysgill DG12 186 D5

H

Haas Gr DG11 180 D7
Haas La DG11 180 D7
Halifax Rd 1 DG12 139 D6
Halliday Terr DG11 179 C6
Hallmeadow Pl DG12 186 B3
Hallpath DG13 68 D3
Hall Rd DG11 88 B1
Hamilton Ave DG2 176 F3
Hamilton Cres DG8 124 B4
Hamilton Ct DG9 182 C6
Hamilton Rd DG9 120 D2
Hampton Ct DG9 182 D5
Hannay St 9 DG7 151 B7
Hanover Cl DG2 84 B5
Hanover Ct DG7 184 C6
Hanover Sq DG9 182 E5
Hanover St DG9 182 E5
Harbour Rd
Drummore DG9 169 E7
Port William DG8 161 A2
Wigtown DG8 188 E4
Harbour Row DG8 172 C3
Harbour Sq DG6 189 C5
Harbour St
Creetown DG8 126 E1
Stranraer DG9 182 E5
Harbour Terr DG9 169 E7
Harcourt Pl DG11 180 D6
Hardgate Sch DG7 107 C1
Hardgrove Cotts DG1 112 C5
Hardlawbank Ct DG2 84 B5
Hardthorn Ave DG2 176 E6
Hardthorn Cres DG2 176 E6
Hardthorn Mdws DG2 176 D6
Hardthorn Rd
Dumfries DG2 176 C7
Terregles DG2 83 F5
Harkness Pl DG1 178 E2
Hartfell Cres DG10 174 D6
Harthope Pl DG10 174 C6
Harvey's Wynd DG4 173 C4
Haugh Rd DG5 185 B6
Hawkes Ct DG7 106 A1
Hawthorne Way DG9 182 E3
Hawthorn Rd DG9 182 B7
Hawthorns The DG16 187 B3
Haywood Rd DG10 174 E6
Hazelberry Ave DG11 88 B8
Hazelfield Cl DG1 177 E4
Hazel Gr DG9 182 C5
Hazelrigg Ave DG2 176 F2
Heathhall Ind Est DG1 178 E1
Heathhall Terr DG1 178 B2
Heatley Ct DG12 186 B3
Hecket Pl DG1 62 D1
Hecklegirth DG12 186 D3
Hecklegirth Prim Sch DG12 186 D3
Henderson St DG10 174 C5
Henry Moore Sculptures
Shawhead DG2 82 B5
Shawhead DG2 82 C3
Shawhead DG2 82 C4
Henry St
Dumfries DG1 177 B4
Langholm DG13 68 D3
Herdel Rd DG1 112 B7
Hermitage Cres DG2 176 E4
Hermitage Dr DG2 176 E4
Heron Way DG8 181 F6
Herries Ave DG1 178 D3
Herries Ct DG1 178 D3
Hestan Ct DG5 155 D4
Hestan Rd DG5 185 C3
Heston Ave DG2 176 C8
Heugh Rd DG9 141 C5
Heugh Rise DG9 141 C5
Heywood Pl 4 DG2 177 A3
High Cample DG3 41 E4
Highcroft DG9 182 D3
Highfields DG12 186 E5
High Main St KA6 19 A8
High Rd
Creetown DG8 126 E1
Hightae DG11 86 D5
Torthorwald DG1 85 C6
High Row DG9 168 B7
High St
Annan DG12 186 C4
Brydekirk DG12 113 D5
Creetown DG8 126 E1
Dalbeattie DG5 185 C4
Dalmellington KA6 19 A8
Dumfries DG1 177 A5
Ecclefechan DG11 88 B1
Garlieston DG8 163 C5
Gatehouse of F DG7 151 C7
Kirkcudbright DG6 189 C4
Langholm DG13 68 D3
Lochmaben DG11 179 D5
Lockerbie DG11 180 D5
Longtown CA6 116 E3
2 Maxwelltown DG2 176 F5
Moffat DG10 174 C5
Moniaive DG3 39 E1
New Galloway DG7 175 D1
Port William DG8 161 A2
Sanquhar DG4 173 C4
Stranraer DG9 182 D5
Whithorn DG8 171 F6
Wigtown DG8 188 D5
Hightae Mill Loch Nature Reserve DG11 86 C7
High Vennel DG8 188 D5
Hill Ave
Dumfries DG2 176 F3
Dumfries DG2 177 A2
Hillcrest KA6 19 A7
Hill Ct DG11 180 D7
Hillend Gdns DG12 186 B2
Hillend Rd DG12 186 C2
Hillhead
Port William DG8 161 A2
Stranraer DG9 182 D6
Hillowton Dr DG7 184 D7
Hills Forest Wlk The DG2 109 B8
Hillside Cres
Langholm DG13 68 D3
Stranraer DG9 182 D4
Hillside Dr DG13 68 D3
Hillside Terr DG10 174 C7
Hill St
Creetown DG8 126 E1
Dumfries DG2 176 F4
Portpatrick DG9 141 C5
Hilltop Cl DG9 182 C3
Hilltops View DG1 62 B8
Hill View DG9 182 D3
Hillview Apartments DG8 181 C6
Hillview Ave DG1 177 E3

194 Hil–Max

Hillview Cres DG12 ......186 E4
Hillview Ct DG16.........187 E5
Hillview Dr DG1 ....177 F3
Hillview Pl DG1..........177 E3
Hillview St DG11........ 180 D5
Hillview Terr
Annan DG12.............186 E5
Newton Stewart DG8..... 181 C6
Hirst Pl DG1............ 178 D3
Hobart Terr 2 DG12 .... 139 D6
Hoddom Castle Cvn Pk
DG11 .... 113 A7
Hoddom Ct DG11 ....88 B1
Hoddom Rd DG11..........88 B1
Hoddom Sch DG11.........88 B1
Holland Bush DG11 ....86 D5
Hollinlea DG12 .... 139 A6
Hollows DG14 ....91 C5
Hollow The DG8 ....126 E2
Holly Cres DG1 ....177 F4
Holm Ave DG2........... 177 A3
Holmhead Terr DG4 ....9 A7
Holm Ind Est DG10.......174 E5
Holmpark Cres DG8..... 181 D5
Holmpark Dr DG8....... 181 D5
Holmpark Ind Est DG8 ...181 E5
Holm Pk DG10...........174 E5
Holm Rd DG2..............60 B3
Holmside DG7.............79 B6
Holm St DG10 .... 174 D5
Holm The DG10..........174 E5
Holmwood Cres DG13......68 C4
Holmwood Dr DG13.......68 C3
Holmwood Gdns DG13 ....68 C3
Holroyd Cl DG6 ....189 E7
Holroyd Rd DG6 ....189 E7
Holywood Sch DG2 ....84 B6
Hoods Loaning DG1......177 B5
Hornel Rd DG6 ....189 B4
Hospital Rd DG12........186 E6
Hottsbridge Sch DG11 ....89 B4
Houliston Ave DG2.......176 F2
Howes DG12.............186 B5
Howes Smallholdings
DG12 .... 138 C6
Howgate St 1 DG2 ......176 F5
Howgill Brae DG12.......186 F4
Howgillbridge DG12 .....186 F3
Howie's Rd DG4 .... 173 D4
Howst Terr 7 DG2...... 177 A3
Hunter Ave DG1 .... 178 D3
Huntingdon Ave DG1.....177 B6
Huntingdon Rd DG1 .....177 B6
Huntingdon Sq DG1......177 B6
Hutcheon Pl DG1 .... 178 D3
Hutton Sch DG11 ....46 C2
Hydro Ave DG10 .... 174 C7
Hyslop St DG4.............9 B6

I

Inch Bglws DG8 ....162 F5
Ingleston Cres DG2 ......134 F8
Ingleston Pl
Dumfries DG1 .... 177 D5
New Abbey DG2..........134 F8
Ingleston View DG2 .....134 F8
Innerkip Dr DG2 .... 177 A3
Irish St DG1 .... 177 A5
Irongate Rd DG11.........86 F4
Irongray Rd DG2..........84 B5
Irongray Tech Pk DG2.....84 A5
Irving St 1 DG1 .... 177 A5
Isle Ct DG11............180 E3
Isle St DG8.............171 F6
Ivy Pl
Lockerbie DG11......... 180 D4
Newton Stewart DG8..... 181 C6

J

Jaffray Ct DG11......... 179 D5
James Ave DG2..........176 E5
James Ewart Ave DG5... 185 C3
James St DG5 .... 185 C6
Janefield Ave DG2 ......176 E3
Janefield Dr DG2 ....176 E3
Janefield Gdns DG2......176 E3
Janefield Terr DG2......176 E3
Jardington Ct DG2.........84 B5
Jenkins Pl DG12 .... 113 D5
Jenny's Loaning DG7 ... 184 D5
Jericho Pl DG1 .... 178 D3
Jock's Loaning DG2......176 E8
John Crabbe Cres DG1.....84 D8
John Paul Jones Cottage
DG2....................157 E8
Johnsfield DG11 .... 180 A6
John Simpson Ave DG9 . 182 D4
John Simpson Dr DG9 .. 182 D4
John St
Dalbeattie DG5 .... 185 C7
13 Langholm DG13 ....68 D3
Johnston Ct DG1 ....178 B2
Johnston Dr DG5 .... 185 C6
Johnstonebridge Prim Sch
DG11 ....45 A2
Johnstone Ct DG11 ......180 E6
Johnstone Pk
Amisfield DG1 ....62 D1
Dumfries DG1 ....177 B3
Johnstone St DG12 ..... 186 C4
Johnston Pl DG6........ 189 D5
Johnston Sch DG6...... 189 D5
Jouker's Cl 9 DG13 ......68 D3
Jubilee Cres DG9....... 182 C4
Jubilee Rd DG8......... 181 D5
Jubilee Terr
Castle Douglas DG7...... 184 C5
Wigtown DG8........... 188 D5

K

Kay Ave DG8............ 181 D4
Kedar Bank DG1 .... 111 D7
Kelhead Woodland Walk
DG12 ....112 F4
Kelloholm Prim Sch DG4....9 B6
Kells Prim Sch DG7 ..... 175 D1
Kellwood Pl DG1........ 177 D4
Kellwood Rd DG1 .... 177 D4
Kelton Mains Open Farm
DG7 ....131 B4
Ken-Dee Marshes Nature
Reserve DG7...........105 B4
Kenick Trail DG7 ....129 F7
Kenilworth Rd DG2 ....84 B5
Kennels Rd DG12 .... 186 D5
Kenneth Bank DG1...... 110 D2
Kerr Pk DG5 .... 185 C5
Kerrsland Rd DG9........182 E3
Kestrel Hill DG16 .... 187 D3
Keswick Dr DG2 .... 157 D5
Kildale DG11 ....86 D5
Killumpha Dr DG9 ...... 168 D8
Kilmirren Ave DG9...... 183 A6
Kilncroft DG8............171 F6
Kilncroft Ct DG2...........84 B5
Kilndale Terr DG6....... 189 C4
Kilquhirn Rd DG8....... 188 D5
Kilsture Forest Walks
DG8 .... 148 D1
Kimmeter Pl DG12 ......186 E4
Kimmeter Sq DG12 .....186 E5
Kimmeter Wynd DG12....186 F4
Kindar Dr
Dumfries DG2 ....176 B8
New Abbey DG2..........134 F8
Kindar Rd DG2 ....134 F8
King's Rd DG8...........171 F7
Kingfisher La DG16 ..... 187 D3
Kingholm Dr DG1........177 B1
Kingholm Loaning DG1 . 110 A8
Kingholm Rd DG1........177 B2
Kingholms Ave DG1 .... 177 C2
Kings Ct DG7 .... 184 C5
Kingspool Trail DG13......47 E1
King St
Castle Douglas DG7...... 184 D5
Dumfries DG2 ....176 F5
Newton Stewart DG8..... 181 C7
Stranraer DG9.......... 182 D5
Kingsway DG4..............9 A7
Kinnell St 21 DG3.........41 C6
Kintail Pk DG11......... 180 C6
Kintyre Ct DG9 .... 182 C7
Kirkbank
Borgue DG6.............164 F7
Kirkgunzeon DG2.........108 B1
Kirk Bank DG1...........178 E8
Kirkbank Rd DG11 ....45 A2
Kirkbean Prim Sch DG2. 135 A2
Kirkbeck Rd DG1 .... 137 A8
Kirk Brae
Creetown DG8...........126 E1
Locharbriggs DG1 ...... 178 D7
Twynholm DG6.......... 152 C5
Kirkburn Ind Site DG11 . 180 C7
Kirkcolm Sch DG9 ....94 C3
Kirkconnel Church DG11...89 B2
Kirkconnel Sta DG4.........9 A7
Kirkcowan Prim Sch
DG8 ....124 B4
Kirkcudbright Acad DG6 .189 B4
Kirkcudbright Hospl
DG6 .... 189 C4
Kirkennan Dr DG5 ...... 185 C3
Kirkgate DG2..............60 B3
Kirkgunzeon Prim Sch
DG2 ....108 B1
Kirkinner Prim Sch DG8. 148 C2
Kirk La DG11 .... 180 D5
Kirkland Ct
Dumfries DG1 .... 177 D3
Kirkcolm DG9.............94 C3
Kirkland Dr DG4............9 A6
Kirkland Hill DG8....... 188 D6
Kirklandhill Cotts DG8 .. 188 D6
Kirkland Pl DG1 .... 177 D3
Kirkland Rd
Dumfries DG1 .... 177 D3
Heathhall DG1 .... 178 C3
Kirklands Loaning DG1...137 B7
Kirklands Rd DG2..........83 F4
Kirkland St DG7 ....175 B8
Kirkland Terr DG7....... 106 A1
Kirkland View DG9...... 119 A6
Kirkland Wynd DG1..... 177 D2
Kirklea Pl DG8.......... 188 D6
Kirk Loch Brae DG11.... 179 D5
Kirkmadrine Stones DG9 158 F7
Kirkowens St DG1 ...... 177 C5
Kirkpatrick Ct DG2...... 177 A3
Kirkpatrick Fleming Sch
DG11 .... 115 A5
Kirkpatrick Meuse DG2 . 177 A3
Kirk Rd
Crossmichael DG7........105 E1
Laurieston DG7 .... 130 D8
New Galloway DG7 ...... 175 D1
Kirkton Terr DG1.........178 B2
Kirk Wynd 7 DG13 ....68 D3
Kirnaughtry Cnr DG9.... 159 A4
Kirrough Tree Ave DG8...181 E6
Kirroughtree Ct DG8 .....181 F7
Kirroughtree Forest Dr
DG8 .... 126 C8
Kirroughtree Forest Trail
DG8 .... 126 C8
Kirroughtree Visitor Ctr
DG8 .... 126 C7
Kirtle Pl DG16 .... 187 C3
Knockcullie Rd DG9..... 182 D4
Knockman Wood Forest
Walk DG8............. 100 D3
Knowehead Rd DG1..... 178 C5

L

Ladies Wlk DG9......... 183 A5
Lady's Well DG7 ....175 F2
Ladyfield Villas DG1..... 110 A8
Lady Galloway Ct DG8 ...181 E6
Ladyknowe 10 DG10..... 174 D5
Ladyknowe Ct 9 DG10.. 174 D5
Ladyseat Gdns CA6 ......116 F3
Ladysmith Rd 3 DG12 .. 139 D6
Lady St
Annan DG12............ 186 C4
Brydekirk DG12......... 113 D5
Lady's Well DG12 .... 186 C4
Laggangarn Standing Stones
DG8 ....97 D6
Laghall Ct DG1 .... 110 A8
Laigh Isle DG8.......... 172 C3
Laigh Raw DG7 ....107 B1
Laird's Entry DG13........68 D3
Lakeview Gdns DG12.....137 F5
Lake View Terr DG12 .....137 F5
Lamachan View DG8 .....125 F5
Lambhill Terr DG11 ......180 E5
Landberrick Hill DG8 ... 161 D4
Lanegate Rd DG1..........62 D3
Lane The DG1 .... 177 C3
Langholm Acad DG13 .....68 C3
Langholm Prim Sch DG13 .68 C3
Langlands Ct DG11........88 B1
Langlands Rd
Amisfield DG1............62 C1
Ecclefechan DG11 ....88 B1
Langlands Sch DG1 ......177 B6
Langside DG11 ....88 B1
Larchbank Pl DG1 ...... 177 D3
Larchfield Rd DG1 ...... 177 C4
Larg Ave DG9............182 B7
Larg Rd DG9.............182 B8
Latimer Ct DG2......... 176 C8
Latimer Rd DG12 .... 186 D4
Laurel Bank Terr DG7 ... 184 C6
Laurel Gr DG9.......... 182 C5
Laurels The DG1 .... 177 C5
Laurey Dr DG9.......... 182 C4
Laurieknowe DG2........176 F4
Laurieknowe Sch DG2 ...176 E5
Laurieston Ave DG2......176 E4
Laurieston Rd DG7...... 151 C8
Leadhills & Wanlockhead Rly
ML12 ....11 D8
Leafield DG9 ....182 B6
Leafield Gdns DG1.......177 B5
Leafield Rd DG1 ....177 B5
Leafield Rise DG9........182 B6
Leigh Row DG9..........168 B7
Leonard Cres DG11 ..... 180 C5
Leonard Terr DG11...... 180 C5
Lessons Pk DG8 ....181 F6
Leswalt High Rd DG9 ... 182 C6
Leswalt Rd DG9.........182 B7
Leswalt Sch DG9........ 119 A6
Leven Rd DG4 .... 173 C4
Lewars Ave DG2 .... 176 D8
Lewis St DG9............182 E4
Libry St DG4...............9 A6
Liddel Rd CA6 ....116 F4
Liddesdale Rd DG9 ..... 182 C6
Lightlands Ave DG8 ..... 188 D5
Lightlands Terr DG8..... 188 D5
Lilico Loaning DG8 ..... 188 D5
Lime Gr DG1 ....177 F4
Lime Tree Wlk DG2 .....176 F5
Lincluden College DG2...176 F8
Lincluden Motte DG2 ....176 F8
Lincluden Rd DG2 ....176 E7
Lincluden Sch DG2 .....176 E8
Linden Gr DG1.......... 177 A4
Lindsay Pl DG1 .... 177 C5
Links Ave DG12 ....137 F5
Linn Pl DG2 ....61 A6
Linns Rd DG1.............85 D5
Linns View DG14 ....92 B5
Little Brae DG1 .... 178 C4
Livingstone Pl DG11 .... 180 C6
Loanwath Rd DG16...... 187 C2
Lochaber Wlk DG2...... 176 C7
Lochancroft La DG8..... 188 D5
Lochans Mill Ave DG9... 142 C7
Lochans Prim Sch DG9.. 142 C7
Locharbriggs Sch DG1 .. 178 C5
Lochar Ct DG1...........178 B5
Lochar Dr DG1 .... 177 D4
Locharthur Terr DG2 .....108 E4
Lochdale DG9 .... 182 D3
Loch Eldrig Fishing Venue
DG8 ....99 E1
Lochend Terr DG2.........60 B3
Lochfield Rd DG2........176 E6
Lochinch Pl DG9.........183 B5
Lochingh Cres DG9 ..... 120 D2
Lochinvar Cl CA6 ....116 F3
Lochinvar Sch CA6.......116 F3
Loch Ken Holiday Pk
DG7 ....105 B5
Lochmaben Castle DG11 .179 E3
Lochmaben Hospl DG11..179 B6
Lochmaben Sch DG11... 179 D6
Loch Rd DG2 ....176 E6
Lochrutton Prim Sch
DG2 ....108 E8
Lochryan Cvn Ctr DG9 .. 119 C8
Lochryan St DG9.........182 E5
Lochside Gdns DG7 ..... 184 C5
Lochside Ind Est DG2.....84 B5
Lochside Rd
Castle Douglas DG7...... 184 C4
Dumfries DG2 .... 176 D8
Lochside Sch DG2 ...... 176 D8
Lochvale Dr DG1........ 177 C4
Lochview Cres DG9 ......183 B6
Lochview Pl DG2 ....61 A3
Lochview Rd DG9........183 B6
Lockerbie Acad DG11 ... 180 C6
Lockerbie Prim Sch
DG11 .... 180 D6
Lockerbie Rd
Dumfries DG1 .... 177 C6
Lochmaben DG11.........179 E5
Lockerbie Sta DG11..... 180 D5
Lockhart Gdns DG12 .... 186 D6
Loganbarns Cres DG1....177 E4
Loganbarns Dr DG1......177 E4
Loganbarns Rd DG1......177 E4
Logan Botanic Gdn DG9. 159 A1
Logan Fish Pond DG9....168 B8
Logan Rd DG16 .... 187 C2
London Rd DG9......... 183 A5
Longacres Rd DG6 ....189 B4
Longloch Dr DG1 ....84 D8
Longmeadow Ave DG12 ..186 B2
Long Row ML12............11 C8
Longtown Ind Est CA6 ...116 F3
Longtown Prim Sch CA6 .116 F3
Loreburn Ct DG12........186 E4
Loreburne Sh Ctr The 2
DG1 .... 177 A4
Loreburn Pk DG1 ....177 B6
Loreburn Sch DG1.......176 F5
Loreburn St DG1........ 177 A5
Loreburn Terr DG1.......178 B2
Lorimer Cres DG2 ...... 176 D8
Louden Pl DG8 ....126 E1
Lovedale DG4 .... 173 C4
Lovers' Wlk
Annan DG12............ 186 C2
Dumfries DG1 ....177 B5
Wigtown DG8........... 188 D6
Lovers La CA6 ....116 F4
Lowes Lochs Nature Reserve
DG7 ....80 A5
Low Mdw DG12......... 139 D6
Low Rd
Collin DG1 ....85 C2
Hightae DG11 ....86 D5
Tinwald DG1 ....85 B6
Low Vennel DG8 .... 188 D5
Luce Bay View DG9 .... 159 A8

M

Mabie Ct DG2 .... 176 C7
Mabie Forest Trail DG2.. 109 D5
McAdams Way DG7 ....36 A4
McArdle Pl DG5 .... 185 C4
Macaterick Dr KA6.........19 A7
McAughtrie Ct DG2......176 F4
McConnel St DG4...........9 B6
McCormack Gdns DG9 ...182 F5
McCron Ct DG4......... 173 C4
McDiarmid Ct DG1...... 178 C3
McDiarmid Rd DG1 ..... 178 C3
MacDonald Loaning
DG1 .... 178 C3
McDowall Dr DG9....... 182 C4
McFarlane Ave DG1..... 110 A8
McGeoch Dr DG2 .... 176 D5
McGeorge Cl DG1....... 178 C3
Mac Gill Rd DG9........ 120 D2
McGregor Dr DG8 ....181 E6
McKendrick Rd DG4 .....173 B4
McKenzie Terr DG2 ..... 177 A3
McKerrow Dr DG1 ...... 178 C2
McKie Ave DG1......... 177 C4
Mackies Dr DG16 .... 187 C3
Maclean Dr DG11 ....45 A2
MacLellan's Castle (remains
of) DG6.............. 189 C5
MacLellan Cl 8 DG6..... 189 C4
McLellan Gdns DG5..... 185 C5
McLellan St DG1.........177 B4
McLeod Ct DG1......... 178 C3
McMaster's Rd DG9......183 B5
McMurdo Rd DG12...... 186 C3
MacNeish Dr DG12...... 186 D5
Mafeking Pl DG12 ...... 186 D4
Maiden Row DG2 .... 107 D7
Maidland Pl DG8 .... 188 D4
Main Rd
Collin DG1 ....85 C2
Templand DG11 ....63 F5
Mains Mdw DG11 .... 180 D4
Mains St DG11.......... 180 D4
Main St
Auchencairn DG7........ 154 D2
Crossmichael DG7....... 106 A1
Elrig DG8...............160 F6
Main St *continued*
Glenluce DG8............144 E8
Gretna DG16 ....187 E5
Haugh of U DG7..........107 B1
Isle of W DG8 .... 172 C3
Kirkcolm DG9.............94 C3
Kirkconnel DG4 ....9 A7
Kirkcowan DG8 ....124 B3
Kirkinner DG8 .... 148 C2
Lochans DG9 .... 142 C7
Lochfoot DG2............108 E8
Mochrum DG8 ....161 B5
New Abbey DG2..........109 F1
New Luce DG8...........121 E7
Penpont DG3 ....40 F5
Portpatrick DG9......... 141 C5
Port William DG8........ 161 A2
Sandhead DG9.......... 159 A8
Sorbie DG8 ....162 E5
St John's Town of Dalry
DG7................... 175 A8
Twynholm DG6.......... 152 C5
Whauphill DG8...........162 B8
Maitland Terr DG9 ....142 E7
Makbrar's Neuk DG1.....177 E2
Makbrar Cres DG1 ...... 177 D2
Makbrar Ct DG1 ....177 E3
Makbrar Dr DG1 ....177 E2
Makbrar Meuse DG1 .....177 E2
Makbrar Pl DG1 ....177 E3
Makbrar Rd DG1........ 177 D2
Makbrar Wynd DG1..... 177 D2
Mallard Pl DG16 .... 187 D3
Mallsknowe CA6 ....116 E3
Malor Pk DG16 ....187 B3
Mannering Ave DG2..... 176 D8
Manse Brae DG3...........41 D7
Manse Cres DG12....... 113 D5
Mansefield Pl DG8...... 181 D5
Manse Pk DG3.............41 D6
Manse Pl DG6 .... 189 D5
Manse Rd
Terregles DG2.............83 F3
Thornhill DG3.............41 D6
Twynholm DG6.......... 152 C5
Wanlockhead ML12........11 C8
Mansfeild Pl DG9........119 B6
Mansfield Ho DG16 ..... 187 C3
Mansfield Pl DG10 ..... 174 D5
Mansfield Sq 5 DG10... 174 D5
Manx View DG8......... 161 A2
Maple Ave DG2 .... 176 D8
Maplebank Loaning
DG1 .... 177 D3
March Farm Row DG8... 162 A8
Marchfield Ave DG1..... 177 C8
Marchfield Ct DG1 ..... 177 C8
Marchfield Dr DG1...... 177 C8
Marchfield Pl DG1 ..... 177 C8
Marchfield Rd DG1 ..... 177 C8
Marchhill Dr DG1 ...... 177 C7
Marchmount Ave DG1... 177 C6
Marchmount Dr DG1.... 177 C6
Marchmount Rd DG1.... 177 C6
Margaret Dr DG11 ...... 180 D6
Margaret Wlk DG2.......176 E7
Marine Gdns DG9........182 F5
Marjoriebanks DG11 .... 179 D7
Market Cross 8 DG3 ......41 C6
Market Hill 7 DG7...... 151 C7
Market Hill Terr 6 DG7 . 151 C7
Market Pl 16 DG13........68 D3
Market Slap DG9 .... 142 D7
Market Sq 3 DG2 ....176 F5
Market St
Castle Douglas DG7...... 184 D5
Stranraer DG9.......... 182 D5
Marle Pl DG7........... 184 C5
Marle St DG7........... 184 C5
Marle Terr DG7 .... 184 C4
Marquiss Ind Est DG11 ..114 B8
Marrburn Rd DG3.........40 F5
Marrbury Smokehouse
DG8 ....74 A5
Martin Ave DG1........ 177 C4
Martinton Pl DG1....... 178 C4
Martinton Rd DG1 ...... 178 C3
Maryport Cvn Site DG9...169 E5
Mary St
Langholm DG13...........68 D3
Longtown CA6 ....116 F3
Masonfield Cres DG8 ... 181 D6
Masonfield Ct 2 DG8... 181 D6
Masonfield Dr DG8 ..... 181 D6
Matheson Terr DG12 .... 186 D5
Mathews Ct DG11........180 E6
Matthew's Loaning
DG11 .... 180 D6
Mauchline Terr DG2..... 176 D5
Mavis Gr DG2...........176 F1
Maxwell Ct
19 Langholm DG13 ....68 D3
Lockerbie DG11......... 180 D6
Maxwell Dr DG8 .... 181 C6
Maxwell Gdns DG5...... 185 C5
Maxwell Pk DG5 ....185 B6
Maxwell Pl
Kirkcudbright DG6....... 189 D5
20 Langholm DG13 ....68 D3
Maxwell Rd 21 DG13 ......68 D3
Maxwell St
Dalbeattie DG5 .... 185 C5
Dumfries DG2 ....176 F4
Maxwell Terr DG7....... 184 C6
Maxwelltown Dr DG2 ... 176 D5
Maxwelltown Gdns DG2. 176 C5
Maxwelltown High Sch
DG2 ....84 A5

Maxwelltown Ind Est
DG2 176 E7
Maxwelltown Station Rd
DG2 176 C5
Maxwell Wynd DG6 189 D5
Mayfield Ave DG9 182 B7
Mayfield Ct DG11 179 D6
Meadowbank DG9 182 B7
Meadow Bank DG10 174 E4
Meadow Bank Rise
DG10 174 E4
Meadowfoot ML12 11 B8
Meadow Pk DG8 124 C3
Meadow Pl DG10 174 C6
Meadows DG5 185 C5
Meadowside 4 DG7 151 B7
Meadow The DG11 88 F1
Meadow View DG7 184 C4
Meal Mill DG8 181 D7
Mearsdale Dr DG10 174 C6
Mearsdale Pk DG10 174 C6
Medans The DG8 170 C8
Meikleholm DG13 68 C3
Meikleholm Brae DG13 68 C3
Meikleholm Side DG13 68 C3
Melbourne Ave DG12 139 D6
Melbourne Ct 6 DG12 139 D6
Melling Terr KA6 19 A8
Memory La DG7 151 B7
Merkland Cross DG11 114 E7
Merkland Rd DG1 136 A8
Merrick Pl DG2 176 B7
Merrick Rd DG7 184 D6
Merrick Terr DG9 141 C5
Merse Ave DG6 189 C6
Merse Cl DG6 189 C6
Merse Dr DG6 189 C6
Mersehead Nature Reserve
DG2 156 E6
Mersehead Nature Reserve
Visitor Ctr DG2 156 E7
Mersehead Nature Trail
DG2 156 E7
Merse Pk DG6 189 C6
Merse Rd DG6 189 C6
Merse Strand DG6 189 C6
Merse Way DG5 155 B6
Merton Ct DG11 179 D7
Meuse La 3 DG1 177 A5
Mews La
Dalbeattie DG5 185 C6
6 Dumfries DG1 176 F5
Kirkcudbright DG6 189 D4
Midhill Pl DG4 9 A6
Mid Row DG1 177 E5
Midsteeple 13 DG1 177 A5
Midtown DG7 175 B8
Milburn Dr DG16 187 B3
Milehouse Cres DG1 177 C8
Millbank Rd DG9 182 C7
Millbrae DG12 139 C6
Millbrae St DG2 176 F4
Millburn DG10 174 D5
Millburn Ave DG1 177 C5
Millburn Pl DG1 177 B5
Millburn St DG6 189 D5
Millcroft Rd DG8 181 D6
Miller Pl DG7 184 D5
Miller Rd DG7 184 D5
Millfield Ave DG9 182 C6
Millfield Rd DG9 141 C5
Millflats DG6 189 D6
Mill Glen Rd DG9 143 F8
Millgreen 11 DG10 174 D5
Millhall DG6 165 C7
Millhill Rd DG11 179 D7
Millhill St DG9 182 E5
Millmeadows DG10 174 D5
Mill on the Fleet Visitor
Centre DG7 151 B7
Millpark Cres DG12 186 C4
Millpark Terr DG12 186 D4
Mill Rd
Dumfries DG2 176 F4
Garlieston DG8 163 C5
Haugh of U DG7 107 B1
Lochmaben DG11 179 D7
Mill St
Creetown DG8 126 E1
Dalbeattie DG5 185 D5
Drummore DG9 169 E7
Longtown CA6 116 F3
Milltown DG14 90 D2
Millview DG1 110 A8
Millview Terr DG9 142 C7
Milner Pl 4 DG3 41 C6
Milton La DG2 176 C7
Minden Ave DG1 177 E3
Minden Cres DG1 177 E3
Minden Dr DG1 177 E3
Minnigaff Prim Sch DG8 181 E6
Minnipool Brae DG8 126 E2
Minnipool Pl DG8 126 E1
Minnoch Rd KA6 19 A7
Mitchell Terr DG8 181 C6
Moat CA6 117 C8
Moat Dr DG2 108 E8
Moat Rd
Annan DG12 186 C4
Dumfries DG2 177 A2
Moffat Acad DG10 174 C6
Moffat Hospl DG10 174 E5
Moffat Mus DG10 174 D5
Moffat Rd DG1 177 C6
Moniaive Prim Sch DG3 39 E1
Monreith Animal World
DG8 170 E7
Monreith Ave DG2 176 C8
Monreith House Gardens
DG8 161 C2
Monro Ave DG1 177 E3
Monro Ct DG1 177 E3
Monro Pk DG1 177 E3
Montague St
Dumfries DG1 177 B5
1 Langholm DG13 68 D3
Monument View DG9 119 B6
Moor Cres CA6 116 F3
Moorefield DG9 182 C5
Moor Pl CA6 116 F3
Moor Rd CA6 116 F4
Morningside Rd DG12 186 E5
Morton Castle DG3 25 F2
Morton Ct 15 DG3 41 C6
Mortonholm Rd DG3 41 B4
Morton Pl DG1 177 E5
Moss Dale DG1 178 C3
Mossdale Terr KA6 19 A7
Mossgiel Ave DG2 176 E5
Mossknowe Pl DG16 187 D3
Mosspark Ave DG1 177 E4
Mosspark Cres DG1 177 E4
Mosspark Ct DG1 177 E4
Mosspark Pl DG1 177 E4
Mosspark Rd DG1 177 E4
Mosspark Way DG1 177 E4
Moss Pl DG16 187 C2
Moss Rd
Cummertrees DG12 137 D5
Dalbeattie DG5 185 E5
Mouswald DG1 111 C6
Moss Road Terr DG5 185 D5
Mossvale DG11 179 C7
Moss View DG1 177 F3
Mote Brae DG8 161 B5
Motehill DG8 144 D8
Mote of Mark Fort DG5 155 C5
Mote Slap DG9 142 F1
Motte of Druchtag DG8 161 B5
Mounsey's Wynd DG11 179 D5
Mountainhall Ave DG1 177 C3
Mountainhall Ct DG1 177 C3
Mountainhall Gdns DG1 177 C3
Mountainhall Pk DG1 177 C3
Mountainhall Pl DG1 177 C3
Mountainhall View DG1 177 C2
Mount Pleasant DG8 161 B2
Mount Pleasant Ave
DG6 189 E7
Mount Pleasant Rd DG6 189 E7
Mount Terr DG9 142 C7
Mount Vernon Rd DG9 182 D4
Mouswald Pl Cvn Pk
DG1 111 D8
Mouswald Sch DG1 111 C8
Muirbeck Rd DG12 186 A1
Muirfield Gdns DG12 186 E4
Muirhall Rd 18 DG3 41 C6
Muirs Way DG8 181 C6
Munches St 15 DG1 177 A5
Munches View DG5 185 C3
Municipal Terr DG1 177 C5
Murdoch Cl DG5 185 D3
Murray's Monument DG8 101 F6
Murrayfield Ave DG9 182 D5
Murrayfield Gdns DG9 182 D5
Murray Pl DG8 181 E6
Murray St DG12 186 D4
Murreyfield Cotts DG12 186 D3
Museum of Lead Mining
ML12 11 C7
Myrton Cres DG8 161 B2

N

Nathan's Cnr DG8 144 C7
Needle St DG4 9 A7
Neilson Pl DG8 124 C3
Neis Pl DG3 39 E2
Nellieville Terr 2 DG2 177 A3
Nelson Pl DG11 114 F5
Nelson St DG2 176 E5
Nessock Terr DG9 168 B7
Netherby Rd CA6 116 F4
Netherby St CA6 116 E3
Nether Ct DG5 185 C4
Netherhall Pl DG7 131 A2
Nethermill Sch DG1 63 A6
Nether Pl DG5 185 C4
Netherside DG11 180 D4
Netherwood Cotts DG1 110 B7
New Abbey Corn Mill
DG2 109 F1
New Abbey Rd DG2 176 F3
New Abbey Sch DG2 109 F1
Newall Terr DG1 177 A5
Newbiebarns DG12 138 C4
Newbiggin Terr KA6 19 A8
Newbridge Dr DG2 84 B5
New Ct 10 DG3 41 C6
Newfield Cvn Pk DG1 85 A2
New Galloway Rd DG8 181 E6
New House Ct DG2 107 D7
Newington Ave DG12 186 D4
Newington Prim Sch
DG12 186 E5
Newington Rd DG12 186 D5
Newlands Ct DG11 180 C4
Newlands Rise DG12 186 E5
New Market St DG7 184 D6
New Path DG12 186 D5
New Rd
Dalbeattie DG5 185 C5
Wigtown DG8 188 D5
New Smyrton KA26 70 A7
New St
Dalmellington KA6 19 A8
Thornhill DG3 41 C6
New Station Rd DG5 185 C5
Newton Mdws DG10 45 C5
Newton Rd DG2 84 B5
Newton Sq DG16 187 D5
Newton Stewart Hospl
DG8 181 B4
Newton Stewart Mus
DG8 181 C6
Newton Stewart Rd DG8 124 B4
Nicholson Pl DG12 186 B3
Nicholson St DG12 186 B3
Nigel Henderson Ct DG4 173 C4
Ninian Ct DG2 176 C7
Nith Ave DG1 176 F5
Nith Bank DG1 177 B3
Nithbank Ave DG2 176 F6
Nithbank Rd DG3 41 C6
Nith Pl DG1 177 A4
Nithsdale Mills DG1 177 B4
Nithsdale Pl DG1 177 E5
Nithsdale View DG3 41 D7
Nithside Ave DG2 176 F6
Nith St DG1 177 A4
Nittyholm DG14 91 B6
Nivison Ave DG4 173 C3
Nivison Cross Ct DG4 173 C3
Niviston Rd DG4 9 A6
Noble Gr DG1 177 D5
Noblehill Ave DG1 177 E5
Noblehill Dr DG1 177 E5
Noblehill Pl DG1 177 E5
Noblehill Sch DG1 177 D5
Norfolk Ave DG1 110 C3
Norfolk Terr DG1 177 B3
Norris St DG8 126 E1
North Ave
Eaglesfield DG11 89 C2
Glenlochar DG7 130 E6
North Cres
Garlieston DG8 163 C5
Portpatrick DG9 141 B5
Northcroft DG11 87 D5
Northfield Park Ave
DG12 186 D6
Northfield Park Gdns
DG12 186 D6
Northfield Pk DG12 186 D6
Northgate DG12 186 C5
North Laurieknowe Pl
DG2 176 E4
North Main St DG8 188 D5
North Rd DG12 139 D6
North St
Annan DG12 186 C5
Brydekirk DG12 113 D5
Glenluce DG8 144 D8
Moniaive DG3 39 E2
North Strand St 1 DG9 182 E5
North West App DG11 89 B3
Nunholm Pk DG1 177 A7
Nunholm Pl DG1 177 A7
Nunholm Rd DG1 177 A7
Nunwood Rd
Dumfries DG2 84 A5
Terregles DG2 83 F5
Nursery Ave DG9 182 C5
Nursery Pl DG12 186 C4
Nutberry Pl
Dumfries DG2 177 A3
Gretna DG16 187 C2

O

Oakfield Brae DG1 177 E4
Oakfield Ct DG1 177 F3
Oakfield Dr DG1 177 F4
Oakland Ave DG9 182 C6
Oaktree Dr DG11 88 B1
Oakwell Cres DG7 184 E6
Oakwell Pk DG7 184 E6
Oakwell Rd DG7 184 D6
Ochtrelure Way DG9 182 D3
Officer's Croft Motor Mus
DG8 122 A1
Old Annan Rd
Lockerbie DG11 180 D2
Lockerbie DG11 180 D3
Old Bakery The DG16 187 C2
Old Blacksmith's Shop Visitor
Ctr DG16 187 D5
Old Bridge House Mus
DG2 176 F5
Old Carlisle Rd DG10 174 E4
Old Edinburgh Rd
Moffat DG10 174 C7
New Galloway DG7 175 E1
Newton Stewart DG8 100 E2
Newton Stewart DG8 181 D7
Old Ferry Rd DG7 106 A1
Old Ford Rd 3 DG7 151 C7
Old Graitney Holdings
DG16 187 A2
Old Graitney Rd DG16 187 B2
Old Hall Dr DG8 181 C6
Old Military Rd
Castle Kennedy DG9 120 F1
Dunragit DG9 143 E8
Glenluce DG8 144 D8
Pinminnoch DG9 119 D1
Portpatrick DG9 141 D6
Stranraer DG9 183 D3
Old Mill Ct
Annan DG12 186 B3
Castle Douglas DG7 184 D5
Old Port Ave DG9 182 C4
Old Rd CA6 116 F3
Old School Cotts DG2 84 B7
Old Smyrton KA26 70 A7
Old Station Ct DG9 141 C5
Old Station View DG8 181 B4
Old Union St 14 DG1 177 A5
Old Village DG9 120 D2
Old Well Rd DG10 174 D6
Oliphant Ct DG2 176 D8
Orchard Rd
Dunragit DG9 143 F8
Stranraer DG9 182 D4
Orchard The DG8 188 D5
Orchardton Tower DG7 154 F6
Osborne Cres DG2 176 D7
Osborne Dr DG2 176 D7
Osborne Row 8 DG10 174 D5
Oswald Cres DG2 157 D5
Ottawa Rd 7 DG12 139 D6

P

Palace Ct DG7 184 C5
Palgowan Farm Pk DG8 52 A2
Palmer Dr DG9 183 B6
Palmerston Ave DG2 176 E5
Palmerston Dr DG2 176 E5
Palmerston Park (Queen of
the South FC) DG2 176 E5
Palnackie Sch DG7 154 F7
Park Circ DG10 174 D5
Park Cres
Creetown DG8 126 E1
Stranraer DG9 182 C5
Parkfoot Mdws DG1 177 B7
Parkhead Ct DG1 177 D5
Parkhead Dr DG1 177 D5
Parkhead Loaning DG1 177 D5
Park La
Dumfries DG1 176 F5
Stranraer DG9 182 C6
Whithorn DG8 171 F7
Park Lea Gdns DG9 182 C5
Park Pl
Dumfries DG2 176 F2
Lockerbie DG11 180 D4
Park Rd
Dumfries DG2 176 E3
Dunragit DG9 143 F8
Moniaive DG3 39 E2
Park Sch DG9 182 D5
Park St DG2 176 E4
Park Terr DG5 185 C6
Park The DG8 171 F7
Park View DG11 180 D5
Park Wlk 17 DG3 41 C6
Parliament Sq 10 DG13 68 D3
Parton DG7 105 C5
Peacock Pl DG11 88 B1
Penkiln Ct DG8 181 D8
Penkiln Mews DG8 181 D8
Penkiln Terr DG8 181 D7
Penman Gdns DG1 178 D3
Penninghame Sch DG8 181 C5
Pennywell 2 DG7 151 B7
Penpont Prim Sch DG3 40 F5
Peveril Ct DG2 84 B5
Philip Ave DG8 181 C5
Picket Cross DG1 177 B3
Pielmuir Rd DG1 63 B6
Pines Rd DG5 155 B6
Pipers Ct 9 DG6 189 C4
Planetree Pk DG7 151 B7
Pleasance Ave DG2 176 F3
Pleasance Cotts DG1 177 C5
Pleasance Pk DG1 177 C5
Plumdon Park Ave DG12 186 D2
Poets Cnr DG3 25 B1
Polbroc Pl DG4 9 A6
Police Cl 3 DG6 189 C4
Pollard's Croft DG8 124 C3
Polmaddy Settlement
DG7 55 D6
Polmeur Rd DG4 9 A6
Polveoch Rd DG4 9 A6
Polveoch Terr DG4 9 A7
Poplar Ct DG1 177 F3
Poplar Rd DG2 84 C5
Portland Dr DG2 176 F5
Portpatrick Old Lifeboat
House Mus DG9 141 B5
Portpatrick Prim Sch
DG9 141 C5
Port Rd
Dalbeattie DG5 185 C3
Haugh of U DG7 107 C1
Palnackie DG7 155 A7
Portree Terr DG9 141 C5
Port Rodie DG9 182 E5
Port St
Annan DG12 186 B3
Dalbeattie DG5 185 C4
Port William Prim Sch
DG8 161 B2
Potato Mill Rd DG8 188 C4
Powdrake Cres CA6 116 F4
Powfoot Lakes Cvn Site
DG12 137 F6
Prestonfield Rd
Annan DG12 186 D5
Annan DG12 186 E6
Preston Gdns DG12 186 E6
Prestonhouse Rd DG11 86 D5
Preston Pk DG12 186 E6
Pretoria Rd 5 DG12 139 E6
Priestlands Dr DG2 176 F3
Primrose St DG2 [illegible]
Princes Ave
Annan DG12 1[illegible]
Newton Stewart DG8 18[illegible]
Princes Rd DG8 181 [illegible]
Princess St DG6 189 B[illegible]
Princes St
Lochmaben DG11 179 D6
Newton Stewart DG8 181 C5
Penpont DG3 40 F5
Stranraer DG9 182 D5
Princes Terr DG8 181 C5
Pringle Ct 13 DG10 174 D5
Prior Ave DG14 91 D3
Priory Ave DG2 176 E7
Priory Rd DG2 176 E8
Provost Rd DG9 183 B6
Pulganny Woods Forest
Walks KA26 73 A3
Pumpfield La DG1 177 B3

Q

Quaas Cres DG11 180 D3
Quaas Loaning
Lockerbie DG11 180 C3
Lockerbie DG11 180 D3
Quarry Pl DG1 137 A8
Quarry Rd
Keir Mill DG3 41 A3
Kippford DG5 155 B6
Locharbriggs DG1 178 B6
Queen's Cres
Lockerbie DG11 180 C6
Sanquhar DG4 173 B4
Queen's Dr DG9 182 C5
Queen's Gr DG5 185 D6
Queen's Rd DG4 173 B4
Queen's Way Forest Dr
DG8 126 C8
Queen's Way The
Clatteringshaws DG7 77 D3
New Galloway DG7 175 C1
Newton Stewart DG7, DG8 102 D8
Queen Elizabeth Dr DG7 184 D5
Queensberry Bay Cvn Pk
DG12 137 E5
Queensberry Beeches
DG3 41 C5
Queensberry Brae DG3 41 C6
Queensberry Ct
8 Dumfries DG1 177 A5
Sanquhar DG4 173 C4
Queensberry Mews 9
DG1 177 A5
Queensberry Pl DG3 41 C5
Queensberry Rd DG11 180 E6
Queensberry Sq
12 Dumfries DG1 177 A5
Sanquhar DG4 173 B5
Queensberry St
Annan DG12 186 C4
Dumfries DG1 177 A5
Queensberry Terr
Cummertrees DG12 137 F6
Moffat DG10 174 E4
Queensberry View
Dumfries DG1 177 C3
Lockerbie DG11 180 E7
Queen's Hill Pk DG7 152 E8
Queen St
Castle Douglas DG7 184 D5
Dumfries DG1 177 B4
Lochmaben DG11 179 D6
Newton Stewart DG8 181 D5
Stranraer DG9 182 D5
Queensway DG12 186 D4
Quintin Pl DG16 187 D5

R

Racegreen Ave DG8 181 E6
Racks Rd DG1 85 D1
Raeburn Cres DG16 187 C2
Raecroft Ave DG1 85 C3
Raefield CA6 116 F3
Rae St
Dumfries DG1 177 A5
Moffat DG10 174 C5
Raiders Rd
Mossdale DG7 104 B6
New Galloway DG7 77 E1
Raiders Road Forest Dr
DG7 104 B6
Raiders Road Forest Drive
DG7 77 E1
Railway Ct DG11 179 D7
Railway Terr DG7 184 C6
Rainton Farm DG7 151 B2
Rammerscales DG11 86 C4
Ramsey Wood DG7 151 B7
Randolph Cres DG8 163 C5
Randolph La DG9 182 C6
Rand The DG12 139 D6
Rankine Ave DG2 176 C7
Rankine Hts DG11 179 D8
Rankine Pl 5 DG6 189 C4
Rashgill DG1 178 B6
Raven Hill DG11 179 D6
Raven Pl DG16 187 D3
Ravens Ct DG11 180 C3
Redhall Rd DG11 63 F5
Regent Flats DG1 177 E4

... 174 C5
...DG8 181 D6
...Park Gdns DG8 162 E5
...er Park Rd DG8 162 E5
...wick Pl DG4 173 D4
...eoch Pk DG7 107 B4
Rephad Cres DG9 183 B6
Rephad Prim Sch DG9 183 A5
Rhonepark Cres DG7 106 A1
Rhong The DG8 123 E8
Richmond Ave DG2 176 F3
Riddel Ave DG2 176 E8
Ridge The DG12 139 D5
Riecawr Ave KA6 19 A7
Rigs Rd DG1 85 D6
Ringdoo Point Forest Wlk DG9 143 F6
Rispain Camp DG8 171 D6
Riverbank DG7 151 B7
Riverbank Ct 1 DG7 151 B7
Riverbank Wynd 3 DG7 151 B7
River Pk DG12 186 B4
Riverside Cotts DG11 64 B4
Riverside Ct
Dumfries DG1 176 F5
Kirkcudbright DG6 189 C5
Riverside Dr DG7 155 A7
Riverside Gdns DG12 113 D5
Riverside La DG7 105 F1
Riverside Pk DG14 91 D3
Riverside Rd DG8 181 D5
Riverside Terr DG4 9 A7
Riverside View DG8 181 D5
Riverside Wlk DG12 186 B3
River St DG12 113 D5
Robb Pl DG7 184 D7
Robert Burns Ctr DG2 177 A4
Roberts Cres DG2 176 F3
Robertson Ave DG1 177 C3
Robertson Rd DG4 9 B6
Robison Dr DG2 176 F3
Rockhall Rd DG11 86 D5
Rocklea Ave DG9 182 B8
Rogermoor DG10 174 E5
Rokele Dr DG1 85 C3
Rosebank Cres DG11 180 E4
Rosebank Ct DG16 187 D4
Rosebank Pl DG11 180 D4
Roseberry Pl 5 DG7 151 B7
Rosedale Gdns DG1 85 C2
Rosefield Ave DG9 182 C5
Rosefield Mills DG2 177 A3
Rosefield Rd DG2 177 A3
Roseland Terr 6 DG2 177 A3
Rosemount Cres DG12 186 E5
Rosemount St DG2 176 F4
Rosemount Terr DG7 175 E1
Rose St
Annan DG12 186 D4
Stranraer DG9 182 E5
Rosetrees La CA6 116 B2
Rosevale Gdns 18 DG13 68 D3
Rosevale Pl 17 DG13 68 D3
Rosevale Rd DG1 177 C4
Rosevale St
Dumfries DG1 177 C4
24 Langholm DG13 68 D3
Rosevine Terr DG12 186 C1
Rosie's Brae DG8 172 C3
Rosmond Ct DG16 187 D2
Ross Ave DG9 183 A6
Rossway Hill DG6 189 C3
Rossway Rd DG6 189 C3
Rotchell Gdns DG2 176 F4
Rotchell Pk DG2 176 F3
Rotchell Rd DG2 176 F4
Roucan Ct DG1 85 C3
Roucan Rd DG1 85 C3
Rounall Ave DG5 185 C7
Rounall The DG1 178 C3
Rounall Wood Trail DG5 185 C6
Rowan's Hill DG9 182 C6
Rowan's Hill Cres DG9 182 C6
Rowanbank Ave DG1 177 D3
Rowanbank Cres DG1 177 D3
Rowanbank Rd DG1 177 D3
Rowan Dr DG2 176 D8
Rowantree Ct DG8 148 C2
Roxburgh's Rd DG1, DG12 137 B6
Royal Ave DG9 182 F5
Royal Cres DG9 182 E5
Royal Ct DG5 185 C4
Royal Oak Cl DG1 177 A5
Royston Rd DG7 184 D6
Rutherford Cl DG6 189 E7
Ruthwell Cross DG1 137 B8
Ryan Gdns DG9 120 B5
Ryanview Cres DG9 182 B8
Ryedale Ct DG2 177 A3
Ryedale Rd DG2 177 A3
Ryedale Terr 1 DG2 177 A3
Ryehill Pk DG13 31 E1
Ryehill Rd DG12 137 F5

S

St Andrew's Dr DG7 184 D5
St Andrew's Pl DG16 187 C2
St Andrew's RC Sch DG1 177 B5
St Andrew St
Castle Douglas DG7 184 C5
7 Dumfries DG1 177 A5
4 Stranraer DG9 182 E5
St Anne's Rd DG2 176 D6
St Blanes Rd DG1 178 D3
St Bryde's Terr DG11 180 C5
St Columba's RC Prim Sch DG12 186 E4
St Conal's Sq DG4 8 F7
St Couan's Cres DG8 124 B3
St Couan's Pl DG8 181 C4
St Couan's Rd DG8 181 C4
St Cuthbert's Ave DG2 176 E4
St Cuthbert's Pl DG6 189 C5
St Cuthbert's Prim Sch DG6 189 B3
St Cuthbert Rd DG6 189 D5
St Cuthbert St DG6 189 C5
St Cuthbert's Wlk 14 DG3 41 C6
St David St DG7 106 F5
St Georges DG7 184 D7
St John's Ct DG8 181 C6
St John's Rd DG12 186 C3
St John's Way DG7 175 C8
St Johns DG8 162 E5
St Johns Pl DG8 162 E5
St John St
Creetown DG8 126 E1
Stranraer DG9 182 E5
Whithorn DG8 171 F7
St Joseph's RC Sch DG9 182 E4
St Joseph's Coll DG1 177 B4
St Kennera Terr DG8 148 C2
St Margaret's DG11 179 D6
St Mary's Pl 12 DG6 189 C4
St Mary's St
Dumfries DG1 177 B5
Sanquhar DG4 173 C5
St Mary's Wynd DG6 189 C4
St Mary's Ind Est DG1 177 B6
St Mary St DG6 189 D5
St Michael's Bridge Rd DG1, DG2 177 A4
St Michael's Cres DG7 106 A1
St Michael's Pl DG7 106 A1
St Michael's Rd DG7 106 A1
St Michael's Terr DG7 106 A1
St Michael's Sch DG1 177 B4
St Michael St DG1 177 A4
St Michael's Terr DG1 177 B4
St Mungo Sch DG11 87 C4
St Ninian's Ave DG9 182 D4
St Ninian's Cave DG8 171 D2
St Ninian's Chapel DG8 172 C3
St Ninian's Cres DG8 171 F7
St Ninian's Gr DG8 171 F7
St Ninian's RC Sch DG8 181 C5
St Ninian's Sch DG2 84 B5
St Ninian's Terr DG8 172 C3
St Ninians Rd DG10 174 E5
St Patrick St DG9 141 C5
St Peter's RC Sch DG5 185 C5
St Ringan Dr DG7 184 D5
St Stephen's DG9 142 E4
St Stephen's Terr DG9 142 E4
St Teresa's Cres DG2 176 E7
St Teresa's RC Sch DG2 176 E7
Salmon Ct DG1 110 A8
Sandhead Cvn Pk DG9 143 A1
Sandhead Prim Sch DG9 159 A8
Sandmill Cres DG9 183 B6
Sands of Luce Cvn Pk DG9 143 A1
Sandy Gr DG1 178 B1
Sandyknowe Cres DG4 9 A6
Sandy La
Locharbriggs DG1 178 C5
Southerness DG2 157 D5
Sandy La W DG2 157 D5
Sanquhar Acad DG4 173 B5
Sanquhar Prim Sch DG4 173 C4
Sanquhar Sta DG4 173 C5
Sarkfoot Cl DG16 187 D3
Sarkfoot Rd DG16 187 D3
Sarkside Pl DG16 187 D5
Savings Bank Mus DG1 137 B7
Sawmill Gn DG3 39 E2
Scaur The CA6 116 E3
School Brae
Haugh of U DG7 107 B1
Portpatrick DG9 141 C5
School La
Dumfries DG2 176 F4
Moffat DG10 174 D5
School Rd
Corrie Common DG11 65 F4
Hightae DG11 86 D5
Holywood DG2 84 B7
Rhonehouse DG7 131 B2
Stranraer DG9 183 B5
Twynholm DG6 152 C5
School St DG12 113 D5
Scotch St CA7 139 D2
Scott's St DG12 186 D3
Scott Ct DG5 185 C4
Scott St DG4 9 B6
Screel Dr DG5 185 C3
Screel Hill Forest Walk DG7 154 D5
Screel View DG7 184 D6
Scroggie Mdw DG12 186 C2
Seabank Rd DG9 182 C6
Seafield Rd DG12 186 F2
Seaforth Ave DG12 186 D3
Seaforth Pk DG12 186 D3
Seaview DG8 188 D4
Sea View DG8 188 D5
Seaview Terr DG8 161 A3
Seaward Cvn Pk DG6 165 D8
Second Sands DG8 161 A3
Seggies DG6 189 C3
Selkirk Rd DG6 189 C3
Serrick Rd DG1 63 B7
Seton Ave DG3 41 D6
Shakespeare St DG1 177 A5
Shalloch Pl KA6 19 A7
Shambellie House (Mus) DG2 109 F1
Sharpe Cres DG2 177 A2
Shaw's Hill CA6 92 E1
Shawfield DG9 182 D3
Shawhead Prim Sch DG2 82 F2
Shawhill Ct DG12 186 F5
Shawhill Rd DG12 186 E4
Shaw La DG9 169 E7
Shaw Rd DG11 63 F5
Shawsholm Rd DG3 41 E3
Shaw The DG1 178 C4
Shearwater Rd DG1 110 A8
Shebburn View DG2 134 F8
Shell Rd DG8 148 D3
Sherwood Cres DG11 180 C4
Sherwood Pk DG11 180 D4
Sheuchan La DG9 182 D6
Sheuchan Prim Sch DG9 182 C6
Sheuchan St DG9 182 C7
Sheuchan View DG9 182 E2
Shillinghill DG6 189 D5
Shirley Rd DG2 84 B5
Shore Rd
Auchencairn DG7 154 E2
Glencaple DG1 110 C2
Sandhead DG9 142 F1
Shore St DG9 169 E7
Shortridge Ct DG2 176 F5
Sidmount Ave DG10 174 D6
Silvercraigs Rd DG6 189 D4
Silverhill DG12 186 D5
Silverhill Pl DG16 187 C2
Silver Jubilee Rd ML12 6 C6
Silverlaw DG12 186 D5
Silverlaw Cres DG12 186 D5
Silverlaw Ind Est DG12 186 D5
Silvermount DG12 186 C5
Silver St DG8 126 E1
Silverwalk DG12 186 D5
Simpson Gdns DG2 176 D5
Simpson Rd DG4 173 C4
Singapore Rd 4 DG12 139 E6
Slater Pl DG1 178 E2
Smith Gr DG1 178 D2
Smith Pl DG2 177 A3
Smith Terr DG8 188 E5
Smithy La DG8 121 E7
Smithy Rd DG9 182 C4
Smyrton Hill KA26 70 A7
Solway Cres DG12 186 D3
Solway Dr DG2 177 A3
Solway Pk DG12 186 D2
Solway Rd DG16 187 C2
Solway St DG12 186 D3
Solway Terr DG12 137 F5
Solway View DG5 185 C3
Sorbie Sch DG8 162 E5
South and Townhead Ho 3 DG1 177 A4
South App DG11 89 B1
South Ave DG7 130 F6
South Back St DG8 188 D5
South Cres
Garlieston DG8 163 C5
Portpatrick DG9 141 B4
South Dr DG8 100 B4
Southfield La DG8 188 D5
Southgate Rd DG9 182 D4
South Lochan DG4 173 C4
South Main St DG8 188 D5
South St
Garlieston DG8 163 C5
Port William DG8 161 A2
South Strand St 2 DG9 182 E5
South View Lodges DG5 155 B6
Southwick Dr DG5 185 D5
Southwick Rd DG5 185 D5
Spedlin Ave DG11 64 B4
Spinney Ct DG1 178 B3
Spout Row DG7 154 D2
Spoutwells Way DG9 182 E2
Spring Bank Rd DG9 182 B6
Springbells DG12 186 E5
Springbells Rd DG12 186 E5
Springbells Workshops DG12 186 E5
Springfield Cres DG9 182 D3
Springfield Prim Sch DG16 187 D6
Springholm Prim Sch DG7 107 B4
Springwell Rd DG9 182 C5
Spycraig Rd DG5 185 D5
Square The
Dalbeattie DG5 185 C4
Longtown CA6 116 F4
New Abbey DG2 109 F1
Port William DG8 161 A2
Stackbraes Rd CA6 116 F4
Stair Dr DG9 182 F5
Stairmount DG9 159 A8
Stair St DG9 169 E7
Stakeford St DG2 176 F6
Standalane DG12 186 D4
Standalane Ct DG12 186 E4
Standing Stones of Torhouse DG8 147 E7
Stanedyke Cres DG11 179 D5
Stanedyke Ct DG11 179 D5
Stanehouse Loaning DG1 110 B8
Stapleton Rd DG12 186 F4
Stapleton Road Ind Est DG12 186 E4
Stark Cres DG2 177 A2
Star St 4 DG10 174 D5
Station Cotts DG9 143 E8
Station Pl DG9 182 F5
Station Rd
Annan DG12 186 C3
Dalbeattie DG5 185 C6
Dumfries DG1 177 B5
Kirkcowan DG8 124 B4
Locharbriggs DG1 178 C5
Lockerbie DG11 180 D5
New Luce DG8 121 E7
Newton Stewart DG8 181 C4
Plantationfoot DG10 45 C6
Sanquhar DG4 173 C5
Whithorn DG8 171 F7
Wigtown DG8 188 D4
Station Sq DG11 180 D5
Station St DG9 182 F5
Station Yard Ind Site DG8 181 C4
Steel Ave DG2 176 F5
Steele Ave DG2 108 E8
Steil Rd DG2 60 C8
Stellage Ct 8 DG7 151 C7
Stevenson Ave DG11 180 D6
Stevenson Ct DG4 173 C3
Stevenson Pl DG12 186 B3
Stevenson Terr 3 DG2 177 A3
Stewart Hall Gdns DG1 177 C6
Stewart Of Garlies DG8 181 D7
Stewartry Ave DG2 176 E8
Stewartry Ct DG2 176 E8
Stewartry Mus DG6 189 C4
Stewartry Rd DG2 176 E7
Stirling Acres Rd DG6 189 E6
Stirling Cres DG6 189 E6
Stoneykirk Rd DG9 182 E2
Stoop Loaning DG1 177 D6
Stormont Cres DG16 187 D2
Stranraer Acad DG9 183 A5
Stranraer Harbour Sta DG9 182 E6
Stranraer Mus DG9 182 D5
Strathearn Pl DG2 176 F3
Stroan Bridge Forest Trails DG8 74 D5
Stroan Loch Forest Trails DG7 104 D5
Stronord Garden Wlk DG8 126 C7
Suffolkhill Ave DG2 176 E4
Summergate Cres DG12 186 D3
Summergate Rd DG12 186 D2
Summervale Ave DG12 186 D2
Summervale Pl DG12 186 D2
Summerville Ave DG2 176 E6
Summerville Cres DG2 176 E6
Sunderries Ave DG2 176 F6
Sunderries Rd DG2 176 F6
Sunnybrae DG6 164 F7
Sunnymeade Cvn Pk DG9 141 C5
Sunnyside DG5 185 D5
Sun St
Glenluce DG8 144 D8
Stranraer DG9 182 D5
Surrone Ct DG16 187 C3
Surrone Gdns DG16 187 C3
Surrone Rd DG16 187 C3
Suspension Brae DG2 177 A4
Sutherland Terr DG12 186 C1
Sutherland Way DG1 178 C3
Swan St
Gatehouse of F DG7 151 B7
Longtown CA6 116 F3
Swans Vennel DG1 177 A4
Sweetheart Abbey DG2 109 F1
Sycamore Way DG9 182 C4
Sydney Ct DG11 180 D5
Sydney Pl DG11 180 D5
Sydney Rd DG12 139 D6
Syme Rd DG2 176 D8
Syme St DG10 174 C5

T

Tacher Rd DG8 163 B4
Talisman Ct DG2 84 B5
Tannery Brae 13 DG7 151 C7
Tannery Wynd 12 DG7 151 C7
Tanpits Cl 6 DG6 189 C4
Tanpits La DG6 189 C4
Tasman Pl 9 DG12 139 D6
Telford Cl DG6 189 E6
Telford Rd DG6 189 E7
Terrace The
Carrutherstown DG12 112 F4
Gelston DG7 131 D1
Terregles Rd DG2 176 D5
Terregles St DG2 176 E5
Terreglestown Cotts DG2 176 A6
Thistle Bsns Pk DG9 182 F5
Thistle Grove Cvn Pk DG1 85 C3
Thistle Pl DG1 178 C3
Thistle St 5 DG9 182 E5
Thomas Carlyle's Birthplace Mus DG11 88 B1
Thomas Hope Hospl DG13 68 D3
Thomas St DG12 186 C4
Thomas Telford Rd DG13 68 D3
Thorburn Cres DG12 186 D5
Thornbank Rd DG9 182 C7
Thorney Way DG9 182 D3
Thornhill Hospl DG3 41 C5
Thorn St DG9 142 C7
Threave Castle DG7 131 A5
Threave Gdns DG7 184 A1
Threave Rd DG7 131 B2
Threave Terr DG7 184 C4
Threave Wildfowl Refuge DG7 131 B5
Three Crowns Ct 10 DG1 177 A5
Three Trees Rd DG12 138 C4
Throughgate DG7 175 B8
Tibbers Cotts DG3 41 B8
Tinwald Ct DG1 178 E2
Tinwald Downs Rd
Heathhall DG1 178 B2
Heathhall DG1 178 D2
Tinwald Meuse DG1 178 E2
Tolbooth Mus DG4 173 C4
Tonderghie Rd DG8 172 C3
Tongland Rd DG6 189 E6
Torbay Ct DG5 155 D5
Torduff Rd DG16 187 C3
Torrs Dr DG7 184 E5
Torrs Pl DG7 184 E5
Torrs Rd DG7 184 E6
Torthorwald Sch DG1 85 D5
Townend 13 DG6 189 C4
Townfoot DG13 68 D3
Townhead
Dalmellington KA6 19 A8
Langholm DG13 68 D3
Lochmaben DG11 179 D6
Townhead Cres DG7 175 C8
Townhead Pk DG1 85 C2
Townhead Pl DG1 85 C2
Townhead St
Lockerbie DG11 180 D5
Thornhill DG3 41 C6
Townsend Terr DG2 60 B3
Town Walls Cl 7 DG6 189 C4
Trades Ct 7 DG9 182 E5
Trinity La DG7 184 C5
Trohoughton Ave DG1 110 C8
Tropic House DG8 126 A5
Troqueer Rd DG2 177 A3
Troqueer Sch DG2 176 F3
Troston Rd DG4 9 A6
Trueman St DG7 184 D6
Tundergarth Rd DG11 180 E4
Tundergarth Sch DG11 88 B8
Turnberry Ave DG1 177 C3
Turnberry Cres DG12 186 F5
Turnberry Rd DG12 186 E5
Turnmuir Dell DG12 186 F4
Tweedie Terr DG12 186 D5
Twiname Way DG1 178 D2
Twynholm Sch DG6 152 C5
Tyerman Ct DG1 178 D3
Tynron View DG3 40 F5

U

Undercraigs Ct DG1 177 E2
Undercraigs Dr DG1 177 E2
Undercraigs Pl DG1 177 E2
Undercraigs Rd DG1 177 E2
Underhill DG7 175 B8
Underwood DG2 83 B7
Union Pl DG10 174 C5
Union Rd DG16 187 C3
Union St
Dalbeattie DG5 185 D4
Dumfries DG2 176 F5
Kirkcudbright DG6 189 C4
Lockerbie DG11 180 D5
Unwin Pk DG16 187 D3
Urquhart Cres DG1 177 E2
Urquhart Ct DG1 177 E3
Urr Rd DG5 185 C4
Urr Terr DG7 184 C6
Usher Gdns 5 DG7 151 C7

V

Vallance Dr DG11 180 B3
Valleyfield Pk DG2 83 F4
Vancouver Dr DG12 139 E5
Vancouver Pl 2 DG12 139 D5
Vancouver Rd DG12 139 E6
Vendace Dr DG11 179 C6
Verdun Sq DG1 177 B4
Victoria Ave
Annan DG12 186 C3
Dumfries DG2 176 E5
Victoria Gdns
Eastriggs DG12 139 E6
Lockerbie DG11 180 C5
Victoria La DG8 181 D6
Victoria Mews DG8 181 D5
Victoria Pk
Kirkcudbright DG6 189 D6
Lockerbie DG11 180 C5
Victoria Pl
Kirkcudbright DG6 189 D6
Moffat DG10 174 C5
Stranraer DG9 182 E4
Victoria Rd
Annan DG12 186 C3
Dumfries DG2 176 E4
Lockerbie DG11 180 D5
Victoria Sq DG11 180 D5
Victoria St
7 Gatehouse of F DG7 151 B7
Kirkpatrick Durham DG7 107 A5
Newton Stewart DG8 181 D5